Kohlhammer

Kaiser Karl V. Silberne Dedikationsmedaille im Auftrag des Rats der Stadt Nürnberg 1521 aus Anlaß des ersten Reichstages des jungen Kaisers, der dann wegen drohender Pest nach Worms verlegt wurde. Die Schaumünze wurde darum zurückgezogen und nicht dediziert. Karl wird auf ihr auffallend stark als König spanischer Reiche gekennzeichnet. Oben die Säulen des Herkules mit seiner Devise PLUS ULTR(A), dann vierzehn Wappenschilde meist spanischer Herrschaften. Auf der Rückseite der doppelköpfige Reichsadler, in der Mitte österreichische und burgundische, im Umkreis weitere spanische Wappen. Entwurf von Albrecht Dürer, ausgeführt wohl von Hans Krafft d. Ä. Nürnberg, Germanisches Nationalmuseum.

Umschlagbild Vorderseite: **Kaiser Karl V.** Eines der vier Standbilder habsburgischer Herrscher am Historischen Kaufhaus in Freiburg im Breisgau (s. Rückseite des Umschlags). Von Hans Sixt von Staufen 1530/32 geschaffen. Die Reihe beginnt mit Kaiser Maximilian I., es folgen sein Sohn Philipp der Schöne, Herzog von Burgund und König von Kastilien, und dessen Söhne Karl und Ferdinand. 1521/22 hatte Karl seinem Bruder Ferdinand die österreichischen Erblande übergeben (damit auch den Breisgau mit seiner Hauptstadt Freiburg) und ihn zum Reichsstatthalter während seiner Abwesenheit ernannt; 1531 war Ferdinand zum Römischen König gewählt worden, also als Nachfolger seines Bruders vorgesehen, der er dann 1558 wurde.

Ernst Schulin

Kaiser Karl V.

Geschichte eines übergroßen
Wirkungsbereiches

Verlag W. Kohlhammer

Die Deutsche Bibliothek – CIP-Einheitsaufnahme

Schulin, Ernst:
Kaiser Karl V.: Geschichte eines übergroßen Wirkungsbereiches / Ernst Schulin.
– Stuttgart ; Berlin ; Köln : Kohlhammer, 1999
   ISBN 3-17-015695-0

Abbildungsnachweis:

S. II: Germanisches Nationalmuseum, Nürnberg
S. 28: Werner Neumeister, München
S. 29, 76, 77 oben, 126 oben: Bildarchiv Preußischer Kulturbesitz, Berlin
S. 59: Bildarchiv Foto Marburg
S. 77 unten: Kunsthistorisches Museum, Wien
S. 126 unten: Archiv für Kunst und Geschichte, Berlin

Verlagsort: Stuttgart
Umschlag: Data Images GmbH
Umschlagbilder: Landesbildstelle Baden, Karlsruhe.
Gesamtherstellung:
W. Kohlhammer Druckerei GmbH & Co. Stuttgart
Printed in Germany

Vorwort

Karl V. wurde am 24. Februar 1500 geboren – im letzten Jahr des 15. Jahrhunderts, wie sein Biograph Royall Tyler korrekterweise hinzufügt, obwohl es uns das erste des neuen Jahrhunderts und damit geradezu der Anfang der Neuzeit zu sein scheint. Ähnlich unsicher werden wir im Jahre 2000, im „letzten Jahr des 20. Jahrhunderts", seinen 500. Geburtstag feiern. Der überwältigende Bilderreichtum, den uns „sein" 16. Jahrhundert geschenkt hat, wird in Ausstellungen und Medien ausgebreitet werden; der große Bestand an Quellenveröffentlichungen, wissenschaftlicher Literatur und populären Darstellungen wird sehr vermehrt werden. Zu diesem Zeitpunkt dürfte also eine einführende Orientierung über das mit der Gestalt Karls V. verbundene Gesamtthema von Nutzen sein. Das vorliegende Buch will in dieser Weise, ohne viel vorauszusetzen, informieren und historisch berichten.

Es geht weniger um eine Biographie des Kaisers als um die Wirkung dieser ungewöhnlich exponierten Person auf die großen europäischen Veränderungen ihrer Zeit. Um es den Lesern leichter und übersichtlicher zu machen, als es der Kaiser mit seinem komplizierten Wirkungsbereich hatte, wird die Geschichte dreimal erzählt: einmal auf die neue spanische Weltmacht konzentriert, dann auf das römisch-deutsche Reich, schließlich auf die Europapolitik. Die deutschen Leser, denen vor allem die Bedeutung Karls V. für die Reformation vertraut ist, bezahlen also die Übersichtlichkeit mit einer gewissen Wartezeit, indem die Geschichte fern von Deutschland, obendrein viele Jahre vor Karl V., anfängt und lange so fern bleibt. Die Aussagekraft der Dreiteilung, die über die lektüremäßige Erleichterung hinausgeht, wird hoffentlich dafür entschädigen.

Mein Interesse an der Gestalt und Geschichte Karls V. begann lange vor meiner Studienzeit und wurde besonders durch einen mehrmonatigen Spanienaufenthalt 1952 bereichert. Seit 1977 habe ich an der Universität Freiburg die erste Hälfte des 16. Jahrhunderts nicht in einer „normalen" Überblicksvorlesung behandelt, sondern in dieser Konzentration auf den Wirkungsbereich Karls V. Ich bin deshalb gern der freundlichen und mehrmals geduldig wiederholten Anregung Alexander Schweickerts vom Kohlhammer Verlag gefolgt, aus diesem Thema ein Buch zu machen. Dankbar bin ich mir bewußt, wie sehr es auf der großen internationalen Forschung über Karl V. beruht. Wenn man als Historiker nicht eine spezielle Richtung forcieren will, sondern nur informieren und zusammenfassend gestalten möchte, muß man viel von den Vorgängern übernehmen und weitergeben.

Mein Dank gilt außerdem allen, die mir persönlich geholfen haben, namentlich meiner früheren Sekretärin Ursula Watson, Fernando Domínguez, Alexander Jaser, Albrecht Graf von Kalnein, Erich Pelzer und Benedikt Stuchtey. Und vor allem meiner lieben Frau.

Freiburg, 27. Mai 1999   Ernst Schulin

Inhaltsverzeichnis

Einleitung

Bei der Geschichte Karls V. und seines Wirkungsbereiches handelt es sich um ein schwerwiegendes Thema der ersten Hälfte des 16.Jahrhunderts, also derjenigen Epoche, die man seit langem, wenn auch nicht unumstritten, als Anfang der neuzeitlichen Geschichte betrachtet. Dazu sind einleitend einige Bemerkungen zu machen. Sie sollen dazu führen, das Gewicht unseres Themas näher zu bestimmen.

Wir finden das Epochenbewußtsein bereits im 16. Jahrhundert selbst, vor allem bei den Humanisten. Sie sprachen von einer Neuen Zeit der literarischen und wissenschaftlichen Bildung, die nun nach der dunklen Zeit des „Mittelalters" gekommen sei. Sie nannten es eine Wiederherstellung, eine Wiedergeburt der Antike. Diese bildungsgeschichtliche Zäsur wurde bald zur kirchengeschichtlichen und allmählich zur weltgeschichtlichen Zäsur erweitert. 1685/96 verwarf Cellarius in seiner „Historia universalis" die alte Einteilung in vier Weltreiche und periodisierte nach Altertum, Mittelalter und Neuzeit. Das wurde gern weitgehend akzeptiert, schon deshalb, weil das „Römische Weltreich" eine viel zu lange, ungegliederte und anspruchsmäßig fragwürdige Zeiteinheit bildete.

Vor allem aber gab es an der Wende des 15. zum 16.Jahrhundert zu auffällige Zäsuren auf verschiedenen Gebieten: Erfindungs- und entdeckungsgeschichtlich war, wie schon Francis Bacon formulierte, mit Kompaß, Schießpulver und Buchdruck die Neue Zeit gekommen. Kirchengeschichtlich setzte hier, jedenfalls für den Protestantismus, die Wiederherstellung der alten Kirche ein. Politikgeschichtlich kann man von der Entstehung des europäischen Staatensystems sprechen, zugleich von einer neuen weltlich-politischen Betrachtungsweise (seit Machiavelli und Guicciardini): als 1494 Karl VIII. von Frankreich nach Italien zog, gegen die spanische Herrschaft in Neapel, bildeten sich Ligen der anderen interessierten Staaten in verschiedenen Zusammensetzungen gegen ihn; das dadurch entstehende Mächte-Gleichgewicht erwuchs eigentlich aus der Balance der italienischen Staatenwelt. Wirtschafts- und sozialgeschichtlich ist die Zäsur schwieriger festzulegen; man kann von der Entstehung des Weltmarktes, von einer erweiterten Herrschaft des Feudalismus oder des Bürgertums sprechen.

So fest sich in den letzten drei Jahrhunderten die Periodisierung mit ihrer Zäsur zwischen Mittelalter und Neuzeit etabliert hat, so ist sie doch immer wieder, und keineswegs nur von dem wirtschafts- und sozialgeschichtlichen Gebiet her, in Frage gestellt worden. An den Lehrstuhlbezeichnungen und den Handbüchern ist das nicht sehr deutlich zu sehen: wenn auch Erich Hassinger 1959 sein Handbuch über „Das Werden des neuzeitlichen Europa" anders, nämlich von 1300–1600 periodisierte, fing 1971 der dritte Band des „Handbuches der europäischen Geschichte" über „Die Entstehung des neuzeitlichen Europa" doch wieder konventionell um 1450 an. Aber die Infragestellung ist trotzdem unübersehbar. Sie bedient sich, kurz aufgelistet, folgender Argumente:

1

Die Renaissance begann nicht um 1500 sondern viel früher. Schon Jacob Burckhardt hat ihre Entstehung im ganzen Spätmittelalter aufgezeigt. Spätere Forscher erkannten „Renaissancen" im gesamten Mittelalter. Andererseits fand die „wissenschaftliche Revolution", der Beginn der experimentellen Naturwissenschaften, erst im 17.Jahrhundert statt.

Die Entdeckung Amerikas hat zunächst nicht viel verändert. Das Mittelmeer blieb, wie Braudel gelehrt hat, noch im ganzen 16. Jahrhundert beherrschend. Die kommerzielle Revolution begann erst im 17.Jahrhundert mit den holländischen, englischen, dann französischen Welthandels- und Kolonialexpansionen.

Die Reformation läßt sich nicht einfach als Beginn einer modernen Zeit ansehen. Sie wollte die alte bestehende Kirche reformieren. Das gelang zwar nicht, führte aber, wie seit Troeltsch auch die protestantische Geistesgeschichte betont, zu einem religiös bestimmten „konfessionellen Zeitalter", das die schon begonnene Verweltlichung, Säkularisierung, Modernisierung um etwa anderthalb Jahrhunderte zurückdrängte.

Was das Staatensystem betrifft, so betont man (seit Werner Näf 1951) die „Frühformen des modernen Staates" im Spätmittelalter. Seitdem begann das Gegen- und Miteinander von Fürst und Landesvertretung (Ständen). Ende des 15.Jahrhunderts setzte nur der Versuch ein, die Stände politisch zu entmachten, also der Weg zum fürstlichen Absolutismus.[1] Es wäre aber einseitig, diesen Weg als „den" Weg zum modernen Staat anzusehen.

Wirtschafts- und sozialgeschichtlich war die Zäsur immer schon bedenklich. Der Frühkapitalismus begann in Italien im 14. und 15.Jahrhundert. Und das Bürgertum ist politisch eigentlich erst seit der Französischen Revolution herrschend. Seit Otto Brunner betont man die einheitliche adelsbeherrschte sozialgeschichtliche Phase „Alteuropas", die Spätmittelalter und Frühe Neuzeit umfaßt. Danach kam dann die politisch-gesellschaftliche und die industrielle Revolution, und diese letztere ist eine universalhistorische Zäsur ungleich größeren Ausmaßes als diejenige um 1500. Sie beschließt die Seßhaftwerdung des Menschen seit der neolithischen landwirtschaftlichen Revolution um 7−4000 v. Chr.

Trotz dieser Einschränkungen ist aber die Wende vom 15. zum 16.Jahrhundert weiterhin als sehr wichtige Zäsur anzusehen. Immer wird es wissenschaftlichen Streit darüber geben, ob eine Zäsur dort anzusetzen ist, wo ein neues Phänomen entsteht, oder dort, wo es sichtbar in wirkende Erscheinung tritt. Streit wird auch immer darüber bestehen, ob ein Phänomen stärker nach seiner Eigentendenz oder nach seiner Wirkung zu bewerten ist. Aus solchen unterschiedlichen Gründen wird der Epochencharakter 1500, wie angedeutet, in Frage gestellt. Bei der Entdeckung Amerikas handele es sich ja „nur" um die Entstehung, um den Anfang; bei dem modernen Staat „nur" um die sichtbare Wirkung; die Reformation habe zunächst keine moderne Tendenz.

So beachtenswert das alles sein mag, es bleibt doch das Faktum, daß wir um 1500 eine ungewöhnliche Häufung von sehr entscheidenden Veränderungen und Ereignissen vorfinden, die nicht immer zusammenhängen, aber zusammenwirken und dadurch den Grad der Veränderung vervielfachen. Man denke nur an die drei in ein und demselben Jahr 1492 in Spanien geschehenen, aber darüberhinaus wirkenden Ereignisse: Eroberung Granadas, Vertreibung der Juden, Entdeckung

Amerikas durch Columbus. Diese Dinge hängen sogar, näher besehen, zusammen, jedenfalls weit mehr als die beiden folgenden, für Deutschland und Europa entscheidenden: 1517 der Beginn von Luthers Reformation, und 1519 die Bildung der habsburgischen Großmacht, indem Karl V., der 1516 schon seinen spanischen Großvater Ferdinand beerbt hatte, also König von Spanien war, auch seinen habsburgischen Großvater Maximilian „beerbte" und Kaiser wurde. Dies beides hing fast gar nicht, wirkte aber weltverändernd zusammen.

Jedenfalls: drei Geschehnisse dieser Zeit sind in ihrem epochalen Charakter nicht abzuwerten: 1) Die Entdeckung Amerikas oder genauer: die Expansion Europas auf dem Seeweg nach Asien und Amerika ist universalgeschichtlich entscheidend und kann an Bedeutung nicht einmal durch die Industrielle Revolution in den Schatten gestellt werden. 2) Luthers Reformation mit ihrer Absage an Papsttum und Mönchtum trennte Europa von dem, was man seinen bisherigen Mittelpunkt nennen kann; sie gab der mittelalterlichen Welt den „Todesstoß" (Heimpel). 3) Die habsburgische Großmacht ist der entscheidende Schritt zum neuzeitlichen „Mächte-Europa" (Engel), sie gruppierte „die europäischen Staaten zum beziehungsreichen, spannungsreichen europäischen Staatensystem" (Näf).[2] Bekanntlich ist das die merkwürdige Form, in der sich Europa nicht nur in sich weiterentwikkelte, sondern auch zunehmend in den kommenden Jahrhunderten weltbeherrschend wurde. Man könnte sogar als viertes noch etwas längerfristiges Sozialgeschichtliches hinzufügen: das auffallende Bevölkerungswachstum Europas im 16.Jahrhundert, das zwar nicht ganz ohne Rückschlag im 17.Jahrhundert bleibt, aber doch den deutlichen Anfang der modernen Bevölkerungsvermehrung bildet.

Worum handelt es sich innerhalb dieser Zusammenhänge nun bei dem Thema „Karl V. und sein Wirkungsbereich"?

Keineswegs einfach um das dritte Geschehnis, um die habsburgische Großmacht; denn Karl V. wirkte nicht nur auf das Staatensystem, sondern auch auf die Reformation und auf die Entwicklung Spaniens. Sein Wirkungsbereich ist ein unvergleichlich weiter politischer Bereich im Europa der ersten Hälfte des 16.Jahrhunderts, weiter und beherrschender als der irgendeiner anderen Einzelperson oder politischen Führungsinstitution.

Karl wurde 1500 als Erbe des Herzogs von Burgund geboren. Er war nach einem halben Jahr auch voraussichtlicher Erbe von Spanien. Ab 1506 war er minderjähriger Herzog von Burgund — wenn auch streng genommen dieses Herzogtum nur ein Anspruch war —, 1515 wurde er mündig erklärt und übernahm die Regierung in den Niederlanden. 1516 wurde er zum König von Spanien proklamiert. 1519 Erwählter Römischer Kaiser. Ein übergroßer Wirkungsbereich wurde durch ihn zusammengebracht oder überhaupt erst geschaffen.

Kaisertum und Spanien war eine nie dagewesene, nie wiederkehrende Kombination, geradezu die Verbindung des ältesten Reiches, dem nun auch Byzanz keine Konkurrenz mehr machte, mit dem modernen größten, gerade entstehenden, in die Neue Welt hinübergreifenden Reich. Einzigartig war die Kombination auch insofern, als sie auch nie zwischen dem Kaisertum und dem Königreich England oder Frankreich bestanden hat, so oft sie auch versucht worden ist.

Durch diesen Wirkungsbereich war Karl V. mit allen wesentlichen neuen Fragen seiner Zeit zentral, in verantwortlicher Weise verbunden wie keiner seiner

Zeitgenossen, auch mit den neuen Erscheinungen, die unter sich nicht verbunden waren wie die Entdeckungen und die Reformation. „Die Geschichte seiner Herrschaft", sagt Royall Tyler, einer seiner Biographen, „bietet Einblick in alle Probleme, welche die Christenheit in diesem entscheidenden Zeitalter bewegten."[3]

Aber wie stand er zu den Problemen und Erscheinungen dieses „entscheidenden Zeitalters"? Zumindest distanziert, wenn nicht ablehnend und bekämpfend.

Was die Renaissance betrifft, so wird man Franz I. von Frankreich oder Heinrich VIII. von England als Renaissance-Fürsten bezeichnen können, aber nicht ihn, weder von der persönlichen und höfischen Pracht- und Kraftentfaltung, noch von den Prinzipien politischen Handelns, noch vom Bildungsinteresse her. Obwohl im Umkreis der hochentwickelten niederländischen Kunst und Gelehrsamkeit aufgewachsen, war Karl V. nicht humanistisch gebildet und an antiker Kunst und Literatur kaum interessiert (wenn er auch römische Ruinen bewunderte und Cäsar-Zitate liebte). Daß das Rom der Hochrenaissance 1527 durch seine Soldaten barbarisch geplündert wurde, kann man ihm zwar kaum anlasten, aber damit datiert man das Ende der Hochrenaissance; und gäbe es nicht seine Beziehung zu Tizian, so wüßte man so gut wie nichts über ein Verhältnis zu der unvergleichlichen italienischen Kunst seiner Zeit zu berichten.

Was Spaniens (oder genauer: Kastiliens) Expansion nach Amerika betrifft, so stand sie ihm fern. Sie faszinierte ihn weit weniger als ein Kreuzzug gegen den Islam. Algier, Konstantinopel, Jerusalem waren ihm wichtiger als Mexiko und Peru. Die amerikanischen Besitzungen waren für ihn nur sehr interessant als Geldquelle, und da taten sie auch ihren Dienst. Wenn sich Spanien weiterhin im 16. Jahrhundert, so wie es bisher immer schon Aragon getan hatte, stark auf das Mittelmeer ausrichtete, so war das mit sein Werk.

Die Reformation in Deutschland bekämpfte er, sosehr man andere Hoffnungen auf ihn gesetzt hatte.

Er war kein Vorkämpfer des modernen Nationalstaates, wie man die französischen und englischen Könige dieser Zeit bezeichnen kann. Weder für Burgund noch für Deutschland läßt sich das sagen, auch kaum für Spanien. Die Zentralisierung ging hier weniger weit; außerdem war er dafür nicht genügend ausschließlich und allein König von Spanien. Das Land mußte universaleren Interessen dienen, den kaiserlichen.

War Karl V. also – wenn man sich so seine Position zu den Problemen und Erscheinungen seiner Zeit ansieht – ein Traditionalist oder gar ein Reaktionär? Ein Mann, der in seinem riesigen Wirkungsbereich, soweit er konnte, die Vergangenheit, das Mittelalter am Leben zu erhalten versuchte? Der „letzte mittelalterliche Kaiser", wie ihn viele (Rassow und noch Elton) gern genannt haben? Ist also in ihm und seinem Wirkungsbereich die große, in ziemlich mächtiger Position befindliche Gegenwelt gegen die modernen Entwicklungen zu sehen? Also gegen die moderne atlantische Richtung Spaniens, gegen die moderne konfessionelle Richtung Deutschlands, gegen die moderne staatliche Richtung Frankreichs?

Mit der Beantwortung dieser Fragen wird sich dieses Buch beschäftigen. Hier an dieser Stelle kann nur einleitend versucht werden, die Richtung der Beantwortung zu skizzieren.

Zunächst: was heißt schon „der letzte mittelalterliche Kaiser"! Karl V. ist keineswegs der Abschluß einer Reihe ähnlicher, ähnlich denkender Kaiser. Man meint eigentlich keinen Kaiser des 15. oder 14.Jahrhunderts, wenn man ihn so nennt, sondern überspringt ein Vierteljahrtausend, nämlich das ganze Spätmittelalter, und erinnert sich an das schöne große Zeitalter der Staufer. Barbarossa oder Friedrich II. hatten vergleichbare universale Führungsansprüche in der abendländischen Christenheit und hohe Kreuzzugsideen und den dazu so wenig passenden dauernden Ärger mit dem Papst, mit deutschen Fürsten und italienischen Stadtstaaten, in dem sie sich aufrieben. Karls Großvater und kaiserlicher Vorgänger, Maximilian I., träumte von einer Erneuerung dieses Kaisertums, verschaffte sich immer wieder Schlappen bei den entsprechenden Kämpfen um Reichsitalien und wünschte, daß sein Enkel diese alte Richtung mit neuer, spanischer Macht fortsetzte. Das tat Karl bis zu einem gewissen Grade, und es ist gar nicht zu leugnen, daß sich dadurch manche Situationen ähneln, daß sich sogar von einer vergleichbaren „Kaiseridee" sprechen läßt, aber unter ganz anderen Voraussetzungen, in ganz anderer Zeit.

Karl V. hatte ein Reich oder einen Wirkungsbereich in – wie schon gesagt – bisher nicht gekannter, einmaliger Kombination. Aus Zufall, aus Erbfall nach einer Reihe von unerwarteten Todesfällen, aber nicht allein aus Zufall, das wäre übertrieben; auch aus Planung seiner Vorgänger und aus eigenem Entschluß.

Es wäre immerhin auch die engere Perspektive möglich gewesen, die sein eigentlicher Ausgangspunkt war: von Restburgund, d. h. von der Niederlande und der Freigrafschaft aus das eigentliche Herzogtum Burgund von Frankreich zurückzuerobern und ein großes „lotharingisches" Mittelreich zu bilden, jenen Herrschaftsraum, den Karl der Kühne nicht zu einem haltbaren Gebilde, zu einem Staat hatte weiterentwickeln können. Die Perspektive war nicht undenkbar; das Mittelreich wäre mit Hilfe der Niederlande und ihrer modernen Entwicklung vielleicht lebensfähig gewesen, allerdings unter starker Belastung von der alten burgundischen Kultur.

Oder es wäre die Kombination Niederlande-England möglich gewesen, wie sie durch Heiratsverträge für Karl und dann später für seinen Sohn Philipp mehrmals vorprogrammiert wurde, und wie man sie auch schon im Hundertjährigen Krieg probiert hatte. Diese Kombination war sehr attraktiv gegenüber Frankreich, – eine Zusammenfassung der Regionen, die sich dann als die see-, handels- und industriemäßig fortgeschrittensten von Europa erweisen sollten.

Oder eine engere Kombination der Niederlande mit den habsburgischen Erblanden, also mit Österreich, wäre denkbar gewesen, auch zusammen mit dem Kaisertum. Das war sogar beinahe das Nächstliegende, nach der Vorbildung durch Maximilian. Karls jüngerer Bruder Ferdinand war sowieso in Spanien geboren und aufgewachsen und wurde von seinem Großvater Ferdinand dem Katholischen bevorzugt; er, nicht Karl, hätte also als „jüngere Linie" Spanien (und Italien) bekommen. Die Niederlande wären dann stärker beim Reich geblieben. Diese Kombination hätte einem nationalen deutschen Wunschtraum entsprochen, man hat also später oft bedauert, daß es nicht so kam. Andreas Walther etwa spekulierte 1911 in seinen „Anfängen Karls V." sehr flott: „Wer wollte heute leugnen, daß es wahrscheinlich ein unermeßlicher Segen gewesen wäre, wenn die Hoffnung Ferdinands des Katholischen hätte in Erfüllung gehen können, daß sein zweitgeborener Enkel...Herr der spanischen Reiche werde. Dann hätte wohl Karl V., dessen Seele noch ein unbeschriebenes Blatt war, auf das scharf und beherrschend bald spanisches Wesen seine Charaktere eingrub, die vielen verbindenden Strebungen und Nöte der Länder vom englischen Kanal bis zu den ungarischen Steppen begreifen und sie zusammenfassen können zu einem lebendig-einheitlichen Körper, und auf seinem Namen lastete nicht der Fluch der deutschen, der spanischen und der zertretenen burgundischen Nation, die er über alle Nationen zu erheben dachte."[4] Wie man sieht, wird da von der frühneuzeitlichen Entstehung eines großmächtigen Mitteleuropa geträumt, Deutschland und Österreich-Ungarn und noch mehr umfassend. Für Karl V. wäre es insgesamt ein traditionellerer Wirkungsbereich gewesen als der, den er tatsächlich bekam.

Karl nahm die Kombination Niederlande-Spanien-Reich. Wobei er die habsburgischen Erblande, Österreich, am frühesten und weitestgehenden delegierte: nämlich auf Ferdinand, der so viel besser nach Spanien gepaßt hätte. Es war der Griff nach den im damaligen Zeitpunkt am deutlichsten sich weiterentwickelnden, fortschrittlichen Regionen, es war die geographisch weitestgespannte Kombination — von Süditalien bis Hispañola (Haiti).

Warum er sich darauf konzentrierte, wird später im Einzelnen zu behandeln sein. Jetzt ist nur noch die Frage anzureißen: Wie regierte er dieses riesige Gebiet?

Er war nicht einfach Kaiser, sondern hatte bekanntlich sehr zahlreiche, über siebzig Herrschertitel. Um sie in Auswahl aufzuzählen: „Wir Carl V. von Gottes Gnaden Römischer Kaiser, zu allen Zeiten Mehrer des Reichs, König in Germanien, zu Castilien, Aragon, Leon, beider Sicilien, Jerusalem, Ungarn, Dalmatien, Croatien, Navarra, Granada, Toledo, Valencia etc., Mallorca, Sardinien, der Canarischen und Indianischen Inseln und der Terrae firmae des Oceanischen Meeres etc., Erzherzog zu Österreich, Herzog zu Burgund, Lothringen, Brabant, Steyer, Kärnten, Krain, zu Luxemburg, zu Athen etc., Graf zu Habsburg, zu Flandern, Tirol, zu Burgund, Pfalzgraf zu Hennegau, zu Holland, zu Seeland, Landgraf im Elsaß, des Heiligen Römischen Reiches Fürst zu Schwaben, Herr in Friesland, zu Tripolis, zu Mecheln etc."[5]

Das sind Titel auf verschiedenen Rangebenen. Nicht nur in einem, sondern in allen Ländern finden wir diese Zusammenstückelung der Titel, also sowohl in den Niederlanden, in Spanien, in Süditalien als auch in Deutschland. Manche Titel waren imaginär (König von Jerusalem, Herzog von Burgund und Athen), alle Titel waren geerbt, außer dem Kaisertitel.

Geerbt mit jeweiligen Sonderrechten für ihn als Fürsten und vor allem für die entsprechende Region. Schon von da aus konnte er kein Vorkämpfer eines modernen zentralisierten Staates werden. Er war von Burgund her gewöhnt, alle verschiedenen Partikularitäten zu achten — sozusagen, wie er sich selber in seinen kleineren und größeren Titeln achtete. Ebenso war es dann in Spanien und im Reich. Es war alles ererbt, nichts erobert. „Ihr alle seid Zeugen", erklärte er 1528 in Madrid vor seinen Räten, „daß ich nur Kriege geführt habe um das, was mir gehört, niemals um fremdes Gut. Denn was mir meine Vorfahren an Reichen diesseits und jenseits des Meeres hinterlassen haben, ist so groß und gewaltig, daß es mir den Neid aller Fürsten zugezogen hat."[6]

Nie ist ein so großes Reich so vollständig zusammengeerbt worden. Karl V. war aber alles andere als ein lachender Erbe oder ein Verschwender. Er war ein möglichst verantwortungsbewußter Erbe. Das hieß: Er regierte keineswegs alles und überall – was ja auch gar nicht ging. Regieren war normalerweise Sache der jeweiligen partikularen Organe und derjenigen Personen, die er dafür einsetzte. In den Hauptgebieten fast immer Familienmitglieder: der Bruder Ferdinand in Deutschland, die Tante Margarete, dann die Schwester Maria in den Niederlanden, die Ehefrau Isabella, später der Sohn Philipp, die Tochter Maria mit ihrem Gemahl Maximilian, zuletzt die Tochter Johanna in Spanien. Er verstand sehr gut, zu delegieren und doch nicht aus der Hand zu geben. Familienmitglieder waren ihm besonders treu ergeben. Er selbst mußte durch ununterbrochene Korrespondenz die Verbindung halten, die Direktiven geben, ein politisches Beziehungssystem über den ganzen Wirkungsbereich konstruieren, während durch öffentliche Propaganda die Bedeutung und höheren Ziele dieser weiten Herrschaft, dieses „Universalreiches" populär zu machen waren. Außerdem mußte er selbst sozusagen Feuerwehr spielen. Er mußte sich persönlich um die jeweils brisanten Gebiete kümmern, und da es davon meistens mehrere gab, mußte er immer entscheiden, welches er als das gefährdetste, aber auch erfolgversprechendste einschätzte. Dort mußte er hin und militärischen Sieg zu erlangen oder Frieden zu stiften versuchen. „Das, was Gott den Fürsten zuvörderst befiehlt, ist Friedenswahrung", ermahnte er seinen Sohn Philipp in seinem großen politischen Testament von 1548. Das war es, was er in seinen Ländern zu tun hatte. Oder genauer genommen: Frieden stiften und möglichst viel Geld einziehen, – nicht für sich, sondern um die Mittel zu haben, anderswo Frieden zu stiften, um Mittel für seine „höheren Zwecke" als Kaiser zu haben, also eigentlich zum Kampf gegen die Ungläubigen – hier war Unfrieden erlaubt, ja geboten – und tatsächlich noch viel mehr zum Beseitigen der vielen Barrieren, die ihn an diesem „Auftrag der Christenheit" hinderten oder die er als solche Verhinderungen bezeichnete: wie vor allem der fast ständige Krieg mit Frankreich.

Dafür also reiste er mit seinem Staatsrat und einem ganzen Troß von Aktenmaterial herum, außerdem mit bis zu 4000 sonstigen Personen. Die ersten 17 Jahre seines Lebens war er nur in den Niederlanden; dann zweieinhalb Jahre und 1522– 1529 sieben Jahre in Spanien (aber nicht an einem Ort). Sonst war er nie länger als zwei, höchstens zweieinhalb Jahre in einem Land. Er war, wie Tyler ausgerechnet hat, neunmal im Reich, siebenmal in Spanien, siebenmal in Italien, viermal in Frankreich (davon zweimal kriegführend), zweimal in England und zweimal in Nordafrika. Von seinen 58 Lebensjahren verbrachte er insgesamt achtundzwanzig in den Niederlanden, achtzehn in Spanien, acht im Reich (dabei war er nur einmal in Wien), zweieinhalb in Italien, sieben Monate in Frankreich, viereinhalb in Afrika, zwei Monate in Lothringen, sieben Wochen in England, den Rest verbrachte er auf See.[7] (Karl rechnete das übrigens selbst gerne in dieser Weise zusammen.)

Die ganze Regierungsart, der ganze Wirkungsbereich war also eine Mischung von Universalismus und Partikularismus in der Zeit der sich konsolidierenden monarchischen Staaten. Das Universalreich war im wesentlichen eine Personalunion. Alle einzelnen Teile behielten eigentlich ihre alte Selbständigkeit, und über ihnen wurde eine übernationale Reichsregierung versucht, die den Teilen und der gesamten Christenheit Frieden und höhere Ziele zu geben versuchte – und ihnen sichtbar natürlich vor allem Kosten verursachte. Alles bei alter Eigenständigkeit belassen, hieß keineswegs reiner Traditionalismus, es hieß durchaus auch das Gewährenlassen neuer Entwicklungen, wie an Spaniens Expansion, an der Entwicklung des niederländischen Kapitalmarktes oder auch an den Anfängen der deutschen Reformation zu sehen ist; es hieß allerdings nicht, daß der Kaiser bei neuen Entwicklungen voranging.

Man kann feststellen, daß er mit seiner Regierungsweise relativ wenig Schwierigkeiten in Spanien hatte, etwa die dortige neue atlantische Richtung nicht hemmte. Anders war es im Reich angesichts der sich ausbreitenden Reformation. Und im europäischen Rahmen läßt sich sagen, daß seine Regierungstendenz deutlich darunter gelitten hat, daß sie ihm nicht geglaubt wurde. Gängig und glaubhaft war alles Vorgehen im staatlichen Eigeninteresse, auch mit machiavellistischen Mitteln, wie es vor allem Frankreich unter Franz I. und England unter Heinrich VIII. praktizierten. Sie gingen davon aus, daß Karl V. von seinen spanischen oder burgundischen oder neapolitanischen Interessen aus genauso handelte. Das führte dazu, daß sich Karl V. in Antwort darauf über den „guten Willen" hinaus zu einem klugen außenpolitischen Staatsmann entwickelte, der überlegen blieb, aber bitterste Enttäuschungen erlebte, – etwa wenn sich Frankreich mit protestantischen Fürsten und mit den Osmanen gegen ihn verband.

Er war tatsächlich anders strukturiert als seine königlichen Kollegen von Frankreich und England, auch als viele deutsche Territorialfürsten, aber ich würde mich scheuen, das einfach als „altmodischer", als „mittelalterlicher" zu charakterisieren. Er vertrat eine übereinzelstaatliche politische Position, wie es sie schon im Mittelalter gegenüber engeren Interessen gegeben hatte, wie sie aber auch in der späteren Zeit möglich war, wenn man etwa an Wilhelm III. von England oder Alexander I. von Rußland denkt. Sie war möglich, sie war aber auch selten, – was natürlich mit der Seltenheit dieser Machtstellung zusammenhängt.

Kurz gesagt, wenn man Karl V. als altmodisch charakterisiert, unterschätzt man sowohl seinen politischen Realismus als auch den längerfristigen – man könnte auch sagen: überzeitlichen – Wert seiner politischen Prinzipien. Auf das erste deutet schon der Historiker Arnold Heeren am Anfang des 19. Jahrhunderts hin: „In Carl V. sah das Neuere Europa zum erstenmal den Staatsmann auf dem Thron; nicht den Ränkemacher wie in Ferdinand (dem Katholischen)." Auf das zweite weist Carl J. Burckhardt hin: „Karl ist ein Zeitgenosse Machiavellis... Aber im Unterschiede zu dem grundgescheiten Florentiner Realisten besaß er als die lebendige Verkörperung seines Amtes die höchst königliche Fähigkeit, sich immer wieder über die Bedingungen des Zeitalters zu erheben und innerhalb der Auseinandersetzung der Epoche selbst frei zu bleiben."[8]

Die Besonderheit und besondere geschichtliche Stellung des Wirkungsbereiches Karls V. läßt sich auch von einer anderen Seite her deutlich machen, von einer neuen Theorie des Modernen Weltsystems, die der amerikanische Soziologe Immanuel Wallerstein 1974 veröffentlicht hat. Der erste Band seines Werkes handelt über das 16. Jahrhundert und er versucht unter genauer Diskussion der geschichtswissenschaftlichen Hauptergebnisse und -probleme eine globale Interpretation dieses Jahrhunderts. Die staatliche und die kapitalistische Entwicklung werden als gleichbedeutend angesehen. Betont wird aber, daß alle früheren großräumigen Systeme primär staatliche, nicht wirtschaftliche Systeme waren: das Chinesische Reich, das Römische Reich. Das Besondere der modernen europäischen Entwicklung, also das Dynamische, das vor Erstarrung Schützende sei, daß das wirtschaftliche System räumlich umfassender war als das staatliche; es wird von keinem Großreich umschlossen. In der ersten Hälfte des 16.Jahrhunderts sei allerdings ein solches Großreich versucht worden, das habsburgische. Es sei aber bald durch die funktionsfähigeren mittelgroßen Staaten England und Frankreich abgelöst worden.[9] In dieser Theorie kommt die Zwischenstellung des Reiches Karls V. gut zum Ausdruck. Es ist, kann man hinzufügen, also auch bezeichnend, daß dieses uneroberte, unrationale Reich kein geschlossenes war; schon in ihm selbst vollzog sich der Übergang zum „Modern World-System" mit den über den Staat hinausgehenden wirtschaftlich-kommerziellen Komponenten.

Es ist nun noch auf das Problem der Darstellung und Gliederung einzugehen. Die Besonderheiten der Gestalt Karls V. und seines Wirkungsbereiches bringen entsprechende Darstellungsschwierigkeiten mit sich. Was muß nicht alles vermieden werden: immer nur nebelhaft von der hohen Kaiseridee zu reden; oder eine vor allem psychologisch überzeugende Biographie dieses einzelnen Menschen zu geben, von der höfischen Jugendzeit in Gent über Höhen und Tiefen dieses „ungeheuren Lebens" (Brandi) bis zum Sterben des abgedankten Kaisers neben dem Kloster von San Jerónimo de Yuste in Kastilien. Oder das verwirrende, nie ganz erfolgreiche oder ganz erfolglose Hin und Her in diplomatischen Schachzügen und Kriegen, das in unendlich viele nur partiell wichtige Einzelheiten führt. Oder schließlich muß auch vermieden werden, anhand von Karl V. einfach eine Gesamtgeschichte des Zeitalters zu geben, − er würde dann entweder zum roten Faden, oder zwischen seinem Wirkungsbereich und der Gesamtgeschichte würden die Maßstäbe verschwimmen.

Mit der Geschichte seines übergroßen Wirkungsbereiches ist nicht die Biographie einer Einzelpersönlichkeit gemeint; aber natürlich auch nicht die von Personen abstrahierende Behandlung großer Zeitphänomene wie Expansion, Reformation oder Staatensystem. Die Geschichte Karls V. muß so personalisierend aufgezogen werden, wie er tatsächlich in seiner Zeit dank seiner Stellung und seiner persönlichen − langsam errungenen − Autorität wirkte. Denn das war für die Zeit prägend.

Wenn von seinem „Wirkungsbereich" gesprochen wird, nicht seinem „Reich" oder „Herrschaftsbereich" oder „politischen System", so soll darauf Rücksicht genommen werden, daß, wie gesagt, von einem einheitlichen „Reich" bei ihm nicht die Rede sein kann. Mit „Wirkungsbereich" ist weniger und mehr gemeint.

Weniger: Es muß problematisiert werden, ob er so weit wirkte, wie er einen „Herrschaftsbereich" hatte, und wie stark er darin wirkte. Das gilt in gewissem Grade für alle damaligen Staaten und anderen Herrschaften. Die „Durchstaatlichung", die Einflußnahme des Fürsten und seiner zentralen Behörden, ging in seinem jeweiligen Gebiet noch nicht entfernt so weit wie dann fortschreitend seit dem 18.Jahrhundert. Aber bei Karl V. ging sie noch viel weniger weit.

Mehr: Wirkungsbereich kann und soll sich auch auf nicht von ihm beherrschte Gebiete und Entwicklungen beziehen, etwa auf England oder Dänemark, auf die er durch seine Heiratspolitik Einfluß zu nehmen suchte; auch seine Gegner, etwa Frankreich, kann man in seinem „Wirkungsbereich" sehen.

Eine Gliederung ist nicht einfach zu machen, wie man an jedem Buch über Karl V. feststellen kann. Man kann wie Brandi in drei „Bücher" einteilen: bis 1522 „Dynastie, Länder und Reiche. Jugendzeit des Kaisers". Bis 1538 „Behauptung der ererbten Macht. Jahre der Entwicklung". Und dann: „Der Kampf um Deutschland. Höhe des Lebens und Alter." Die Charakterisierungen sind meistens allgemein und austauschbar, außer dem Lebensalter. Karl hat mit 19 Jahren, also ziemlich am Anfang, alles gehabt. Die ganze weitere Zeit bestand in verschiedenartigen Verflechtungen der Hauptprobleme. Etwa vom „Höhepunkt der Machtstellung" in den dreißiger Jahren zu sprechen, ist eine irreführende Dramatisierung; dafür war diese Machtstellung viel zu wenig dauerhaft. Auch mit der Entwicklung des „politischen Systems" läßt sich kaum periodisieren. Längerfristige Regelungen und Lösungen gab es erst in den fünfziger Jahren, zur Zeit seines Abschiedes, also eigentlich durch sein Scheitern: 1555 wird der Augsburger Religionsfrieden verkündet. 1555/56 bekommen die Niederlande und Spanien in Philipp II. einen separaten, nicht mehr mit dem Kaisertum verbundenen Herrscher. 1559 wird der spanisch-französische Frieden von Cateau-Cambrésis geschlossen: Frankreich verzichtet auf seine italienischen und burgundisch-niederländischen Ansprüche.

Es wird immer nötig sein, sich die Gesamtverflechtung der Politik Karls V. vor Augen zu halten. Das geschieht auch neuerdings verstärkt durch die Herausarbeitung seines „politischen Systems". Aber es scheint mir verwirrend und wenig ertragreich, sie in ihrer Kompliziertheit rein chronologisch nachzuerzählen – so wie Karl und sein Staatsrat diese Politik „durchstehen" mußten. Ich werde darum im wesentlichen in drei große Abschnitte räumlicher und thematischer Art gliedern:

I.   Burgund und Spanien.
II. Das Reich und die Reformation.
III. Uneiniges Europa und Türkenabwehr.

Verflechtungen gibt es schon innerhalb dieser einzelnen Teile genug, und eben sie dürften durch die Disposition deutlicher werden. Außerdem ist zu hoffen, daß der dreimalige zeitliche Durchgang – immer wieder mit Vorerinnerungen oder Rückverweisen auf die zeitgleichen Geschehnisse in den anderen Bereichen – dazu geeignet ist, die Komplexität dieser Geschichte stärker bewußt zu machen.

Nach einem Literaturüberblick werden im ersten Teil Burgund und Spanien dargestellt und damit zugleich die „Fundamente" des Wirkungsbereiches in doppeltem Sinne sichtbar gemacht: einerseits die Voraussetzungen für Karls spanische Regierung und andererseits die Grundlagen für seine außerspanische Tätigkeit. Nach einem Rückblick auf Burgund und Spanien im 15. Jahrhundert folgt die Verbindung dieser beiden Gebiete nach 1504 und die Fahrt des jungen Karl 1517 in seine neuen spanischen Königreiche. 1520 muß er als Kaiser nach Deutschland. Hier verzweigt sich also die Geschichte, und die Darstellung folgt ihm in diesem Teil nicht, sondern bleibt in Spanien, bei den dortigen Unruhen 1520/23, bei dem dann folgenden siebenjährigen Aufenthalt Karls, wobei durch Gattinara und Cobos regierungs- und verwaltungsmäßig sowie wirtschaftspolitisch das System geschaffen wurde, das die späteren Abwesenheiten ermöglichte.

Im zweiten Teil stehen Reichs- und Kirchenpolitik im Mittelpunkt. Die drei deutschen Hauptprobleme Reichsverfassungsreform, religiöse Reform und Entwicklung der habsburgischen Hausmacht werden in ihrer Verflechtung dargestellt. Nach Kaiserwahl, Worms 1521 und der Erbteilung 1522 folgt die Reformationsfrage auf den weiteren Reichstagen, bis zum Schmalkaldischen Krieg und der militärisch gestützten Machtsteigerung des Kaisers. Der Teil schließt mit dem Verfall seines Wirkungsbereiches in Deutschland bis zu dem nicht mehr von ihm verantworteten Augsburger Religionsfrieden 1555.

Im dritten Teil geht es um die Europapolitik. Zunächst um den bereits geerbten Krieg mit Frankreich und den politischen Konflikt mit dem Papsttum um die Herrschaft in Italien, der 1529 zugunsten der dortigen spanisch-habsburgischen Hegemonie entschieden ist (so wenig das Frankreich zugeben will). Dann tritt die Auseinandersetzung mit dem osmanischen Großreich, der Gegenmacht des habsburgischen, für einige Jahre in den Vordergrund, also das eigentliche, kreuzzugsmäßige Hauptziel Karls als Vogt der Christenheit. Es wird dann wieder vom Konflikt mit Frankreich überdeckt, der durch Karls Plan einer staatlichen Verbindung mit England verschärft wird. 1555/56 dankt Karl ab, da er die Aufgaben, die er mit seinem Großreichssystem verbunden hat, nicht mehr erfüllen kann.

Literaturüberblick
Gestalt und Erforschung Karls V. in fünf Jahrhunderten

Die Auffassungen über Karl V. sind im Laufe der Jahrhunderte sehr unterschiedlich gewesen. Bei aller Anerkennung seiner hohen und würdig verkörperten Macht waren sie selten rein positiv. Das fällt besonders auf. Aber wem hatte er es auch recht gemacht? Den Protestanten sowieso nicht. Zu Frankreich und auch zum Papst stand er im Gegensatz. Italien überzog er mit Kriegen und bescherte ihm die spanische Übermacht. Österreich vernachlässigte er. Spanien regierte er zu überspanisch, nutzte es zu sehr kaiserlich-universal aus, im Gegensatz zu Philipp II. All dem stand nur der Respekt vor seiner Autorität, seiner meistens sichtlich maßvollen Politik, seiner selbstlosen Machtentäußerung gegenüber, gemischt mit Mitleid angesichts seiner Überforderung. So unterschiedlich und parteigebunden die Auffassungen über ihn auch sind, sie spiegeln seine Problematik so deutlich und vielseitig, daß es sich lohnt, darauf einzugehen.[10]

Zu seinen Lebzeiten hat sich Karl V. selbst bemüht, auf sein Bild in der Öffentlichkeit einzuwirken. Er versuchte Einfluß auf die Buchpresse zu nehmen. Ihm lag daran, seine Taten und ihre Motive von amtlichen Historiographen beschreiben zu lassen. Das war an sich ein altes Verfahren — so gab etwa Barbarossa seinem Oheim Otto von Freising die nötigen Unterlagen —, aber es wurde jetzt sehr viel ausgedehnter eingesetzt. Es gab viele Bewerber um die Stelle des Hofhistoriographen, die dann mehr oder weniger tendenziös ausgewähltes Material erhielten und es mehr oder weniger rhetorisch aufbereiteten. Juan Ginez de Sepúlveda hatte seit 1536 diese Stelle, sein Werk wurde aber erst 1780 veröffentlicht. Er erzählt selbst, wie ihn der Kaiser von blumiger, verherrlichender „Erfindung" abhielt. Sonst wurde „Zeitgeschichte" verfaßt, und das war meistens höhere amtliche Pressepropaganda, z. B. bei der sensationellen Geschichte des dem König Franz I. angebotenen Zweikampfes im August 1526, der ebenso altburgundisch wie modern-medienwirksam war.

Daneben entstanden auf geheimer Ebene seine politischen Ratschläge für den Sohn Philipp, seine Testamente und seine „Commentarien". Diese letzteren diktierte er 1550 bei seiner Rheinreise von Köln bis Speyer in französischer Sprache; sie sind aber nur in portugiesischer Übersetzung im 19. Jahrhundert wiedergefunden worden. Es gibt darin statistische Aufzählungen: Reisen, Krankheiten, viel über die Kriege, besonders über die letzten (1543–1547), mit kritischen Reflexionen über die Fehler seiner Feinde. Eine humanistische Autobiographie kann man diesen Text nicht nennen, dafür war Karl V. zu uneitel. Er versuchte nur, der Wahrheit zu dienen. Diese Wahrheit sah er aber doch meistens schwarzweiß: ein böser Zustand herrschte in der Welt, ein guter sollte entwickelt werden, dies geschah durch kaiserliches Eingreifen.[11]

Nach Karls Tod, im späteren 16. und im 17. Jahrhundert, kann man in den protestantischen Ländern von einem Desinteresse an ihm und an seiner Geschichte sprechen. In Deutschland galt er schon zu seinen Lebzeiten, nach dem schnellen Rückgang der anfangs großen nationalen Popularität, genugsam als „Fremder". Für Sleidanus war er das Haupt der von den protestantischen Fürsten besiegten Gegenwelt. Für die Engländer war er verknüpft mit Heinrichs VIII. verstoßener Frau aus habsburgischem Hause sowie mit dessen Entschluß zur Reformation, außerdem mit der gescheiterten „Gegenreformation" Marias der Katholischen, bei welcher der Kaiser die Hand im Spiele hatte; daher wurde er als „politischer Intrigant" dargestellt, etwa in Shakespeares „Heinrich VIII.". Für die Franzosen war er „Charles-Quint", die zentrale Gegenfigur, der Mann, der ihnen die habsburgische Einkreisung eingebrockt hatte, die sie jahrhundertelang – eigentlich bis zur Französischen Revolution – nicht loswurden. In den Niederlanden, seinem Geburtsland, gab es positivere Stimmen, aber nur zur Abhebung von seinem Sohn Philipp und dessen verhaßter Politik.

Nur in Spanien bestand nach seinem Tod hohes Interesse an ihm, vor allem durch den Vaterkult, den Philipp II. trieb. Für ihn war Karl V. ein Mythos, ja ein Heiliger. Hier also gab es Biographien über ihn. Besonders ist das Werk des Benediktiners Prudencio de Sandoval zu nennen („Historia de la vida y hechos del emperador Carlos V", Valladolid 1603). Durch seine Aktenstücke ist es noch immer wertvoll, aber auch wegen seiner Gestaltungs- und Urteilskraft. Vieles ist durch die späteren Quellenfunde bestätigt worden. Es ist eine große, ehrfürchtige Darstellung. Karl ist „Karl der Größte". Erstmals wurde hier seine Abdankung zum Akt der Askese stilisiert: Sandoval bewunderte, daß dieser große Herrscher auf Weltmacht, auf die weltliche Macht verzichtete: zugunsten „des armseligsten und einsamsten Lebens, das nur ein trauriges Mönchlein führen kann".[12] Diese Darstellung wirkte öffentlich in spanischen und anderen habsburgischen Ländern, geheim ebendort die vielen Abschriften von Karls Testamenten und Instruktionen, also seine Regierungsweisheit.

Im Gegensatz zu dem fromm-katholischen, manchmal geradezu gespenstischen Nachleben im spanischen und österreichischen Barock entstand im 18.Jahrhundert in Frankreich (mit Voltaire) und noch mehr in England eine gewisse Sympathie für den Kaiser, aus politischer Vernunft. Er war offenbar maßvoller als andere Fürsten gewesen, weniger machiavellistisch und machtgierig, auch eigentlich nicht religiös-fanatisch, sondern mehr bedacht auf das Heil der gesamten Christenheit oder − im Sinne des aufgeklärten 18.Jahrhunderts − auf die Einheit der Kulturmenschheit, über die er milde herrschen wollte. Man erkannte in dieser Zeit die Bedeutung der Balance des europäischen Staatensystems und projizierte das auf ihn zurück.

So finden wir es 1769 bei dem schottischen Historiker William Robertson in seiner „History of the Reign of the Emperor Charles V". Berühmt geworden ist aus diesem Werk der große einleitende, 500seitige, nicht einfach als kulturgeschichtlich zu bezeichnende Abschnitt „Abriß des Wachstums und Fortgangs des gesellschaftlichen Lebens in Europa vom Umsturze des römischen Kaisertums bis auf den Anfang des 16.Jahrhunderts". Robertson thematisierte hier den Übergang von der mittelalterlichen „Feudalanarchie" zum politischen Staatensystem. Danach beschrieb er annalistisch, politikgeschichtlich die Zeit Karls V. selber. Der Kaiser war für ihn mehr oder weniger eine besonders gute Gelegenheit „zur lebendigen Schilderung der Abwandlungen im europäischen Staatensystem".[13] Später, in der Romantik, hätte seine Persönlichkeit eine farbigere Gestaltung finden können: nach dem Untergang des habsburgisch geprägten Alten Reiches, in der Zeit der antinapoleonischen politisch-religiösen Restauration Europas. Friedrich Schlegel vertiefte sich jahrelang in historische Quellenstudien, notierte hellsichtige Beobachtungen, führte aber − echt romantisch − seinen großen Plan eines mehrteiligen Dramas über Karl V. nie aus.

An Robertsons politikgeschichtliche, durch zivilisatorische Gesichtspunkte überhöhte Historiographie schloß Ranke an. Zunächst in seinem Werk „Die Osmanen und die spanische Monarchie", dann in seiner „Deutschen Geschichte im Zeitalter der Reformation". Der Kaiser mit seiner vermittelnden idealistisch-realistischen Haltung lag ihm, er war − mit Hilfe der Gesandtschaftsberichte − gut beschreibbar in seiner politisch-diplomatischen Tätigkeit; er war übernational und fromm. Also finden wir bei Ranke großartige, differenzierte Charakterisierungen Karls V.

Relativ früh, in den vierziger bis sechziger Jahren des 19. Jahrhunderts, erschien eine beträchtliche Zahl erster wissenschaftlicher Quelleneditionen zur Geschichte des Kaisers. Noch heute wird auf sie zurückgegriffen. Anstöße gab nicht nur Ranke, sondern auch der 1831 neugegründete belgische Staat, der nach historischer Fundierung strebte und darum durch Louis Prosper Gachard sein großes Brüsseler Archiv ordnen, vervollständigen und der Wissenschaft zugänglich machen ließ. Ranke entdeckte hier, weit über die Bestände des Wiener Haus-, Hof- und Staatsarchivs hinaus, das wichtigste Material zur Reichspolitik Karls. Unmittelbar an Rankes Brüsseler Funde anschließend gab Karl Lanz 1844−46 drei Bände „Correspondenz des Kaisers Karl V." und 1845 einen Band „Staatspapiere" heraus. Gachard selbst edierte und kommentierte neben vielem anderen ausführlich in drei Bänden die Quellen zur Abdankung und zu den letzten Jahren in Yuste

(1854−55). Auch anderswo wurde man tätig. Aus den spanischen Archiven, besonders den überreichen Beständen des Hauptarchivs in Simancas, präsentierte der katholische Kirchenhistoriker Ignaz von Döllinger 1862 eine erste Auswahl „Dokumente zur Geschichte Karls V., Philipps II. und ihrer Zeit". Der englische Historiker William Bradford veröffentlichte 1850 aus dem Wiener Archiv die Korrespondenz mit den kaiserlichen Gesandten in England und Frankreich. In Besançon wurde das Granvella-Archiv ausgebeutet (9 Bände 1841−52 von Charles Weiss), das mit den Papieren des Kanzlers Nicolas Perrenot de Granvelle auch die Regierungszeit Karls umfaßt.

Im 19. Jahrhundert blühten Geschichtswissenschaft und Nationalismus. Im Falle Karls V. stieß also die quellenmäßige Erschließung nicht auf ein entsprechendes aktuelles Interesse an dieser übernationalen Gestalt. Von den französischen Historikern zeigte nur François Mignet ein gewisses Verständnis für den Habsburger, den einstigen übermächtigen Gegner Frankreichs. Während Michelet ihn in seiner „Geschichte Frankreichs" als ersten Exponenten der „monströsen" habsburgischen Monarchie beschimpfte, die in ihrem Weltmachtstreben nur Kriege, Bürgerkriege und Religionskämpfe hervorgebracht habe, beschrieb Mignet 1875, im Zeichen neuer deutsch-französischer Rivalität, in einem zweibändigen Werk die „Rivalité de François Ier et de Charles-Quint" -: die Politik *beider* Fürsten erschien ihm fragwürdig; beide mochten historisch verstehbar sein, handelten aber doch maßlos, halsstarrig und damit realitätsfremd.

Die österreichische Geschichtswissenschaft war sich der großen habsburgischen Tradition bewußt, beschäftigte sich aber durchweg nicht so gern mit Karl, sondern lieber mit seinem Bruder Ferdinand I., der ja als Landesvater für den Vielvölkerstaat Österreich viel mehr geleistet hatte. Schon 1831−37 schrieb der Staatsrat Franz Bernhard von Bucholtz eine siebenbändige „Geschichte der Regierung Ferdinands I." mit vielen archivalischen Beilagen, und 1912 gab Wilhelm Bauer den ersten Band der umfangreichen Korrespondenz Ferdinands heraus (dem allerdings sehr schleppend weitere folgten: 1984 ist man beim dritten Band bis 1532 gekommen).

Und das übrige Deutschland, der übrige Bereich des Deutschen Bundes im 19. Jahrhundert? Im Zuge der kleindeutschen Reichsbildung trennte er sich zunehmend von der habsburgischen Tradition. Der neue Staat von 1871 war vorherrschend preußisch und evangelisch bestimmt. Nationalbewußte deutsche Katholiken konnten allerdings daran interessiert sein, Karls Distanz zum Papst, sein Streben nach einer einheitlichen deutschen Kirche und auch seine Frankreichfeindschaft positiv hervorzuheben. Aber Historiker wie Johannes Janssen oder Ludwig Pastor unterstützten das nicht. Und der erste Versuch einer deutschen Biographie des Kaisers kam von protestantischer Seite: Hermann Baumgartens „Geschichte Karls V." (drei Bände 1885−92). Das Werk reicht nur bis 1539. Baumgarten war Spezialist für die spanische Geschichte, dann wurde er bekannt als ein dem preußischen Staat sich zuwendender Liberaler, der aber nach 1870 gegen Treitschke eine kritische Haltung zu der weiteren nationalen, konservativen Entwicklung im Deutschen Reich einnahm. Methodisch blieb er jedoch konventionell. Er wandte sich in der Einleitung, anders als über hundert Jahre vorher Robertson, gegen die wieder einmal moderne, Zustände und Sitten umfassende kulturgeschichtliche

Richtung. Sein Werk war vor allem diplomatiegeschichtlich, nach den inzwischen veröffentlichten Korrespondenzen erarbeitet, es ging vom europäischen, europa-geschichtlichen Interesse aus; der Kaiser selbst wurde ähnlich differenziert geschildert wie bei Ranke, blieb aber ziemlich blaß. Dringend wies Baumgarten auf die Notwendigkeit hin, die politische Korrespondenz editorisch weiter zu erschließen, und bedauerte, daß die Wiener Akademie das nicht tat. In München wurden seit 1893 von der Historischen Kommission die „Deutschen Reichstagsakten, Jüngere Reihe" ediert, besonders aus reformationsgeschichtlichem Interesse, aber damit auch zu Karl V. beitragend. Sie begannen mit seiner Kaiserwahl 1519.

Mochte auch der modische Maler Hans Makart 1878 auf seinem üppigen Monumentalgemälde „Der Einzug Karls V. in Antwerpen" den Kaiser als flämischen Renaissancefürsten präsentieren – von der Geistes- und Kulturgeschichte, speziell von der Renaissance-Forschung her zeigte sich kein neues Interesse für ihn. Typisch ist hier Jacob Burckhardt, dem dieser Verteidiger „Alteuropas" doch eigentlich hätte liegen müssen. Aber Karl V. hatte eben den Sacco di Roma auf dem Gewissen, die Entfesselung der spanischen Soldaten auf das kulturvolle Italien: „Wer sie (die Spanier) kennen lernt bei ihren Greueltaten von Prato, Rom usw., hat es später schwer, sich für Ferdinand den Katholischen und Karl V. im höheren Sinne zu interessieren. Diese haben ihre Horden gekannt und dennoch losgelassen. Die Last von Akten aus ihrem Kabinett, welche allmählich zum Vorschein kommt, mag eine Quelle der wichtigsten Notizen bleiben – einen belebenden politischen Gedanken wird niemand mehr in den Skripturen solcher Fürsten suchen."[14]

Erst 1901 erschien wieder eine vollständige, zweibändige Biographie Karls V., – wieder von einem Engländer, Edward Armstrong. Eigentlich bestätigte er aber Burckhardts Meinung: kein belebender politischer Gedanke bei Karl, keine eigene Energie; alles, was er tat, geschah nur in Verteidigung; nur als der große Defensor könne er gerühmt werden.

Demgegenüber setzte seit 1913 die konzentrierte archivalische historisch-kritische Sammelarbeit von Karl Brandi ein. Als Schüler Baumgartens hatte er ursprünglich vor, dessen Biographie einfach fortzusetzen. Er blieb aber erst einmal in der Quellenorganisation hängen. Die europäischen Dimensionen dieser Regierungs- und Verwaltungstätigkeit taten sich ihm erstmals auf. Die archivalische Forschung, die der in der hochausgebildeten mediävistischen Quellenkritik geschulte Brandi unternahm, war nun alles andere als Kleinkrämerei. Man stellt sich einen Archivforscher gern vor als pedantischen Verehrer ungedruckten verstaubten Materials, fern von der Welt, fern von Darstellungskunst und großer Lehrtätigkeit. Brandi ist ein bemerkenswertes Gegenbeispiel. Er war der Mann der großzügigen, malerisch andeutenden Überblicksvorlesungen, der ästhetischen, beinahe dichterischen historischen Essays, und auch seine Quellenforschung hat etwas „Weltmännisches": es gehörte dazu viel Herumreisen in ganz Europa, besonders nach Wien, Brüssel, Paris, Madrid, Simancas, und die Arbeit bestand erst einmal in allgemeinem Quellenordnen und Übersicht-Schaffen, wobei intensiver nur nach direkten eigenen Aufzeichnungen des Kaisers und nach Denkschriften seiner näheren Hauptberater (Chièvres und Gattinara) im Wust des Aktenmaterials gesucht wurde. Und das Anstellen von Schülern gehörte dazu. Genau diese Vorgehensweise war eben für die Geschichte Karls V. die erst einmal notwendige Arbeit, sonst gab es kein Durchkommen, sonst blieb man wie Baumgarten am gedruckten Material hängen. Es ging um Kabinettsakten und Fürstenkorrespondenzen. Brandi unternahm eine Rekonstruktion der ganzen Kabinettsregistratur Karls V., er suchte nicht gleich in den Archiven, sondern erforschte erst einmal die Archivgeschichte, um die „Behörde" zu rekonstruieren und um herauszubekommen, wo was zu finden war. Er stellte fest, daß die Akten der Kabinettskanzlei bis etwa 1519 in Lille im alten Rechnungskammerarchiv lagen. Die folgenden Hauptakten, vor allem über das Reich, wurden von dem reisenden Kaiser ständig mitgeschleppt, wo immer er hinmußte. Vor Algier gingen dadurch 1541 Teile der Registratur mit einem Schiff unter. So lagen also wesentliche Bestände dann dort, wo Karl abdankte: in Brüssel. Sie waren dort aber nicht immer liegengeblieben. Vor den Truppen der Französischen Revolution wurden sie 1794 nach Wien geflüchtet, mußten dann zum Teil den Franzosen ausgeliefert werden (das war ein Bestandteil des Friedensvertrages von Campo Formio 1797), danach gab es über siebzig Jahre Hin und Her zwischen Wien und Brüssel bei dem Versuch, die niederländischen von den Reichsakten zu trennen, um diese letzteren für das Haus- Hof- und Staatsarchiv Wien zu bekommen. Was aber nur mäßig gelang. Vieles war „abgesprengt", etwa in Paris. Spanien hatte seit 1542 sein Staatsarchiv im Schloß von Simancas. Dort lagen alle diese Abteilungen immer noch unübersichtlich in großen Massen und doch mit vielen Lücken, die z.T. durch den Privatbesitz von Ministern aufgefüllt werden konnten. Auffallend oft fehlten Stücke, die von Hofhistoriographen zitiert worden waren: das bedeutet, daß die ausgeliehenen Sachen nicht zurückgelegt oder falsch eingeordnet oder später in der Bibliothek Madrid gesammelt wurden; dort also befand und befindet sich ein „Hilfsarchiv" mit entsprechenden Trümmern. Wovon nun wieder manches in Paris liegt, weil es Napoleon dorthin verschleppt hatte und nicht alles zurückgekommen war.

Dies alles wird hier nur angeführt, um einen Eindruck davon zu geben, wie ungeheuer das Material ist, wie unübersichtlich, wie beschädigt durch seine auch später noch bleibende historische Brisanz.[15] Für die Geschichte Karls V. sind immer noch große Entdeckungen zu machen.

Brandi war so sehr in die archivalische und in viele andere historische Organisation verstrickt, daß alle Welt staunte, als er 1937 eine vollständige Biographie Karls V. veröffentlichte: „Kaiser Karl V. Werden und Schicksal einer Persönlichkeit und eines Weltreiches." Sie ist ein Meisterwerk, das bis heute immer wieder neu aufgelegt worden ist, in viele Sprachen übersetzt wurde und sicherlich nicht nur wegen des thematisch internationalen Interesses so weite Verbreitung fand. Für eine derartige jahrzehntelange Beschäftigung ist das Buch mit seinen 550 Seiten eigentlich erstaunlich kurz – die früheren Darstellungen waren ja meistens mehrbändig. Es ist ein souveräner, großartig freskoartig stilisierter Überblick, manchmal mehr ästhetisch aufgeputzt als problemmäßig durchgeführt. Das Freskohafte täuscht auch, d. h. das Buch ist nicht leicht zu lesen, es ist heimlich sehr konzentriert und setzt vieles voraus. Es wurde ohne Anmerkungen und ohne Bibliographie geschrieben. Stattdessen publizierte Brandi dann 1941 in einer kleineren Auflage einen zweiten Band „Quellen und Erörterungen". Er ist genauso lang wie die Biographie und bildet einen kapitelweisen Anmerkungskommentar für die gelehrten Leser. Im Grunde war das aber auch nicht alles, es bildete nur die Brücke zu viel ausführlicheren Einzelabhandlungen Brandis. Man kann also sagen, Brandis publizierte Forschungen zu Karl V. bestehen aus drei Teilen: der biographischen Darstellung, dem Quellen- und Erörterungsband und den seit 1930 regelmäßig von ihm und seinen Schülern (vor allem Fritz Walser) veröffentlichten „Berichten und Studien zur Geschichte Karls V." in den Nachrichten der Akademie der Wissenschaften zu Göttingen.

Kann man von einem grundsätzlich neuen Bild Karls V. bei Brandi, bei dieser ersten vollständigen deutschen Biographie sprechen, neu nach dem „defensiven" von Armstrong? Natürlich vermag Brandi viel sicherer zwischen Karls Intentionen, der Interpretation seiner Politik und ihrer Wirkung zu unterscheiden. Insgesamt ist es vor allem ein neuartiges Gesamtgemälde, ein universaler Überblick, wenn auch die „Reichssachen" im Vordergrund stehen und nicht Spanien.

Wenn in seiner Interpretation eine gewisse Blässe auffällt, so kann man das nicht nur auf seinen Freskostil zurückführen, sondern muß hier seine Zurückhaltung in der Hitlerzeit hinzurechnen, in der das Werk erschien. Brandi war bei aller Weltläufigkeit entschieden national gesinnt, wie das hohe Pathos seiner im Ersten Weltkrieg vor Frontsoldaten vorgetragenen und 1918 veröffentlichten „Deutschen Geschichte" zeigt.[16] Er war katholisch, hatte aber eine konfessionelle Professur strikt abgelehnt, wie er überhaupt politisch-konfessionelle Organisationen wie die Zentrumspartei ablehnte. Zum Papsttum und seinen Machtansprüchen stand er als Historiker distanziert. Es ist kennzeichnend, daß er vor seiner Karlsbiographie nicht nur eine Darstellung der Renaissance in Florenz und Rom verfaßte, sondern auch eine deutsche Reformationsgeschichte, beides mit dem Akzent auf dem Politischen. Bei Karl betonte er auch weniger dessen feste Katholizität als seinen ständigen Streit mit der Kurie.

Brandi ließ aber nun in der Biographie von 1937 seine eigene politisch-religiöse Haltung ganz zurücktreten. Er war kein Nationalsozialist, er wollte sich auch nicht mit seiner nationalen Gesinnung dem „Zeitgeist" anbiedern, wollte nicht antirömisch und auch nicht antifranzösisch erscheinen. Also stellte er die fremde Persönlichkeit und auch das ganz gegenwartsferne Weltreich ästhetisch dar, in beider „Werden und Schicksal". Nur in wenigen Worten der Einleitung wies er darauf hin, daß Karl den spanischen Nationalstaat vollendet habe, während er beim deutschen Reich „die größte Schuld" an dessen „Auflösung" trage. Das fällt etwa auf, wenn man vergleicht, wie der katholische Kirchenhistoriker Joseph Lortz wenige Jahre später (1940) in seiner die konfessionellen Schranken überwindenden Darstellung der „Reformation in Deutschland" den Kaiser und seine „Weltpolitik" behandelt: er sei kein Deutscher gewesen, so wenig wie ein Spanier, aber die „deutsche Kaiserwürde" sei immer Hauptfaktor seines Denkens und Handelns gewesen: „Die Ideen hochzuhalten und ihrer Verwirklichung mit tiefem und arbeitsamem Gewissensernst dienen, durch die die Weltherrlichkeit des deutschen Kaisertums im Mittelalter gelebt hatte, wäre das undeutsch?"[17]

Thematisch neu herausgearbeitet wird von Brandi nur das sehr starke „dynastische" Bewußtsein Karls, nach dem er handelte. Das „Werden und Schicksal" einer „Persönlichkeit" ist nicht so individualisierend und psychologisierend ausgebreitet wie sonst bei damaligen Biographen. „Länder und Aufgaben ererbt, Jugend unfrei, das Ganze der Reiche unübersehbar" − angesichts dieser Voraussetzungen erscheint ihm der Familienzusammenhang als zentral wichtig und die Sorge für das familiär ererbte und möglichst gesichert Weiterzuvererbende als Hauptmotiv. Er verknüpfte mit dieser Deutung, was in seiner Zeit gerade durch Henri Pirenne und Johan Huizinga verbreitet wurde: eine Einordnung Karls V. in seine burgundische Umwelt. Dies war eine Neudeutung des spätmittelalterlich-herbstlichen burgundischen Staates und seiner Kultur und damit eine gewisse „Vermittelalterlichung" Karls. Hof, Rittertum, Kreuzzugsgedanke, Partikularismus traten damit in den Vordergrund, während Karl bisher – jedenfalls in Deutschland – eher als Spanier gesehen worden war.

Es besteht ein gewisser Gegensatz dieser burgundischen und dynastischen Deutung zu der prägnanten und immer noch bedenkenswerten ideengeschichtlichen Interpretation, die Peter Rassow schon seit 1932 vertrat. Nach ihr wäre die universale Kaiseridee das beherrschende Prinzip Karls V. gewesen. Rassow ging von den damals verbreiteten mittelalterlichen Kaiseridee-Forschungen aus (etwa von P.E.Schramms Symbolforschung mit ihren Verbindungslinien zu Byzanz, von Ernst Kantorowicz' Biographie über Kaiser Friedrich II. oder Alois Dempfs „Sacrum Imperium"). Nach Rassows Vorstellung habe Karl V. seinem neuen Reich eine mittelalterliche Reichsidee und Reichsverantwortung gegeben, und darum mußte er eigentlich Philipp II., seinen Sohn, als seinen kaiserlichen Nachfolger haben wollen und sei damit gescheitert. Im Grunde ist die dynastische und die Kaiseridee nicht schwer zu verbinden. Brandi hat das zweite sicherlich wegen des Reichsmythos des „Dritten Reiches" zurücktreten lassen. Eine weltanschauliche Inanspruchnahme ist bei der Ideengeschichte leichter möglich, also die ideologische Übertreibung im Dienste späterer politischer Zielvorstellungen. Das ist im Falle von Karl V. nun nicht während des Nationalsozialismus geschehen, aber in zwei anderen Richtungen.

Von spanischer konservativer Seite wurde er gern in Anspruch genommen für die hohe Idee der Hispanidad, für die Vorstellung der Gemeinsamkeit aller spanischsprechenden Völker in Europa und Amerika. Das kam am ehrfurchtgebietendsten bei Ramón Menéndez Pidal zum Ausdruck („La idea imperial de Carlos V", 1945), aber auch in manchen Festschriftartikeln zum Jubiläum 1958, das in Köln, Paris, Barcelona und Granada gefeiert wurde. Es ist aber abwegig. Karl war gerade nicht der Kaiser oder der Ahnherr einer bestimmten Nation oder „Raza" oder Kultur; das war dann eher Philipp II., in dessen Zeit ja tatsächlich der politisch-propagandistische Leitbegriff der „Universalmonarchie" auf die spanischen Habsburger übertragen wurde, wenn ihnen auch der „imperiale" Titel fehlte. Liberale, enger national eingestellte spanische Historiker wie Claudio Sánchez-Albornoz haben denn auch die imperiale Außenpolitik der spanischen Habsburger bedauert, zumal in ihrer Verbindung mit innenpolitischer antimoderner Intoleranz, haben also in der Thronbesteigung Karls V. eine Katastrophe für Spanien gesehen.[18]

International verbreiteter war die andere Richtung. Nach 1945, aber auch schon nach 1918 wurde Karl V. gern als Symbolfigur für die Europa-Idee in Anspruch genommen. Schon 1931 schrieb der Amerikaner D.B.W.Lewis ein Buch über „Charles of Europe". 1965 erschien in vielen Sprachen das Buch des Vicomte Charles Terlinden: „Carolus Quintus. Kaiser Karl V. Vorläufer der europäischen Idee". In dieser künstlichen Beleuchtung ist Karl V. gern mit abendländisch-konservativen oder gar katholisch-gegenreformatorischen Sehnsüchten verbunden worden. Auch dies ist nicht geschichtsgerecht. Es hat aber immerhin zu mehr Verständnis für die übernationale, für die charakterlich vornehme Haltung Karls V. geführt. Davon ist Royall Tylers Biographie über den Kaiser geprägt (1958). Tyler war als Amerikaner 1919 in Versailles dabei, später in Genf beim Völkerbund, er schwärmte für die europäische Föderation und war ein Geschichtsliebhaber von großer Gelehrsamkeit. Seine Biographie ist sehr persönlich und in tiefer Sympathie für den Kaiser geschrieben, mehr auf die europäische Diplomatie bezogen als auf das Reich; (dem deutschen Verlag fiel das so sehr als Mangel auf, daß er bei der Kaiserwahl 1519 einen Abschnitt aus Brandi in die Übersetzung einfügte!). Tyler ähnlich ist sein Genfer Kollege Carl J. Burckhardt, der das Vorwort für die deutsche Übersetzung schrieb, und vorher schon „Gedanken über Karl V." (1955). Man könnte hier auch den Komponisten Ernst Krenek mit seiner Oper „Karl V." anfügen, die den tragisch gescheiterten Versuch einer christlich geeinigten Welt beschwor: 1934 wurde die Wiener Uraufführung durch nationalsozialistische Gegenpropaganda verhindert, 1938 in Prag kurz vor dem Einmarsch deutscher Truppen nachgeholt; erst nach dem Zweiten Weltkrieg konnte das „Bühnenwerk mit Musik" zur Wirkung kommen.

Geschichtswissenschaftlich weiterführend sind andere, weniger ideen- als realitätsbezogene Werke über Karl V. geworden. An die Stelle der „Hispanidad" oder der Europaidee traten Außenpolitik und Finanzprobleme, an die Stelle des Kaiser- und Reichsgedankens das politische System und die Probleme in Deutschland. In dieser Weise unterscheidet man oft eine südeuropäische Interpretationslinie von einer mitteleuropäischen.

Politik und Verwaltung in Italien, besonders in dem dort umstrittensten Gebiet habsburgischer Herrschaft, in Mailand, hat Federico Chabod in mehreren Schriften behandelt. In Spanien ist erstmals Ramón Carande über die bisher vorherrschend erforschte politisch-diplomatische Geschichte hinausgekommen und hat in drei Bänden die ebenso komplizierten und wechselhaften wie unabdingbaren finanziellen Grundlagen von Karls Politik untersucht („Carlos V y sus banqueros", Madrid 1943–67). Hermann Kellenbenz hat das später (1990) durch seine Arbeit über die Fugger in Spanien und Portugal ergänzt. Mittelpunkt der spanischen Karlsforschung wurde dann Manuel Fernández Alvarez, der 1966 mit einer großen Darstellung über Spanien in Karls Zeit hervortrat, 1973–1981 aus spanischen Archiven ein fünfbändiges „Corpus documental de Carlos V" zusammenstellte und 1975 eine Biographie schrieb, die auch ins Deutsche übersetzt wurde. Er geht von der Hochschätzung dieser europäischen Gestalt aus, sucht ihrem spanischen und übernationalen Handeln, ihrem Idealismus und ihrer vernünftigen Politik gerecht zu werden und spricht eher vom Scheitern als von Fehlern.

Ähnlich, aber kritischer wird Karls spanische und europäische Politik von britischen Historikern wie Elliott, Lynch und Koenigsberger behandelt, noch schärfer von französischen wie H. Lapeyre. Der Verdacht, daß Karl nur verbal den Kampf gegen die Osmanen als seinen wichtigsten angesehen habe, an dem er nur immer durch Franzosen und Protestanten gehindert worden wäre, daß aber tatsächlich der Kampf gegen Frankreich aus Prestigegründen sein Hauptanliegen gewesen sei, findet in dieser Forschungsrichtung immer mehr Anhänger. Schon Ludwig Cardauns, der vor 1914 mit Brandi in der Karlsforschung konkurrierte, war zu ähnlichen Einsichten gekommen; da er im Ersten Weltkrieg fiel, konnten nur wichtige Vorarbeiten von ihm veröffentlicht werden (1923). Daran anknüpfend haben dann auch in Österreich Heinrich Lutz und Alfred Kohler betont, daß das Problem Frankreich in der bisherigen deutschen Forschung, besonders von Brandi und Rassow, unterschätzt worden sei.[19] Am kritischsten behandelt die aus Spanien stammende, in England lehrende Historikerin Maria-José Rodríguez-Salgado die Spätzeit des Kaisers, indem sie aus der Korrespondenz nicht die funktionierende Zusammenarbeit Karls mit seinen mitregierenden Familienangehörigen herausliest, sondern die sorgfältig verdeckten schweren Konflikte des kaum noch regierungsfähigen kranken Mannes mit ihnen, die eine gefährliche Krise der habsburgischen Herrschaft offenlegen.

Die Anhänger der mitteleuropäischen Interpretationslinie betonen gern, daß sie Spanien und überhaupt die südeuropäischen Fragen stets angemessen einbeziehen. Unausgesprochen soll das heißen, daß spanische, französische und britische Historiker den so komplizierten innerdeutschen Problemen nicht die entsprechende Aufmerksamkeit zuteil werden lassen. Das läßt sich kaum bestreiten, und oft liegt es schlicht an sprachlichen Barrieren: unübersetzte deutsche wissenschaftliche Literatur ist nicht jedem dieser Historiker zugänglich. Dafür ist Rodríguez-Salgado ein Beispiel: ohne Einbeziehung von „Christianitas afflicta", dem großen Werk von Heinrich Lutz über dasselbe Thema der europäischen Konflikte in der Spätzeit Karls V., neigt sie zur Unterschätzung der Reichssachen.

Aber die deutsche und österreichische Forschung über Karl konnte auch deshalb übersehen werden, weil sie nach dem Zweiten Weltkrieg erst langsam wieder in Gang kam. Darauf sei hier abschließend noch eingegangen.

Mit dem Tode Brandis 1946 brach das großangelegte Göttinger Forschungsprojekt der Erschließung der politischen Korrespondenz Karls V. ab. Brandi hatte in Wien, seine Mitarbeiter Adolf Hasenclever in Paris und Graf Looz-Corswarem in Madrid und Simancas darüber gearbeitet, man hatte etwa 23 000 Stück erschlossen. Die Dechiffrierung der 24 verschiedenen Geheimschriften in dieser Korrespondenz gelang Franz Stix (1936/37). Ein anderer Mitarbeiter, Fritz Walser, hatte 1934 eine grundlegende administrative Untersuchung über den Regierungsapparat Karls durchgeführt, über die spanischen Zentralbehörden und den Staatsrat (bis 1530), die nach seinem Kriegstod unvollendet und ungedruckt liegenblieb, bis sie Rainer Wohlfeil ergänzte und 1959 herausgab.

Dann erschienen allmählich einzelne Bücher zur bisher weniger behandelten Spätzeit: das schon genannte Buch von Heinrich Lutz: „Christianitas afflicta. Europa, das Reich und die päpstliche Politik im Niedergang der Hegemonie Kaiser Karls V. 1552–56" (1964), und von Horst Rabe: „Reichsbund und Interim" (1971). Auch Hubert Jedins Geschichte des Konzils von Trient (1949–70), dessen „Vater" bekanntlich kein Papst, sondern der Kaiser war, ist hier zu nennen.

Horst Rabe hat die Spärlichkeit der damaligen Forschungen über Karl V. mit dem in den sechziger und siebziger Jahren stark zurückgehenden Interesse an politischer Geschichte in Verbindung gebracht.[20] Das schadete gewissermaßen der so genuin politischen und personenbezogenen Zeit des Kaisers. Sozialgeschichte und

Strukturgeschichte waren gefragt, in Anknüpfung an die neue französische Richtung von Fernand Braudel und seiner Schule. Dort hatte etwa Pierre Chaunu demographisch hervorgehoben, daß die Ausdehnung des bevölkerungsstarken Frankreich durch die habsburgische Gegenrichtung blockiert worden sei – was aber, langfristig gesehen, Frankreich stabilisiert habe, ihm also zugutegekommen sei.

Außerdem, so kann man mit Rabe argumentieren, lag die Spärlichkeit deutscher Karlsforschung an Vorhandensein und immernoch großer Unerschlossenheit der Quellenmassen. Lange war Brandis Erschließungsarbeit liegengeblieben. 1969 nahm sie Rabe in Konstanz unter erweiterten Gesichtspunkten und mithilfe der neuen technischen Möglichkeiten wieder auf und will sie mit seinen Mitarbeitern bis zum Jahre 2000 durchführen. Jetzt erst zeigt sich in aller Klarheit, wie unzureichend die herkömmlichen Erfassungs- und Editionsmethoden für die Unermeßlichkeit von Karls Wirkungsbereich waren. Ist es doch nur annähernd mit der elektronischen Datenverarbeitung zu schaffen! Es geht um eine Korrespondenz von etwa 130 000 Stücken, gutenteils Familienkorrespondenz, aber die war in diesem Falle fast durchweg politisch. Erhalten sind förmliche und formlose Briefe in Klartext und Geheimschrift, in Kriegszeiten vorsichtshalber oft in Mehrfachausfertigung (bis zu „Quintuplikaten") auf verschiedenen Wegen verschickt, außerdem Konzepte, Randbemerkungen, Finanz-Agenden und vieles mehr. Das alles kann und soll nicht gedruckt werden, sondern wird listenmäßig mit Personen- und Ortsregistern auf einer Datenbank gespeichert. „Die Einbindung des Rechners der Universitätsbibliothek in das weltweite Computernetzwerk Internet sichert für die Zukunft die Zugänglichkeit der Forschungsergebnisse des Projekts für eine breite wissenschaftliche Öffentlichkeit."[21] Man kann dann also in aller Welt mit jeweiligen Spezialwünschen an diese Quellen heran. Etwa 100 000 Korrespondenzstücke und damit das Vierfache der seinerzeit von Brandi und seinen Mitarbeitern verzeichneten Bestände erschließt dieses Forschungsprojekt.

Das ist eine ungeheure Erweiterung unserer Kentnisse über Karl V. und seinen Wirkungsbereich, – oder vielmehr der Ermöglichung von Kentnissen, der Bereitstellung für neue und weitergehende Untersuchungen. Die Existenz dieser beispiellosen politischen Korrespondenz sagt aber schon etwas Wesentliches aus über das besondere „politische System" des Kaisers. Stärker als früher ist nun erkannt worden, daß Karl nicht nur mühsam und diskontinuierlich in seinen heterogenen Herrschaftsbereichen tätig war, sondern Kontinuität zu schaffen und sie miteinander in konstruktiven Bezug zu setzen verstand. Das gelang ihm noch nicht in den zwanziger Jahren, wohl aber danach. Seine beiden Hauptmittel dafür – das ist durch die neue „mitteleuropäische" Forschungsrichtung besonders herausgearbeitet worden – waren die Regentschaften, die in Spanien, den Niederlanden und dem Reich während seiner Abwesenheit für ihn tätig waren, und die Korrespondenz, mit der er die eigene Oberaufsicht über die Systemteile wahrte und die Zusammenarbeit des Systems zuwege brachte.

Damit ist eine Einheit in der verwirrenden Vielfalt von Karls politischer Tätigkeit neu erkannt worden, es ist die spezifische Struktur sichtbar gemacht worden, durch die seine Wirksamkeit in so unübersehbar weiten Räumen ein gutes Stück besser erklärt werden kann. Dazu paßt, daß Rabe auch Karls Haltung zu Religion und Kirche einheitlicher, ruhiger, selbstverständlicher katholisch, also weniger irritiert von den Auseinandersetzungen mit den Päpsten darstellt, als es sonst geschieht.[22] Heinrich Lutz, dessen früher Tod uns wohl um eine große Biographie des Kaisers gebracht hat, neigte dazu, Karls Kirchenvorstellungen romunabhängiger zu sehen; Ferdinand Seibt betont in seiner sehr auf Persönlichkeit, menschliche Beziehungen und körperliche Grenzen bezogenen Biographie Karls kühle, unabhängige Frömmigkeit.

Die Einheit des politischen Systems hervorzuheben, kann natürlich dazu führen, daß man seine Struktur und seinen Anspruch mehr gewichtet als seine Realität und seine tatsächliche Auswirkung. Außerdem mögen dadurch die dreißiger und vierziger Jahre angemessen erklärt werden, nicht aber das Jahrzehnt davor und auch nicht das danach. Vor allem tritt die unterschiedliche Geschichte der so heterogenen Teile des Wirkungsbereichs zurück, denn sie ist mit ihren je spezifischen Resultaten nicht nur vom Funktionieren des politischen Systems abhängig, sondern wohl noch mehr von seinem Mißlingen und von den vielen Gegenkräften. Das zeigen besonders die nichtdeutschen Forschungen. Auch Alfred Kohlers reichhaltige Sammlung deutscher oder ins Deutsche übersetzter „Quellen zur Geschichte Karls V." (1990) zeigt es. Über die Geschichte Karls V. muß multiperspektivisch gearbeitet werden und sind noch viele neue Erkenntnisse und Sichtweisen zu erwarten.

Erster Teil
Burgund und Spanien

„Die Teile seiner Staaten, welche
er in diesem Jahre nicht besuchen
konnte, besuchte er im folgenden
Jahre, 1516, und hielt das erste
Ordenskapitel des goldenen
Vlieses in Brüssel. Es war das
Todesjahr Sr. katholischen
Majestät, und sofort nahm der
Erzherzog den Königstitel. "

Commentarien Karls V. (1550)[23]

Burgund und Spanien waren die beiden „engeren", direkteren Regierungsgebiete im Wirkungsbereich Karls V. Zunächst hatten sie nicht sehr viel miteinander zu tun. Immerhin gab es wichtige Handelsverbindungen zwischen Nordspanien und Flandern, vor allem wegen der spanischen Wolle. Außerdem war nicht ohne Bedeutung, daß Philipp der Gute Isabella von Portugal heiratete, Karl der Kühne also eine portugiesische Mutter hatte. Die Zusammenbindung im Rahmen von Maximilians antifranzösischer Politik war dann auch nur eine dynastische. In dieser politischen Richtung bestand aber auch von der hohen burgundischen Selbsteinschätzung her ein Interesse an Spanien, bei dem man sich durchaus nicht als Anhängsel oder Juniorpartner betrachtete.

Karls eigene Hauptentwicklung ging von Burgund nach Spanien. Sie ging von einem Gebiet, dessen Staatswerdung 1477 gescheitert war, zu einem anderen, dessen staatlicher Zusammenschluß 1479 durch das Katholische Königspaar eingeleitet wurde. Sie ging in gewissem Sinne auch von den zerfallenden Problemen des 15. Jahrhunderts zu den aktuellen des ersten großen europäischen Expansionsstaates der Neuzeit.

Karl V. blieb trotz des neuen Zentrums mit Burgund verbunden. Es ist kennzeichnend, daß er mit seinen Geschwistern französisch sprach und mit seinen Kindern spanisch, aber ebenso, daß er in Brüssel abdankte. Die Spannungen zu den Niederlanden begannen zwar schon in seiner Zeit, aber Karls Verbindung bedeutete zunächst Förderung, bedeutete große, günstige wirtschaftlich-kommerzielle Verbindung der beiden Gebiete. Antwerpen war in der ganzen ersten Hälfte des 16. Jahrhunderts das Weltzentrum für Warenhandel, Geld- und Kreditmarkt. 1531 wurde dort das prächtige Börsengebäude gebaut.

Auf anderer Ebene lag die Übertragung der burgundischen Hofkultur auf Spanien. Das bekannte, höchst umständliche spanische Hofzeremoniell, das später auch in Wien und in Versailles eingeführt wurde, war burgundischen Ursprungs. Überhaupt stammen viele für uns typisch spanisch erscheinende Züge der „Grandezza" aus Burgund.

Als aber unter Philipp II. Spanien eindeutig zum Zentrum wurde, erwies sich die Künstlichkeit des Zusammenhanges und ging die Entwicklung auseinander. Spanien wurde für die Niederländer so etwas wie ein neues, ferneres, größeres Herzogtum Burgund mit Herrscher-, Adelsallüren und brutalen Geldforderungen; darum fielen sie ab.

Zur Klarstellung muß aber zunächst gefragt werden: Was heißt „Burgund"? Damit sind die dem Herzog von Burgund gehörenden Länder gemeint, die eigentlich keinen einheitlichen Namen haben. Diese Länder sind eben kein Staat, bzw. keiner geworden. Zu ihnen gehörte im 16. Jahrhundert das Herzogtum Burgund selbst gar nicht mehr. Seit 1482, endgültig seit 1493 gehörte es zu Frankreich. Nur der Rückgewinnungsanspruch blieb von diesem Herzogtum Burgund, und es war im höfisch-ritterlichen Geiste bei den übrigen Ländern dabei.

Restburgund bestand seitdem also, von kleineren Gebieten abgesehen, aus der Freigrafschaft Burgund (Franche Comté), aus Luxemburg und aus den von Burgund aus etwas unbestimmt und verächtlich genannten „pays de pardeça", oder (seit etwa 1530) „pays d'embas", also den Niederlanden. Diese waren die wichtigsten, reichsten Länder, und es waren diejenigen, in denen residiert wurde. Karl V., der Vielgereiste, war niemals in der Franche Comté und natürlich auch nie im ursprünglichen Herzogtum Burgund. Trotz ihrer zentralen Wichtigkeit hat man die Niederlande nie eines besseren Namens gewürdigt. Noch später, bis heute, gibt es ja Schwierigkeiten mit dieser Bezeichnung. Im 17./18. Jahrhundert sprach man von den spanischen bzw. österreichischen Niederlanden, also dem heutigen Belgien, im Gegensatz zu den „Generalstaaten" oder (mißverständlicherweise) „Vereinigten Niederlanden", die man auch pars pro toto „Holland" nennen konnte; erst nachdem das 1815 geschaffene Königreich der (wirklich, wenn auch nur kurz vereinigten) Niederlande 1830 Belgien verloren hatte, beschränkte sich der Name auf den nördlichen, „niedrigsten" Teil.

Burgund sind also im 16. Jahrhundert „eigentlich" vor allem die burgundischen Niederlande. Italiener und Spanier nannten sie nach dem damals reichsten Landesteil „Flandern" (so heißen sie entsprechend in Schillers „Don Carlos"). Die Engländer des 16. Jahrhunderts, z. B. Shakespeare, nannten sie altertümlich „Burgundy": Im „King Lear" wird vom „waterish Burgundy" gesprochen, womit eben nur die Niederlande gemeint sein können. Die Streitkräfte Karls V. und dann Philipps II. gegen Frankreich hießen das „burgundische Heer", obwohl sie größtenteils aus Spaniern und Deutschen, z. T. aus Engländern bestanden.

Wir entscheiden uns also für den historisch, nicht geographisch passenden Namen. Er ist sehr bezeichnend für die etwas verschrobene Situation dieses „verlegten", verachteten, reichen Gebietes.

Rückblick auf Burgund bis 1500

Das Herzogtum Burgund gehörte im Hochmittelalter einer Nebenlinie der Kapetinger. Nach deren Aussterben kam es 1363 an eine Nebenlinie des neuen französischen Königshauses der Valois. Philipp der Kühne, ein jüngerer Valois-Sohn, erhielt es im Zuge der Verteilung von Apanage-Herzogtümern während des gefährlichen Krieges mit England. Wie auch das Beispiel des Herzogs von Orléans zeigt, war das ein Zeichen der steigenden Macht der Kronvasallen, also einer bedenklichen Entwicklung für das französische Königtum. Langfristig wurde dessen Machteinbuße und politische Schädigung aber nur durch den Burgunder, vor allem, seitdem er 1384 durch Heirat der flandrischen Erbtochter auch noch Flandern, und die zum Reich gehörige Freigrafschaft (Franche Comté) dazugewonnen hatte. Im Falle von Flandern war das für Frankreich damals immerhin günstiger, als wenn sich die drohende Aussicht einer englischen Inbesitznahme verwirklicht hätte, aber die Folge war dauerhaft, sozusagen bis heute: im Gegensatz zu anderen Gebieten ist dadurch Flandern niemals Frankreich einverleibt worden.

Seit 1384 existierte also die typisch burgundische Verbindung des agrarischen Herzogtums mit den gewerblichen Niederlanden und dadurch auch mit deren kommerziellen Interessen, die vor allem für eine Verbindung mit England sprachen.

Burgund wurde im Hundertjährigen englisch-französischen Krieg der mächtigste Vasall. Es geriet in Streit mit dem Rivalen Orléans. 1419 wurde Burgunds Herzog Johann Ohnefurcht ermordet, nachdem er 1416 Heinrich V. von England als König von Frankreich anerkannt hatte. Das verbreiterte die Kluft zu Frankreich. Auch Philipp der Gute verband sich wieder mit den Engländern. Er erbte 1430 Brabant (mit Brüssel, Löwen, Mecheln, Antwerpen) und Limburg, die zum römisch-deutschen Reich gehörten, er eroberte 1433 die Grafschaften Seeland, Holland und Hennegau (südlich von Flandern). Zehn Jahre später kam das Herzogtum Luxemburg dazu; dieser Erwerb zog sich über Jahrzehnte hin. Insgesamt war das eine enorme Machtexpansion in außerfranzösischem Gebiet, ohne große formale Bemühungen, ohne daß um Belehnungen nachgesucht werden mußte; dafür war der Kaiser zu schwach und desinteressiert. Aus dieser Expansion konnte beinahe schon ein zusammenhängendes Mittelreich gebildet werden. Der Frieden von Arras mit Frankreich 1435 befreite den Herzog von der Lehensbindung an Frankreich, er war nun souverän gegenüber dem französischen König und wünschte vom Kaiser selber zum König gemacht zu werden. Dafür wurden sogar Kreuzzugspläne entwickelt, nach dem Vorbild eines von Johann Ohnefurcht tatsächlich unternommenen Kreuzzugs. Philipp der Gute gedachte auf diesem Wege sogar Kaiser zu werden oder seinen Sohn zum Kaiser machen zu können. Ganz deutlich war das eine Wiederbelebung des lotharingischen Zwischenreichsgedankens. „Le Grand Duc d'Occident" wurde der Burgunder genannt. Er zog den Burgenadel seiner Länder an seinen Hof, es kam zum adligen Hofdienst.

Der Orden vom Goldenen Vlies war dabei der innerste Kreis. Philipp der Gute gründete ihn 1430, wobei er die Kreuzzugsrichtung antikisierend mit der Fahrt der Argonauten zum „Lande des Goldenen Vlieses" umschrieb. Es war eine Vereinigung im Stile der damals neuen exklusiven, zahlenmäßig sehr begrenzten ritterlichen Hoforden, die man in England bei dem um 1348 in Erinnerung an König Artus' Tafelrunde gestifteten Hosenbandorden sowie beim Bath-Orden findet, in Frankreich beim Orden vom Heiligen Michael, im Reich beim Drachenorden (Kaiser Sigmund 1408). Anders als bei den Mönchs-, Laien- und früheren Ritterorden kann man hier ein „neues gesellschaftliches Führungsinstrument für die sich festigenden Nationalmonarchien" erkennen, eigentlich den Anfang der militärischen und anderen Verdienst-"Orden", die noch heute von Staats wegen verliehen werden.[24] Einsatz für den Fürsten sollte mit Verteidigung der Christenheit und religiös-sittlicher Lebensführung verbunden werden, aber auch auswärtige Herrscher konnten aus politisch-diplomatischen Gründen Aufnahme finden. Karl V., der mit neun Jahren als Erbprinz von Burgund Oberhaupt dieses Ordens wurde, wird lebenslang eng mit ihm verbunden bleiben, ja abhängig von ihm sein. Einmal wird er sich dort sagen lassen müssen, daß er den Zug nach Tunis und Algier eigentlich nicht hätte ohne Befragung des Ordens durchführen dürfen.[25] Auf dem späten (Münchner) Tizianbild ist das Goldene Vlies das einzige Abzeichen, das der Kaiser trägt.

Aber der gesamte vornehme Ritterhof residierte nicht in Burgund selber, also in Dijon, wo Philipp der Kühne residiert hatte, sondern – da es auch in Paris, im Hotel d'Artois, nicht mehr möglich war – im brabantischen Brüssel. Das kann man eine Verbürgerlichung ohne Respektierung des Bürgers nennen, den man verächtlich „Bauern" nannte. Verbürgerlichung bedeutete also nur, daß die burgundische Hofkultur auf der wirtschaftlichen Basis des reichen, wenn auch anfangs verachteten Bürgertums basierte. Das betraf auch die militärische Macht, denn das Söldnerheer wurde vom niederländischen Bürgertum bezahlt. Es war eine etwas hektische, konfliktträchtige Mischung von höfisch-adlig-verstiegenen und städtischen Kräften, da sich auch das niederländische Bürgertum nicht alles bieten ließ.

Aus dieser Mischung ist die starke Verwaltungsorganisation und die spezifische burgundische Kultur zu verstehen. Die Verwaltung wird oft als auffallend modern bezeichnet, als straff und effizient. Das war nötig bei dem territorialen Gewirr, aus dem die Burgunder tatsächlich einen gewissen Machtblock gebildet haben. Es war aber auch aussichtsreich dank des niederländischen Reichtums. Einflußreich und effizient waren vor allem der Conseil des Finances und die Chambres des Comptes, also Steuerbehörden und Kassenkontrollorgane, außerdem die Gerichtsbehörden: namentlich der Grand Conseil de Malines (Mecheln), der die Stelle des obersten Gerichtshofs einnahm, nachdem die französische Gerichtsoberhoheit abgedrängt worden war. Alle waren Kollegialbehörden, die das Muster für die späteren habsburgischen Länder bilden sollten. Ein römischrechtlich ausgebildetes Beamtentum spielte die Hauptrolle, das auffallend häufig aus der Franche Comté kam: das lag wohl an der Verbindung zu Savoyen und der juristischen Ausbildung in Bologna.

Was die Kultur betrifft, so war der burgundische Hof in der Mitte des 15.Jahrhunderts sicherlich der reichste europäische an Gold- und Silberschätzen, an Prunk und Kunst. Die Medicis in Florenz standen damals erst in ihren Anfängen, und anderswo, in Paris etwa, herrschte das Leiden unter der langen Kriegseinwirkung vor. Bei der burgundischen handelt es sich um eine Mischung spätmittelalterlich-höfisch-ritterlicher und neuer bürgerlicher Kultur, von der wir durch die altniederländische Malerei der Brüder Eyck, Memlings und vieler anderer vor allem die bürgerliche Seite vor Augen haben. Diese saubere, genaue, andachtsintime Tafelmalerei ist aber aus spätmittelalterlichen Miniaturen, aus Stundenbüchern abzuleiten. Und man muß, wie Huizinga im „Herbst des Mittelalters" gezeigt hat, die Gobelins, die Festausstattungen, die Feste und Turnierspiele, die Zeremonien selbst und die Ritterbücher hinzunehmen, um den Gesamtcharakter der burgundischen Kultur zu erkennen.

26

Dieses so heterogen, aber produktiv zusammengefügte Sozialgebilde scheiterte als machtpolitischer Komplex. Indem Burgund aus Reichslehen und französischen Kronlehen bestand, mußte es mit ständiger Feindschaft Frankreichs und ebenso des Reichs rechnen. So stark war es doch noch nicht, daß es seine prekäre Stellung gegenüber der überlegenen französischen Politik Ludwigs XI. durchhalten konnte, nachdem dieser die englische Bedrohung losgeworden war. Philipps Sohn Karl der Kühne machte nahezu pathologische Anstrengungen, seinen Staat doch noch zur Vollendung zu bringen. Er verheiratete sich mit der Schwester des englischen Königs, er versprach seine Tochter dem Sohn des Kaisers: und das hieß, er versprach ihm seine Erbin, um ihn dadurch ruhig zu halten, wollte dafür aber zum König von Burgund oder gar zum römischen König erhoben werden. Durch seine Ausdehnungspolitik im Oberelsaß und Breisgau brachte er jedoch auch noch die Eidgenossenschaft gegen sich auf, provozierte einen Reichskrieg gegen sich bei dem Versuch, das Zwischenstück Lothringen zu erobern, englische Hilfe blieb aus, − also scheiterte er. Im Januar 1477 fiel er bei der Flucht seines Heeres vor Nancy im Kampf gegen eidgenössische, elsässische und lothringische Truppen. Erbin war seine Tochter Maria. Kaiser Friedrich III. hatte noch im Mai 1476 den Heiratsvertrag mit seinem Sohn Maximilian durchgesetzt.

Nun versuchte Frankreich ebenso wie das Reich, dieses Mischgebilde zwischen französischen und deutschen Teilen an sich zu ziehen. Frankreich hatte unmittelbar nach dem Tode Karls des Kühnen neben Artois und Boulogne das Herzogtum und darüberhinaus sogar die Freigrafschaft Burgund in seine Hand gebracht. Das Reich war genau genommen Habsburg, das Haus Österreich: im April 1478 belehnte der Kaiser Friedrich III. Maximilian und Maria mit dem burgundischen Erbe, und zwar insgesamt, als Einheit, als „Haus Burgund". Die Habsburger verliehen sich das also sozusagen selber. Das entsprach strategisch der Heiratspolitik zur Bereicherung und Ausdehnung des habsburgischen Besitzes. In dieser seiner Tätigkeit wird der früher gern schlafmützig genannte Kaiser leicht unterschätzt.[26] Friedrich war aber primär auf Erweiterung als „casa de Austria" ausgerichtet, also auf den Osten, auf Ungarn und Böhmen. Das Interesse hier im Westen war mehr das seines fantasievollen, von burgundischer Ritterromantik und niederländischem Reichtum berauschten Sohnes Maximilian. Hier war also die kaiserliche Politik nicht so zielstrebig gewesen, hier aber kamen nun die schnelleren, unerwarteteren, freilich auch gefährlicheren Erfolge. Aus diplomatischen Allianzen, die man heiratspolitisch besiegelt hatte, wurden fast unerwarteterweise Erbfälle.

So zuerst bei Burgund, − hier jedenfalls unerwartet schnell. Maria hatte das burgundische Gesamterbe für den Fall ihres Todes auf ihre Kinder überschrieben und Maximilian als Vormund und Regenten eingesetzt. Sie starb tatsächlich schon 1482 bei einem Jagdunfall mit 25 Jahren. Es kam gegen Maximilian zu dem greulichen, nicht endenwollenden burgundischen Erbfolgekrieg. Der burgundische Adel paktierte großenteils mit Frankreich; auch niederländische Städte wie Brügge leisteten heftigen Widerstand. Maximilian hatte in diesem Kriegsabenteuer viel Pech, ließ aber nicht locker und paktierte mit dem rebellierenden französischen Hochadel. Er machte sogar 1490 eine Ferntrauung mit der nächsten vielversprechenden Erbtochter im französischen Bereich, nämlich mit Anne de

Die Großeltern Karls V. väterlicherseits. Maximilian I. mit seinen beiden Frauen Maria von Burgund, Tochter Karls des Kühnen, die den Habsburgern das burgundische Erbe einbrachte (Großmutter Karls V., sie starb 1482 nach fünfjähriger Ehe), und Bianca Maria Sforza, Tochter des Herzogs von Mailand Lodovico il Moro, die Maximilian 1494 wegen seines (gegen die französischen Ansprüche gerichteten) Interesses an Oberitalien heiratete. Relief von Hans Türing (Werkstatt) 1494/96 am Erker des Hauses „Goldenes Dachl" in Innsbruck.

Die Großeltern Karls V. mütterlicherseits. Das Katholische Königspaar Ferdinand II. von Aragon und Isabella I. von Kastilien, durch das Spanien vereinigt wurde. Figuren von Philippe de Bourgogne in der Capilla Real neben der Kathedrale von Granada. Dort hatten sich Ferdinand und Isabella als Sieger über das letzte maurische Reich auf spanischem Boden beisetzen lassen. Karl V. wollte daraus die Familiengruft der neuen spanischen Dynastie machen, aber sein Sohn Philipp II. verlegte sie in den Escorial.

Bretagne. Das war wirklich gefährlich für den französischen König, aber zu dessen Glück störte hier Matthias Corvinus in Österreich den maximilianischen Siegeslauf. 1493 kam es zum Vertrag von Senlis. Das burgundische Erbe wurde geteilt. Frankreich erhielt die Bourgogne, also das Herzogtum Burgund, außerdem die Picardie, und gab die Freigrafschaft Burgund wieder heraus. Maximilian erhielt alles andere, also vor allem Flandern, denn viel mehr gehörte ja nicht zum ursprünglichen französischen Kronlehen. Anne de Bretagne und damit dieses ganze Herzogtum waren ihm schon vorher von Karl VIII. abgejagt worden.

Geradezu unmittelbar anschließend folgte die nächste, noch viel größere habsburgische heiratspolitische Sensation, nämlich die Verbindung mit Spanien.

Karl VIII. hatte, nachdem die Sache mit Burgund und der Bretagne geregelt worden war, im nächsten Jahr 1494 seinen Zug nach Italien unternommen, um da die französische Machtstellung wiederherzustellen: in Mailand, dann in Neapel gegen Aragon. Dagegen brachte Ferdinand der Katholische 1495 die „Heilige Liga" zusammen, mit dem Papst, mit italienischen Stadtstaaten und mit Maximilian, seit 1493 Nachfolger Kaiser Friedrichs III. und in zweiter Ehe mit Bianca Maria Sforza, Tochter des Herzogs von Mailand, verheiratet. Dieses Bündnis zwischen Ferdinand und Maximilian wurde durch eine doppelte dynastische Verbindung bekräftigt, und das sollte die „denkwürdigste dynastische Verbindung der Neuzeit" (Brandi) werden. Johann, der Erbe des Katholischen Königspaars, heiratete Margarete, die Tochter Maximilians. Philipp (der Schöne), der Sohn Maximilians, heiratete Johanna, die Tochter des Katholischen Königspaars. Ferdinand war der drängende Partner bei diesen Verhandlungen; an einen habsburgischen Erbfall war dabei nicht oder kaum gedacht. Der spanische Thronfolger Johann starb aber bereits 1497. Nun war seine ältere Schwester Isabella erbberechtigt, die mit zwei aufeinanderfolgenden portugiesischen Königen verheiratet worden war. 1498 starb sie aber, und im Juli 1500 auch ihr einziges Kind. Dadurch wurden Johanna und Philipp, das Herzogspaar von Burgund, und ihr fünf Monate vorher geborener Sohn Karl erbberechtigt.

Rückblick auf Spanien im 15. Jahrhundert.
Die einzelnen Königreiche

Die burgundische Staatsentwicklung war 1477 gescheitert. Um die gleiche Zeit liegt der deutliche Anfang der großen spanischen Entwicklung. In allen wesentlichen Erscheinungsformen ihrer Weltreichsbildung war sie ja schon vor Karl V. da: in der Union zwischen Kastilien und Aragon, im Kampf gegen die Ungläubigen, in der Expansion nach Übersee, den italienischen Interessen, der habsburgischen Verbindung, dem Handelskontakt mit den Niederlanden und vielem anderen. Darum müssen wir auch schon vor Karl V. relativ genau darauf eingehen.

Man sieht in der frühneuzeitlichen Geschichte immer die schnelle universale Entwicklung Hollands im 16./17. Jahrhundert als besonders mirakulös, als kaum erklärliches Phänomen an. Die spanische im 15./16. Jahrhundert ist kaum erklärlicher, verglichen mit den weit „normaler" erscheinenden Entwicklungen Frankreichs und Englands in der gleichen Zeit. Machiavelli schrieb 1513: „Nichts erwirbt einem Fürsten so viel Achtung wie große Unternehmungen und aufsehenerregende Taten. Wir sehen das in unseren Tagen an Ferdinand von Aragon, den gegenwärtigen König von Spanien. Man kann ihn fast einen neuen Fürsten nennen, weil er aus einem schwachen König durch den Ruhm seines Namens zum ersten Herrscher der Christenheit geworden ist.“[27] Der Historiker J. H. Elliott weist darauf hin, daß Spanien für einige Zeit die größte Macht der Erde wurde. Es kolonisierte große weite Überseegebiete und schuf ein System, um das weiteste, zerstreuteste Reich, das die Welt bisher gesehen hatte, zu regieren. Es produzierte eine sehr spezifische Zivilisation, einen einzigartigen Beitrag zur europäischen kulturellen Tradition. Nur Europa beherrschen – das tat es nicht. Die Erforschung dieses Phänomens, so fährt Elliott fort, bedeutet die Beschäftigung mit einer der kompliziertesten und schwierigsten historischen Fragen: Wodurch wird eine Gesellschaft plötzlich dynamisch, was entfesselt ihre Energien?[28] Wobei ja für Spanien mit gleicher Stärke später die Frage hinzukommt: Wie verliert diese gleiche Gesellschaft ihren Impetus, ihre schöpferische Dynamik?

„Spanien“ ist eine so fragwürdige Bezeichnung wie in anderer Weise Burgund. Sie war nicht oder wurde erst allmählich und inoffiziell im 16. Jahrhundert der Name einer Monarchie. „Hispania“ war die alte geographische Bezeichnung der ganzen iberischen Halbinsel, seit der römischen Zeit. Auf dieser Halbinsel befanden sich im 15.Jahrhundert mehrere Königreiche: Portugal, Kastilien, Navarra, Aragon, Granada (dies letztere maurisch). Es gab durchaus Vereinigungsbestrebungen unter den christlichen Reichen, die ja schon früher aus kleineren zusammengewachsen waren, wie Leon und Kastilien, es war aber unsicher, welches dann „Spanien“ sein würde. Die Hauptmöglichkeiten waren Portugal-Kastilien oder Kastilien-Aragon, oder diese drei.

Geben wir zunächst einen Überblick über die einzelnen Reiche.

Portugal hatte im 15.Jahrhundert nicht immer ein starkes Königtum, aber es war eher mit seinem binnenländischen Teil der Reconquista gegen die maurischen Herrschaften fertig als Kastilien. Schon seit 1250 war es ein fester Staat, zwar großenteils arm und unkultiviert, jedoch mit einer Kaufmannsschicht in Lissabon und Oporto, die mit dem König und meistens gegen den Adel verbunden war und zur Entwicklung der Schiffahrt beitrug. Portugal war also eher fähig zum Ausgriff nach Afrika zur weiteren Bekämpfung des Islam. 1415 wurde Ceuta erobert, es kam zum „Algarve ultramar“, zur Besetzung der Azoren, Madeiras, zur südlichen Segelfahrt an der afrikanischen Küste entlang. Seit 1481 erstarkte das Königtum unter Johann II., und daraufhin wurden die Vorstöße zum legendären Reich des „Erzpriesters Johannes“ und nach Indien getätigt. 1498 landete Vasco da Gama in Calicut. Erstaunlich schnell entwickelte sich ein weit ausgedehntes Seehandelsimperium im Indischen Ozean. Kastilien, das von Sevilla aus ähnliche Möglichkeiten gehabt hätte, wurde in dieser Weltgegend eindeutig überrundet.

Aragon war weniger durch das ursprüngliche Territorium dieses Königreiches, ein Binnenland mit der Hauptstadt Zaragoza, bestimmt als durch die in Personalunion damit verbundenen Gebiete an der iberischen Mittelmeerküste: Katalonien (Grafschaft Barcelona) und Valencia. Auch diese Monarchie hatte im 13.Jahrhundert die Reconquista abgeschlossen. Sie war ein stark kommerziell, vom Mittelmeerhandel, vom Export von Textilien und Eisen geprägtes Reich, es expandierte zu den Balearen, nach Sardinien, nach Sizilien, zeitweise auch zu griechischem Gebiet. 1311–87 existierte das Herzogtum Athen, das noch zu den Titeln Karls V. gehören wird. Die großen Städte wie Barcelona und Valencia waren handelsmäßig und auch im politischen Selbstbewußtsein entwickelter als andere Städte der iberischen Halbinsel. Barcelona unterhielt Konsulate in den wichtigsten Mittelmeerhäfen, katalanische Kaufleute verkehrten in Nordafrika, Alexandria, Brügge, sie wetteiferten mit venezianischen und genuesischen Konkurrenten im östlichen Gewürzhandel. Das Königreich war also stärker vom Verhältnis des Königs zum Stadtpatriziat als zu dem meist nicht sehr reichen aragonesischen Adel geprägt. Es war ein sehr kontraktbestimmtes Verhältnis. Man kann geradezu von einer konstitutionellen Monarchie sprechen. Katalonien, Aragon und Valencia hatten je besondere Cortes, es gab aber auch gemeinsame Versammlungen, die sogenannten Cortes generales. Die Cortes von Aragon hatten vier Kammern, da der Adel in „ricos-hombres" und „caballeros" aufgeteilt war, bei den anderen findet man die übliche Dreiteilung: Adel, Klerus, Städte. Es gab regelmäßige Versammlungen. Die katalanischen Cortes besaßen große legislative Macht. Seit 1283 konnten Gesetze nur bei gemeinsamer Zustimmung von König und Cortes erlassen und aufgehoben werden. Der berühmte aragonesische Huldigungseid lautete: „Wir, die wir so gut sind wie du, schwören dir, der du nicht besser bist als wir, daß wir dich als König und obersten Herrn anerkennen wollen, jedoch nur unter der Bedingung, daß du alle unsere Freiheiten und Gesetze achtest. Wenn nicht, nicht." (Möglicherweise ist diese Formulierung etwas zu pointiert, um wahr zu sein; überliefert ist sie erst aus dem 16.Jahrhundert.)[29] Wegen dieser Institutionen waren die einzelnen Teile der Krone Aragon nie so verbunden wie Kastilien-Leon. Das wurde auch auf die neuerworbenen Gebiete übertragen: Sardinien (seit 1323 erobert) und Sizilien (1282) hatten beide ihre eigenen Parlamente. Ganz Aragon war also mehr eine lose Föderation von Territorien mit eigenen Gesetzen und Institutionen, die je unabhängig über die Gelder abstimmten, die der König forderte. Er selber, der meistens in Barcelona residierte, wurde in den einzelnen Reichsteilen durch eine Figur vertreten, die später im spanischen Reich eine entscheidende Rolle spielen sollte: den viceroy, den Vizekönig. Das war eine katalanische Erfindung, die erstmals für das Herzogtum von Athen angewandt worden war (vicarius generalis oder viceregens). Oft war sie zeitlich beschränkt, etwa auf drei Jahre; so wurde es in Mallorca, in Sardinien und Sizilien gehalten.

Insgesamt bestand in Aragon eine gut entwickelte Verwaltung und eine ausgebildete Diplomatie sowohl für die Tätigkeit im Mittelmeer als auch zum Schutze vor dem angrenzenden Frankreich. Im 15. Jahrhundert war das Königreich aber eine schon ältere und nun deutlich zurückgehende Macht. 1410/12 kam es zu einer dynastischen Krise. Die aragonesische Hauptlinie starb aus, eine fremde, nämlich eine Nebenlinie der kastilischen Dynastie wurde gewählt. Es kam zu so viel Schwierigkeiten, daß z. B. Alfons V. (der Prächtige) lieber in Neapel residierte, das ihm 1443 zugefallen war.

Das war aber nicht das schlimmste. Schon seit der zweiten Hälfte des 14.Jahrhunderts herrschte die Schwarze Pest in Katalonien, und zwar besonders stark. Hatte es Mitte des 14.Jahrhunderts dort schätzungsweise 430000 Einwohner gegeben, so rechnet man Ende des 15.Jahrhunderts nur etwa 280 000. Der Handel von Barcelona ging stark zurück. Valencia profitierte davon. Die staatlichen Organisationen waren für diese Krise zu kompliziert, sie hinderten sich gegenseitig; 1462–72 herrschte Bürgerkrieg. Dazu kam außenpolitisch die wachsende Gefahr von seiten Frankreichs, das die lange kritische Zeit des Hundertjährigen Krieges hinter sich hatte. 1463 annektierte Ludwig XI. Roussillon: katalanisches Gebiet. Wenn also damals von Aragon eine Vereinigung mit Kastilien ersehnt wurde, so geschah das von einer sehr geschwächten Position aus.

Über zwei andere Königreiche der iberischen Halbinsel läßt sich kurz hinweggehen: über Granada, das bis 1492 bestehende letzte und durch dynastische Kämpfe geschwächte maurische Reich auf spanischem Boden, und über Navarra mit Pamplona, ein Zwischenland beiderseits der westlichen Pyrenäen, meist von Basken bewohnt, ein ständiger Zankapfel zwischen Frankreich und Kastilien oder auch Aragon; 1479 fiel es wieder einmal an ein französisches Haus.

Kastilien war das weitaus größte und bevölkerungsreichste Königreich der Halbinsel. Während Portugal und Aragon je etwa eine Million Einwohner hatten, schätzt man bei Kastilien, allerdings nach der Eroberung von Granada, 5–6 Millionen. Zwei Drittel der iberischen Halbinsel waren also kastilisch. Es ist wichtig, sich klarzumachen, daß im 15./16.Jahrhundert nicht die Peripherie, sondern das Zentrum der iberischen Halbinsel dichter besiedelt war. Erst seit dem 18.Jahrhundert beginnen die Küstengebiete relativ bevölkerter zu werden, so wie es noch heute ist. Das dürfte einer der Schlüssel für die expansionistischen Tendenzen Kastiliens am Ende des Mittelalters sein.

Schon durch die Reconquista im 13. Jahrhundert, besonders die Eroberung Andalusiens, war Kastilien dieses größte Gebiet geworden. Es hatte das meiste erobert und war im 15.Jahrhundert als einziges christliches Königreich damit noch nicht fertig. Darum war es besonders stark von der Reconquista geprägt, auch einseitiger als Aragon, da bei ihm die Mittelmeer-Perspektive wegfiel. Die christlichen Kastilier könnte man als ein binnenländisch orientiertes, nomadisierendes Krieger-Hirten-Volk bezeichnen. Sie kannten für Jahrhunderte die Grenzersituation, sie kannten die befestigten Grenzstädte – das waren lange Zeit die altkastilischen –, die Raubüberfälle in maurisches Gebiet in einer Mischung von Kreuzzügen und Viehdiebstahl, die Plünderung und Besiedelung reicher islamischer südspanischer Städte wie Sevilla. In dieser Situation gab es wohl Verstädterung, aber eine viel geringere Verbürgerlichung der Kastilier als man das von den spätmittelalterlichen Katalanen oder Italienern oder überhaupt sonstigen Europäern sagen kann.

Das kastilische Königtum war stärker, vereinheitlichender als das aragonesische. Das lag an der militärischen Führungsrolle gegen die Ungläubigen. Der Adel, die Ritter, die Kirche, die städtischen Zusammenschlüsse sahen sich zwar auch als stolze Partner des Königs, aber in dynamischerer Situation, in Kampfgemeinschaft, also rechtlich weniger explizit geregelt als bei den Cortes der Krone Aragon.

In den ruhigeren Zeiten des 14. und 15.Jahrhunderts, in denen zunächst keine weitere Reconquista stattfand, breiteten sich vor allem im Süden, in Andalusien, die weiten Latifundien des Hochadels, der Ritterorden und der Kirche aus, nun in deutlicher Unabhängigkeit vom Königtum. Das seit Ende des 11.Jahrhunderts sich entwickelnde Zusammenleben von Christen, Mauren und Juden etablierte sich, weitgehend in der Weise, daß viele gewerbliche und kommerzielle Berufe in den Händen der Nichtchristen waren oder blieben. Die Herren- und Kriegergesinnung der Christen wurde dadurch künstlich verlängert. Natürlich gab es christliche kastilische Gewerbetreibende, Handwerker und Kleinbauern, zunehmend gab es dabei auch Konkurrenzhaß gegen die entsprechenden Nichtchristen. Aber kennzeichnend war für den christlichen Kastilier die Beschäftigung in der Weidewirtschaft. Dazu trug natürlich auch der karge, schwer zu beackernde Boden bei. Die Reconquista von Andalusien und Estremadura bedeutete also neue große Möglichkeiten für die nordkastilische Wanderschaf-Wirtschaft. Um 1300 wurde das Merinoschaf aus Nordafrika eingeführt; das bewirkte eine starke, vor allem flandrische Nachfrage nach spanischer Wolle. Die Mesta wurde eingerichtet, eine große gesamtstaatliche Organisation der Weidewirtschaft, eine der wichtigsten Einnahmequellen der kastilischen Krone. Es handelte sich um die Beaufsichtigung und Besteuerung der großen Wanderbewegung der Herden von den nordspanischen Sommerweiden zu den südspanischen Winterweiden und umgekehrt. Dadurch kamen die sonst so introvertierten Kastilier in Verbindung mit der Außenwelt, besonders mit Flandern. Burgos und später auch Bilbao wurden Handelszentren. Die kantabrische Flotte wurde ausgebaut.

Zum Mittelmeer bestand wenig Zugang; eigentlich nur durch Cartagena. An der Ausdehnung zu Inseln des atlantischen Ozeans bestand aber Interesse, besonders, als die portugiesischen Erfolge deutlich wurden — die man aber zunächst gar nicht einholen konnte.

Spanien als Vereinigung von Kastilien und Aragon

Soweit eine kurze Charakterisierung der einzelnen Teile Spaniens bis über die Mitte des 15.Jahrhunderts. Ende der Sechzigerjahre drohte nun diesem Kastilien eine dynastische Krise. Heinrich IV. hatte keinen männlichen Erben, und seine Tochter glaubte ihm niemand. Man schmückte den armen Mann mit dem Beinamen „der Impotente", wer weiß, ob mit Recht; er selber jedenfalls bestimmte 1468, daß seine Schwester Isabella Thronfolgerin werden sollte. Die wichtige Frage war nun: wer sollte sie zum Besten des Königreiches heiraten? Es gab drei Möglichkeiten oder drei Kandidaten: Karl von Valois, den Sohn Karls VII. von Frankreich, den König Alfons V. von Portugal und Ferdinand, den Thronfolger in Aragon. Die Verbindung mit Frankreich, zu dem es an sich schon längst „natürliche" gute Beziehungen gab, hätte eine schwere Gefährdung Aragons bedeutet, vielleicht eine Aufteilung dieses Königreiches zwischen Frankreich und Kastilien. Die Verbindung mit Portugal wäre jedenfalls kein Schutz für Aragon vor Frankreich gewesen, wenn auch diese Verbindung oft schon vorher anvisiert wurde und vielleicht für Kastilien günstiger gewesen wäre. Elliott meint, die dynamische aggressive kastilische Gesellschaft hätte eher in der portugiesischen ihresgleichen gefunden, es wäre eine Union zweier Nationen in ziemlich gleichem Entwicklungsstadium gewesen.[30] So, wie es kam, gingen Kastilien und Portugal getrennte Wege, 110 Jahre lang, dann kam eine Union zu spät, um dauerhaft zu sein.

Isabella wählte Ferdinand, oder man könnte auch sagen: Kastilien rettete Aragon. 1469 kam es zu einer raschen Heirat, 1474 nach dem Tode Heinrichs IV. wurde Isabella Königin von Kastilien. Der anti-aragonesisch eingestellte kastilische Adel zettelte aber Thronfolgekämpfe an, in die Alfons von Portugal eingriff, der nun Miene machte, die zweifelhafte Tochter Heinrichs IV. von Kastilien zu heiraten. 1479 gab er das auf, der innere Krieg war zuende, Ferdinand war nun König von Aragon.

Seither gibt es also dieses Spanien in der Verbindung von Kastilien und Aragon. Es war die erste und, aufs Ganze gesehen, eine dauernde Vereinigung.

Genauer betrachtet, war es damals eine Vereinigung nur als Gemeinsamkeit der Herrschaft Ferdinands und Isabellas. Staatsrechtlich blieben Kastilien und Aragon weiterhin selbständige Königreiche. Innen- und außenpolitisch handelten sie grundsätzlich getrennt. Die Mitherrschaft Ferdinands in Kastilien und vice versa war genau geregelt und eingegrenzt. Es wäre aber unrealistisch, nicht zu sehen, daß mit dieser Vereinigung mehr gemeint und auch mehr erreicht war als nur die gemeinsame Herrschaft des „Katholischen Königspaares". Das zeigt sich klar in den spektakulären allgemeinspanischen Unternehmungen, die deutlich mit dem Ziel unternommen wurden, nicht nur innerkastilische, sondern innerspanische Verschiedenheiten und Rivalitäten zu überwinden, und zwar in gemeinsamem Interesse nach außen. In zwei großen Veranstaltungen zeigt es sich sinnfällig: in der Wiederaufnahme und glorreichen Beendigung der Reconquista und in der Inquisition. Kastilien war jeweils führend, Aragon wurde mitgezogen.

Der Krieg gegen das letzte, schwache, maurische Königreich (Emirat) von Granada sollte die kastilischen und aragonesischen Interessen zusammenschweißen. Ferdinand führte den Krieg, wenn auch zugunsten der Herrschaft seiner Frau. Es war ein langer, zehnjähriger Kampf, mit vielen Belagerungen, mit Infanterie und Artillerieeinsatz, wobei die Militia der Städte und Söldner aus ganz Europa beteiligt waren. Eigentlich wurden hier die spanischen Soldaten ausgebildet, die dann so brutal in den italienischen Kriegen auftraten. Man arbeitete auch mit viel Diplomatie, bis im Januar 1492 das Katholische Königspaar in Granada einziehen konnte. Die Übergabebedingungen waren sehr liberal. Die maurische Verwaltung sollte bleiben, es sollte zu keiner Vertreibung kommen, zu keiner Zwangstaufe. Hernando de Talavera, der geistliche Berater der Königin, leitete diese Toleranzpolitik, er war ein gelehrter Arabist und wurde nun der erste Erzbischof von Granada.

Aber das dauerte nur kurze Zeit. Längst waren andere Entwicklungen angelegt. Spätestens seit dem 14. Jahrhundert herrschte der Missionsgedanke − nicht mehr der Kreuzzugsgedanke − in der katholischen Kirche Spaniens. Man hielt nun eine innere christlich-spanische Identitätsfindung für notwendig, angesichts der allzu verwirrten, heterogenen Gesellschaftsstruktur des Landes. Gewissermaßen eine Art „innere Reichsgründung" sollte stattfinden. Der neue geistliche Berater Isabellas war Francisco Jiménez de Cisneros. Er wurde dann 1495 Erzbischof von Toledo, also Primas der spanischen Kirche; nicht nur an Macht und Ansehen, sondern auch an Reichtum war er damit der zweite Mann nach dem König. In einer Zeit, in der überall in Europa über Verweltlichungserscheinungen der Kirche geklagt wurde, nirgend aber schon Reformen zu sehen waren, gab Cisneros der

Kirche mit großer Energie eine neue, reformerische Stärke. Er war Franziskaner von der strengen Art der Observanten, die gegen ihre leichtfertigeren Brüder, die Conventuales, vorgingen. Cisneros vertrieb sie aus dem Konvent in Toledo. 400 Brüder in Andalusien, die offenbar mehr kommunen- als klosterartig gelebt hatten, waren so wenig bereit zu innerer Umkehr, daß sie lieber zum Islam übertraten und nach Nordafrika zogen, als daß sie von ihren Frauen gelassen hätten.

Viel ernstere Folgen hatte die Untersuchung der Glaubensreinheit und der sog. Blutsreinheit, der „limpieza de sangre". In keinem anderen europäischen Land hatte es im Hoch- und Spätmittelalter ein derartiges – natürlich keineswegs konfliktloses – Zusammenleben verschiedener Religionsanhänger gegeben wie in Spanien. Diese Verflechtung wurde nun im Zuge einer nationalen Vereinheitlichung – eigentlich müßte man sagen: ersatzweise für eine nationale Vereinheitlichung – zersetzt und zerstört; – übrigens nicht viele Jahre, bevor die hierarchische Einheit der lateinischen Christenheit in Brüche ging. Es war beinahe eine gegenläufige Entwicklung.

Nicht gegen die Mauren, aber gegen die Juden hatte es schon Ende des 14. Jahrhunderts Aufruhr gegeben. Zusätzlich zu der jahrhundertelang ansässigen Judenschaft war Spanien wegen seiner Toleranz gegenüber Andersgläubigen seit dem 13. Jahrhundert zur Zufluchtsstätte vieler aus anderen europäischen Ländern vertriebener Juden geworden. 1391 gab es nun nach jahrelangen kirchlichen Hetzpredigten schwere Pogrome in vielen Städten Kastiliens und Aragons. Tausende wurden zwangsgetauft, noch sehr viel mehr ließen sich in den folgenden Jahrzehnten mehr oder weniger freiwillig taufen, um ihr Leben und ihre wirtschaftliche Existenz zu retten. Man rechnet, daß es Ende des 15. Jahrhunderts noch etwa 200 000 bekennende Juden und vielleicht genausoviel „conversos" oder „marranos" gab. Diese Marranen befanden sich in einer schwierigen Situation. Viele waren nur äußerlich übergetreten, und die Christen verdächtigten gleichermaßen echte und unechte Konvertiten; sie sahen darin eine Möglichkeit sozialer Diskreditierung erfolgreicher Konkurrenten. Viele „Neuchristen" waren im 15. Jahrhundert am Hofe tätig, bei der Aristokratie, sie waren gern gesehen wegen ihres flüssigen Reichtums. Es kam zu Verheiratungen mit dem kastilischen Hochadel. Ihre Tätigkeit als Verwalter, als Steuereinnehmer und Geldagenten des Adels machte sie verhaßt. Am gefährlichsten war wohl ihr Eindringen in die Stadtmagistrate. 1449 kam es in Toledo zur ersten Verfolgung von Marranen und zum ersten Dekret über Blutsreinheit. Alle Personen jüdischer Abkunft sollten von toledanischen Stadtämtern ausgeschlossen werden. Man erfand gewissermaßen schon den Ariernachweis, da es mit dem Religionsnachweis nicht mehr reichte.

Ferdinand hatte traditionell eine tolerante Haltung zu Andersgläubigen. Er wußte, daß er selbst jüdisches Blut in sich hatte; der Hof beschäftigte sogar gläubige Juden. Wie es sich bei solchen Minderheitenverfolgungen leicht ergibt: es kann sein, daß gläubige Neuchristen darauf gedrungen haben, die Inquisition einzuführen, damit ein für allemal die Verdächtigungen aufhörten. Die päpstliche mittelalterliche Inquisition war 1233 gegen die Albigenser in Südfrankreich eingerichtet worden, dann auch anderswo tätig, im 15. Jahrhundert aber kaum noch. Jetzt in Spanien wurde das anders geregelt. 1478 erbaten Ferdinand und Isabella von der Kurie ein Tribunal des Heiligen Officiums. 1480 wurden die ersten Inquisitoren für Sevilla tätig, dort kam es 1481 zum ersten Autodafé, bei dem sechs judaisierende Neuchristen verbrannt wurden. Diese Inquisition stand unter unmittelbarer Kontrolle der Krone. Das war ein großer Unterschied zur römischen Inquisition. Nicht einmal eine Berufung nach Rom war möglich. 1483 wurde sie einem eigenen königlichen Rat unterstellt: dem Consejo de la Suprema y General Inquisición. Die Aufgabe dieses Consejo war nicht etwa, sich mit Juden oder Muslimen zu beschäftigen, sondern mit Neuchristen, die im Verdacht standen, heimlich zum alten Glauben zurückgekehrt zu sein. Das wurde zunächst so in Kastilien eingerichtet. Nach einigen Hindernissen schaffte es Ferdinand, auch in Aragon (1487 in Barcelona) einen Inquisitor zu installieren – mit den Folgen, die man vorher prophezeit hatte: Viele ängstliche Marranen flohen, dabei reiche Kaufleute mit ihrem Kapital. Die Inquisition war die einzige Behörde, die in Kastilien *und* in Aragon tätig war, dann auch auf den Kanarischen Inseln, in Sizilien und Sardinien.

Berüchtigt war das inquisitorische Verfahren. Die der Häresie Angeklagten kamen in Untersuchungshaft und waren gehalten, sich um Unschuldsbeweise zu bemühen. Ankläger und Zeugen kannten sie nicht, sie konnten nur eine Liste ihrer Feinde aufstellen. Es handelte sich immer um langwierige Verfahren, vier bis fünf Jahre, auch unter Anwendung der Folter. Im Verhältnis zur Zahl der Prozesse wurden wenige Todesurteile gefällt. Die Geständigen hatten große Geldstrafen zu leisten. Die Strafen wurden durch weltliche Behörden exekutiert. Das berühmte Autodafé war eine öffentliche zeremoniöse Veranstaltung der Urteilsverkündung und -begründung sowie der Übergabe an den weltlichen Arm; verbrannt wurde zu anderer Zeit und an anderem Ort. Der Öffentlichkeits- und Festcharakter ist bezeichnend für die Bedeutung der Inquisition, er degenerierte dann geradezu zu religiösem Entertainment, um eine königliche Hochzeit, einen königlichen Besuch oder ähnliches zu feiern.

Dieses gegen häresieverdächtige Neuchristen eingeführte Verfahren wurde dann im 16. Jahrhundert ein praktischerweise schon vorhandenes gutes Mittel gegen den Protestantismus. Auch für Bigamie, Sodomie und Blasphemie war die Inquisition zuständig. Zunehmend wurde es seit' dem 16. Jahrhundert aber eine wichtige Aufgabe der Inquisition, dringend erwünschte Unbedenklichkeitsbescheinigungen auszustellen: die „limpieza de sangre" zu bestätigen. Das war etwas anderes als der Häresie-Nachweis. Jeder, der in Staat oder Kirche eine sichere Laufbahn wünschte, beantragte bei der Inquisition ein Zertifikat der Blutsreinheit: gewissermaßen einen „Ariernachweis", wobei er seine Ahnentafel und Zeugen vorzuweisen und außerdem eine gehörige Antragsgebühr zu zahlen hatte. Familien, die eine lange kastilische Vorfahrenreihe ohne maurisches oder jüdisches Blut nachweisen konnten, benutzten die Gelegenheit, Rivalen durch Denunziation zu diskreditieren, – eine besonders üble Form sozialer Diffamierung. Sie entwickelte sich im 16./17. Jahrhundert immer weiter, begann aber eben 1483.

Hierauf ist jetzt zurückzuleiten. Die Inquisition begann während der Verfolgung Andersgläubiger, war aber selbst eigentlich kein Mittel gegen offen Andersgläubige. Juden, Muslime und später amerikanische Indios standen außerhalb der Inquisition. Als aber im Januar 1492 Granada erobert wurde, drängte auch die Inquisition darauf, alle Andersgläubigen, wenn sie sich nicht taufen ließen, zu vertreiben, denn, so wurde argumentiert, Neuchristen würden unter ihrem Einfluß allzuleicht rückfällig. So kam es zur Vertreibung der Juden, zehn Jahre später auch der Muslime.

Am 30.März 1492 wurde das Edikt zur Vertreibung aller bekennenden Juden aus den Königreichen innerhalb von vier Monaten erlassen. Von 200 000 Juden entschlossen sich 150 000 zu gehen, 50 000 ließen sich taufen. Portugal nahm viele auf. Es wurde dann aber 1497 eine Heiratsbedingung für die Verbindung Isabellas, der Tochter der Katholischen Könige, mit dem portugiesischen König, daß die Juden auch aus Portugal zu vertreiben waren. Andere Juden zogen nach Afrika, ins Osmanische Reich (etwa nach Saloniki und Istanbul), wo sie weiter kastilisch (ladino) sprachen und die Schlüssel ihrer spanischen Häuser aufbewahrten.

1502 wurde ein gleichlautendes Edikt gegen die Muslime erlassen. Von etwa einer Million emigrierten nur etwa 300 000, obwohl doch das islamgläubige Nordafrika so nahe lag. Die anderen nahmen die christliche Religion an; sie wurden „Moriscos" genannt. Es war die ärmere Bevölkerung mit landsässigen Berufen, für die eine Emigration viel schwerer war. Dadurch entstand neben dem Marranenproblem das Moriskenproblem, das sich in wechselnden Erscheinungsformen über das ganze 16.Jahrhundert hinziehen sollte.

Die spanische Nationaleinheit wurde also von der Glaubenseinheit her zu bilden, zumindest zu fördern versucht. Das zeigt die Reconquista Granadas, die Vertreibung der Andersgläubigen, die Inquisition gegen die Häretiker und für die Bestätigung der Blutsreinheit. Die so erlangte politische und religiöse Einheit kann als das Werk des Katholischen Königspaares, also das Werk des Königtums bezeichnet werden, zumal die Inquisition eine allgemeinspanische Institution der Krone war. Die Ausweitung allerdings, das Ausmaß der Diffamierung der Neuchristen, ging weit über das Einheitsinteresse des Königtums hinaus. Das waren Formen des sozialen Rivalitätskampfes innerhalb der so heterogenen kastilisch-aragonesischen Gesellschaftsstruktur, Formen der Versuche des kastilischen Kleinadels und Bürgertums, sich der wirtschaftlich oft erfolgreicheren Rivalen zu erwehren. Die ökonomischen Folgen waren sehr nachteilig. Hinsichtlich der Mauren fiel das zunächst nur bei dem lange rückständig bleibenden Gebiet des Königreichs Granada auf. Deutlicher war der Ausfall der Juden und die Behinderung vieler Neuchristen, − dynamischer sozialer Gruppen, die mit ihrem Kapital und Unternehmungsgeist für Kastilien sehr wichtig geworden waren und es weiterhin gewesen wären. Die Lücke, die sie ließen, wurde nicht schnell und nicht etwa immer von Kastiliern gefüllt, sondern von Kolonien neuer Einwanderer, nämlich Niederländern, Deutschen und Genuesen, alle an Ausbeutung und mit Sicherheit weniger an Spanien interessiert, als es die einheimischen Juden gewesen waren. Durch deren Vertreibung und die Tätigkeit der Inquisition wurden also die wirtschaftlichen Grundlagen der spanischen Monarchie im Moment ihrer „imperialen" Laufbahn geschwächt.

Es waren eigentümliche und fragwürdige gesamtspanische Unternehmungen, durch welche trotz staatlich weiterhin loser Verbindung die innere Heterogenität überwunden und die Einheit betont werden sollte. Kastilien stand jeweils im Vordergrund − es waren im Grunde auch nur seine Probleme −, aber Aragon zog nach.

Ein anderes, weniger deutliches Mittel zur Vereinheitlichung und zur Stärkung des Königtums sei noch genannt. Es handelt sich um die Machtsteigerung des aragenesischen Ferdinand durch Einverleibung der kastilischen Ritterorden. Das mittelalterliche Kastilien besaß sie für sein spezielles Kreuzzugsziel: die großen militärisch-religiösen Orden von Santiago, Calatrava und Alcántara, die im eroberten Südspanien weiträumige zusammenhängende Grundherrschaften und Gerichtshoheit über etwa eine Million Menschen ihr eigen nannten. In der Hand des hohen Adels war dies ein Staat im Staat. Er wurde nun gleichsam „säkularisiert", genauer: royalisiert. Das wurde getätigt, indem Isabella, als der Großmeister von Santiago 1476 gestorben war, durchsetzen konnte, daß Ferdinand Großmeister wurde. 1487 fügte er die Großmeisterwürde von Calatrava hinzu, 1494 die von Alcántara. Damit hatte er alle. 1495 wurde hierfür ein königlicher Consejo de las Ordenes installiert. 1523 bestätigte der Papst die ständige Inkorporation aller drei Orden in die Krone. Das bedeutete eine ungeheure politische und finanzielle Machtsteigerung der Krone, auch durch die reichdotierten Kommenden, die für das Patronagesystem wichtig waren und blieben. Den Träger der Krone Aragon band dies mehr als manches andere an Kastilien.

Im übrigen muß man aber betonen, wie getrennt Kastilien und Aragon noch immer blieben, vor allem: wie viele Neuentwicklungen allein auf Kastilien bezogen blieben. Das ist an den staatlichen Reformen und an der Expansion in die Neue Welt zu erkennen.

Staatliche Reformen fanden in Aragon nicht statt. Es blieb eine konstitutionell stark beschränkte Monarchie. Man kann sogar eher von Reorganisationen alter Einrichtungen unter Ferdinand sprechen, besonders bei Katalonien. Die Einführung kastilischer Neuerungen lehnte er ab.

Denn in Kastilien gab es Neuerungen, und zwar zur Machtsteigerung des Monarchen, durchaus schon mit der Tendenz zum Absolutismus. Hier, also auch in diesem weltlichen Bereich, war Cisneros sehr aktiv, ähnlich wie es später die Kardinäle Wolsey oder Richelieu in England bzw. Frankreich sein werden. Der Adel wurde deutlich zurückgedrängt, wie ja schon bei den Ritterorden zu sehen war. Es zeigt sich auch bei der Bevorzugung der Städte, bei der Organisation der Santa Hermandad (ursprünglich städtische Bruderschaften für die Zeiten des Grenzschutzes) zwecks Wiederherstellung der Ordnung im Lande durch Polizei und Standrechtspraxis. Diese Organisation erwies sich als sehr wirksam, wurde allerdings Anfang des 16.Jahrhunderts wieder mehr lokalisiert. Neben solcher Bevorzugung wurde aber die politische Selbständigkeit der Städte auch gedämpft, und zwar durch Einsetzung von königlichen Corregidores. Die Cortes wurden selten berufen.

Seit 1480 gab es eine Zentralregierung in Kastilien durch den Consejo real, den sog. Kastilienrat. Er war zugleich der oberste Verwaltungsrat und das oberste Gericht. Man besetzte ihn mit Juristen aus niederem Adel und Bürgertum. Der hohe Adel konnte ohne Stimmrecht dabei sein, also gewissermaßen als die alte curia regis. Insgesamt bedeutete das eine politische Eindämmung des hohen Adels — wie sie ja überall in Europa ähnlich zu sehen ist —, keineswegs aber eine Eindämmung seiner wirtschaftlichen und territorialen Macht, soviel man auch an usurpiertem Kronland und an Einkünften vom Adel zurückverlangte. Trotz enormer Erweiterung des Kronbesitzes blieb der Adel territorial weiterhin mächtig, vor allem in Südspanien. Das steigerte sich noch durch die Eroberung des Königreichs

Granada. Man rechnet, daß 2 oder 3% der Bevölkerung 97% des kastilischen Bodens besaßen; die Hälfte dieses Bodens gehörte dabei einer Handvoll großer Familien. Diese Familien wurden in der Zeit der Katholischen Könige kein Hofadel. Sie zeigten sich sogar weniger am Hof als früher, sie lebten auf ihren Besitzungen. Das blieb so im ganzen 16. Jahrhundert und ist mit zu bedenken, wenn man die Stärkung und Begrenzung der königlichen Macht seit dem Katholischen Königspaar in Kastilien richtig einschätzen will.

Staatliche Neuerungen fanden also nur in Kastilien statt. Und, noch auffallender: die Neue Welt gehörte nicht ganz Spanien, sondern nur Kastilien.

Hier kann keine Entdeckungsgeschichte gegeben werden. Am 17.April 1492, drei Monate nach Beendigung des Granadinischen Krieges, genehmigte Isabella in Santa Fé vor Granada den Plan einer Entdeckungsreise des Genuesen Columbus, aber Bedeutung und Folgen dieses Beschlusses wurden erst später klar. Großenteils erst in der Regierungszeit Karls V. Deshalb ist erst dann darüber zu berichten. Ein bestimmtes wichtiges Ziel hatte der Beschluß jedoch schon in seiner Zeit: die Konkurrenz zur portugiesischen Expansion, die Absicht, über die Westroute bis China und Indien die kastilische Einflußsphäre auszudehnen. Man versuchte möglichst, den Islam „einzukreisen". Das gelang bekanntlich nicht. Stattdessen fand man große unbekannte Inseln und Länder. Sie wurden nur im Namen der Krone Kastilien in Besitz genommen. Warum das geschah, ist umstritten. Jedenfalls hängt es damit zusammen, daß sich Kastilien eigentlich lieber mit Portugal verbunden hätte und dies auch durch Heiratspolitik ständig weiterhin versuchte.

Die staatliche Monopolisierung des Amerikahandels war eine kastilische. Das hatte zur Folge, „daß die gewaltigen wirtschaftlichen Chancen und Aufgaben der amerikanischen Reiche für das Mutterland nicht zu einem einigenden Faktor wurden. Im Gegenteil: Spanien sollte bis tief ins 18.Jahrhundert hinein vom Dualismus der atlantisch-amerikanischen Wirtschaftsinteressen Kastiliens und der mittelmeerischen Interessen der Länder Aragons bestimmt und belastet bleiben."[31]

Wie steht es nun neben der gesamtspanischen Reconquista und Inquisition und neben der kastilischen Staatsreform und Expansion mit der europäischen Außenpolitik der vereinigten Königreiche? Sie war nicht einfach nur der spezielle Bereich des so versierten diplomatischen Taktikers Ferdinand, sondern faktisch das Spezialinteresse Aragons. Diese Außenpolitik richtete sich kurz nach der Eroberung Granadas auf Italien aus.

Wie schon erwähnt, unternahm 1494 der französische König Karl VIII. seine Invasion nach Mailand und Neapel. Ferdinand setzte dagegen seine geschickte antifranzösische Allianzpolitik und das eben neu geschaffene spanische Militär ein. Diese Politik war der große Anfang europäischer Koalitionsbildungen gegen einen übermächtigen Angreifer. Bisher hatte es das in dieser Häufung einzelner, auch wechselnder Absprachen nur innerhalb der italienischen Staaten gegeben. Ferdinand schuf 1495 die Heilige Liga. Auch institutionell legte er damit die Grundlagen für das diplomatische System, in dem sich Spanien im ganzen 16. Jahrhundert bewegen und ausdehnen sollte. Er erkannte den Wert ständiger Gesandter. Auch das hatten die italienischen Staaten im späten 14. Jahrhundert angefangen. Ferdinand etablierte zunächst fünf ständige Gesandtschaften: in Rom, in Venedig, in London, in Brüssel und für den umherreisenden österreichischen (kaiserlichen)

Hof. Es handelte sich immer um hochbedeutende, aktive spanische Gesandte, sie waren auffallende, einflußreiche Persönlichkeiten bis ins 17.Jahrhundert.

Außerdem wurde die spanische Berufsarmee gebildet und eingesetzt, die eine ebenso lange Bedeutung haben sollte. Es handelte sich vor allem um den Aufbau der Infanterie, während im Krieg gegen Granada noch das Reiterheer im Vordergrund gestanden hatte, teilweise aber auch hier schon Infanterie eingesetzt worden war. Nach Schweizer und italienischem Muster wurde sie nun neu bewaffnet.

Soviel zu Spanien in der Zeit des Katholischen Königspaars. Man muß das bei einer Geschichte Karls V. relativ ausführlich behandeln, denn es geht um ein sich neu entwickelndes Reich, zudem auf dem Wege zur Weltmacht, es handelt sich um enorme Veränderungen und Neuansätze in kaum mehr als zwanzig Jahren vor der Jahrhundertwende. In dieser Zeit hat sich in Spanien viel mehr entwickelt als dann unter Karl V. Man hat es ein „Goldenes Zeitalter" genannt, siglo de oro, wenn auch dieser Begriff mit sehr unterschiedlichen Begrenzungen verwendet wird. Das heißt: diese Ära wurde sehr bald idealisiert, besonders während des spanischen Niedergangs im 17.Jahrhundert.[32] Das Königspaar, die nationale Einigung, Granada und Columbus, die Machtentfaltung in Italien – all das war eine großartige Zeit. Von Einigung kann man auch auf dem Gebiet der Bildung, Literatur und Kunst sprechen. Die kastilische Sprache verbreitete sich zur allgemeinspanischen. Das begann bei Hof und Verwaltung, ging aber dann darüber hinaus, unter Zurückdrängung des Katalanischen. 1492 publizierte Elia Antonio de Nebrija eine kastilische Grammatik: die erste einer neuen europäischen Sprache. „Wofür?", soll Isabella den Autor gefragt haben. Er gab die Antwort: „Majestät, Sprache ist ein wichtiges Handwerkszeug der Herrschaft."[33]

In der Architektur entwickelte sich der platereske Stil, eine Verbindung von gotischen, maurischen und Renaissance-Elementen, die schon zu barocker Vitalität gesteigert wurde. Man sieht es an den Fassaden in Salamanca, in Valladolid und anderswo. In dieser prächtigen Mischung kann man aber auch eine Lüge dieser Kunst sehen und demgegenüber den späteren „estilo desornamentado" in der Zeit Philipps II. ehrlicher finden.

Die Schattenseiten dieser Zeit – fehlende soziale und wirtschaftliche Reformen, hochadlige Grundherrschaft, Weidewirtschaft, die Unterdrückung der Minderheiten – wurden über Glanz und Macht leicht vergessen. Die äußere Pracht dieser Zeit war vorherrschend, und außerdem die Dynamik der kastilischen Gesellschaft. Elliott nennt sie eine nun plötzlich „offene" Gesellschaft, hinausströmend friedlich und noch mehr kriegerisch nach Amerika, Italien, Afrika, in die Niederlande, offen für äußere Einflüsse wie vorher nicht.[34]

Als „Goldenes Zeitalter" wurden diese Jahrzehnte natürlich auch deshalb bald idealisiert, weil das Ende der Katholischen Könige hinsichtlich der monarchischen Nachfolge so deprimierend war. Als Isabella 1504 starb, hatte sie keinen Sohn mehr. Die Nachfolge durch eine Union mit Portugal war mißlungen. Seit vier Jahren bestand vielmehr nur noch die unausweichliche Aussicht, daß eine geistig gestörte Tochter und eine sehr fremde Dynastie die Nachfolge übernehmen würden. Das Katholische Königspaar hatte seine hervorragenden Leistungen für teils unfähige und teils fremde Nachfolger vollbracht.

Ferdinand lebte noch zwölf Jahre länger und tat, was er konnte, um die habsburgische Erbschaft abzuwenden, die er doch selbst einmal eingefädelt hatte. Es ging nicht. Die Nachfolge des Hauses Österreich, des Herzogs von Burgund, war unabwendbar. Nach Isabellas letztem Willen war Ferdinand als ihr Witwer nicht mehr König von Kastilien, sondern nur noch Regent, solange Johanna, die „reina proprietaria", im Ausland weilte, beziehungsweise, falls sie „nicht selbst regieren wolle", solange bis ihr Sohn Karl zwanzig Jahre alt war.[35] Trotzdem gibt es kastilische Münzen dieser Zeit mit der Prägung „Ferdinand und Johanna, König und Königin von Kastilien, Leon und Aragon". Das zeigt, daß Ferdinand willens war, König zu bleiben. Das erwies sich aber als schwierig gegenüber dem kastilischen Adel, der den „alten Katalanen" nicht mochte; statt des nahen „fremden" Ferdinand wollte man dann schon lieber den fernen, wirklich fremden burgundischen Herzog. 1505 besiegelte Ferdinand ein Allianz mit dem lange verfeindeten Frankreich durch die Heirat von Germaine de Foix; damit hoffte er zusätzlich, vielleicht doch noch Nachkommen für Spanien – oder wenigstens für Aragon – zu bekommen. Das mißlang.

Philipp von Burgund und Kastilien

Wenden wir uns nun zurück zu den burgundischen Niederlanden. Bestand hier – und wenn ja, wieso – Interesse an der Verbindung mit Spanien?

Philipp der Schöne, der 1478 geborene Sohn Maximilians aus der Ehe mit Maria von Burgund, übernahm 1494 das Herzogtum von Burgund. Sein Vater entließ ihn aus der Vormundschaft, um dem Verdacht zu entgehen, er beabsichtige, die burgundischen Niederlande Österreich einzuverleiben. Philipp war sehr beliebt, im Gegensatz zu seinem Vater; man schätzte ihn als den „ersten volkstümlichen, den Staat zusammenkittenden Fürsten der Niederlande".[36] Niederländische Adlige hatten ihn französisch erzogen und sicherlich auch gegen seinen Vater eingenommen; eigentlich herrschte in seiner Zeit dieser frankreichfreundliche Adel, der durchaus keine habsburgische Außenpolitik trieb: Während der Heiligen Liga von Venedig 1495 verband er sich mit Karl VIII., dem er wegen Artois huldigte.

Die Heirat von Philipp und der spanischen Johanna im Oktober 1496 war aber natürlich große habsburgische Politik, wenn sie auch 1495 intensiver von Ferdinand als von Maximilian durchgesetzt worden war. Das Paar bekam sechs Kinder; das zweite, nach einer Tochter Eleonore, war Karl, der am 24. Februar 1500 in Gent geboren und nach seinem Urgroßvater Karl dem Kühnen benannt wurde. Dessen Witwe Margarete aus dem Hause York trug ihn zur Taufe, zusammen mit Margarete von Österreich, der jungen Witwe des 1497 gestorbenen spanischen Thronfolgers. Wenige Monate nach seiner Geburt wurde der spanische Erbfall zur realen Aussicht: nachdem Johannas ältere Schwester Isabella, Königin von Portugal, die Geburt ihres Sohnes Miguel 1498 nicht überlebt hatte, starb nun auch dieser, vor Johanna und Karl erbberechtigte, im Juli 1500.

Es ist keine Frage, daß die Annahme der kaum erwarteten spanischen Erbfolge im Sinne von Maximilians visionärer Universalpolitik war. Aber sie war auch im Sinne des Stolzes des burgundisch-niederländischen Adels. Schon Karl der Kühne, der sich als Sohn einer Portugiesin gern als Nichtfranzose, als „Portugiese" bezeichnete, hatte von einer Mittelmeerherrschaft, von Kreuzzügen und dergleichen geträumt. Jetzt erschien diese burgundisch-spanische Verbindung als großartiger Ersatz für das verlorengegangene Herzogtum Burgund. Noch schwerer ins Gewicht fielen die materiellen Aussichten, der zunehmende niederländisch-kastilische Handelsverkehr, der nun seit der Entdeckung Amerikas noch interessanter erschien. Über Wolle, Wein und Öl hinaus gab es nun auch exotische Produkte. Tatsächlich wurde dann Mitte des 16.Jahrhunderts die Hälfte des spanischen Exporthandels mit den Niederlanden getätigt; von dort kam ein Drittel des Exports nach Spanien. Es gab also über den dynastischen Zufall hinaus durchaus Interessen an der Verbindung aus Prestige- und Handelsgründen. Ferdinand nannte selbst in einer Botschaft an Philipp die in den Niederlanden residierenden spanischen Kaufleute seine, Ferdinands, Feinde.[37]

Philipp begann die Verbindung behutsam im Einvernehmen mit Frankreich, dem er ja viel zumutete. Bei der ersten Reise nach Spanien, die er antrat, um die Huldigung als künftiger Herrscher entgegenzunehmen, folgte er der Einladung Ludwigs XII., durch Frankreich zu reisen. Die Reise begann im November 1501. Mit Ludwig sprach man über eine Heirat zwischen dessen zweijähriger Tochter Claude und dem einjährigen Karl, was aber von französischer Seite nicht sehr ernstgemeint war (später bekam sie Franz I.). In Toledo fand im Mai 1502 die Begegnung mit dem Katholischen Königspaar statt. Sie ist genau beschrieben worden: das flandrische Paar sei prächtig in Samt und Seide, Goldstickerei und Pelzverbrämung kostümiert. „Von den Kleidern des Königs und der Königin schweige ich, denn sie tragen nur ärmliche Wollstoffe."[38] Darin zeigt sich ein bemerkenswertes Kultur-, jedenfalls Modegefälle zwischen Burgund und Spanien, das dann auch bei Karl anfangs immer wieder beschrieben wurde. Dieses Gefälle war also deutlich trotz des „siglo de oro", sichtbar gemacht allerdings durch die sehr überheblichen niederländischen Berichte. Unterschiede des Lebensstiles scheinen auch im Eheleben Philipps und Johannas eine Rolle gespielt zu haben, nämlich seine niederländisch-selbstverständliche weitherzige Vergnügungslust und Sinnlichkeit, ihre fanatische Leidenschaftlichkeit und hysterische Eifersucht. Jedenfalls war das Zusammenleben der Eltern Karls V. eine fortlaufende, von der Umgebung intensiv miterlebte Tragödie, in der sich die Geistesgestörtheit Johannas allmählich immer mehr offenbarte. Im Dezember 1502 kehrte Philipp ohne seine Frau in die Niederlande zurück, weil sie schwanger war. Im März 1503 wurde Ferdinand, der zweite Sohn, in Alcalá geboren. Im März des folgenden Jahres 1504 kehrte auch Johanna zurück, nun deutlich geisteskrank.

Nach Isabellas Tod 1504 kam es zu offener Auseinandersetzung zwischen Ferdinand und Philipp um Kastilien. Johanna war zwischen Vater und Mann hin- und hergerissen. Philipp forderte die kastilischen Granden und Städte auf, Ferdinand nicht als Regenten anzuerkennen. Seine zweite Fahrt nach Spanien im Januar 1506 ging zur See, er wurde im Sturm an die englische Küste geworfen und kam erst im April 1506 in Spanien an. Da der kastilische Adel allmählich fast ganz zu ihm überging und die Cortes ihn nicht nur als Regenten, sondern zusammen mit Johanna als König anerkannten, gab Ferdinand im Juni seinen Widerstand auf. Es kam zu drei Verträgen an ein und demselben Tag. Im ersten Vertrag übergab Ferdinand „seinen lieben Kindern" die Regierung von Kastilien und erklärte, er wolle sich nach Aragon zurückziehen. Im zweiten Vertrag schlossen Ferdinand und Philipp Johanna aus dem Vertrag aus, denn sie sei regierungsunfähig. Im dritten Vertrag am Nachmittag erklärte Ferdinand die vorhergehenden Verträge für nicht gültig; seine Tochter sollte ihre Rechte als reina proprietaria nicht verlieren. Diese ganze Geschichte zeigt die Konfusion und die Vorsichtsmaßregeln, mit denen man sie überwinden wollte. Ferdinand bemühte sich darüberhinaus, möglichst zu verhindern, daß nach seinem Tode der ungeliebte „Flamenco" ganz Spanien und obendrein Süditalien vereinnahmte. Er wollte also so weit gehen, die von ihm selbst mit seiner Frau geschaffene spanische Reichseinheit wieder aufzulösen.[39] In diesem Interesse traf und verband er sich mit Frankreich. Ludwig XII. war bereit, seinen Anspruch auf Neapel aufzugeben, und Ferdinand heiratete im März 1506 Germaine de Foix, Ludwigs Nichte, in der Hoffnung auf einen eigenen Nachkommen für Aragon und Süditalien.

Es kam alles anders. Schon im September 1506, während sich Ferdinand in Neapel aufhielt, starb Philipp der Schöne plötzlich in Burgos. „Mein Gott, warum hast Du mich verlassen", kritzelte Maximilian an den Rand eines Aktenstückes, als er die Nachricht vom Tode seines einzigen Sohnes erhielt.[40] In seiner Verzweiflung über das zu fürchtende Chaos in den Niederlanden und das drohende Scheitern der habsburgischen Spanienpläne verbreitete er den (unbegründeten) Verdacht, französische Agenten hätten Philipp vergiftet. In den Niederlanden wurde Margarete, Maximilians Tochter, seine große Helferin, sowohl staatlich als auch familiär, für Philipps unmündige Kinder. Und an den spanischen Ansprüchen hielt er durch Verhandlungen mit Ferdinand beharrlich fest.

Was Johanna betrifft, so wird von ihrem unermüdlichen, schaurigen Herumreisen mit dem Sarg ihres Gatten berichtet, von dem sie sich nicht trennen wollte. Sie war regierungsunfähig und auch nicht in der Lage, für ihre beiden in Spanien aufwachsenden Kinder Ferdinand und die nachgeborene Katharina zu sorgen. Der Großvater Ferdinand entzog ihr den Sohn und bestimmte, daß sie selbst ab 1509 unter Aufsicht ständig im Schloß von Tordesillas wohnte. Daraus wurden 46 Jahre. Den Titel „Königin von Kastilien" trug sie bis zu ihrem Ende. Ihr Vater wurde von Cisneros und den kastilischen Cortes eingeladen, die Regentschaft wieder zu übernehmen, nun für den sechsjährigen Karl, bis zu dessen Volljährigkeit. Maximilian war damit 1509 unter der Zusicherung einverstanden, daß Karl dann auch Ferdinands Nachfolger in Aragon werden würde. Diese Zusicherung fiel Ferdinand damals leichter, weil er nach einem lebensunfähigen Sohn nicht mehr mit eigenen Nachkommen rechnen konnte. Aber er erzog den jüngeren Bruder Karls, der seinen Namen trug, und spielte immer mit dem Gedanken, ihn vorzuziehen.

Karl von Burgund und Spanien. Seine erste Reise nach Kastilien und Aragon

Karl blieb noch bis 1517 in den Niederlanden. Wie soll man ihn vorstellen? Er war Habsburger, wenn man das damals auch noch nicht so ausdrückte; man sprach nicht von Habsburg, sondern von der Casa de Austria. Ahnenmäßig war er aber weit über die mütterliche Hälfte spanisch-portugiesischer Abkunft. Und erzogen wurde er, wie sein Vater, vom burgundisch-niederländischen Adel. Von dessen Idealen war er erfüllt. Sein Lieblingsschriftsteller war Olivier de la Marche aus der Franche Comté, der am burgundischen Hof unter Philipp dem Guten, Karl dem Kühnen und noch unter seinem Vater gelebt hatte. In seinem Lehrgedicht „Le Chevalier délibéré" fand Karl das Rittertum und in seiner fantasievollen Chronik besonders den Urgroßvater Karl den Kühnen verherrlicht.[41]

Was seine Ahnen betrifft: In der fünften Ahnenreihe, bei den Großeltern seiner Urgroßeltern, findet man zwei Paare zweimal und ein Paar dreimal, so daß er in dieser Reihe nicht, wie normale Menschen, 32 sondern nur 24 Ahnen hatte. Darunter war nur ein Deutscher, nämlich Leopold von Österreich, 14 waren Spanier und Portugiesen (oder formell gerechnet 18), drei Franzosen, zwei Plantagenets, je einer war Niederländer, Italiener, Pole und Litauer.

Wenn man betont, er sei vom burgundisch-niederländischen Adel erzogen worden, so heißt das: vorherrschend und wohl seiner persönlichen Hauptrichtung nach. Regent war in den Niederlanden der ferne Maximilian, sein Großvater, der von den Generalständen dazu ebenso eingeladen worden war, wie Ferdinand, sein anderer Großvater, in Kastilien. Die Ritter vom Goldenen Vlies verwarfen allerdings seinen Plan eines Königreichs Österreich-Burgund. „Ziehmutter" und Statthalterin war nach dem Tode des Vaters seine Tante Margarete. Mit ihren 26 Jahren hatte sie schon ein bewegtes Leben hinter sich. In Ausführung des Vertrags von Arras (1482) war sie als Dreijährige an den französischen Hof geschickt worden, als „Gemahlin" des vierzehnjährigen Karls VIII. und damit Königin; als Dreizehnjährige wurde sie zurückgeschickt, weil Karl inzwischen Anne de Bretagne geheiratet hatte. Siebzehnjährig mußte sie Johann, den Erbprinzen des vereinigten Spanien, heiraten, der nach wenigen Monaten starb; sie brachte dann nur ein totes Kind zur Welt. Einundzwanzigjährig heiratete sie den Herzog Philibert von Savoyen, regierte dessen Land effizienter als er, wurde aber nach drei Jahren (1504) schon wieder Witwe. Statthalterin der Niederlande blieb sie 23 Jahre lang, bis zu ihrem Tode. Sie residierte in Mecheln in einem neu ausgebauten Palais gegenüber dem ehemaligen Wohnsitz der Dame York, der Witwe Karls des Kühnen, in dem der junge Karl mit seinen drei Schwestern Eleonore, Isabella und Maria aufwuchs. Man kann sie als eine der großen regierenden und zugleich mütterlichen habsburgischen Frauengestalten bezeichnen. Michelet nannte sie überschwänglich „le vrai grand homme de la famille et le fondateur de la maison d'Autriche"; Carl J.Burckhardt fühlt sich bei ihr an Maria Theresia erinnert.[42] Sie regierte im österreichischen Interesse, antifranzösisch, dabei, wie Briefe zeigen, mit vielen Spannungen zu dem unsteten Vater Maximilian und anderen Spannungen zu den Niederländern. Sie galt als „Ausländerin", obwohl sie eine echte, gebürtige Burgunderin war. Huizinga nannte sie „die Verkörperung des Begriffs Burgund".[43] An ihrem Hof versammelte sie Gelehrte, Dichter, Maler und Musiker; er konnte unter dieser feinen Dame als einer der gebildetsten und gesittetsten von Europa gelten.

Karl schloß sich zu ihrem Leidwesen weniger an sie als an seinen Vater-Ersatz an, den Herrn von Chièvres. Dieser gehörte zum französenfreundlichen burgundischen Adel. Er war Gesandter in Paris gewesen, Gouverneur während der Zeit,

Karl Herzog von Burgund und König von Spanien. Relief nach einer Vorlage um 1515/16 (wahrscheinlich nach dem Gemälde von Bernard van Orley, jetzt in Budapest). Unübersehbar das charakteristische Kinn und der offene Mund. (Brüssel, Musées Royaux d'Art et d'Histoire.)

in der sich Philipp in Spanien aufhielt, und verkörperte die altburgundisch-ritterliche Welt. Karl hatte auch spanische Erzieher, zu denen er allerdings ein weniger enges Verhältnis besaß.

Der junge Karl wird von seinen Zeitgenossen im Stile des drastischen niederländischen Realismus nicht sehr vorteilhaft geschildert. Man beschrieb ihn als mittelgroßen, überaus mageren, höchst schwermütigen Jüngling mit blasser Gesichtsfarbe. Da er seinen übergroßen Unterkiefer hängen ließ, stehe der Mund immer offen; seine Augen träten so weit aus den Höhlen hervor, daß sie ihm gar nicht zu gehören, nur angeklebt zu sein schienen. Sein schwächlicher Körper und seine häufige Unpäßlichkeit verursachten seiner Umgebung in der Tat große Sorgen. Er war kühl, schweigsam, unbeweglich „wie eine Bildsäule", nicht stark an Studien interessiert und wußte sich nur mit Schwierigkeit auszudrücken.[44] Diese Beschreibung vor allem seiner äußeren Erscheinung ist nicht nebensächlich, da es auf das Äußerliche des Fürsten sehr ankam. Sein Vater und seine fürstlichen Kollegen Franz I. und Heinrich VIII. galten als schöne Männer.

Als sein munterer Großvater, der Kaiser Maximilian, 1513 in die Niederlande kam — er traf da Heinrich VIII., um mit ihm zusammen einen kleinen Krieg gegen Frankreich zu unternehmen, wobei Maximilian als oberster Hauptmann das vereinigte Heer führen wollte und Heinrich vor allem den Sold zahlen sollte — war er leicht bedrückt über den Enkel. „Wenn er nicht die Jagd liebte, könnte man ihn für einen Bastard halten", soll er gesagt haben.[45] Dies und Reiten und Turnieren brachte der Herr von Chièvres dem jungen Prinzen mit Erfolg bei, und Karl liebte alles das wirklich.

Maximilian suchte seinem Enkel klarzumachen, daß die Franzosen die „anchiens et encoires naturelz ennemies de nostre maison de Bourgogne" seien — also die natürlichen Erbfeinde![46] Er zog ihn in das englische Bündnis. Karl sollte Heinrichs VIII. Schwester Maria heiraten, nachdem er 1501, wie erwähnt, schon einmal anders verplant worden war, nämlich für eine Heirat mit Claude, der Tochter Ludwigs XII. von Frankreich; diese Verlobung war 1506 zugunsten ihrer Heirat mit Franz I. gelöst worden. Auch aus dem neuen Projekt einer Heirat mit der englischen Maria wurde nichts, weil diese dann den alten Ludwig XII. heiraten sollte. Für Karl war daraufhin 1515 Renate, die Tochter dieses französischen Königs gedacht, 1516 Luise, die Tochter Franz I., die aber 1517 starb; dann verlegte man sich auf jagiellonisch-polnische Überlegungen, danach 1521 wieder englische: Maria, diesmal war es die fünfjährige Tochter Heinrichs VIII. (also die spätere Königin Maria die Katholische). Tatsächlich wird Karl aber erst 1525 heiraten, und nur dieses eine Mal: Isabella von Portugal.

Maximilian war meistens abwesend, und dann verkörperte sich die antifranzösische Front in drei Kammerherren. Das waren die Vertreter des Kaisers, des Königs von England und des Königs von Aragon bei Karl. Sie hatten Zutritt zu allen Ratssitzungen. Von einer eigenen „Wirkung" Karls kann man bei solchen Zuständen natürlich noch nicht reden. Er war eben nur eine übermäßig wichtige Figur. Und es dauerte bei ihm lange, bis er zur Wirkung kam. Er war ein sehr belasteter, unfreier Spätentwickler.

Im Januar 1515 wurde er vorzeitig mündig erklärt. Das gelang den burgundischen Ständen hinter Margaretes Rücken. Er übernahm also von diesem Zeitpunkt an die Regierung als Herzog von Burgund, übrigens im selben Monat wie Franz I. in Frankreich.

Ein Jahr später, im Januar 1516, starb sein Großvater Ferdinand. Er war noch sehr tätig gewesen, in wechselnden Bündnissen während des Krieges in Oberitalien und erfolgreich vor allem bei der Eroberung von Navarra 1512. Vergeblich hatte er versucht, Karl als Erben von ganz Spanien abzuwenden, vor allem durch Pläne, dem an seinem Hofe erzogenen jüngeren Bruder Ferdinand zumindest Aragon und Süditalien zu übergeben, vielleicht auch noch im (vorübergehenden) Einvernehmen mit Frankreich die Lombardei. Von Burgund aus war das unannehmbar. In Spanien mußte *ihr* Herzog regieren, nicht eine jüngere Linie, soviel sinnvoller eine Teilung auch gewesen wäre. Man hätte das wohl höchstens zugelassen, wenn Maximilian vorher gestorben wäre, also Karl bereits die österreichischen Erblande übernommen hätte und zum Kaiser gewählt worden wäre. Ohne das erschien ein Verzicht auf Spanien als eine untragbare Reputationsverminderung für Burgund, und außerdem auch für die Kaiserwahl. Ferdinand der Katholische ließ sich also kurz vor seinem Tode überreden, Karl von Gent als Erben testamentarisch anzuerkennen. Die Cortes in Kastilien und Aragon waren damit natürlich noch lange nicht gewonnen. Dem Kardinal Cisneros wurde Kastilien anvertraut und dieser hielt es mit einer von ihm selber bezahlten Polizeitruppe fest zusammen. Er versuchte auch, Karl von einer sofortigen Machtübernahme abzubringen, indem er ihm schrieb: „Der Tod Ferdinands, Eures Großvaters, verleiht Euch in Kastilien kein Recht; jede Änderung könnte im Land Aufruhr verursachen und die Gefühle jener verletzen, die wohl notgedrungen die Unfähigkeit der Königin zu regieren eingestehen, sich jedoch weigern, sie ihrer Rechte zu berauben."[47] Gleichzeitig schwärmte aber der kastilische Adel schon aus zur Niederlande, um gute Stellen zu erlangen.

In Brüssel zögerte man unter diesen Umständen nicht mit einer klaren politischen Willensäußerung. Am 14.März 1516 wurde Karl in der Stiftskirche St. Gudula zum König von Kastilien und Aragon proklamiert. Dann folgte die außenpolitische Absicherung, einerseits durch einen Handelsvertrag mit England 1515/16, zu dem übrigens Thomas Morus in die Niederlande kam, andererseits durch die Verträge von Noyon und Brüssel mit Frankreich im August und Dezember 1516. Durch sie stieß Karl seinen kaiserlichen Großvater vor den Kopf. Maximilian mußte sich darein fügen, daß er in seinem – allerdings ohnehin aussichtslosen – langen Krieg um Oberitalien von dem jungen König überhaupt nicht unterstützt wurde. Das werde in Karls „Cronica" als „boess stückle" unvergessen bleiben, grollte er, da er doch in derselben Zeit alle Hebel in Bewegung setzte, dem jungen Enkel die Kaiserwahl zu sichern.[48] Im Januar 1517 reiste er darum zu einem letzten Treffen mit Karl in die Niederlande und wurde von dessen kalter und verständnisloser Haltung schwer enttäuscht; Karl ging nicht auf seinen Wunsch ein, den Infanten Ferdinand mit einem „Königreich" Österreich zu entschädigen, und schien sich nicht einmal für die Kaiserwahl zu interessieren, wollte sich jedenfalls, schon aus finanziellen Gründen, nicht um die römische Krone bewerben. Hier korrigierte er aber nach der Abreise Maximilians seine Meinung – oder stellte sich nun offen den ungeheuren Möglichkeiten der Herrschaftsausdehnung, die sich ihm boten.

Er war darauf wenige Monate vorher feierlich und eindrucksvoll hingewiesen worden, am 26. Oktober 1516, bei der ersten Zusammenkunft der Ritter vom Goldenen Vlies, die er als ihr Meister und Souverän leitete, wiederum in der Kirche St. Gudula. Luigi Marliano, ein in den Niederlanden lebender, universal gebildeter Mailänder Humanist und zugleich Leibarzt Maximilians I., Philipps I. und nun seit einigen Jahren Karls, hielt eine große Rede auf die Ziele des Ordens und besonders auf ihn. Auf diese hochfliegenden, visionären Aussagen muß etwas eingegangen werden. So wie es *einen* Gott gäbe, begann Marliano, eine Sonne, einen Schiffslotsen, so müßte es logischerweise einen Regenten für die ganze Erde geben. Nun hätten die burgundischen, österreichischen und spanischen Vorfahren dem neuen Ordensmeister eine außerordentliche Erbschaft hinterlassen, das Vermächtnis, ein Weltreich anzustreben. Marliano zählte die einzelnen Herrschaften auf und nannte auch schon das Heilige Römische Reich. Zwei christliche Königreiche, die nicht zum Erbe gehörten, England und Portugal, würden von älteren Verwandten regiert, ein drittes, Frankreich, von einem König, der ein „väterliches" Verhältnis zum jungen Karl habe. Diese ungewöhnlichen Umstände gäben dem neuen Meister die einmalige Gelegenheit, die Christen für den Schutz und die Ausbreitung des Glaubens zu einigen und damit auch für die Wiedererlangung von „Afrika und Asien". Schon Isabella, Karls Großmutter, sei nicht nur in das heidnische „Indien" vorgedrungen (also in die Neue Welt), sondern habe auch die Invasion Nordafrikas vorbereitet, das immer noch in der Hand der ungläubigen Muslime sei. Marliano gab der Hoffnung Ausdruck, daß sich Karl und dieses „brausende Zeitalter" (fervida aetas) der Aufgabe gewachsen zeigten; er riet, Frieden unter den Christen zu halten, in Verbindung von Regierungskunst und Militärmacht, und dann das Reich auf „Afrika und Asien" auszudehnen. Sicherlich, Karl müsse „ein neuer Herkules oder ein Atlas" werden, um die Last der weltweiten Verantwortungen zu tragen, die ihn erwarteten, aber der junge Meister sei durch Gott, Natur und Fortuna deutlich begünstigt, Erfolg zu haben.

Das ist eine frühe Formulierung der Kaiseridee Karls V., wohl die früheste, wie erst von Earl E. Rosenthal 1973 erkannt worden ist.[49] Bis dahin hatte man Gattinara geglaubt, Karls Großkanzler ab 1518, der die Idee des kaiserlichen Universalreiches für sich beanspruchte. Von ihm wird später noch die Rede sein. Hier sei nur bemerkt, daß schon Marlianos Vision für Karl prägend war: in ihrer Bezogenheit auf Burgund, Spanien und das Kaisertum prägender als dann Gattinaras italienzentrierten Pläne. Einige Tage nach dieser Rede befürwortete der junge Souverän eine Erhöhung der Zahl der Ordensmitglieder von 30 auf 50, um vor allem Spanier aufzunehmen. Marliano hatte im übrigen schon vor seiner Rede, aber in ihrem Sinne, Karls berühmte Devise „Plus ultra" erfunden (in der zunächst französischen Fassung „Plus oultre"), − verbildlicht durch die Säulen des Herkules. Damit war nicht einfach die stolze Überwindung einer Grenze gemeint, die der Meerenge von Gibraltar, „wo Herkules die Zeichen aufgerichtet, damit die Menschen nicht mehr weiterführen", wie es bei Dante heißt;[50] diese Warnzeichen waren ja in den letzten hundert Jahren durch die südlichen und westlichen Entdeckungsfahrten großartig widerlegt worden. Allein westwärts gerichtet hat man diese Devise erst seit der zweiten Hälfte des 16. Jahrhunderts verstanden: „plus ultra" in die Neue Welt. Marliano dachte im Sinne der Ausbreitung der christlichen

Herrschaft auch und zunächst sogar vordringlich an „Afrika und Asien", an die Wiedergewinnung der nordafrikanischen Küste, Konstantinopels und Jerusalems: „plus ultra" nach Süden, Osten *und* Westen.

Marliano war mit Erasmus von Rotterdam befreundet, aber diese universale, expansive Kaiseridee war nicht in dessen Sinne; wie ja auch das Verhältnis dieses führenden niederländischen Humanisten zu Karl V. immer distanziert blieb. Anfang 1515 war er auf Betreiben seines Gönners Jean de Sauvage, des Kanzlers von Brabant, zum Rat des jungen Fürsten ernannt worden und schrieb darum seine „Institutio principis christiani". Sie erschien 1516, im annus mirabilis fundamentaler politischer Schriften: des „Principe" Machiavellis, der „Grant Monarchie de France" von Claude de Seyssel und der „Utopia" des Thomas Morus (denen man als kürzeren Text auch Marlianos Rede anfügen kann). Erasmus verfaßte die moralischste, die wenigst politische dieser Schriften, allein auf Kriegsvermeidung, auf ruhigen Weltfrieden drängend, nicht auf eine Universalmonarchie, und sehr pessimistisch über sein „frevelhaftes, verdorbenes Zeitalter" denkend. „Ein erstaunliches Glück", schrieb er, als Karl spanischer König geworden war, „aber ich bete, daß es auch für unser Vaterland [die Niederlande] ein Glück sein möge, und nicht allein für den Fürsten." Er hätte mit Karl nach Spanien reisen sollen; Cisneros wollte ihn an der Universität von Alcalá haben; nach einigem Zögern verzichtete er aber und zog sich nach Löwen zurück.[51]

Im September 1517 fuhr Karl mit 40 Schiffen nach Spanien ab. Sein Schiff hieß „Plus oultre". Fast 500 Personen begleiteten ihn. Dabei war seine Schwester Eleonore, die vertragsgemäß in Portugal den König Manuel I. zu heiraten hatte. Der Einzug in Spanien wurde wohl absichtlich nicht so prunkvoll gestaltet wie derjenige seines Vaters, weil das damals so gestört hatte. Es hing aber auch mit einer falschen Landung bei Santander zusammen, außerdem mit Krankheitsängsten und mit dem Bestreben Karls, zunächst seine ihm unbekannte Mutter in Tordesillas aufzusuchen. Karl hat ihr gegenüber bis zu ihrem Tode eine auffallend pietätvolle Haltung eingenommen.

Den alten Cisneros traf er nicht mehr lebend an, und die Spannungen zwischen burgundischem und spanischem Stil kamen doch wieder auf. Pirenne hat darauf aufmerksam gemacht, daß dieser erste Aufenthalt Karls in Spanien auffallend dem ersten seines Sohnes fünfzig Jahre später in den Niederlanden ähnelte. Er war der fremde, steife, sprachlich ungewandte, blasse junge Fürst, der nur gut reiten konnte. Und hinter ihm das stolze, anmaßende, reiche Gefolge, das auf Ausbeutung des Landes eingestellt war. Spanische Humanisten schrieben, diese Niederländer seien „nur rohe Anhänger der Venus und des Bacchus", sie behandelten die Bevölkerung, wie man nur „Indier" behandeln könnte![52]

In den Niederlanden hatte Karl den Spaniern gute, einkömmliche Ämter zusichern müssen. Hier in Spanien mußte er nun, obwohl ihn vorher Cisneros brieflich gebeten hatte: „Kein Gold in die Niederlande, keine spanischen Stellen an Nichtspanier", seine Niederländer ausstaffieren, damit sie an die neue Weltpolitik, die sie nun mitmachen mußten, gefesselt wurden. Das fiel besonders anfangs auf, und ganz besonders bei dem Herrn von Chièvres. Er wurde Herzog von Soria, Admiral des Königreichs Neapel, Generalkapitän der Kriegsflotten und Oberschatzmeister Kastiliens. Und das eben freigewordene höchste und reichste geistliche Amt in Spanien, das des Erzbischofs von Toledo, bekam sein 16jähriger Neffe. So etwas war damals nicht unüblich, aber dieser Fall schon ziemlich extrem.

Im November 1517 trafen sich in der Nähe von Valladolid die Brüder Karl und Ferdinand zum ersten Mal. Obwohl oder vielmehr weil viele Spanier den bei ihnen aufgewachsenen Infanten als Thronfolger vorgezogen hätten, wurde verabredet, daß er im Laufe des nächsten Jahres Spanien verließ und in die Niederlande umzog, zu seiner Tante Margarete nach Mecheln. Vorher durfte er noch in Valladolid bei der feierlichen Eidesleistung der kastilischen Cortes im Februar 1518 als erster dem neuen König die Treue schwören. Der anfängliche Versuch der Cortes, Karl nur als Regenten (für seine Mutter) anzuerkennen, wurde zurückgewiesen. Johanna und er waren nun die „Katholischen Könige".

Wie üblich, wurden viele Bitten und Beschwerden der Cortes vorgelegt. Es waren insgesamt 88 Forderungen. Auf einige sei hingewiesen. Hinsichtlich der Rechtsverhältnisse wurde gefordert, eine Sammlung von Gesetzen anzulegen; die Handhabung der Inquisition gut zu gestalten, möglichst ohne Güterkonfiskation; Richtergebühren abzuschaffen. Hinsichtlich der Kirche erbat man Einschränkung der Ablaßpredigten (wie in Deutschland). Man wandte sich überhaupt gegen die Eingriffe der römischen Kurie. Der König möge keine Ämter und Pfründen an Ausländer geben. Im Bereich der wirtschaftlichen Fragen verlangte man das Verbot der Ausfuhr von Gold, von Silber und von Pferden. Krongut sei nicht zu veräußern. Hinsichtlich der Bildungsfragen wünschte man, daß einheimische spanische Universitäten gefördert werden sollten: zu viele studierten in Bologna. Das materielle Wohl der Studenten solle verbessert werden.

Viele Fragen über öffentliche Angelegenheiten wurden streng, fast „puritanisch" behandelt: Es sollte weniger Feiertage geben; schlechte und frivole Literatur sollte verboten werden, z. B. sei der Roman „Amadis" jugendverderbend (das war der Roman, der später Don Quijote verdarb). Man wandte sich gegen den Luxus, gegen zu kostbare Wagen und Sänften, sogar gegen Stierkämpfe, weil sie immer wieder Menschenopfer forderten.

Direkt den König betreffend, wünschte man, er solle das Ansehen seiner Mutter wahren und er solle Ferdinand in Spanien lassen. Außerdem solle er spanisch lernen und sich bald verheiraten.

Alles dies wurde in provozierendem Tone vorgetragen. Der König wurde dabei, wie das auch schon 1469 geschehen war, als „Beauftragter seines Volkes" bezeichnet. Eine außerordentliche Steuer (Servicio) wurde aber gewährt.

Man kann nicht sagen: Karl selber, aber seine Regierung antwortete hierauf entgegenkommend oder ausweichend. Der Eid der Cortes wurde daraufhin im Februar 1518 geleistet, zuerst von den Cortes der 18 Städte, dann vom kastilischen Klerus und Adel.

Mit dem größten Landesteil ging es auf diese Weise noch am schnellsten. Die Prozedur in Zaragoza bei den aragonesischen Ständen war sehr viel komplizierter. Sie war erst im Januar 1519 erledigt. Dann zog der König nach Barcelona, und es kam zu langen umständlichen Verhandlungen mit den katalanischen Ständen. Diese zeitlichen Verzögerungen machten nervös, denn Karl erfuhr, daß ziemlich überraschend im Januar 1519 sein Großvater Maximilian gestorben war. Seine Nachfolge als Kaiser war zwar vorbereitet, der Zeitpunkt trat aber eben früher ein, als vermutet. Im Juni 1519 wurde Karl zum römischen König gewählt und zum Kaiser designiert. Er wollte also los. Im August 1519 kam eine Deputation deutscher Kurfürsten nach Barcelona.

Erst im Januar 1520 war man aber mit den katalanischen Ständen fertig. Nach Valencia konnte Karl nun nicht mehr persönlich, um die Huldigung der dortigen Stände entgegenzunehmen. Er eilte über Burgos und Valladolid nach Santiago. Die Kastilier waren zwar recht stolz, einen Kaiser zum König zu haben, wenn er auch nun rasch wegzog, noch mehr waren sie aber verärgert, daß er viel länger in Aragon gewesen war als in Kastilien. Zur weiteren Gelderhebung unter diesen ungewöhnlichen Begebenheiten − es war nämlich Geld zur Rückfahrt nötig, die Hinfahrt hatten die Niederländer bezahlt − wurden die kastilischen Cortes in Windeseile berufen, sozusagen an den Bahnhof, nach Santiago, dann nach La Coruña. Es gab dagegen bereits offenen Widerstand. Toledo schickte niemanden hin, Salamanca stimmte gegen die Geldbewilligungen. Die anderen waren aber dafür, in letzter Minute. Dann reiste im Mai 1520 Karl mit seinem niederländischen Gefolge ab. Er hinterließ das Land in beginnendem Aufruhr.

Wie man sieht, wurde also der ruhige Anfang von Karls Regierung in Spanien gestört. Das war um so enttäuschender, als ja schon die Sache mit seinem Vater ein so unglückliches Ende genommen hatte. Der Einzug der Herzöge von Burgund nach Spanien war insgesamt ein dynastisch unerwarteter und verwirrend deprimierender Abschluß der großen Goldenen Zeit des Katholischen Königspaares. Nur von 1504 bis 1506 hatte es Philipp I. gegeben, der aber nur als König von Kastilien fungierte; (trotzdem wurde später sein Enkel, der spanische König Philipp II., nach ihm numeriert). Karl war wiederum „der Erste", 1506 von Kastilien, ab 1516 von Spanien. Man nannte ihn aber kaum so; was ja eigentlich auch erst seit 1665 nötig gewesen wäre, seitdem es einen Karl II. gab (so wie ja auch Elisabeth, die große Tudorkönigin, erst seit 1951 Elisabeth I. heißt). Man nannte Karl auch in Spanien zu seinen Lebzeiten und danach „Carlos quinto", mit seiner kaiserlichen lateinischen Numerierung, man sprach ihn gewissermaßen als Kaiser an. Erst im Spanien des 19. und 20. Jahrhunderts wurde es teilweise anders: da war es dann beinahe eine politisch-weltanschauliche Frage, ob man nationalistisch „Karl I." oder abendländisch-katholisch „Karl V." sagte.

Zu dem spanischen Eindruck der Verwirrung gehört auch sehr stark das Gefühl des Ausgebeutetwerdens durch den fremden Fürsten und sein Gefolge. So wie Kastilien die Neue Welt ausbeutete, so schien es selbst durch die burgundische Niederlande ausgebeutet zu werden. Die lukrativen Stellen, die für den Herrn von Chièvres bereitgestellt wurden, sind bereits erwähnt worden. Manche verkaufte er übrigens gleich wieder weiter. Seine Frau und die Frau eines anderen hohen Niederländers erhielten die Erlaubnis, je 300 Pferde und 80 Maultiere, beladen mit Stoffen, Gold und Juwelen, auszuführen. Ein anderes Beispiel ist der Gouverneur von Bresse, der die erste Lizenz bekam, Negersklaven nach Indien zu verschiffen, eine Lizenz, die er später an Genuesen verkaufte. Diese extremen Erscheinungen finden sich zwar nur am Anfang und wurden von den Spaniern sehr überschätzt, aber diese ahnten doch etwas Richtiges. Spaniens Einspannung in das „Modern World System" (Wallerstein) war mit dieser Verbindung angelegt. Trotz seines Überseebesitzes hatte es eine sekundäre Position gegenüber den fortschrittlichen

Wirtschaftsformen in den Niederlanden. Damit sollte sich kurz danach auch noch die Ausnutzung Spaniens und seiner Schätze für das kaiserliche politische System überschneiden.

In dieser Verwirrung gab es natürlich Möglichkeiten, den Spaniern die Kaiserwürde ihres Königs genauso günstig erscheinen zu lassen, wie den Niederländern die spanische Königswürde ihres Herzogs vorkam. Es hatte übrigens so etwas schon einmal gegeben: Alfons der Weise war 1257 zum Kaiser gewählt worden, aber angesichts eines Gegenkaisers wurde damals nichts daraus. In Santiago sprach der Bischof von Palencia, La Mota, der lange in den Niederlanden bei Karl gelebt hatte, vor den Cortes davon: „Nun ist die alte Glorie Spaniens zurückgekehrt", begann er, „durch Gottes Gnade ist unser König römischer König und Kaiser der Welt geworden!"[53] Das sei eine große Ehre: das Reich selber sei gewissermaßen zu Spanien gekommen, um einen würdigen Herrscher zu finden; das Königreich von Spanien sei nun die Grundlage, Verteidigung und Stärke aller anderen Königreiche. Er betonte auch, daß Karl sich entschlossen habe, in diesem spanischen Königreich zu leben und zu sterben; darum habe er ja auch inzwischen Kastilisch gelernt und kleide sich nach einheimischem Brauch; − spätestens in drei Jahren wäre er zurück. Spanien werde immer der Garten seiner Freude, die Burg seiner Verteidigung, die Stärke seiner Angriffe, sein Schatz und Schwert sein. (Das wurde wirklich so.) Und: Karl habe die kaiserliche Würde nur angenommen, um die Besiegung der Feinde des heiligen katholischen Glaubens zu vollenden, − hierfür wolle er alle seine Kräfte einsetzen.

Ähnlich wie vorher von Marliano, aber viel entschiedener auf Spanien bezogen, wurde hier die Idealvorstellung des Kaisers formuliert, vielleicht noch nicht ganz seine damalige, aber jedenfalls seine spätere. Keineswegs wurden aber damit die Cortes überzeugt. Das war nach dem Eindruck dieser zweieinhalb Jahre auch kaum möglich. Karl selber hat sich später, 1528, als er das nächste Mal Spanien verlassen wollte, offen über seine damalige ungeschickte Politik geäußert: jetzt (1528) schrecke ihn nicht „die Sorge, daß diese Königreiche sich während meiner Fahrt nach Italien erheben könnten, wie früher bei meinem Abzuge nach Flandern. Denn damals war ich jung, geleitet durch Chièvres; die Verhältnisse dieser Reiche waren mir noch nicht vertraut."[54] Natürlich sagte das Karl damals als Kontrast zu der − berechtigten − Hoffnung, daß es nun anders sei. Anders als 1520, als Aufruhr und Verwirrung in den Aufständen in Kastilien, Valencia und auf Mallorca tatsächlich kurz nach der Abfahrt Karls entstanden, zum Teil schon vorher.

Spanische Unruhen 1520−1523

An dieser Stelle muß darauf aufmerksam gemacht werden, daß sich jetzt die Geschichte Karls V. verzweigt und damit vervielfältigt. Zu Burgund und Spanien kommen Reichspolitik und kaiserliche Außenpolitik gegen Frankreich in Italien und gegen die Türken hinzu. Das wird eine sehr bunte Angelegenheit. Wie in der Einleitung angekündigt, werden diese Geschichten nacheinander behandelt werden, so wie der Mehrfarbendruck eines Buntbildes hergestellt wird. Zunächst kommt weiter die Farbe Spanien, später die Farbe Reich, dann die Farbe Europapolitik. Zusammen werden sie dann erst das Gesamtbild ergeben, gerade auch in den dann erst erkennbaren Farbmischungen.

Im gegenwärtigen Moment heißt das: Wir folgen nicht Karl, sondern bleiben in Spanien.

Die Gründe für die Unruhen sind schon veranschaulicht worden. Es war vor allem tiefe Enttäuschung über den fremden, wieder abgereisten, das Land offensichtlich nur ausnutzenden König, die sich ausbreitete. Man glaubte nicht an die Wiederkehr. Im einzelnen muß man zwischen den Aufständen in Valencia und Kastilien unterscheiden. Valencia war verletzt und unruhig, weil Karl mit den dortigen Ständen gar nicht mehr verhandelt hatte. Er war gar nicht in Erscheinung getreten. Die Art des Aufstandes war dort ziemlich anders, wir werden später darüber berichten.

Kastilien war verletzt, weil Karl in dem größten Landesteil besonders kurz aufgetreten war und besonders viele servicios erreicht hatte. Nur hier hatte Karl außerdem einen Fremden als Regenten eingesetzt, und zwar Adrian von Utrecht. Dieser hatte schon vorher als Verbindungsmann zu Ferdinand fungiert. Er war einer der niederländischen Lehrer Karls gewesen, besonders maßgebend für seine religiöse Erziehung, und wurde nun Kardinalerzbischof von Tortosa. An sich war er ein sehr überlegener, ruhiger Mann und außerdem in allen inneren Angelegenheiten an den Kastilienrat gebunden. In Kastilien, in den mittelkastilischen Städten entwickelte sich viel Empörung über die Vertreter der Cortes, die dem servicio in La Coruña zugestimmt hatten. Das eigentliche Ziel war: man suchte verzweifelt nach einem „richtigen" König. Ein gewisser Privilegienkampf richtete sich gegen die Corregidores, sonst gab es keinen konstitutionellen Streit.

Führend war Toledo. Die Gründe dafür sind immer noch nicht voll geklärt. Immerhin kam einiges zusammen. Karl hatte diese Stadt nicht besucht, die sich „Corona de España y luz de todo el mundo" nannte. Ihre stolze Sonderstellung unter den anderen großen kastilischen Städten als altem islamisch-jüdischem Zentrum spielte also eine Rolle, als Hauptsitz der kastilischen Cortes und als erstem kastilischen Erzbistum. Spannungen hatte es dort schon durch die Inquisition und die lange energische Herrschaft von Cisneros gegeben. Es bestand eine Adelsparteiung zwischen den Ayalas (den ursprünglichen Anhängern Philipps des Schönen) und den Riberas (den ursprünglichen Anhängern Ferdinands). Man hatte dann die Schande mit dem minderjährigen niederländischen Erzbischof erlebt. Bereichert wurde das durch den streitlustigen Bischof von Zamora, der sich dieses Erzbistum erobern wollte. 1519 waren die Ayalas in Toledo enttäuscht, weil sie nicht gefördert wurden. Sie waren eben Anhänger Philipps gewesen und hatten dann darunter gelitten, aber auch Anhänger des Cisneros, und das brachte sie in Gegensatz zu dem Herrn von Chièvres. Sie waren außerdem verbunden mit Juan de Padilla und seiner Frau Maria. Padilla war ein enttäuschter Caballero. Im November 1519 schrieben beide an die führenden kastilischen Städte in dem genannten Sinne: Karl sei eben länger in Aragon gewesen als in Kastilien, er solle das Land nicht verlassen, das Geld nicht hinausschleppen, Ausländer sollten keine spanischen Ämter bekommen. Darüber wurde eine Versammlung der Magistrate gewünscht. Nach Santiago kam dann schon gar kein Vertreter mehr aus Toledo, wie bereits berichtet. Stattdessen gab es offenen Widerstand: Der Corregidor und alle königlichen Beamten mit Anhang wurden im April 1520 aus Toledo vertrieben; damit wurde der Stadtrat (consejo) gesprengt, Wachen und Tore wurden im Namen der Stadtgemeinde (comunidad) in Besitz genommen, ebenso der Alcázar. Karl war nahe daran gewesen, deshalb die Abreise aus Spanien im Mai 1520 zu verschieben.

Von hier an kann man eigentlich nicht mehr von den „Cortes" oder einer Opposition der Cortes sprechen. Es waren zwar die entsprechenden Städte, aber nicht mehr die Stadtmagistrate und deren Vertreter bei den Cortes-Versammlungen, sondern die comunidades und die comuneros, d. h. die Stadtgemeinden. Die Stadtmagistratsmitglieder gehörten meistens zum niederen Adel, ihre bisherige gemäßigte Position (mit den genannten 88 Forderungen) hatte national-aristokratische Tendenzen. In Toledo begannen nun aber die Tumulte der niederen Schichten, etwa vergleichbar norditalienischen Stadtkämpfen. Handwerker und Gewerbetreibende waren in den kastilischen Städten nicht ganz ohne Einfluß auf die Verwaltung. Der consejo wurde zwar nahezu ausschließlich aus wohlhabenden Bürgern gebildet; bei Wahlen der Distriktsvertreter, in Zünften und Bruderschaften gab es aber auch Vertreter des Handwerker- und Arbeiterstandes, sie konnten Ratssitzungen beiwohnen und ihren Einfluß geltend machen. Die Vereinigung des eigentlichen Rates mit den übrigen Vertretern der Bürgerschaft nannte man comunidad; der Begriff gewann neue Bedeutung, als die ständische Opposition mit Hilfe dieser erweiterten Stadtverwaltung tätig wurde.

Das hatte also in Toledo begonnen. Das von Einflüssen des Adels und der Regierung abhängige Stadtregiment, also corregidor und consejo, wurden beseitigt, stattdessen herrschte die comunidad unter der Leitung adliger Aufständischer, besonders der Padillas. Das fand Nachahmung in anderen Städten, und dort nun zum Teil in noch direkterer Erbitterung gegen die gefügigen Cortes-Vertreter und weniger unter aristokratischer Führung. (Ähnliche Konstellationen findet man dann bei der deutschen Reformation.)

In Segovia kam es zur Empörung vor allem der Tucher unter der Führung von Don Juan Bravo gegen die eigenen Cortes-Abgeordneten. Ihre Häuser wurden geplündert, und einer von ihnen gehängt. Auch anderswo kam es zu Plünderungen. In Salamanca geschah das unter dem Tuchscherer Juan de Valloria. In Burgos, der Haupthandelsstadt Kastiliens, besetzte die comunidad die Burg.

Im Juni 1520 rief Toledo alle Städte auf, zusammenzuhalten und eine Städte-Hermandad zu bilden, wie man es früher gegen den Islam getan hatte. Delegierte comuneros versammelten sich in Avila und bildeten eine „Städte-Junta", eine „Santa Junta". Man wollte eine Deputation direkt an Karl schicken: der servicio von Coruña sollte widerrufen werden und die Ausländer sollten fort.

Adrian von Utrecht hatte größte Schwierigkeiten, dagegen vorzugehen. Er versuchte Segovia exemplarisch zu bestrafen. Die Belagerung gelang aber nicht richtig, denn er hatte nicht genug Artillerie. Diese lag in Medina del Campo und dort wollte man sie nicht herausrücken. Es kam zur Verstärkung des segovianischen aufständischen Heeres durch Truppen aus Toledo, Salamanca und Madrid. Der Versuch des Regentenheeres, die Artillerie mit Gewalt zu bekommen, mißlang. Dabei kam es in Medina zu Stadtbränden, zu einer enormen Empörung, im Aufruhr mußte sich der Regent zurückziehen und sein Söldnerheer unter dem drohenden Bürgerkrieg auflösen.

Die Städte-Junta versuchte nun zu einem neuen Herrscher und vor allem zur Legitimation zu kommen, indem sie sich an die Königin Johanna in Tordesillas wendete, mit der Behauptung, sie sei gesund. Der Weg dazu war Aufruhr in Tordesillas. Johanna weigerte sich zunächst standhaft, auf Verhandlungen einzugehen. So mußte die Städte-Junta selbst in Tordesillas residieren. Es kam zur Herrschaft, aber nur zu einer kurzen, der comuneros. Sie prätendierten, Kastilien zu regieren. Im September 1520 erreichten sie die Anerkennung durch die Königin. Diese sagte allerdings meistens nur ja und unterschrieb dann nichts. Die comuneros nannten sich selber „Cortes", sie suchten die Regierungsgewalt an sich zu reißen, und das bedeutete vor allem, die königlichen Gelder auf ihre Kasse überzuleiten und das königliche Siegel zu erhalten. Die Regentschaft galt als nicht mehr vorhanden, die comuneros behaupteten, „im Namen der Königin und des Königs" zu handeln. Sie hatten aber längst nicht alle Städte hinter sich. Die Bewegung sprang zwar sogar zu einigen adelsabhängigen Städten wie Duenas und Najera über, und auch der Bischof von Zamora stand auf Seiten der comuneros. Aber vor allem der Süden war nicht repräsentiert. Sevilla, Cordoba, Granada und Murcia waren nicht dabei. Auch aus dem Norden fehlten Burgos, das sich gegen die Junta stellte, und Valladolid, obwohl es hier verschiedene Parteien gab.

Ende November 1520 gab es schon wieder Szenenwechsel. Königliche Truppen drangen in Tordesillas ein. Die Junta floh unter Hinterlassung von Akten und der Kasse größtenteils nach Valladolid. Das weitere Vorgehen geschah vorsichtig, war dadurch für die Zeitgenossen und ist auch noch für uns etwas verwirrend. Karl hatte aus der Ferne allen kastilischen Städten mitteilen lassen, daß er die Forderungen der Junta nicht anerkenne. Er hatte die Regentschaft über Adrian hinaus zu einem Triumvirat erweitert, geschickterweise mit kastilischen Adligen. Diese gingen mit ihren Truppen aber sehr vorsichtig gegen die Junta vor, da sie immer Furcht vor Plünderungen in ihrem eigenen Gebiet oder vor dortigen Aufständen hatten. In Valladolid kam die Junta selber nun unter gemäßigtere Führung. Sie war verhandlungsbereit gegenüber dem Regenten, aber es bildete sich eine radikale Partei in der selben Stadt: das war die Junta der comunidad von Valladolid und eine weitere (Cuadrillas). Die Verhandlungen wurden hierdurch verhindert. Es gab Radikalisierungen zu sozialen Unruhen. Unterstützt wurde das von dem Desperado Padilla aus Toledo, der – wiederum – die Führung des Heeres übernahm. So kam es im April 1521 doch zu einer Kampfentscheidung. Padilla war wütend über die Kampfuntüchtigkeit seiner Leute: „Los proletarios, menestriles y labradores rehusan batirse!" (Damit waren die niederen Bürger, Handwerker und Arbeiter gemeint.)[55] Es kam zu einer endgültigen Niederlage. Padilla wurde gefangen und mit einigen anderen auf dem Marktplatz von Villalar gehenkt.

Das war das Ende des Aufruhrs in Kastilien, abgesehen von einem Nachspiel in Toledo. Der kampflustige Bischof von Zamora, Antonio de Acuña, früher ein Günstling des Papstes Julius II., der vorher mit einer Privatarmee im Norden herumgezogen war und Schlösser überfallen hatte, nahm seinen Weg nach Süden und setzte sich in Toledo fest. Dort ließ er sich zum Erzbischof ausrufen. „Sonderbar ungereimter und unheimlicher Maskenzug der Geschichte, wie hier ein geistlicher Würdenträger alten Geblütes, gefolgt von Bettelmönchen und Volkshaufen das Land verwüstete, Klöster plünderte und dann solenne Gottesdienste abhielt."[56]

Auf die Klage Adrians mischte sich hier die römische Kurie ein, man sprach in Rom von dem „spanischen Luther". In Toledo war außerdem Maria Pacheco de Pacilla fest entschlossen, den Tod ihres Mannes zu rächen. Die königlichen Truppen waren gebunden durch französische, die im Mai 1521 in Navarra einfielen. Dadurch konnte Toledo erst Ende Oktober 1521 nach längerer Belagerung zur Unterwerfung gebracht werden. Die königlichen Beamten kehrten zurück. Maria Padilla floh einige Monate später nach Portugal. Der Bischof von Zamora versuchte nach Frankreich zu fliehen, er wurde in Simancas gefangen und dort später nach einem Ausbruchsversuch aufgehängt.

Zur gleichen Zeit wie der Aufstand der comuneros fand derjenige der „Germanía" in Valencia und auf den Balearen statt. Germanía bedeutet dasselbe wie Hermandad: Verbrüderung. In diesem Gebiet ist eine deutliche radikale soziale Bewegung zu erkennen. Die unteren Stände – Handwerker, Arbeiter – wandten sich gegen obere.

Im Unterschied zu Kastilien bestanden die Cortes innerhalb der Krone von Aragon, also auch diejenigen von Valencia, immer, nicht nur bei besonderen Gelegenheiten, aus drei Ständen. Trotz aller wirtschaftlichen Macht konnten die Städte hier nicht wie in Kastilien behaupten, sie seien „die" Cortes, „die" Repräsentation des Landes. Das konnten weder die regulären Ständevertreter sagen noch aufrührerische (wie es in Kastilien geschehen war). Ein Aufstand in alten rechtlichen Formen war also hier viel aussichtsloser. Andererseits, was das Stadtregiment betraf, so war es schon in gewöhnlichen Zeiten viel breiter, es war eine politische comunidad, was sie in Kastilien erst durch den Aufruhr wurde.

Die Germanía war ein Aufruhr gegen die oberen Klassen, gegen die man den Schutz des Königs haben wollte. 1519 waren die Gilden von Valencia wegen drohender Überfälle von osmanischen Piratenschiffen bewaffnet worden und weigerten sich dann, als Adel und Reiche nach der Pest in die Stadt zurückkehrten, die Waffen wieder abzuliefern. Die Germanía bestand in einem Bündnis der organisierten Innungen. In dieser Position machten sie Widerstand gegen andere Stände in gewissermaßen rechtlich schwieriger Zwischenzeit: die beiden anderen Stände Valencias hatten keine Eidleistung gegenüber dem neuen König vollzogen, der ja nicht selber gekommen war. Also kam es zu einer ständigen Verhandlung mit dem königlichen Kommissar über die Waffenabgabe und die Auflösung der Germanía. Gleichzeitig dekretierte diese Germanía im Februar 1521 die Abschaffung aller königlichen, geistlichen und städtischen Abgaben. Der anfängliche Führer, Juan Lhorenz, ein Weber, wollte Valencia eine republikanische Verfassung, ähnlich wie Genua oder Venedig, geben. Es kam zum Krieg zwischen dem aufständischen Heer und der Ritterschaft mit ihren Hintersassen, also über die Stadt hinaus. Hier wirkten sich Spannungen zwischen den Handwerkern von Valencia und maurischen Landarbeitern aus. Tausende von „Ungläubigen" wurden niedergemacht, es kam zu gewaltsamen Taufen, im August 1521 wurde die Moschee von Valencia verchristlicht. Im März 1522 wurden die Anhänger der Germanía in Valencia überwältigt, einige andere Städte leisteten noch bis zum Dezember 1522 Widerstand.

In Mallorca spielten sich die Kämpfe als Bürgerkrieg zwischen Handwerkern, Arbeitern, Landleuten einerseits und Beamten, reichen Bürgern und adligen

Grundherren andererseits ab. Der Anlaß waren Klagen wegen fehlendem Gerichtsschutz der Handwerker und Bauern vor den Grundherren. Es kam zu besonders blutigem Gemetzel, wie es ja auf Inseln leicht geschieht, da Schutz von außerhalb schlechter zu erhalten und die Flucht schwieriger ist. Ab Oktober 1522 wurde in Mallorca Dorf für Dorf unterworfen. Das dauerte bis zum Juni 1523.

Dies ist nun schon die Zeit, in der Karl nach Spanien zurückgekehrt war. Das geschah im Juli 1522. Vorsichtshalber hatte er 4000 deutsche Söldner mitgebracht. Das erwies sich als unnötig. Denn von da an befand sich Spanien bis zum Ende seiner Regierungszeit erstaunlich weitgehend im inneren Frieden.

Es waren also relativ kurze Unruhen und sie waren räumlich sehr begrenzt. Sie haben trotzdem großes Aufsehen erregt, besonders diejenigen von Kastilien. Im 19.Jahrhundert hat man den Führern (etwa Bravo in Segovia oder Padilla in Toledo, wo sein Haus und sein Schandpfahl standen) Denkmäler gesetzt. Die liberalen spanischen Historiker des 19.Jahrhunderts haben den liberaldemokratischen Charakter dieser „Revolution" betont und haben darin eine große Vorläuferschaft für ihre eigenen politischen Ziele gesehen. Die Städte-Junta faßten sie als bürgerliches Repräsentationsverlangen gegenüber einem absolutistischen König auf und waren auf diese ihre Vorfahren stolz. Das ist aber zu modern gesehen. Es ging um die Sicherung der älteren, traditionellen Rechte der Cortes, die durch den König und die Cortes-Vertreter verletzt schienen; es gab darüberhinaus nur den Versuch, das Amt des Corregidors wieder rückgängig zu machen. Und man wollte einen wirklich vorhandenen König haben, denn so, wie man es bei Karl erlebte, sah es ja aus wie die reine Fremdherrschaft über Kastilien. Die Sache hatte also insgesamt mehr Ähnlichkeit mit spätmittelalterlichen Stadtkämpfen, wie man sie sonst in Italien findet. Das gilt besonders für Valencia.

Bemerkenswert war die Passivität, großenteils auch Loyalität des Hochadels und großer Teile des niederen Adels, daneben auch der ländlichen Schichten. Es gab überhaupt keinen Thronprätendenten, es gab bei ihnen keine Selbständigkeitsbestrebungen; gegenüber der Städte-Junta waren sie abwartend, ängstlich wegen ihrer eigenen Besitzungen, dann aggressiver und klarer, als sich die Sache radikalisierte. Dadurch erklärt sich dieser begrenzt *städtische* Charakter der Revolte. Wobei noch zu bemerken ist, daß sich Handelsstädte wie Sevilla und Burgos nicht daran beteiligten. Beteiligt waren vor allem die alten politisch stolzen Städte.[57]

Im Vergleich dazu kann man sagen, daß in Deutschland damals, kaum daß Karl *dort* den Rücken gekehrt hatte, Aufstands- und Selbständigkeitsbestrebungen in praktisch allen Schichten zu finden sind; und später wird das in den Niederlanden ja auch der Fall sein. Aber selbst bei dieser begrenzt städtischen Revolte in Spanien findet man schon Ansätze zu sozialem Umsturz.

Karl in Spanien 1522–1543

Karl verstand die traditionellen Rechte zu sichern und zu achten. Das zeigt sich sofort, als er nach Spanien zurückkehrte. Diese Rückkehr genügte schon weitgehend zur Beruhigung, sogar zu einer dauerhaften, – indem er zwar keinerlei Konzessionen machte, aber die Cortes genau nach Herkommen respektierte und sich

Puerta Nueva de Bisagra in Toledo. Stadtwappen mit Karls kaiserlichem Doppeladler, seiner Ordenskette vom Goldenen Vlies, links und rechts unten die Säulen des Herkules. Toledo war als
„Hauptstadt" von Kastilien und Leon privilegiert, das Wappen des jeweiligen Königs zu führen, und
behielt dasjenige von Karl V. mit dem Doppeladler auf Dauer. Um 1550—59 bei der Erneuerung der
Puerta angebracht.

selbst sozusagen „hispanisierte".[58] Dadurch verschleierte er, daß Spanien eben doch durch „Fremdherrschaft", durch die kaiserliche Politik sehr geschwächt wurde. Hierüber, über Karls Regierungsweise in Spanien, über die Bedeutung der Neuen Welt, über Wirtschaft und wirtschaftliche Verarmung Spaniens ist nun zu handeln.

Karl kam im Juli 1522 in Santander an, nach dem Reichstag von Worms. Er blieb genau sieben Jahre im Lande, bis zum Juli 1529. In dieser Zeit erreichte er eine Stabilisierung Spaniens, Festigung seiner dortigen Herrschaft, Schaffung einer sicheren Grundlage für seine Kaiserpolitik, nachdem er eine entsprechende Fundamentierung in Österreich abgelehnt hatte. Das geschah im Zeichen relativ günstiger, zum Teil sogar sensationell guter außenpolitischer Entwicklungen, wobei vor allem an das Verhältnis zum französischen Rivalen und an Italien zu denken ist. An seiner Politik mit den Cortes läßt sich das ablesen.

Die Kriegführung in Navarra gegen Frankreich 1522 war ihm weniger wichtig als die innere Beruhigung und staatlich-verwaltungsmäßige Reorganisation. Von Valladolid aus verkündete er im November 1522 eine allgemeine Amnestie mit namentlichen Ausnahmen. Er verhielt sich distanziert gegenüber den Rebellen, aber auch gegenüber aufdringlichen, belohnungssüchtigen Königstreuen.

Im Juli 1523 wurden die Cortes nach Valladolid einberufen. Da Karl auf den servicio, der ihm in La Coruña gewährt worden war, verzichtet hatte, ging es nun um einen neuen. Die Reihenfolge, daß nämlich zunächst bewilligt wurde und dann erst Beschwerden vorgetragen werden konnten, wie es in Kastilien, im Gegensatz zu Aragon, üblich war, ließ er sich nicht umdrehen. Die Bewilligung klappte.

Das nächste Mal wurden die Cortes im Mai 1525 in Toledo versammelt, in der stolzen, vor wenigen Jahren noch aufrührerischen Stadt, die später ihre Königs-, ja Kaisertreue demonstrieren wird, indem sie den kaiserlichen Doppeladler Karls V. und seine Ordenskette vom Goldenen Vlies auf Dauer in ihr Stadtwappen aufnahm.[59] Man kam mit den Steuern wiederum zurecht. Die Cortes wünschten − zum wiederholten Male − eine Heirat des Königs, und zwar mit Isabella von Portugal. Außenpolitisch war das möglich, während Karl nach seinem Hin und Her zwischen französischen und englischen Prinzessinnen mit Sicherheit eines dieser beiden Länder beleidigt hätte, wenn er die Prinzessin des anderen genommen hätte. Die Cortes sahen ein, daß der englische Mitgiftvorschuß zurückgezahlt werden mußte und sie daran beteiligt wurden. Wie seinerzeit bei den Kindern des Katholischen Königspaares wurde es nahezu eine Doppelhochzeit. Johann III. von Portugal heiratete 1525 Karls jüngste Schwester Katharina (die älteste Schwester Eleonore war mit dem 1521 verstorbenen Manuel I. verheiratet gewesen und wurde nun dem französischen König Franz I. versprochen), und im März 1526 heiratete Karl Isabella in Sevilla.

Bei dieser Gelegenheit war er zum ersten Mal im Süden, in Andalusien und in dem ehemals letzten spanisch-maurischen Königreich Granada, das erst seit 34 Jahren zu Kastilien gehörte. Er verbrachte verlängerte Flitterwochen in Cordoba und auf der Alhambra. Die Stadt Granada soll er von allen spanischen am meisten geliebt haben, wobei die sichtbare und weiterzupflegende Erinnerung an den Sieg des Christentums über den Islam sicherlich eine große Rolle spielte. In der Capilla

Real neben der entstehenden Kathedrale hatten sich die Sieger, seine Großeltern Isabella und Ferdinand, begraben lassen; hier sollte die Familiengruft der neuen spanischen Dynastie sein; Karl verfügte die Überführung seines Vaters Philipp aus Tordesillas und ließ den Altarraum der Kathedrale als Mausoleum gestalten. Und an den Alhambrapalast baute man für ihn 1528−33 neue Gemächer an, wobei überall seine Devise „Plus ultra" oder kurz „PU" angebracht wurde. Vor allem aber entstand der Plan eines neuen, ganz unmaurischen Palastes unmittelbar neben dem alten: ein monumentaler Bau im italienischen Renaissancestil, außen quadratisch, innen ein Rundhof, an einer Ecke eine oktogonale Kapelle. Finanziert wurden die 1533 beginnenden Bauarbeiten sehr sinnig aus den jährlichen Abgaben, die seitens der (mehr oder weniger formell getauften) Morisken von Granada als Gegenleistung dafür erbracht wurden, daß Karl ihnen 1526 zugestand, ihre Sprache, Kleidung und Gebräuche doch noch beizubehalten. Aber der Bau selbst mit seiner Versinnbildlichung der spätantiken imperialen Tradition entwickelte sich fern von ihm und ohne sein direktes Interesse. Denn nach 1526 kehrte der Kaiser nie wieder nach Granada zurück. Das einzige jemals für ihn entworfene Schloß wurde zwar jahrzehntelang schleppend weitergebaut, aber niemals fertig.[60]

Während seiner Monate in Granada erhielt Karl Nachrichten über die osmanische Gefahr für Österreich. Als er dies für eine Einflußsteigerung auf die Cortes auszunutzen versuchte, zeigte sich, daß er hier seine Macht nicht weiterdehnen konnte. Im Januar 1527 wurden die vollständigen Cortes, also alle drei Stände, nach Valladolid geladen. Der König hielt eine Rede über die Osmanen und forderte Sondermittel, wobei er an die Reconquista erinnerte. Die Türkengefahr sei für alle christlichen Staaten ein und dieselbe, ob vom Mittelmeer her, in Afrika oder in Ungarn. Der Adel Kastiliens reagierte typisch adlig: Er sei jederzeit bereit, in eigener Person und auf eigene Kosten dem König ins Feld zu folgen (was dann tatsächlich viele taten), er weigerte sich aber unbedingt, finanzielle Verpflichtungen zu übernehmen, für welchen Zweck auch immer. Steuern und Abgaben zu entrichten, sei ein Zeichen einer gewissen Hörigkeit, von welcher der Adel durch seine Vorrechte befreit sei; diese müßten im Interesse der eigenen Nachkommen so erhalten bleiben, wie sie überkommen seien.

Auch der Klerus weigerte sich, da die Geistlichen ja persönlich auch nicht Herren irgendwelchen Besitzes seien; wenn der König kirchliches Eigentum raube, beraube er Gott, für dessen Dienst fromme Gemüter all das gegeben hätten, was die Kirche besäße. Auch die Städte wehrten sich. Das Land könne nicht noch mehr finanzielle Opfer bringen, man müsse genügend aufbringen für den Küstenschutz gegen muslimische Korsaren und Piraten.

Wie man an den Cortes von Madrid im März 1528 sehen kann, führte all das dazu, daß eben die Städte − weiterhin − die Hauptlast trugen. Zumal die aragonesischen Cortes noch viel schwieriger waren. Ende März 1528 zog Karl erstmals nach Valencia, hier fand also überhaupt erst die Huldigung statt. Dann kamen alle Cortes von Aragon vereinigt in Monzón zusammen, betrugen sich aber sehr umständlich und unergiebig.

Bis Juli 1529, also sieben lange Jahre, blieb Karl in Spanien. Die grundlegende Sicherung seiner Herrschaft bestand darin, daß im Mai 1527 der Erbe geboren worden war: Philipp. Von Barcelona aus verließ Karl das Land im Juli 1529. Er fuhr zur Befriedung Italiens und zur Kaiserkrönung nach Bologna, dann zum Reichstag nach Augsburg, und kümmerte sich danach um den Türkenkrieg. Regentin war die Kaiserin und Königin Isabella. Im April 1533 kam er von Wien über Italien nach Barcelona zurück.

Um zunächst einen Überblick zu geben: Es folgten weitere kürzere Aufenthalte in und außerhalb Spaniens. Nach zwei Jahren zog er im Mai 1535 los zum afrikanischen Krieg, dem sich ein französischer anschloß, im Dezember 1536 kehrte er nach Spanien zurück. Von Frühjahr bis Juli 1538 war er in Italien. Dann kam er wieder nach Spanien und blieb dort bis zum November 1539. In dieser Zeit, im Mai 1539, starb Isabella in Toledo. Ab November war Karl zwei Jahre außerhalb Spaniens, zunächst in den Niederlanden, unter anderem zur „Bestrafung" Gents, dann in Regensburg und in Algier. Sein Sohn Philipp fungierte in dieser Zeit mit seinen zwölf bis vierzehn Jahren als Regent. Von November 1541 bis Mai 1543 war Karl wieder in Spanien.

Nun war Philipp sechzehn: so alt, daß sich Karl entschließen konnte, ganz aus Spanien wegzubleiben. Vorher sorgte er noch für eine heiratsmäßige Anbindung Portugals. Dafür hatten ja die spanischen Herrscher immer gesorgt; dem portugiesischen König Manuel I. waren nacheinander drei Frauen zur Verfügung gestellt worden: zwei Töchter der Katholischen Könige (1497 Isabella, nachdem sie 1490 mit dem Infanten Alfons verheiratet worden war, 1500 Maria, die Mutter von Karls Gemahlin Isabella) und Karls Schwester Eleonore (1519); sein Nachfolger Johann III. hatte 1525 Karls jüngere Schwester Katharina bekommen. Nun fädelte Karl im Dezember 1542 wieder einmal die beliebte Form des doppelten Ehevertrages ein: Philipp sollte Maria von Portugal heiraten und Philipps Schwester Johanna später den Thronfolger Johann. Beide Ehen waren dann allerdings nur kurz, da die portugiesischen Partner 1545 bzw. 1554 starben.

Im Mai 1543 verließ Karl Spanien und kehrte als regierender Herrscher überhaupt nicht mehr zurück. Dreizehn Jahre war er außerhalb des Landes tätig, zuweilen auch Philipp. Dessen Schwester Maria mit ihrem Gatten Maximilian, dem Sohn Ferdinands I., übernahmen dann die Regentschaft (1548). Erst als abgedankter Kaiser und König kehrte Karl im September 1556 zurück, während Philipp damals außerhalb, in den Niederlanden, zu tun hatte und seine verwitwete Schwester Johanna als Regentin einsetzte.

Karl hat also sehr wohl seine regierungsmäßige Basis in Spanien geschaffen. Sobald sie sicher war, wurde er aber darüber hinaus tätig, löste er sich mehr und mehr wieder von diesem Land. Völlig ein spanischer König ist er nicht geworden, wie es später sein Sohn werden sollte. Er schuf sich ein Regierungs- und Verwaltungssystem, das seine häufige Abwesenheit und Reisetätigkeit ermöglichte. Genauer gesagt: Nicht er schuf es, sondern Gattinara, den der Historiker John M. Headley einen der führenden Staatsmänner des frühmodernen Europa und den Architekten der spanischen Hegemonie genannt hat.[61]

Das spanische Regierungs- und Verwaltungssystem

Mercurino Gattinara war nach dem Tode von Chièvres (1521) Karls zweiter großer Staatsberater. Schon seit 1518 trug er den Titel eines Großkanzlers aller Reiche und Länder des Königs. Er dachte nicht altmodisch burgundisch-aristokratisch wie Chièvres, aber auch nicht spanisch, sondern kaiserlich-universal, vom Zentrum Italien aus und scharf gegen Frankreich gerichtet. Als Piemontese und humanistisch gebildeter, in vielem erasmisch gesinnter Rechtsgelehrter war er über Savoyen in den juristischen Beraterdienst der Margarete von Österreich gekommen, zunächst in der Franche Comté, dann in den Niederlanden. Seitdem man seine Denkschriften und seine Autobiographie kennt, kennt man einen der wichtigsten ideologischen Formulierer der Kaiseridee. Sie war geprägt von römischrechtlichen Vorstellungen, vom antiken Staatsbegriff, von christlicher Ethik und erinnerte an Dantes hohe Kaiseridee. Brandi war der Meinung: „Wenn Karl in der burgundisch dynastischen Tradition groß geworden war und sich nur mühsam in die säkularisierte spanische Staatsidee hineinlebte, sollte ihm Gattinara in seinem humanistischen Kaiser- und Reichsgedanken erst die wirklich brauchbare Form für die einheitliche Leitung aller seiner Länder und Völker geben. In der Verschmelzung der dynastischen Idee mit der imperialistischen [damit meint Brandi die kaiserliche] lag für Karl schließlich die Lösung seines Lebensproblems."[62]

Gattinara war nicht nur für diese universalen Gesichtspunkte der Politik wesentlich, sondern auch als Neuorganisator des Regierungssystems, also des Staatsrats und der spanischen Zentralbehörden. Er unterstützte übrigens auch die Reformen von Las Casas in Übersee. Nicht nur deswegen gaben früher nationalbewußte spanische Historiker Gattinaras Einfluß ungern zu. Für sie war er nicht spanisch und nicht kirchlich genug. Das sieht man vor allem an der Interpretation von Menéndez Pidal. Die italienischen Historiker wiederum mögen ihren Landsmann Gattinara nicht, weil er nicht nationalitalienisch dachte. In der früheren deutschen Forschung, also in der Schule Brandis und Rassows, ist seine ideengeschichtlich so klar faßbare Bedeutung aber auch überschätzt worden. Heinrich Lutz hat auf seinen antifranzösischen Affekt hingewiesen und ist von einer Identifizierung von Gattinaras und Karls Kaiservorstellungen abgerückt. In der Tat blieb die antike, humanistische Komponente, die bei Gattinara so weit ging, daß er eigentlich nicht Spanien, sondern Italien zum Kern von Karls Weltreich machen wollte, bei Karl selber äußerlich. Marlianos Vision von 1516 in ihrer Verbindung von Burgund, Spanien und dem Kaisertum entsprach ihm mehr.

Darüberhinaus fragt man sich auch, ob der Einfluß Gattinaras bis zu seinem Tode 1530 gleichbleibend groß und nicht vielmehr im Schwinden begriffen war. Vor allem erkennt man deutlicher die grundsätzliche Bedeutung der weniger großspurigen, aber verwaltungstechnisch viel effizienteren Leistung von Karls spanischem Staatssekretär Francisco de los Cobos. Ähnlich wie man bei den Ratgebern des englischen Königs Heinrich VIII. die stärkere Bedeutung des Machttechnikers Thomas Cromwell im Vergleich zum Kardinal Wolsey erst später, seit G. R. Elton, erkannt hat, ist Cobos erst seit dem amerikanischen Historiker H. Keniston 1960 angemessen gewürdigt worden. Über zwanzig Jahre, bis zu seinem Tode 1547, lag in den Händen von Cobos die eigentliche Regierung Spaniens. Er ist einer der

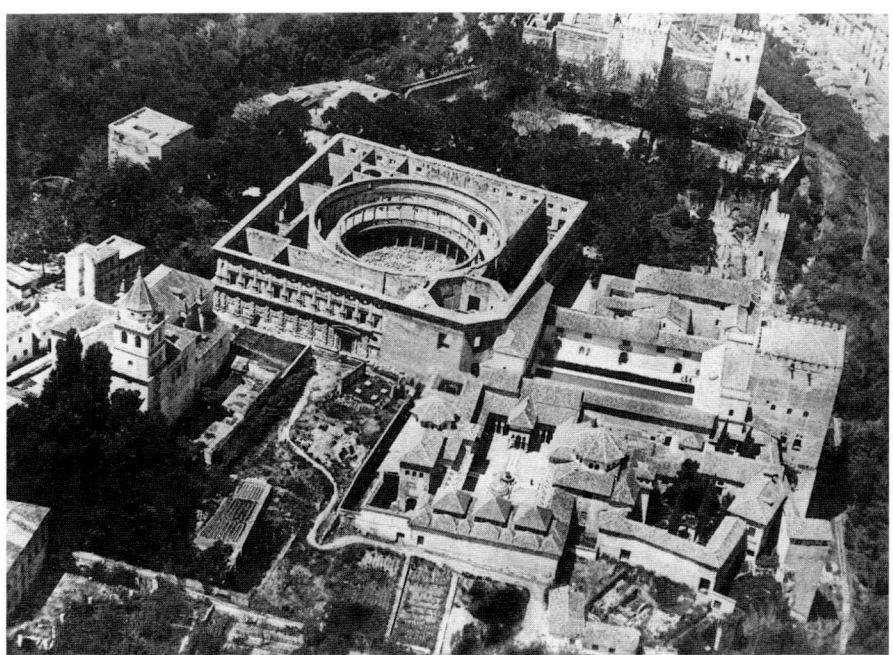

Der Palast Karls V. in Granada. Blick auf die Alhambra nach einem Foto von 1920, als das quadratische Gebäude noch nicht gedeckt war. Man erkennt darum deutlich die einzelnen Säle, den runden Innenhof (nach dem Vorbild der Hadriansvilla in Tivoli) und die oktogonale Kapelle (anklingend an das Aachener Münster, in dem Karl zum Römischen König gekrönt worden war). Rechts die Teile des maurischen Palastes: der Gesandtenhof und (weiter unten) der Löwenhof. Karl V. war nur 1526 einige Monate in Granada. Der Palast wurde ab 1533 gebaut, aber nie vollendet. Es ist fraglich, ob dieser rein italienische Renaissancestil seinem Geschmack und seiner Kaiservorstellung entsprach.

Schöpfer der habsburgischen Bürokratie in Spanien, er bildete einen ganzen Stab von Beamten in seinem Geiste aus. Cobos stammte aus ärmlichen Verhältnissen, aus der kleinen andalusischen Stadt Ubeda, er stieg langsam in Sekretärsdiensten Ferdinands hoch, kam dann 1516 dem neuen König Karl in den Niederlanden „entgegen", fleißig, beschlagen, freundlich, gar nicht an großen Ideen interessiert, sondern vor allem an Finanzfragen: also ein unermüdlicher „Macher", wie man heute sagen würde. Er war unentbehrlich wegen seiner Erfahrungen auf den verschiedensten Gebieten der kastilischen Verwaltung. Zwischen ihm und Gattinara gab es einen Machtkampf, den er schon vor dessen Tod gewonnen hatte. Cobos begleitete Karl bei der ersten Auslandsreise 1529–33, dann blieb er wegen seiner Finanzerfahrung in Spanien und regierte dort. Sein geschmeidiger Verwaltungsstil war wohl wesentlich für die innere Ruhe Spaniens, und wenn er mit seiner Finanzpolitik auch weitgehend scheiterte, so muß man sagen, daß es nicht an ihm lag.

Nach dem Tode Gattinaras gab es keinen neuen Großkanzler. Der Kaiser nahm das sozusagen selbst in die Hand. Gattinaras Nachfolger in außenpolitischen und in Reichsfragen wurde der Staatssekretär Nicolas Perrenot de Granvelle (1530 bis zu seinem Tode 1550, dann wird ihm sein Sohn Antoine folgen). Er war von burgundischer Herkunft. Genau kann man aber nicht zwischen spanischer und kaiserlicher Politik scheiden. Der Wirkungsbereich wurde zwischen Cobos und Granvelle mehr geographisch, süd-nördlich aufgeteilt. Cobos war seit etwa 1522 verantwortlich für Kastilien, für die Neue Welt und für die Beziehungen zu Portugal. Nach 1530 wurde er es auch für Italien, das sich Gattinara vorher immer vorbehalten hatte, jedenfalls soweit Italien eine universal-kaiserliche Angelegenheit und nicht eine aragonesische war. Bei Cobos wurde das anders. Er nahm Italien den Aragonesen mehr oder weniger aus der Hand. Die italienischen Fragen waren nun nicht mehr aragonesisch, sondern allgemeinspanisch. Granvelle war demgegenüber verantwortlich für die Niederlande, für das Reich und für die sonstige Außenpolitik, besonders gegenüber Frankreich.

Karls Regierung war noch so personenbezogen, daß man auf diese drei entscheidenden Leute eingehen muß, diese Verbindungsmänner zu den verschiedenen Zentralbehörden, ehe man die Behördenorganisation selbst betrachtet. Die Zeit Karls ist eine Übergangsepoche zwischen persönlichem, mündlich-beratendem, mündlich anweisendem und entscheidendem Regierungsstil, wie ihn Karl schätzte, wie er aber wegen der Fülle der Aufgaben und Reisen nicht mehr richtig durchführbar war, und dem bürokratisch-schriftlichen Regierungsstil, wie er dann bei Philipp II. herrschend wird. Die besondere Form des Gesamtreiches machte bei Karl V. beide Stile notwendig. Eine zentralistisch-einheitliche Regierung war nicht angestrebt und auch nicht anstrebbar. Ein spanischer Jurist des späteren 16.Jahrhunderts, Juan de Solórzano, hat es so formuliert: „Die Königreiche sind zu regieren und zu verwalten, als ob der König, der sie zusammenhält, nur König in jedem von ihnen wäre."[63] Das bedingte viel persönliche Anwesenheit und außerdem viel individuelle bürokratische Behandlung aus der Ferne. Der Kaiser reiste, ohne eine Hauptstadt zu haben – auch die hatte dann erst Philipp II. –, aber Valladolid wurde mehr und mehr zur Verwaltungshauptstadt, vor allem wenn Karl gar nicht in Spanien war; und im naheliegenden Schloß Simancas legte Cobos seit 1543 ein Archiv für die Staatspapiere an.

Karl hatte – noch – kein Kabinett, keine Minister, keine ministeriellen Departements, sondern „Räte" im Sinne von Beratergruppen oder Regierungsausschüssen, wie schon vorher in Burgund und wie auch anderswo; in Spanien besonders viele. Um zunächst nur einen Überblick zu geben: Es gab allgemein, über Spanien hinausgehend, den Staatsrat (Consejo de Estado) und den Kriegsrat (Consejo de Guerra). Daneben territoriale Räte: den Rat von Kastilien, den von Aragon, von Navarra. Aus dem Kastilienrat wurde der Consejo de las Indias abgezweigt sowie der Finanzrat (Consejo de Hazienda). Aus dem Aragonrat wurde später (1555) der Consejo de Italia abgezweigt und außerdem ein Flandernrat gegründet, beides für Philipp II. Den Navarrarat gab es vielleicht nur auf dem Papier. Außerdem gab es den Rat der (Ritter-)Orden, den der Hermandad und den der Inquisition, schließlich den der Cruzada (teils Polizei-, teils Finanzverwaltung).

Hier kann nicht auf alle diese Räte eingegangen werden (deren Erforschung vor allem Fritz Walser und Rainer Wohlfeil zu verdanken ist). Mehrere stammten schon aus der Zeit des Katholischen Königspaares und wurden nur reorganisiert. Gewöhnlich bestanden sie aus acht bis zwanzig Mitgliedern und arbeiteten nach dem Kollegialitätsprinzip. Jeder Rat hatte einen Präsidenten und man entschied nach der Mehrheit; bei Gleichheit der Stimmen gab die des Präsidenten den Ausschlag. Alle Räte, außer dem Staatsrat, vereinigten richterliche, administrative und z. T. legislative Aufgaben. Die territorialen Räte wurden allerdings mehr und mehr zu Gerichtshöfen, vor allem, nachdem der Kastilienrat um die Finanzen und um Indien erleichtert worden war und außerdem aus einigen wenigen seiner Mitglieder einen Ausschuß als Hauptorgan für die innere Verwaltung Kastiliens gebildet hatte, nämlich den Consejo de la Cámera de Castilla; das waren nur zwei bis vier Leute, eine Art Kastilien-Kabinett, bei dem der König präsidierte. In die Rechtsprechung griff er aber grundsätzlich nicht ein. Theoretisch waren alle diese Räte gleichgeordnet, wenn auch der Kastilienrat neben dem Staatsrat eine vorherrschende Rolle spielte. Sein Präsident galt als höchster kastilischer Würdenträger, höchster gesamtspanischer Beamter und war gewöhnlich auch der Präsident der Cortes und des Ordensrates; in der Zeit Karls V. war es immer ein Bischof. Auch die territorialen Räte hatten ihren Sitz am Hofe, waren auch nicht immer nur aus Mitgliedern der jeweiligen Territorien zusammengesetzt – wie man jedenfalls vom Aragonrat sagen kann – und sie folgten dem König bzw. dem Regenten auf seinen innerspanischen Reisen.

Einzugehen ist nur auf die drei neuen und wichtigen Räte: auf den Staatsrat (1522), den Finanzrat (1523) und den Indienrat (1524).

Beim Staatsrat, „Consejo de Estado", ist „Estado" im Sinne von außenpolitischen Angelegenheiten gemeint. Es ist die Reichszentrale für die Gesamtmonarchie, für alle allgemeineren Fragen Spaniens und des Reiches, und das konnten auch innere Fragen Spaniens sein. All dies wurde hier besprochen. Gattinara hatte diese Institution geschaffen. Hier fand wirkliche „Beratung" des Kaisers statt, auch mit Einzelvoten der Ratsmitglieder. Bei besonderen Angelegenheiten wurden gemeinsame Sitzungen mit dem Kastilienrat abgehalten. Eine eigentliche Überordnung dieses Staatsrates über die anderen Räte, die Gattinara anstrebte, gelang nicht. Anfangs bestand er aus vielen Niederländern und nur einigen Spaniern, 1526 wurde er neu aufgefüllt und etwas mehr hispanisiert. Als 1529 wieder die

Reisezeit Karls ins Ausland begann, wurde es üblich, daß alle nichtspanischen Mitglieder des Staatsrates den Kaiser begleiteten und die spanischen – mit einer gewissen Auffüllung – einen Regentschaftsrat bildeten, den Consejo de Estado a la Emperatriz. Die spanische Innenpolitik blieb also zuhause, die spanische Außenpolitik nahm der Kaiser mit. Der reisende Teil des Staatsrates reduzierte sich zunehmend auf wenige Vertraute, während sich der spanische Regentschaftsrat zur Vorform von Philipps gesamtspanischer Zentralbehörde, dem spanischen Staatsrat entwickelte.

Was den 1523 eingerichteten Finanzrat betraf, so war das die Übertragung einer vorteilhaften burgundischen Behörde. Karl brachte Heinrich von Nassau, den Chef des flandrischen Finanzrates, mit, und dieser bildete eine zunächst sechsköpfige Kommission zur zentralen Überwachung aller einzelnen kastilischen Rechnungshöfe. Man kann den Finanzrat als vielleicht wichtigste Schöpfung Gattinaras ansehen, wenn er sich auch nicht ganz nach dessen Plan entwickelte. Sekretär wurde Cobos, und dessen Leute besetzten den Rat. Eigentlich war er nur für kastilische Finanzen zuständig, mußte sich aber doch um die Finanzen der Krone insgesamt kümmern. Zur Mittelbereitstellung für Karls auswärtige Kriege war er grundlegend.

1524 wurde der Consejo Real y Supremo de las Indias geschaffen. Er leistete den Aufbau der zentralen fernen Verwaltung der großen Neuen Welt, die für das spanische Kolonialreich so charakteristisch werden sollte.

Seit etwa 1511 vermehrten sich die Erfolge – sichtbar in der Besitznahme von Land –, aber auch die Probleme in der Neuen Welt. Vorher hatte es zahlreiche Entdeckungsfahrten gegeben; besiedlungsmäßig, herrschaftsmäßig ging es aber vor allem um das von Columbus entdeckte Hispañola (das heutige Haiti). Die kastilische Krone war an der dortigen Goldschürfung interessiert; dies war zunächst ihr Monopol; dann wurde das Privatinteresse der Überseefahrer animiert und der Quinto Real eingerichtet. In Sevilla gründete man 1503 die Casa de la Contratación de las Indias, zur Organisation des Amerikahandels, als königliches Handelshaus für Fracht- und Passagierdienst und zur Sicherstellung der königlichen Einkünfte; auch die Gerichtsbarkeit und die Seemannsausbildung wurden dieser Casa übertragen. Darüber hinaus hatte die Krone zunächst nur mit außenpolitischer Absicherung der Überseeansprüche, vor allem mit der Abgrenzung der Interessensphären zu Portugal zu tun.

Nach 1511 dehnte sich nun die Überseeherrschaft aus; keineswegs als zentral, königlich gelenkte Unternehmung, sondern in Eroberungszügen von Konquistadoren, die nachträglich genehmigt oder bestätigt wurden. 1511 besetzte Diego Velasquez die Insel Kuba. 1513 überschritt Núñez de Balboa den Isthmus von Darien bis zum Pazifik und nahm formell das ganze Festland, also ganz Südamerika, in Besitz. Im selben Jahr eroberte Ponce de Leon Florida. Das geschah mit der sog. Indianerproklamation, in der von einer Herrschaftsabfolge Gott-Petrus-Papst geredet wurde, die dieses neue Gebiet dem spanischen König geschenkt habe. 1519–21 wurde Mexiko durch Hernan Cortés erobert. Gold und Schätze des Moctezuma kamen Ende 1519 in Barcelona an, als sich Karl gerade dort aufhielt; das war nicht unwichtig für die Geldschwierigkeiten in der Zeit der Kaiserwahl; später zeigte man diese Schätze in Brüssel, wo sie Albrecht Dürer sah; teilweise erhielt sie

Ferdinand in Wien als Geschenk, teilweise wurden sie in England, vor der Rückfahrt nach Spanien 1522, vorgezeigt. Cortés schrieb dazu am 30.Oktober 1520 einen Brief und erklärte: „Eure Majestät kann also den Titel eines Kaisers dieser unermeßlichen Provinzen mit demselben Recht führen, wie das eines Kaisers von
Deutschland."[64] Mit einem solchen Kaisertitel hatte Cortés auch schon vor Moctezuma geprunkt. Gleichzeitig mit all diesen Eroberungen fand 1519–22 die
Weltumseglung des Magellan (Magalhães) im kastilischen Dienst statt.

Neben diesen wirklich unermeßlichen erfolgreichen Expansionen gab es neue
Probleme. Sie betrafen vor allem die Eingeborenenbehandlung auf den westindischen Inseln und dann auf dem Festland. Die Dominikanermönche auf Hispañola
hatten 1511 die Zustände kritisiert; das führte 1512 zu den ersten Schutzgesetzen
für die Eingeborenen, zu den Gesetzen von Burgos. Hier erwuchs also eine neue
Aufgabe für den Staat: zwischen dem Interesse der Konquistadoren und der kirchlichen Kritik. 1515 kam Las Casas mit seinen Anklagen nach Spanien zurück.

Westindien wurde nicht Kaiserreich, aber formell auch nicht Kolonialreich. Es
hieß Reino de las Indias und gehörte zur kastilischen Krone. Zunächst, schon vor
Karl, wurde es also vom Kastilienrat mitverwaltet. 1508–16 betätigte sich hier vor
allem ein Bischof, Juan Rodriguez de Fonseca, sozusagen als Kolonialminister.
Nach der Kritik von Las Casas fand unter Karl eine Reform statt: 1518 wurde ein
kollegiales System mit dem Sekretär Cobos errichtet; 1524 erhob man es zum
Consejo. Die Casa de la Contratación in Sevilla wurde diesem Rat unterstellt; er
bildete die oberste Verwaltungsbehörde, das oberste Gericht in Zivil- und Strafsa-
chen, und war gesetzgebend, soweit Indien besondere und andere Gesetze haben
mußte als Kastilien. Der erste Präsident des Consejo war der Beichtvater des Königs, der Dominikanergeneral Garcia de Loaysa. Gattinara wurde 1528 Großkanzler und Großsiegelbewahrer für „Indien"; er war das nur noch zwei Jahre, aber immerhin zeigt sich daran, daß die Bedeutung dieser Neuen Welt allmählich anerkannt wurde. Vom König aus wurde sie sozusagen jeden dritten Montag anerkannt; denn das war der Tag des Consejo für den mündlichen Vortrag beim Monarchen und für Unterschriften. (Jede Behörde hatte solche bestimmten Tage.)

Der Indienrat lenkte und verwaltete aus der Ferne. Von Kastilien aus beaufsich-
tigte er die Behörden in der Neuen Welt. Für Spanier war das nicht ganz ungewöhnlich, aber im Falle von „las Indias" handelte es sich doch um eine ungeheure
Ferne. „Nie ist die Welt so groß gewesen wie nach Magellans Erdumsegelung",
hat der französische Historiker Pierre Chaunu gesagt.[65] Diese Fernverwaltung
praktizierte man in der Furcht vor Verselbständigungstendenzen der Konquistadoren und der Siedler. Beinahe noch mehr fällt diese Furcht bei den Territorialbe-
hörden in Amerika selbst auf. Die Beamten wurden so säuberlich wie möglich von
spanischen Siedlern, von Großgrundbesitzern in Amerika getrennt; das blieb so
und ermöglichte übrigens Anfang des 19.Jahrhunderts die Unabhängigkeitsbewe-
gung. Man richtete einzelne „Provinzialverwaltungen" mit Gouverneuren ein,
die zunächst selbständig nebeneinander bestanden. Dann wurden sie zu kollegia-
len Gerichts- und Verwaltungsbehörden zusammengefaßt, zu den sog. „audien-
cias", auch nach altspanischem Muster. Zunächst, 1528, richtete man die Audiencia von Neuspanien (Mittelamerika und die westindischen Inseln umfassend) ein,
die dann 1535 einen Vizekönig bekam.

All diese wichtigen Maßnahmen zur Organisation in Übersee fielen „in die Regierungszeit Karls V., sind jedoch nicht so sehr als persönliche Verdienste des Monarchen anzusehen, sondern vielmehr der Effizienz des Indienrates zu verdanken".[66] Meist spricht man darum unpersönlich von der Tätigkeit „der Krone". Die kirchliche Kritik an dem brutalen Vorgehen der Konquistadoren gegen die Eingeborenen in Mexiko und besonders in Peru (dort hatte die Eroberung des Inkareiches schon 1524 begonnen, sich aber bis 1539 hingezogen) führte aber dazu, daß Karl sich 1542 persönlich für eine Generalvisitation des Indienrates einsetzte. Einige bestochene Mitglieder wurden entfernt und die „Neuen Gesetze" für eine bessere Indianerbehandlung erlassen. Auch in seinem politischen Testament von 1548 betonte Karl, die Unterdrückungsmaßnahmen der Konquistadoren müßten eingeschränkt und die Wiederbevölkerung müßte gefördert werden.[67]

In den „Neuen Gesetzen" wurde auch die Errichtung des zweiten Vizekönigreiches Peru angeordnet (1543). Die Institution des Vizekönigtums war eigentlich eine aragonesische Erfindung. Ein großer Hof und genaues Zeremoniell wurden dafür installiert, der Vizekönig hatte sechs Jahre Amtszeit mit Verlängerungsmöglichkeit, meistens stammte er aus dem hohen Adel. Er vereinigte verwaltungsmäßige, militärische und juristische Aufgaben, war also gleichzeitig Gouverneur, Generalkapitän und Präsident der Audiencia. Von der Zentrale in Madrid aus bemühte man sich ständig unter sich erschwerenden Umständen, ihn und seine Beamten von spanischen Grundbesitzern („encommenderos") unabhängig zu halten. Er hatte eine gesellschaftliche Sonderstellung, die unter Karl und dann unter Philipp II. immer mehr ausgebaut wurde. Das bezog sich auf alle seine Beamten. Verheiratungen der Richter mit Personen ihres Amtsbezirks waren verboten, Erwerb von Grundbesitz ebenso, und auch Handelsgeschäfte waren nicht erlaubt. Alles wurde so streng bestimmt, weil die Korruption in der Ferne besonders leicht möglich war. So wurde dies ein besonders frühes „bürokratisches Empire".

Soviel zur Behördenorganisation unter Karl V. Wenn man sieht, wie Spanien hier seine spätmittelalterlichen politischen Organisationsformen einsetzte und veränderte, um enormen neuen Problem gerecht zu werden – also der unvergleichlichen Expansion nach Übersee und der überspanischen Kaiserpolitik –, wird man sagen können, daß es im Bereich des Institutionellen in beachtlicher Weise erfolgreich war. Teilweise lag das sicherlich an den Erfahrungen, die Aragon in den vorhergehenden Jahrhunderten mit ähnlichen, wenn auch kleineren Problemen gesammelt hatte.

Die spanische Wirtschaft

Die Frage ist, ob Spanien in wirtschaftlicher Hinsicht gleichermaßen erfolgreich war. Ob es also geschafft hat, den Reichtum der Überseebesitzungen so auszuwerten, daß er für das wirtschaftliche Wachstum des eigenen Landes vorteilhaft wurde. Unter den Bedingungen des Wirkungsbereiches Karls V. ist diese Frage natürlich wieder gespalten: Ausnutzung des amerikanischen Reichtums für Spanien war nicht dasselbe wie dessen Ausnutzung für die kaiserliche Politik.

Am Anfang stand die monopolistische kastilische Ausbeutung der Entdeckungen, ähnlich, wie es die Portugiesen vorgemacht hatten. 1501 wurde allen Ausländern die Fahrt in die spanischen Besitzungen verboten. Durch die Casa de Contratación in Sevilla wollte man die absolute Kontrolle über den Handel mit der Neuen Welt erreichen. Der Vorteil und die Durchführbarkeit wurden aber bald infragegestellt. Es wurde deutlich, daß man ausländisches Kapital für die teuren Kolonialunternehmungen brauchte. Dies ging zusammen mit den internationalen Finanzinteressen, die Karl V. sozusagen mit nach Spanien brachte. Er stand in der Verpflichtung vor allem deutscher Bankhäuser – der Fugger und der Welser – seit den finanziellen Transaktionen, die für seine Kaiserwahl nötig waren. 1524 erlaubte er also ausländischen Kaufleuten, in der Neuen Welt zu handeln, allerdings nicht zu siedeln. Untertanen aus dem gesamten Herrschaftsgebiet Karls V. durften nach Amerika. Das wurde 1538 wieder verboten, auf wachsendes Drängen der spanischen Kaufleute. Man brauchte dann besondere Lizenzen oder man mußte Kastilier werden. Am ausgedehntesten waren die Unternehmungen des Augsburger Hauses der Welser und der Ehinger aus Konstanz in Venezuela („Klein-Venedig") . 1528 wurden dort Sonderverträge für deutsche Bergleute ausgestellt. 24 Bergknappen von Joachimsthal kamen nach Santo Domingo. Außerdem erhielten diese Häuser Lizenz zur Einfuhr von 4000 Negersklaven. In seiner „Indianischen Historie" beschrieb der beteiligte Nicolaus Federmann den Versuch der Deutschen, das Hinterland zu erschließen, vor allem Gold zu finden. Erster Gouverneur von Venezuela wurde Ambrosius Ehinger, der Faktor der Welser in Santo Domingo. Sein Bruder Heinrich Ehinger, Faktor der Welser in Zaragoza, wurde 1530 Schatzmeister („Tesoro") des Kaisers.

Das mußte aber dann, wie gesagt, wieder eingestellt werden. Ende der dreißiger Jahre wurde das kastilische und das sevillanische Monopol wiederhergestellt, nachdem zwischendurch eine Zeitlang auch nordspanische Häfen mit Amerika verkehren durften. Diese Wiederherstellung des Monopols blieb in Kraft bis zum Jahre 1680. Sevilla war gewissermaßen die Herrin des spanischen Atlantik. (Später dann Cadiz.) Man suchte vor allem Gold und Silber und man fand es auch, – nur viel weniger und in der Menge viel langsamer ansteigend, als man gehofft hatte. Der König bekam die in Neuspanien eingeführten Steuern und den „quinto real". Karl glaubte, durch diese ihm wie von Gott geschenkten Schätze würde er vom internationalen Kapitalmarkt frei. Er pflegte seinen Räten vorzurechnen, das Edelmetallvorkommen der Neuen Welt betrage jährlich mindestens die Hälfte der europäischen Silberproduktion (die ja Ende des 15.Jahrhunderts auch stark angestiegen war), er prophezeite, es werde bald die europäischen Vorkommen übertreffen. Hierin wurde er aber in seiner ganzen eigenen Regierungszeit enttäuscht. Nicht einmal die Entdeckung der großen Silberminen von Potosí 1545 im damaligen Peru (heutigen Bolivien) änderte das sofort. Erst deren großangelegte Ausbeutung (Läuterung durch neuerfundenes Quecksilber-Amalgam) um 1560 brachte den Umschwung. Nun erst, also in der Zeit Philipps II., begann die relativ regelmäßige Silberverfrachtung nach Europa, die bis 1660 das hier vorhandene Silber verdreifachte.

Vom nichtköniglichen, privaten Anteil des Silbers und Goldes brachten die Eigentümer einiges – mit sich selbst – nach Spanien, größerenteils wurde er aber gebraucht, um die Waren für die Neue Welt zu bezahlen. Er kam also in die Hände der sevillanischen Kaufleute. Sosehr man geneigt ist, nur immer an die west-östliche Silberflotte zu denken, ist doch zu betonen, daß der Amerikahandel durchweg ein zweiseitiger war. Die spanischen Siedler in Amerika brauchten praktisch alles von ihrer Heimat her: Waffen, Kleidung, Pferde, Getreide, Wein. Die europäische Agrikultur in Neuspanien entwickelte sich zu langsam. Um 1550 waren etwa hunderttausend Kolonisten zu versorgen, die „drüben" spanisch leben wollten. 60 bis 100 Schiffe überquerten jährlich im Konvoi-System den Atlantik.

Es ist nicht leicht zu sagen, was dieser sich entwickelnde Handel zwischen Sevilla und der Neuen Welt für die kastilische Wirtschaft bedeutete. J. H. Elliott unterscheidet in der Zeit Karls V. bei all ihrer Verbundenheit drei Wirtschaftsbereiche in Spanien: Sevilla und sein Hinterland, ausgerichtet auf Amerika; Nordkastilien, traditionellerweise auf Flandern ausgerichtet; Aragon, das immer noch an seinen Mittelmeermärkten interessiert war.[68] Die erstgenannte Region reagierte natürlich am ehesten und stärksten auf die Neue Welt. Sevilla hatte um 1500 60 bis 70 000 Einwohner; durch Epidemien und Emigrationen verringerte sich die Zahl in den nächsten drei Jahrzehnten, dann vermehrte sie sich enorm: 1588 zählt man 150 000 Einwohner. Sevilla war damals für lange Zeit die bevölkerungsreichste spanische Stadt; im europäischen Bereich hatten nur Neapel und Paris mehr Einwohner. Man kann von einer inneren Kolonisation sprechen, indem Tausende von Nordspaniern nach Süden zogen, – sozusagen in derselben Richtung wie früher im Zuge der Reconquista. Sie zogen dorthin um des Reichtums willen. Das veränderte die ganze demographische Verteilung innerhalb Spaniens. Das Tal des Guadalquivirs und weite Teile Andalusiens wurden mit Getreide, Wein und Oliven zu Exportzwecken für Nordeuropa und vor allem für Westindien angebaut. Zunehmend wurde dann sogar Getreide durch Wein und Olivenanbau ersetzt. Es kam zur Entwicklung von Textilproduktion, besonders auch der Seidenproduktion in Granada. Das alles aber hieß nicht, daß Nordspanien wirtschaftlich zurückging. Hier kann man ebenfalls in der ersten Hälfte des 16. Jahrhunderts von einer wirtschaftlichen Blüte sprechen, die vielleicht noch größer war als die in Andalusien. Die Spitzenzeit für spanische Merinowolle und ihre Ausfuhr nach Flandern liegt in der Mitte der zwanziger Jahre des 16. Jahrhunderts. Es kam zum Eisenexport und zum Aufbau von Luxusindustrien: Keramik, Leder, Seide, toledanische Degen. Hier ist also deutlich eine Steigerung durch die zunehmende Nachfrage von Europa festzustellen. Am stärksten steigerte sich aber die Textilindustrie (in Segovia, Toledo und Cordoba): hier war die Nachfrage spanisch und amerikanisch, nicht europäisch. All das führte zu einer bedenklichen Entwicklung der Landwirtschaft, wie schon an der Verminderung des Getreideanbaus zugunsten von Oliven und Weinanbau zu sehen ist. Bedenklich war sie auch bei den Textilwaren, deren Qualität relativ schlecht und deren Preise hoch waren. Trotz der Nachfrage kam es zu keiner Ausdehnung, keiner Überwindung der Zunftsysteme (wie in den Niederlanden und in England), es kam zu keiner Ausbreitung der Textilproduktion auf dem Lande. 1548 verlangten die Cortes in Valladolid deshalb etwas ganz Einmaliges: eine Importerlaubnis für ausländische Tuche und ein Exportverbot für einheimische Tuche, – Exportverbot auch nach Westindien! Die Krone ließ nur das erstere zu, 1552 erlaubte sie dann nach neuem Druck auch das

Exportverbot, allerdings *außer* nach Westindien. Dies führte zu schwerer Depression der kastilischen Textilindustrie, zu einer ersten schweren Krise, die nie ganz überwunden wurde.

Hier wurde das Problem virulent und diskussionsnotwendig, das bis heute noch nicht klar gelöst ist: wodurch sind die hohen und steigenden Preise in Spanien zu erklären? Die Cortes behaupteten, es läge an der europäischen und amerikanischen Nachfrage. Martin Azpilcueta, ein spanischer ökonomischer Gelehrter in Salamanca, erklärte 1556, die Geldfülle entwerte das Geld, und diese Geldfülle läge an „Indien". Azpilcueta hat diese Begründung also vor dem berühmten, ähnlich argumentierenden Traktat von Bodin gegeben, der erst 1568 erschien. Genau nachgerechnet wurde die Sache 1934 in der klassischen Arbeit von Earl J. Hamilton.[69] Er vermochte die Edelmetalleinfuhr und die spanische Preissteigerung genau zu parallelisieren und glaubte damit, da es wirklich erstaunlich gut paßte, des Rätsels Lösung gefunden zu haben. Er glaubte das mehr anhand der Zahlen, als daß er es theoretisch nachweisen konnte. Vor allem der Preisanstieg seit 1535 schien damit erklärt. Aber auch allgemein der mäßige Anstieg schon vorher, 1501–1550, die Kulmination der Preisrevolution 1550–1600 und die Stagnation 1601–1650.

Inzwischen sind aber den Gelehrten viele Bedenken gekommen. Eine Voraussetzung des von Hamilton behaupteten Zusammenhanges ist, daß das amerikanische Silber wirklich in die spanische Wirtschaft, in den spanischen Geldumlauf hineingekommen wäre. Der Anteil des Königs kam aber oft sofort in die Hände der internationalen Geldgeber, denen er es schuldete. Und außerdem gab es in Sevilla einen steigenden – verdeckten und offenen – Anteil ausländischer Waren für Amerika. Man muß also mit viel geringerem Eindringen amerikanischen Silbers in das spanische monetäre System rechnen. Darüberhinaus hat man festgestellt, daß die Hauptsteigerung der Preise gar nicht erst in der zweiten Hälfte des 16. Jahrhunderts stattfand, sondern schon in den zwanziger Jahren. Die Parallelisierung stimmt also nicht mehr.

Darum neigt man jetzt zu der Meinung, daß die inflationären Erscheinungen – wie schon die Cortes mehr oder weniger vermuteten – einfach die Folge einer plötzlich außerordentlich gestiegenen Nachfrage bei einer unterentwickelten Wirtschaft waren. Teils kam die Nachfrage von der steigenden Bevölkerung zuhause, teils von ausgeweiteten Märkten in Flandern und Italien, zusammen mit dem völlig neuen Markt in Amerika. Die Nahrungs- und Textilpreise kletterten sofort viel zu hoch, wahrscheinlich auch die Löhne, um Chancen für wirtschaftliche Neuunternehmungen zu bieten, um also zu Investitionen zu ermuntern. Der Einbruch der billigeren ausländischen Produkte lähmte dann noch mehr.

Es handelte sich also um eine Fehlentwicklung, bei der man die Verschleierung durch die hohe sichtbare Blüte – oder besser gesagt: Scheinblüte – in Rechnung stellen muß. Diese Fehlentwicklung ist nicht einfach, wie es gerne geschieht, dem „spanischen Nationalcharakter" anzulasten, der weltfremd, ritterlich und unbürgerlich sei. Natürlich muß man die dortige spätmittelalterliche Gesellschaftsstruktur in Rechnung stellen, die tatsächlich weniger als in anderen europäischen Ländern auf den Weg des Bürgertums und des Kapitalismus präpariert war. Die Vertreibung einheimischer Unternehmer, der Juden und der Marranen, kam hinzu.

Man kann aber andererseits durchaus auf beachtliche kastilische Kaufmannsfamilien hinweisen.

Stärker ist die Fehlentwicklung der staatlichen Wirtschaftspolitik anzulasten – oder genauer gesagt: dem Fehlen einer solchen Politik. Im damaligen Spanien herrschte alles andere als Merkantilismus. Der Finanzrat war kein Handels- und Wirtschaftsrat. Dafür war er zu unerfahren und dafür war das Geld immer zu unmittelbar nötig. Die Edelmetallvorkommen der Neuen Welt wurden ausgebeutet, aber sonst gab es keine planmäßige Ausnutzung der Kolonien, keinen Versuch, deren Wirtschaft mit der kastilischen in ein System zu bringen, wie das die späteren Kolonialmächte lernen sollten. Das braucht dem späteren Betrachter nicht unsympathisch vorzukommen, wenn er etwa sieht, wie Karl V. die Seidenindustrie in Neuspanien förderte, obwohl das derjenigen in Granada schaden mußte. Es etablierte sich also eine große verwaltungsmäßige Beaufsichtigung Neuspaniens, aber wirtschaftlich ließ man sich das Land nahezu autonom entwickeln – geradezu umgekehrt, wie später England mit seinem Teil von Amerika umgehen sollte. Und vor allem: Das Silber wurde nicht für die Entwicklung der kastilischen Wirtschaft, also für Investitionen eingesetzt. Es wurde für die kaiserliche Politik gebraucht, und zwar dringend, für diese Politik gab es davon noch viel zu wenig. Dieser Entzug und die damit zusammenhängenden inflationären Folgen des Geldleihsystems des Königs und seines Finanzrates sind also eigentlich verantwortlich zu machen.

Diese kaiserliche Ausbeutungspolitik muß darum abschließend noch beleuchtet werden. Wie gesagt, die amerikanischen Schätze, so groß sie aussahen, waren nicht die wichtigsten. Spanien selbst stand als Geldlieferer für die kaiserliche Politik zunächst nicht an erster Stelle. Sondern die Niederlande und Italien. Diese beiden so reichen Gebiete wurden entsprechend überfordert. Und wegen dieser Überforderung wurde dann seit den späten dreißiger Jahren Spanien, vor allem Kastilien, mehr und mehr herangezogen, wurde zur Hauptstütze.

Hier in Spanien gab es verschiedene Einnahmequellen. Zunächst sind die kirchlichen durchaus nicht gering zu schätzen. Die Art, wie die Kirche Spaniens ausgebeutet wurde, ist durchaus vergleichbar mit derjenigen durch die lutherischen Fürsten. Nur daß es eben in Spanien im Einvernehmen mit dem Papst geschah –: was sollte er auch tun, wenn es dabei um Geld für die Bekämpfung der Häresie gehen sollte? Über die Höhe der Ausbeutung der spanischen Kirche fehlen genauere Untersuchungen. Es handelte sich um kirchliche Steuern, die der Papst ganz oder zum Teil dem König überlassen mußte: Einnahmen bei bischöflichen Vakanzen; sehr wichtig die Einkünfte der drei Ritterorden, die seit 1524 immer gleich pauschal an die Fugger überwiesen werden mußten; und die von Laien und Klerus zu zahlende Cruzada, eigentlich eine Kreuzzugssteuer, die mit Sündenablaß verbunden war und allein jährlich fast soviel Geld einbrachte, wie normalerweise aus Amerika kam.

Wichtigste weltliche Steuer war die Alcabála (ursprünglich eine Umsatzsteuer); verbunden mit den Tercias Reales, einer Kirchensteuer, bildete sie Anfang des 16. Jahrhunderts 80–90% des Kroneinkommens. Sie sank dann, auch durch die Geldentwertung, und die Servicios wurden wichtiger; diese vervierfachten sich, während sich die Preise im Laufe der Regierungszeit verdoppelten. Übrigens handelte es sich bei den Servicios um besonders unsoziale Erhebungen, da die Hidalgos ausgenommen wurden: man also nur eine hidalguía kaufen mußte, um befreit zu werden.

All das reichte nicht. Darum kam es zu den hohen Anleihen. Für 1534 beispielsweise schätzte der Finanzrat im voraus ein Kroneinkommen von 420 000 Dukaten und Ausgaben von 1 000 000 Dukaten. Man gab die „juros", Staatsschuldscheine, aus. In 37 Jahren borgte sich der König 39 Millionen Dukaten auf Kredit der kastilischen Herrschaft. (Normales Einkommen war 1 Million Dukaten pro Jahr, nach 1542 1,5 Millionen). Bis zu dem katastrophalen Jahr 1552, als der Kredit des Kaisers wirklich zerstört war, erhielt er nicht nur von Anton Fugger, sondern von verschiedenen deutschen, genuesischen, flämischen und spanischen Bankleuten Geld im voraus mit der Maßgabe, daß sie von der nächsten Silberflotte oder von künftigen kastilischen Steuereinkommen bezahlt würden. Das waren die „asientos" des Finanzrates. Dieses Asiento- und Staatsschuldsystem hatte inflationäre Folgen. Es züchtete eine beachtliche Rentnerschicht in Kastilien, war aber insgesamt eine bedenkliche finanzielle Entwicklung, da die auswärtigen Geldgeber dominierten, da Kastilien die Hauptlast trug und da in Kastilien die weniger vermögenden Bevölkerungsschichten stärker herangezogen wurden.

Cobos tat, was er konnte, aber in den vierziger Jahren, nach dem algerischen und französischen Kriegszug, wurde es hoffnungslos. Im April 1546 schrieb der Kaiser dann noch von Regensburg aus an den Regenten, seinen Sohn Philipp, er gehe jetzt gegen die protestantischen Fürsten vor und brauche dafür große Summen; Cobos sollte das von deutschen und italienischen Bankiers in Spanien leihen. Cobos hielt das für unmöglich, weil das meiste Einkommen bis 1549, ja 1550, schon im voraus ausgegeben war; er konnte nur raten, der Kaiser möge Frieden machen, er möge daran denken, daß erst einmal dem extremen Mangel Spaniens abgeholfen werden müsse, sonst gäbe es ernsthafte innere Schwierigkeiten: „Denn der Mangel ist so allgemein bekannt, daß es nicht nur die Einheimischen wissen und sich deshalb weigern, an irgendwelchen Transaktionen teilzunehmen, sondern auch die Ausländer weigern sich, denn sie wissen, daß es keine Quelle gibt, aus der bezahlt werden könnte."[70] Karl ging nicht darauf ein. Cobos mußte den ganzen aus Westindien kommenden Edelmetallimport und zusätzlich Waren konfiszieren, um damit den Krieg gegen die Protestanten zu finanzieren. So gewann Karl die Schlacht bei Mühlberg, − ein Sieg, der dann so wenig bedeutete.

Cobos rieb sich praktisch in dieser Tätigkeit auf. Er starb 1547, und man fand keinen ebenso fähigen Nachfolger. Zum Staatsbankrott kam es unter Karl V. noch nicht, aber eigentlich nur deshalb nicht, weil er eben vorher abdankte: er dankte nicht zuletzt ab, weil er − ganz wörtlich − den „Bankrott" seiner Politik voraussehen konnte.

Mit seiner überspanischen Politik hat Karl also zweifellos selbst ein so dynamisches, erfolgreiches, damals voller Energien steckendes Land wie Spanien überanstrengt. Es wäre natürlich zu billig, das einfach so von der Finanzgebarung aus zu sehen und zu verurteilen. Das wäre schon deshalb irreführend, weil ja das Ende von Karls Regierungszeit nicht der Untergang Spaniens war. Dieses Reich war noch hundert Jahre für die anderen europäischen Staaten sehr mächtig, hegemonial, wenn auch mit sinkender Tendenz. Man darf auch nicht geringschätzen, was es bedeutete, einem Land übernationale, übermaterielle Ziele zu setzen, wenn es auch dafür seine materiellen Mittel opfern mußte. Zumindest die Verbindung mit den meisten Teilen Europas und die wechselseitige kulturelle Prägung wären ohne Karls Kaiserpolitik nicht entfernt so stark gewesen.

Schlußbetrachtung zur Niederlande

Damit stehen wir am Ende des Abschnitts über Burgund und Spanien. Er mag teilweise recht ausführlich wirken, aber er ist doch fragmentarisch. Man müßte noch genauer den Zusammenhang des Systems der Niederlande und Spaniens in der ersten Hälfte des 16. Jahrhunderts untersuchen. Das kann hier nur kurz angedeutet werden. Kurz nach der Kaiserwahl waren die beiden Gebiete wieder enger aufeinander angewiesen, da Karl die österreichischen Erblande an Ferdinand übertrug (1522). Die Abhängigkeitsverhältnisse sind aber schwer zu erkennen. Die starke niederländische Beratung Karls und die hohe wirtschaftliche Entwicklung der Niederlande in der ersten Hälfte des 16.Jahrhunderts könnten zu falschen Schlüssen führen, könnten also eine zu starke Abhängigkeit Spaniens von den Niederlanden vermuten lassen. Die wirtschaftliche Mittelpunktstellung Antwerpens steht außer Frage. Aber schon das war ja ein Zeichen wirtschaftlicher Verschiebungen innerhalb der niederländischen Gebiete. Flandern mit Brügge (und seinem versandenden Hafen), Gent und Ypern traten zurück gegenüber Brabant mit Antwerpen, Mecheln und Brüssel. Wie sich das auf den Nordkastilienhandel auswirkte, ist nicht ganz deutlich zu erkennen: Der Wollstapel war in Brügge, während die Portugiesen mit ihrem Gewürzhandel und die Engländer mit ihren halbfertigen Tuchen eher in Antwerpen handelten.

Deutlich zu sehen ist, daß die flandrischen Städte durch die ländliche Tuchverarbeitung litten, da hiermit ihre Zunftordnungen umgangen wurden. Es kam zu Krisen und Verarmungen in den Städten. Das ist nicht untypisch für alternde, spezialisierte gewerbliche Gebiete: von Export und Getreideimport waren alle südniederländischen Gebiete sehr abhängig, und bei Störungen gab es immer sofort starke Krisen, besonders in Flandern. Die Weber in Brügge und Ypern litten Not. Es ist bezeichnend, daß der Rat von Brügge 1525 den spanischen Humanisten Juan Luis Vives einen Traktat über die Unterstützung der Armen oder die menschliche Not schreiben ließ — das wurde der erste Spezialtraktat über dieses Thema — und danach seine Armenordnung einführte.

Die Unruhen, die Opposition ging in Karls Zeit nicht von Adel und Bürgertum aus, sondern von den unteren, „proletarischen" Schichten. Hier drangen auch die reformatorischen Einflüsse ein und es kam zu Sektenbildungen und utopischen Heilserwartungen. Deshalb suchte Karl diese Schichten, besonders die Gilden, aus den Stadtverwaltungen auszuschließen. Insgesamt waren das Zeichen des Niedergangs vieler flandrischer, aber auch anderer niederländischer Städte. Es handelte sich um politischen und militärischen und auch wirtschaftlichen Niedergang, wirtschaftlich eben durch die ländlichen Industrien und gleichzeitig durch den internationalen Kapitalismus in Antwerpen.

Karl, der sich nach 1522 noch fünfmal, manchmal über ein Jahr, also sichtlich gern in den Niederlanden aufhielt, suchte die „Union" voranzutreiben. Nach

Frauen um Karl V.
Margarete, Tochter Maximilians I., Statthalterin der Niederlande 1507–1530, Karls Tante und Erzieherin. Gemälde von Anthonis Mor. Staatliche Museen zu Berelin.

Johanna die Wahnsinnige, Karls Mutter und formell neben ihm Königin von Spanien bis zu ihrem Tode 1555. Da sie als regierungsunfähig galt, lebte sie seit 1509 unter Obhut in der Burg von Tordesillas. Gemälde von Juan de Flandres. Castagnola/Lugano. Slg. Thyssen.

Isabella von Portugal, Gemahlin Karls V. 1526–1539, während seiner Abwesenheiten Regentin in Spanien. Tizian (Madrid, Prado), 1548, also nach ihrem Tode gemalt. Tizian hatte die Kaiserin nie gesehen und nahm wohl ein Gemälde von Jacob Seisenegger (um 1526, Wien, Kunsthistorisches Museum) zum Vorbild.

Eleonore, Karls ältere Schwester. Fuhr 1517 mit ihm nach Spanien und von dort nach Lissabon zur Hochzeit mit Manuel I., der 1521 starb. 1526 Heiratsvertrag mit (dem damals noch gefangenen) König Franz I. von Frankreich. 1530 wurde die Ehe geschlossen. 1547, nach dem Tode von Franz, kehrte sie in die Niederlande zurück, 1556 begleitete sie ihren Bruder nach Spanien, wo sie 1558 kurz vor ihm starb. Gemälde von Joos van Cleve.

Margaretes Tod Ende 1530 übergab er seiner Schwester Maria, der Witwe des ungarischen Königs, die Statthalterschaft. Sie wurde eine treue, ihm in der Lebenseinstellung ähnliche und vielleicht die intelligenteste Helferin, wie die große Korrespondenz zeigt. In der Förderung von Kunst und Gelehrsamkeit am Hofe eiferte sie ihrer Tante nach, nicht ihrem Bruder. Daß sie sich für Luther interessierte, der einige Hoffnungen auf sie setzte und ihr 1526 „Vier tröstliche Psalmen" gewidmet hatte, unterdrückte sie. Sie residierte im Herzogspalast zu Brüssel, nicht mehr, wie Margarete, in dem bescheideneren Mecheln, aber in ihren Vollmachten war sie von den Ständen eingeschränkt worden. Seit 1531 gab es drei Räte: den Staatsrat für die Politik, den Finanzrat und den Geheimen Rat, der rechtsprechend tätig war. Das wurde lange, im Süden für Jahrhunderte, die niederländische Zentralverwaltung; wie man sieht, war sie ähnlich wie in Spanien aufgebaut.

Die Kämpfe mit Frankreich und besonders mit dem Herzog von Geldern, der sich mithilfe von französischem Geld und von Banden, die in Holland und Nordbrabant plünderten, den Zentralisierungsbestrebungen am schärfsten widersetzte, führten zu vielen Verwüstungen, besonders in der Spätzeit, aber auch zu Erweiterungen des niederländischen Gebietes. Vor allem Friesland, Groningen und Utrecht und eben Geldern (1543) kamen hinzu. Nordöstliches Agrarland stand nun dem südniederländischen „Industriegebiet Textil" und dem vorherrschend von Handel und Schiffahrt lebenden Holland und Seeland gegenüber. 1548 wurden die nun siebzehn niederländischen Provinzen im „burgundischen Reichskreis" zusammengefaßt.

Karl behandelte hier die sozialen und religiösen Unruhen so streng, wie er sie wohl gern überall – in Deutschland – behandelt hätte. Bereits 1522 suchte er die staatliche Inquisition einzurichten. Im Juli 1523 wurden zwei Augustinermönche als Lutheraner verbrannt. Lutherische, zwinglianische, täuferische und calvinistische Einflüsse waren trotzdem sehr stark und verbreiteten sich sehr schnell. 1550 wurden so scharfe Religionsedikte erlassen, daß sie undurchführbar erschienen. Auffallend stark war auch 1540 die schwere Bestrafung von Karls Geburtsstadt Gent nach ihrer Steuerverweigerung (1537) und nach großen sozialen Unruhen. Das führte er persönlich durch. Alle städtischen Freiheiten und Rechte wurden vernichtet, das gesamte öffentliche Eigentum konfisziert, es kam zu Hinrichtungen und zur Niederreißung eines ganzen Stadtviertels für den Bau einer Zitadelle.

In Spanien gab es solche sozialen Unruhen nach 1522 nicht mehr, aber religiöse Neuerungen wurden dort in gleicher scharfer Weise mit den vorhandenen Inquisitionsmitteln verfolgt. Das betraf nicht nur die wenigen Lutheraner, sondern auch die Illuminaten (Mystiker, neuchristliche Franziskaner) und die Erasmianer, die in den zwanziger Jahren auffallend verbreitet waren: Erasmus hatte in Spanien eine populärere Wirkung als irgendwo sonst.

Dies sind alles nur Hinweise. Sie betreffen großenteils Probleme und Einflüsse, denen wir uns nun im zweiten Teil direkt zuwenden müssen.

Zweiter Teil
Das Reich und die Reformation

„Ich schwöre zu Gott und seinem Sohne, daß
nichts in der Welt mich so bedrückt wie die
Häresie Luthers und daß ich das Meinige
dafür tun werde, daß die Historiker, die
von der Entstehung dieser Ketzerei in
meinen Tagen erzählen, auch hinzufügen, daß
ich alles dagegen unternommen habe; ja ich
würde in dieser Welt geschmäht und im
Jenseits verdammt werden, wenn ich nicht
alles täte, die Kirche zu reformieren und
die verfluchte Ketzerei zu vernichten. "

Karl V. in Madrid am 16.September 1528[71]

Im Jahre 1519 erbte Karl als Nachfolger Maximilians das gesamte Haus Österreich, also die österreichischen Erblande, und er wurde auf seinen eigenen Wunsch – denn dies war naheliegend, aber nicht Erbschaft – Kaiser. Was für einen Wirkungsbereich lud er sich damit – zusätzlich – auf? Welche zusätzlichen Probleme? Er lud sich unübersehbar viele, unlösbar viele auf. Vielleicht kann man sie aber in drei Hauptkomplexen zusammenfassen und so zunächst nebeneinanderstellen: Reform der Reichsverfassung. Kirchliche Reformation. Ausbau der habsburgischen Hausmacht.

Drei Problemkreise vor 1519

Reichsverfassungsreform. Das Deutsche Reich befand sich Ende des 15., Anfang des 16. Jahrhunderts bevölkerungsmäßig und wirtschaftlich in bemerkenswert gutem Zustand. Es kann als blühendes Zentrum des europäischen Wirtschaftssystems bezeichnet werden. Frankreich hatte damals gerade erst seinen Hundertjährigen Krieg hinter sich und Italien wurde durch die französisch-spanischen Kriege in seinem Lande wirtschaftlich geschwächt. Besonders die deutschen Städte, sowohl die Hansestädte als auch die süddeutschen, erfreuten sich in dieser Zeit einer hohen Entwicklung ihres Handels und Gewerbes. Nur wenige stagnierten schon bevölkerungsmäßig. Außerdem begann östlich der Elbe der Großanbau von Getreide. Und die Bodenschätze wurden ausgebeutet: Deutschland wurde führend im Bergbau und in der Eisenverarbeitung, speziell in der Waffenherstellung. Später als in Italien entwickelte sich nun auch ein großer Geldmarkt, der sich (besonders durch die Fugger) international ausbreitete. Außerdem kann man von einer hohen kulturellen Entwicklung sprechen. Es war die Zeit Dürers, Cranachs und Riemenschneiders. Deutschland – Basel eingeschlossen – führte in der Verbreitung des Buchdrucks, und der deutsche Humanismus, besonders Erasmus, hatte internationalen Einfluß. Mit G. R. Elton kann man resümieren: „Luthers Deutschland war in mancher Hinsicht der lebendigste, der blühendste Teil Europas."[72]

Ähnlich wie in Norditalien war diese Situation verbunden mit der Schwierigkeit oder vielleicht Unmöglichkeit, diesem Gebilde eine staatliche Vereinheitlichung zu geben. Man nennt oder nannte jedenfalls früher diesen Zustand gern „Zersplitterung", aber das klingt so, als sei das Reich im 15. Jahrhundert das Zerfallsprodukt eines Einheitsreiches gewesen; das hatte es aber nicht gegeben. Deutschland war herrschaftsmäßig viel zergliederter als Spanien oder Frankreich, von England ganz zu schweigen. Es bestand zwar nicht aus so klar getrennten Königreichen wie Spanien, aber im Vergleich zu Frankreich hatte es viel mehr verselbständigte Territorialfürstentümer. Diese Fürsten, besonders die geistlichen, waren nicht unbedingt weniger am Reiche interessiert als der Kaiser, der ja auch ein Territorialfürst war, und zwar sogar ein besonders mächtiger: sie wollten und konnten aber verhindern, daß der Kaiser von der Territorialherrschaft aus staatliche Vereinigungs- und Zentralisierungsbestrebungen verfolgte und realisierte wie Ludwig XI. in Frankreich oder das Katholische Königspaar in Spanien. Die staatliche Modernisierung im Reich bestand auffallend stark in *ständischen* Reformbemühungen. Mit Recht begann Ranke seine „Deutsche Geschichte im Zeitalter der Reformation" nicht mit Luther, sondern behandelte im ersten Buch „Versuche, dem Reiche eine bessere Verfassung zu geben, 1486—1517". Mit dem damals geläufigen Schlagwort „Reformatio" meinte man staatliche, soziale und im Zusammenhang damit auch kirchliche Reform.

Der Reichstag in der Form und Entscheidungsfähigkeit, wie er im 16. Jahrhundert wirksam wurde, entwickelte sich erst seit den achtziger Jahren des vorhergehenden Jahrhunderts. Der althergebrachte Hoftag des Königs mit den Fürsten und der neuere „Königlose Tag", auf dem die Stände Kontrolle und auch Opposition ausübten, verschmolzen gewissermaßen zum „Reichstag", wie die Versammlung erstmals in Worms 1495 bezeichnet wurde. Hier fand nun Reform statt. Gegen inneren Streit und Fehderecht wurde der Ewige Landfrieden verkündet. Ein ständig tagendes Reichskammergericht (in Frankfurt am Main, später in Nürnberg, seit 1527 in Speyer) sollte die Einhaltung dieses Ewigen Landfriedens überwachen und die Streitfragen schlichten. Nicht zuletzt hierfür sollte eine erste Reichssteuer, der „Gemeine Pfennig", erhoben werden.

Das Reforminteresse des Kaisers war zum Teil übereinstimmend, zum Teil gegenläufig. Maximilian I. (damals noch römischer König) erhöhte zweifellos das kulturelle und politische Selbstbewußtsein Deutschlands durch seine ausgebreiteten künstlerischen, gelehrten, technischen und militärischen Interessen und Anregungen, auch durch seinen Traum, das hochmittelalterliche Kaisertum wiederzuerwecken. Aber mit seiner großspurigen und meist erfolglosen Außenpolitik und Kriegführung, besonders in Reichsitalien, wollten die deutschen Fürsten möglichst nichts zu tun haben. Sie fürchteten mit Recht, daß hieraus mehr eine habsburgische Herrschaft als ein Vorteil für das Reich erwachsen würde, und suchten den guten wirtschaftlichen und friedlichen Zustand zu schonen, stemmten sich also gegen alle Geldforderungen für die Kriegszüge. Dadurch kam es zu weiteren Ansätzen für die Reichsverfassung: 1500 wurde auf dem Reichstag von Augsburg ein Reichsregiment eingerichtet, bestehend aus einem Statthalter und 22 Personen, überwiegend von den Ständen besetzt; es existierte nur bis 1502, da sich Maximilian energisch widersetzte, denn es sollte auch ohne ihn beschlußfähig sein, und augenscheinlich wollte es seine Außenpolitik kontrollieren und eindämmen. 1512 kam es auf dem Reichstag von Köln zu neuen großen Entwürfen: eine Einteilung des Reiches in zehn Kreise, die tatsächlich ein bleibendes, wichtiges Koordinationsorgan werden sollte; die oberste Reichsgewalt sollte der Reichstag haben, in Form von Kollegien der Kurfürsten, der Fürsten und der Reichsstädte; außerdem sollte ein Reichsheer gebildet werden. All das sind weit konstruktivere Vorhaben und Vorschläge, als sie die Stände in anderen Staaten der damaligen Zeit vorbringen konnten.

Mit dieser ständischen Reformpolitik hatte sich Karl V. auseinanderzusetzen, und das unter dem zusätzlichen Druck einer beginnenden „wilden", antipäpstlichen Kirchenreform. Das ist der mit dem ersten zusammenhängende zweite Hauptkomplex.

Kirchliche Reformation. Die Unruhe über die kirchlichen Verhältnisse entsprang neuen Frömmigkeitsbestrebungen und Protestbewegungen gegen Verweltlichungs- und Korruptionserscheinungen im Papsttum, in der Bistumsverwaltung und im Klosterleben – wie überall in der lateinischen Christenheit. Spezifisch kam für Deutschland hinzu, daß es sich wegen der schwachen staatlichen Zentralgewalt gegen päpstliche Einwirkungen nicht in der Weise absichern konnte wie die anderen europäischen Staaten. Die allgemeine Kirchenreform durch Konzilien (Konstanz 1414–18, Basel 1431–49) war im 15. Jahrhundert dadurch gestoppt werden, daß sich der Papst und die Einzelstaaten verständigten. Indem die kirchlich- und weltlichpolitische Macht des Papstes gestärkt wurde – eine Appellation vom Papst ans Konzil sollte als ketzerisch gelten –, bekamen die einzelnen Fürsten ihre Konkordate; das betraf die Bischofsernennung, die Besteuerung und die Gerichtsbarkeit. 1438 stießen die Franzosen vor, erhielten 1472 ihr Konkordat und konnten es 1516 erweitern unter dem Namen der sog. gallikanischen Freiheiten. Praktisch gab es nun eine französische Nationalkirche. England hatte sein Konkordat schon 1437 bekommen, Spanien erhielt es im Zusammenhang mit der Inquisition 1478/82, Polen 1519. In Deutschland schloß der Papst Konkordate mit den einzelnen größeren Territorialfürsten ab: 1445 mit Österreich, 1447 mit Sachsen und Brandenburg. Er stärkte also das fürstliche Landeskirchentum und brachte den Kaiser zum Verzicht auf eine allgemeine Reform für das Reich.

Überall in Europa etablierte sich also der Staat als kirchlicher Rechtsträger, es kam gewissermaßen zu einer „Nationalisierung" der Kirche, jeweils in spezieller Abmachung mit dem Papst. In Deutschland führte das aber zur Regionalisierung. „Nicht erst die deutsche Reformation hat die einheitliche Kirche zerschlagen. Eine solche Kirche gab es vielmehr schon seit dem 15. Jahrhundert nicht mehr."[73] Für die päpstlichen Finanzfragen folgte daraus, daß in der allgemeinen kirchlichen Besteuerung für das Reich so gut wie nichts geändert wurde. Das Reich lag für steuerliche und jurisdiktionelle Einwirkungen des Papstes offener und ungeschützter da als andere Staaten. Deutsche Gelder wurden für den Papst um so wichtiger, als sie sich anderswo verringerten. Darum fühlte man sich im Reich von Rom ausgebeutet, und daraus erklärt sich der spezielle deutsche antirömische Haß.

Auf innerdeutscher Ebene wiederholte sich in gewisser Weise das Verhältnis. Für die Konsolidierung der einzelnen Territorien waren Herrschaftsgebiete, Rechte und Einflußmöglichkeiten der Bischöfe und der Klöster eine schwere Hemmung, wobei die Bischöfe oft noch als weltliche Territorialherren auftraten. Sie hatten ihre geistlichen Fürstentümer und darüberhinaus noch Einfluß innerhalb der weltlichen Herrschaft anderer Fürsten. Etwa ein Fünftel ganz Deutschlands gehörte geistlichen Fürsten. Die Erzbischöfe von Mainz, Köln und Magdeburg hatten schon als weltliche Herrscher jeweils ein beachtliches Gebiet, reichten aber mit ihrer Diözesangewalt weit, sehr weit darüber hinaus in die Territorien weltlicher Kollegen. Ein Extremfall war wohl der Kurfürst Friedrich der Weise, in dessen Sachsen-Thüringen mehr Bischöfe und Klöster hineinregierten als in ein vergleichbares anderes deutsches Territorium: acht Bischöfe und etwa hundert Klöster.

Angesichts dieser Verhältnisse wirkte Luthers Protest gegen den Ablaßhandel so explosiv. Die Entstehungsgeschichte der deutschen Reformation ist außerordentlich vielschichtig und kann hier nicht in ihrer Komplexität wiedergegeben werden. In Kürze nur folgendes zum direkten Anlaß: Albrecht von Brandenburg, der zweite Sohn des Kurfürsten von Brandenburg, war schon mit 23 Jahren Erzbischof von Magdeburg und Administrator von Halberstadt und hatte auch seine Wahl zum Erzbischof von Mainz erreicht. Das war immerhin eine ungewöhnliche Häufung und sie war auch politisch von Bedeutung, weil dadurch das Haus Brandenburg zwei Kurstimmen besaß. Also konnte Papst Leo X. hohe Dispensgebühren für diesen Ausnahmefall verlangen. Finanziell wurde die Sache wie folgt geregelt: Fugger schoß einen Teil der Gelder vor, und der zwiefache Erzbischof erhielt die Erlaubnis, in seinen drei Diözesen Sündenablaßzettel zu verkaufen. Das übernahm der Dominikaner Tetzel mit dem bekannten Slogan: „Sobald das Geld im Kasten klingt, die Seele aus dem Fegefeuer springt." Er trat übrigens stets in Begleitung eines Fugger-Vertreters auf, und das dauerte acht Jahre lang. Die einkommenden Beträge gingen zu 50% nach Rom, wo sie u. a. für den Bau der Peterskirche verwendet wurden, zu 50% an Fugger als Kreditrückzahlung.

Politisch und kirchlich-moralisch war das ein empörendes Geschäft, sowohl das des Papstes wie auch das des Brandenburgers. Luther, einer der angesehensten jungen Professoren an der neuen Universität Wittenberg, protestierte gegen den Mißbrauch des Ablaßhandels am 31.Oktober 1517, ganz im Sinne seines Kurfürsten, der den Ablaß in Kursachsen verbot. Luther war eigentlich politisch, sogar kirchenpolitisch ganz uninteressiert, er protestierte auch zunächst nicht politisch, sondern durch Einladung zu einer theologisch-wissenschaftlichen Disputation über diesen Fall. Empört hatte ihn der Fall als extrem grobes Beispiel von Werkheiligkeit, die er theologisch radikal ablehnte. Extrem grob war dieses Beispiel deshalb, weil die guten Werke in diesem Falle nur aus Geld bestanden.

Luther erregte mit seinem Protest eine enorme Begeisterung in ganz Deutschland. Die Thesen wurden rasch verbreitet. Besonders die romfeindlich eingestellten deutschen Humanisten stimmten ihm zu. Aber auch für breitere Volksschichten war dies ein durchaus verstehbarer Kampf. Der von Rom angestrebte Ketzerprozeß wurde aus politischen Gründen sehr vorsichtig geführt. Hätte Maximilian nicht auf dem Reichstag von Augsburg 1518 die Wahl seines Enkels Karl zum Kaiser so eifrig vorbereitet und hätte sich Karl nicht auch seinerseits so stark dafür eingesetzt, so wäre Luther nach Rom geladen und dort als Ketzer verurteilt worden, falls er nicht widerrufen hätte. Sein Kurfürst, obwohl er nie „lutherisch" wurde, stellte sich schützend vor ihn. Leo X. suchte die Wahl Karls zu verhindern, also die Wahl des Königs von Spanien, der auch Neapel besaß und als Kaiser den Kirchenstaat ebenso umschlossen hätte, wie er es als spanischer König und burgundischer Herzog mit Frankreich tat. Leo protegierte deshalb Franz I., später den Kurfürsten Friedrich selber.

Statt eines römischen Verhörs gab es darum im Oktober 1518 nur ein Verhör durch den päpstlichen Legaten Cajetan bei Gelegenheit des Reichstags von Augsburg. Luther widerrief nicht, konnte aber auch nicht gleich exkommuniziert werden, weil er „vom schlecht beratenen Papst an den besser zu informierenden Papst", später allerdings an ein künftiges Konzil appellierte. Im Juli 1519 bei der Leipziger Disputation leugnete er dann sogar die Unfehlbarkeit von Konzilien. Der Bruch mit Rom war klar.

Dieses Hinauszögern des Prozesses aus wahlpolitischen Rücksichten war von großer Bedeutung für die Ausbreitung der Reformation. Sie konnte sich in zweieinhalb bis drei Jahren in einer politisch kritischen Übergangszeit − im Januar 1519 starb Maximilian −mit einer Macht und Ungestörtheit entfalten, die verhinderte, daß sie danach noch zu unterdrücken war. Große Bedeutung hatten Luthers drei reformatorische Grundschriften von 1520: Die lateinische Schrift „Von der babylonischen Gefangenschaft der Kirche", in der er den Papst in Rom als Antichristen bezeichnete, und die deutschen Schriften „Von der Freiheit eines Christenmenschen" und „An den christlichen Adel deutscher Nation. Von des christlichen Standes Besserung". Die dadurch aufgeregte Volksbewegung traf Karl an, als er im Herbst 1520 nach Deutschland kam.

Ausbau der habsburgischen Hausmacht. Auf den dritten Komplex neben Reichsreform und antipäpstlicher Reformbewegung ist nun noch hinzuweisen: Das ist das Problem der österreichischen Erblande, verbunden mit den eingefädelten, anstehenden Erb-Bereicherungen durch Böhmen und Ungarn, und dies wiederum verbunden mit der osmanischen Gefahr für Ungarn. Dieser Komplex betraf mit der Hausmacht der habsburgischen Kaiser die Grundlage für ihre Reichspolitik, darum war er so wichtig. Aber so wie diese Herrschaft teils im Reich, teils (in Ungarn) dann außerhalb der Reichsgrenze lag, so bewegte sich die habsburgische Politik zwischen Reichspolitik und Außenpolitik. Deutlich ist das an dem Dilemma zu sehen, daß die Türkengefahr sich − zunächst oder möglicherweise überhaupt − gegen habsburgische Interessen außerhalb der Reichsgrenze richtete, der Kaiser aber eben als Kaiser und als Herr der Christenheit dagegen aufrufen wollte. Wichtig war dieser Komplex auch langfristig, nämlich als Entstehung von Österreich-Ungarn, − einer Verbindung, die dann immerhin 400 Jahre existieren sollte. Es war ein zunächst weniger auffallendes, auch langsamer zur Wirkung kommendes habsburgisches Heiratspolitikprojekt als das westliche, das sich auf Burgund und auf Spanien bezog, aber als Projekt eines zusammenhängenden einheitlichen Flächenstaats war es haltbarer. Es war aber das, was Karl gar nicht oder nur vorläufig übernahm; Böhmen und Ungarn wurden Königreiche seines Bruders Ferdinand, und die österreichischen Erblande übernahm Karl nur anfangs, wird also die eigentliche Hausmacht bald delegieren.

Auch hier kann nur ein kurzer Überblick gegeben werden. Man fängt am besten mit Ungarn an. Ungarn hat im Osten im ausgehenden 15. Jahrhundert die Rolle eines kurzzeitigen, etwas burgundähnlichen Zwischenreiches gespielt; freilich an viel gefährdeterer Stelle: zwischen Osmanen, den Fürstentümern Wallachei und Moldau, Polen, Böhmen, Österreich und Venedig (das in Kroatien Besitzungen hatte). Es war ein Grenzgebiet Europas, das den Mongolensturm erlebt hatte und von der Türkengefahr geprägt wurde. Die Magnaten von Ungarn wählten auswärtige Könige: Anjous, Luxemburger, Jagiellonen. Matthias Corvinus (der 1458–90 regierte) war aus rumänischem Adel. Er war der Sohn eines Reichsverwesers, der die Osmanen entscheidend aufgehalten hatte, und versuchte nun eine „moderne" Reichsbildung. Aus böhmischen, mährischen und schlesischen Söldnern schuf er sich die „schwarze Schar", ein stehendes Heer, das ihn vom Adel fast unabhängig machte. Außerdem organisierte er eine einheitliche Staatsverwaltung und förderte den Kleinadel und die Städte. Auch Wissenschaften und Künste wurden (ähnlich wie von Burgund) gefördert, nach italienischem Renaissance-Vorbild, das über Kroatien nach Ungarn kam. Matthias Corvinus wollte führend werden in der gemeinsamen abendländischen Türkenabwehr, er zerrieb sich aber in der Auseinandersetzung mit Polen, Böhmen und dem Kaiser.

Polen hatte 1386 mit dem Großfürstentum Litauen eine Union geschlossen, – ein Jahrhundert vor Kastilien und Aragon, und ebenfalls durch Heirat. Das war der Beginn der jagiellonischen Großmachtbildung, die sich vor allem gegen den Ordensstaat und dann gegen die Expansion des Großfürstentums Moskau richtete. Kasimir IV. (1440/47–1492) hatte aber auch Erbmöglichkeiten und entsprechende Ausdehnungstendenzen in Böhmen, in Schlesien und in Ungarn. Sein älterer Bruder Wladislaw III., seit 1434 König von Polen, war 1440 zum König von Ungarn gewählt worden und vier Jahre später im Kampf gegen die Osmanen gefallen. Er selbst besaß vorübergehend das Fürstentum Moldau. In Böhmen wurde 1471 sein Sohn Wladislaw zum König gewählt und kam es 1479 zu der merkwürdigen Form des Doppelkönigtums als (Schein)lösung: neben ihm galt auch Matthias Corvinus als König.

Zunächst nicht sehr erfolgreich, aber ruhiger und zielsicherer ging während dieser ganzen Zeit Kaiser Friedrich III. vor (1440–93). Er wurde eigentlich zum Schöpfer des „Hauses Österreich". Die „Wiedervereinigungsideologie" hinsichtlich der familiären habsburgischen Stammlande in der Schweiz oder bestimmter Erbteile wie Luxemburg lehnte er ab. Indem er Österreich zum Kernland eines neuen Flächenstaats-Besitzes ausersah, wandelte er das Haus Habsburg in das Haus Österreich um. Von hier aus hatte er neues Interesse an Ungarn und Böhmen. Beide Kronen hatte schon der Kaiser Sigmund getragen, aber die ungarischen Magnaten und die böhmischen Stände nutzten dann ihr Wahlrecht aus, um andere Könige folgen zu lassen. Der Habsburger Albrecht II. konnte 1438/39 nicht geltend machen, daß er Böhmen von den Luxemburgern geerbt hatte: im Zuge der hussitischen Unruhen wurde Georg Podiebrad gewählt, dem dann 1471 der schon genannte Jagiellone Wladimir II. folgte. Dies waren Voraussetzungen für das Interesse Friedrichs III. und er verfolgte diese politische Richtung zielstrebig, während die so spektakulär werdende westliche Politik für ihn sekundär war: die burgundische, das primäre Interesse seines viel abenteuerlicher denkenden Sohnes Maximilians. Das Kaisertum war für Friedrich III. Mittel moderner österreichischer Staatsordnung, mehr nicht. Der Historiker Josef Engel hebt darum seine langfristig wirkende Leistung hervor: „Das von Friedrich verwirklichte Grundmodell, nämlich die im übergeordneten sakrosankten Kaisertum repräsentierte Einheit des Hauses Österreich, das selber aus den unterschiedlichsten und verschiedengewichtigsten…Teilen zusammengesetzt war, hat sich im Grunde trotz allen seinen, Juristen und politische Kräfte bis zur Weißglut erregenden Mängeln bis zum Zusammenbruch der Donaumonarchie im Jahre 1918 bewährt."[74]

Friedrich III. mußte allerdings sehr langsam vorgehen und viele Mißerfolge einstecken. Deshalb ist seine Bedeutung auch meist übersehen worden. Mit Matthias Corvinus, als dessen Gegenkönig er 1459 gewählt worden war, machte er 1463 einen Vertrag über das Doppelkönigtum (Erbfall bei Kinderlosigkeit des Matthias) zwecks gemeinsamer Türkenabwehr. Der ungeduldige Matthias wollte, da die Zusammenarbeit gegen die Türken nicht klappte, diesen Vertrag wieder aufheben, er überrannte Österreich 1485 und eroberte es fast ganz, während Maximilian in den Niederlanden mit wechselndem Glück gegen Brügge und Gent vorging. Matthias starb aber 1490 in Wien, von wo aus er seine südosteuropäische Zentralmacht hatte aufbauen wollen.

Friedrich war in dieser Krise zu schwach, um sein Erbe in Ungarn durchzusetzen. Wladislaw II. von Böhmen erreichte die Personalunion Böhmen-Ungarn. Das war der Preis für das burgundische Abenteuer der Habsburger. Aber Friedrich konnte noch 1491 im Vertrag von Preßburg eine Erbeinung mit Wladislaw erreichen, die sich nun nicht nur auf Ungarn, sondern auch auf Böhmen erstreckte (vorausgesetzt, die Stände spielten dann mit).

Hieran knüpfte Maximilian 1506 und dann wieder auf dem Fürstentag zu Wien 1515 an. Die neuen Ansprüche des machtbewußten polnischen Königs Sigismund I., des jüngeren Bruders Wladislaws II., drängte er zurück, indem er ihm mit Annäherungen an die Gegner Polen-Litauens, den Deutschen Orden und Rußland, drohte. Nach vielen Vorbereitungen wurde 1515 in Wien mit großem Gepränge − Albrecht Dürer entwarf die Festkleider − eine Doppelheirat zwischen den Kindern von Wladislaw und den Enkeln von Maximilian vereinbart: Wladislaws Sohn Ludwig sollte Maria heiraten; er wurde außerdem von Maximilian adoptiert und angeblich für die römische Königs- und Kaiserwahl vorgesehen; Wladislaws Tochter Anna sollte entweder Karl oder seinen Bruder Ferdinand heiraten, das war noch nicht ausgemacht.

1516 starb Wladislaw II.; sein Sohn Ludwig (II.) wurde König von Böhmen und Ungarn im selben Jahr, in dem Karl König von Kastilien und Aragon wurde. Nun ordnete der Kaiser eine Ferntrauung von Anna mit Ferdinand an, denn Karl mußte für eine französische Verbindung freibleiben.

Man hatte also eine gute diplomatische Verklammerung von Österreich und Böhmen-Ungarn. Der Erbfall sollte dann für Österreich wieder einmal unerwartet früh eintreten. Das geschah nämlich, als Ludwig 1526 gegen die Türken bei Mohácz fiel. Hierdurch kam es zur spätesten der gewaltigen habsburgischen Erwerbungen. Sie erhob Österreich und nicht Polen oder Ungarn zur entscheidenden Macht im Osten Europas gegen die Türken. Sie fiel Ferdinand, nicht Karl zu, bedeutete aber wegen der Türkenabwehr auch für ihn als Kaiser eine Problemerweiterung.

Wie gesagt, diese große späte Erwerbung fand erst 1526 statt. Zunächst ist nun zurückzulenken zum Moment der Erbübernahme Karls nach dem Tode Maximilians im Januar 1519 und zum Moment der Kaiserwahl. Es wird zu zeigen sein, wie Karl mit den genannten drei Problemkreisen bei seinem ersten Deutschlandaufenthalt zurechtkam.

Erbübernahme, Kaiserwahl und Wormser Reichstag 1521

Um den dritten Problemkreis machten sich Karl und seine Ratgeber zunächst die wenigsten Sorgen, trotz vieler Verwirrung und unterschiedlichster Ansprüche der einzelnen Landstände.[75] Was er an althabsburgischem Land 1519 erbte, hatte er nie gesehen. Wie Brandi leicht übertreibend sagt, war es für ihn fern wie das kurz vorher geerbte Neue Indien.[76] Es bestand aus den habsburgischen Stammlanden westlich und östlich vom Oberrheinknie: dem Sundgau, dem Breisgau mit Freiburg (seit 1368), dazu kamen die Landgrafschaft im Elsaß, die Grafschaften in Schwaben, Vorarlberg und Tirol. Innsbruck war der Standort des Regiments für alle vorderösterreichischen Gebiete. Dann Österreich, Steiermark, Kärnten, Krain, regiert vom Regiment in der Wiener Neustadt, – ein reiches Land, vor allem durch den Bergbau und durch die Wacht über die Pässe nach Italien. Alles das war viel, wenn auch umfangmäßig kaum mehr als die burgundischen Niederlande, und an wirtschaftlichem Reichtum stand es weit hinter ihnen zurück. Die Herrschaftsart war *noch* mittelalterlicher als in Burgund oder Spanien. Die Habsburger hatten ein lockeres Gefüge von Besitz und Hoheitsrechten neben vielen anderen Fürsten, Herren und städtischen Gemeinden – neben und in ihnen. So kompliziert die Sache war – Karl übernahm 1519/20 aus der Ferne erst einmal die Erbschaft und ließ sich huldigen. Die Übernahme fand allerdings in der Erwartung statt, daß sie nicht endgültig war, denn der Bruder Ferdinand war nahezu gleichermaßen erbberechtigt und durfte nach Maximilians Testament nicht leer ausgehen.

Was die Kaiserwahl betraf, so wäre sie ohne die außenpolitischen Fragen wohl weitgehend problemlos gewesen; das heißt ohne päpstliche und französische Gegenwirkungen wegen der habsburgischen Macht in den burgundischen Erblanden, in Spanien und in Italien. Innerhalb des Reiches wurden die immer gepflegten Befürchtungen vor einem wegen seiner Hausmacht zu mächtigen Kaiser aufgewogen durch das voraussehbare Fernsein Karls V. Außerdem kam kein anderer deutscher Fürst als Konkurrent in Frage. Auch hier war das Problem nur „außenpolitisch": sollte statt des Königs von Spanien der von Frankreich oder von England Kaiser werden? In dieser Hinsicht, also an Bekanntheit, stand Karl den deutschen Fürsten so fern wie Franz I. oder Heinrich VIII. Sein Plus war nur die habsburgische Abstammung. Im übrigen mußte, wie schon Maximilian erkannt hatte, mit Geld nachgeholfen werden. Während Franz I. schon 1516 mit seinen Wahlwerbungen begonnen hatte und bei Trier, dem Pfälzer und dem Brandenburger auf Sympathie gestoßen war, fing Maximilian Ende 1517 an, nachdem Karl seine

Zustimmung gegeben hatte. Vorher hatte der Kaiser versuchsweise die verschiedensten Namen in die Debatte geworfen: nach Ludwig von Böhmen und Ungarn sogar Heinrich VIII., auch Karls Bruder Ferdinand. Im Mai 1518 teilte er Karl seine Bestechungsüberlegungen mit: es komme nicht auf Wechsel, sondern auf bares Geld an; dabei erinnerte er an gewisse Entschädigungen und Abstandssummen, etwa an Sachsen für Friesland, die nun wirklich bezahlt werden müßten; es genüge nun auch nicht mehr, geistliche Fürsten auf Pfründen zu vertrösten; auch für sie sei das allermindeste die für weltliche Kurfürsten angesetzten 4000 Goldgulden, da einige längst viel mehr von Frankreich erhielten; auch an die weltlichen Fürsten müsse man denken, auch an entsprechende Heiratsversprechungen; nur mit so großen Mitteln könne man den „schrecklichen Praktiken" der Franzosen im Reich entgegenwirken.[77] Im August 1518 hatten ihm die meisten ihre Bereitwilligkeit erklärt, schon zu seinen Lebzeiten seinen Enkel Karl zum römischen König zu wählen, nur nicht der Erzbischof von Trier und der Kurfürst von Sachsen, der sich (als einziger) nicht kaufen lassen wollte.

Der Tod Maximilians im Januar 1519, vor der Königswahl, hob aber nach Ansicht der Kurfürsten alle Abmachungen wieder auf. Jede Kurstimme, von Sachsen wieder abgesehen, mußte noch einmal gekauft werden. „Es war wohl das schändlichste Wahlgeschäft der deutschen Geschichte."[78] Von Wien, Brüssel und Barcelona aus mußte nun zusammengearbeitet werden. Im Frühjahr 1519 fand diese aufgeregte Tätigkeit statt. Es gab wilde Gerüchte über die Absichten der Franzosen, darum auch für alle Fälle militärische Vorbereitungen. Nun kam es erheblich auf den Willen und auf die Mittel Karls an. Auf den Willen insofern, weil man schon in Brüssel überlegte, ob nicht bei den unüberwindlichen Schwierigkeiten bezüglich seiner Person als König von Spanien eine Kandidatur Ferdinands vorgezogen werden sollte. Ferdinand hatte während seines niederländischen Aufenthaltes seit Ende 1518 viel Sympathien gefunden, sprach sehr bald französisch und flämisch und interessierte sich für die Humanisten, so daß Erasmus meinte, er werde mehr für die Gelehrsamkeit tun als Karl. Auch Papst Leo X. hielt ihn für „più spirito".[79] Also auch hier stand der jüngere Bruder als Möglichkeit im Wege, wie bei Spanien, und Karl reagierte genauso. In einem Brief an Margarete schrieb er im März 1519, er wolle in Anbetracht der großen eigenen Ausgaben und der früheren Versprechen der Kurfürsten keinesfalls die Wahl irgendeiner anderen Person zulassen. Die Kurfürsten könnten das als Mißachtung des Reiches und ihrer selbst ansehen. „Wir bringen Ihnen daher zur Kenntnis, daß wir, um jene Wahl zu erreichen, uns uneingeschränkt dafür entschieden haben, nichts unversucht zu lassen und für sie alles und jedes einzusetzen als eine Sache, die wir auf dieser Welt am meisten wünschen und die uns am meisten am Herzen liegt." Er habe seinen Kommissaren Vollmacht gegeben, nicht zu sparen, denn es gehe bei ihm um Reputation und Ehre. Schon die Abreise Ferdinands nach Deutschland zur Übernahme der habsburgischen Länder lehnte er scharf ab; er sei verwundert über solche eiligen Vorhaben „ohne unsere Anweisung"; er habe für Truppen in den österreichischen Ländern und Neapel Vorkehrungen getroffen und werde nach der Wahl sofort zur Krönung kommen. Ferdinand könne beruhigt sein, „daß wir ihm stets ein guter Bruder sein werden und entschlossen sind, ihn gut zu behandeln und die Teilung unseres besagten Erbguts auf anständige Weise vorzunehmen". Jetzt aber schon die

„gesamte Stärke unserer Häuser von Spanien, Österreich und Burgund zu trennen", wäre genau das, was die Franzosen am meisten wünschten.[80]

Bezeichnend ist in diesem Schreiben der ehrgeizige Anspruch und zugleich der Hinweis auf Ersatzpläne, mit denen sowohl auf die Übernahme der österreichischen Erbländer als auch auf eine Wahl Ferdinands zum römischen König in absehbarer Zeit angespielt wird. Aber, erklärte Karl in einer gleichzeitigen Instruktion, das Kaisertum zu halten, würde Ferdinand gar nicht in der Lage sein; denn schon ihr Großvater sei trotz all seiner hohen Fähigkeiten und Erfolge nie aus den schweren Sorgen herausgekommen; nur die Vereinigung aller ihrer Länder gebe dem Kaisertum die jeden Gegner abschreckende Machtstellung zum Heile des Glaubens, zur Verteidigung der Christenheit. Brandi sagt hierzu: „Das waren im tiefsten Sinne programmatische Worte dieser Regierung."[81] Man kann von einem Zusammenwirken dynastischer Ansprüche und der Kreuzzugsstimmung des burgundischen Ritters mit den höheren Vorstellungen vom Kaisertum sprechen, wie sie Karl von Marliano beigebracht worden waren.

Karls Wille war also klar. Wie stand es mit den Mitteln? Es gab ungeheure Aufwendungen der Kommissare und Agenten bezüglich von Gratifikationen, Entschädigungen und Pensionen. Die Wahl hat insgesamt wohl über 1 Million Goldgulden gekostet. Annähernd die Hälfte aller Gratifikationen ging an die Kurfürsten und ihre Räte. Fugger machte den größten Teil der Summe flüssig, und er hielt sich seinerseits schadlos durch den Erwerb immer neuer kaiserlicher und habsburgischer Besitz- und Hoheitsrechte in Schwaben und Tirol.

Was die außenpolitische Situation betrifft, so verhielt sich England neutral. Eher wollte es den König von Spanien als den von Frankreich haben, am liebsten aber natürlich Heinrich VIII. Papst Leo X. arbeitete zunächst mit Frankreich zusammen, er versprach Kardinalshüte für Trier und Köln, dauernde Legatenwürde für Mainz, falls diese Herren Erzbischöfe für Frankreich stimmen würden. Das wurde ihnen natürlich nur heimlich mitgeteilt. Offen wurde aber erklärt, daß gemäß einer von Ferdinand von Aragon einmal eingegangenen Verpflichtung ein König von Neapel nicht wählbar sei.

Im Grunde fürchtete Leo X. auch einen Kaiser Franz I., wünschte also eher Heinrich VIII. von England oder Sigismund I. von Polen. Aber das wurde nach außen nicht deutlich, und tatsächlich hat die päpstliche weltliche Politik, also das anscheinende Zusammengehen mit Frankreich, die Kurfürsten zu Karl gewendet. Sie hielten Frankreich für gefährlich, und der Kredit des Papstes war im Schwinden. Das letzte päpstliche Mittel, einen der deutschen Kurfürsten, Friedrich den Weisen von Sachsen, vorzuziehen, wurde noch im Juni 1519 versucht. Friedrich weigerte sich aber. Am 28. Juni 1519 wurde die Wahl Karls durch die Kurfürsten in Frankfurt am Main einstimmig vollzogen. Nur der Kurfürst von Brandenburg ließ sich notariell verbriefen, daß er die Wahl „aus rechter Furcht tue und nicht aus rechtem Wissen". Er hatte bis zum Schluß an Frankreich festgehalten und ging dadurch auch hinsichtlich von Gratifikationen (jedenfalls von seiten Habsburgs) leer aus.

Als die Nachricht von der vollzogenen Wahl nach Barcelona gelangte, verfaßte Gattinara eine große Denkschrift, beginnend mit den programmatischen Worten: „Sire! Da Gott, der Schöpfer, Euch die Gnade erwiesen hat, Eure Würde über alle christlichen Könige und Fürsten zu erhöhen, indem Er Euch zum größten Kaiser und König seit der Teilung des Reiches Karls des Großen, Eures Vorgängers, machte und Euch auf den Weg der rechtmäßigen Weltmonarchie verwies, um den ganzen Erdkreis unter Einem Hirten zu vereinigen..."[82] Unter diesem Zeichen bestieg Karl sein Schiff im Mai 1520 in La Coruña. Außenpolitisch sicherte er sich ab durch einen Zwischenaufenthalt in England. Pfingsten feierte er in Canterbury. Inzwischen waren die habsburgischen Kommissare in Sachen Hausmacht-Vergrößerung nicht untätig: Württemberg wurde erworben. Das fand im Zuge einer Auseinandersetzung des Schwäbischen Bundes mit Herzog Ulrich statt, ohne genügend vorhandenes Geld, aber Württemberg war eben ein sehr günstiges Zwischenstück zwischen dem Breisgau und Vorarlberg-Tirol. Mit dieser Erwerbung wäre geradezu eine hohenstaufische Reichspolitik möglich geworden. Die Sache blieb aber Episode.

Am 22.Oktober 1520 hielt Karl seinen Einzug in Aachen. Die Wahlkapitulation wurde beschworen. Auch hier mußte er wie in Spanien erklären: Zu Reichs- und Hofämtern wollte die Majestät nur geborene Deutsche befördern, in allen Schriften und Reichshandlungen nur die deutsche oder lateinische Sprache verwenden. (Karl sprach anfangs weniger Deutsch als in Spanien spanisch.) Kein Reichstag sollte außerhalb des Reiches tagen, kein fremdes Kriegsvolk ins Reich kommen. Am 23.Oktober fand die Krönung zum römischen König statt. Der Papst gab die Einwilligung zur Annahme des Titels „Erwählter römischer Kaiser".

Die Bedingungen der Wahlkapitulation dürfen nicht darüber hinwegtäuschen, daß Karl in Aachen und bei seiner Weiterreise mit Jubel und großen Hoffnungen empfangen wurde, anders als in Spanien. Niemals war er im Reich populärer als in diesem Anfangsjahr. Die publizistische Propaganda, die bereits Maximilian in Gang gesetzt hatte, stellte einen jungen Fürsten vor, der Frankreich und dem Papst patriotisch entgegentreten würde. Das tat eine erstaunliche Wirkung. „Von Österreich das edel blut", wurde gedichtet, wie er auch zur Krönung in Aachen im Kostüm eines österreichischen Erzherzogs aufgetreten war. Wenn man auch stolz seine vielen Titel erwähnte, begrüßte man ihn keineswegs als Herrscher aus einem fremden Lande. Spanien interessierte nicht. Als spanisch wurde anfangs nicht er, sondern sein Bruder Ferdinand angefeindet, weit über Österreich hinaus, da er als kaiserlicher Statthalter tätig war. Erst allmählich wurde Karl, als er hinsichtlich der kirchlichen Reformen enttäuschte und jahrelang in Spanien verschwand, in der deutschen Publizistik zum Spanier, − und im Gegenzug „entwickelte sich Ferdinand, jovial und anpassungsfähig, später zum Deutschen, der die Herzen seiner Untertanen gewinnen konnte".[83]

Der Reichstag war noch für den Winter nach Worms ausgeschrieben worden. Es sollte der wohl berühmteste aller Reichstage werden.

Worms war ein guter Ort für die Anknüpfung an die Reichsreform, die dort 1495 begonnen worden war. So wurde es jedenfalls von den Ständen aufgefaßt, die den Reichstag darum besonders stark besuchten. Um kurz die Organisation zu skizzieren: Die Reichsstände waren eingeteilt in den Kurfürstenrat, den Fürstenrat und die Städtebank. Es sieht wie ein Dreikuriensystem aus, aber davon kann man aus verschiedenen Gründen nicht sprechen. Die beiden oberen Kurien waren, schon wegen der geistlichen Fürstentümer, nicht nach Adel und Klerus getrennt, sondern nach Kurfürsten und Fürsten; zu den letzteren gehörte viel reichsunmittelbarer niederer Adel. Man konnte diese beiden Kurien auch als eine einzige mit der Sonderabteilung der Kurfürsten auffassen. Und die Städtebank (nach schwäbischer und rheinischer eingeteilt) war keine Kurie: als solche wurde sie erst im Westfälischen Frieden 1648 anerkannt. Sie war also bis dahin rechtlich und verfahrensmäßig nicht gleichgestellt; es gab außerdem immer wieder Streit um die Mitgliederzahl und die Art des Votums, das eigentlich nur ein „votum consultativum" sein sollte.

Der Kurfürstenrat bestand aus sieben Kurfürsten (drei Erzbischöfe: Mainz, Köln, Trier, vier weltliche Fürsten: Sachsen, Pfalz, Brandenburg und Böhmen, wobei Böhmen allerdings meistens „ruhte"). Der Fürstenrat bestand aus den vier übrigen Erzbischöfen (Magdeburg, Salzburg, Besançon und Bremen), außerdem aus 46 Bischöfen, 83 Prälaten (Äbte, Ordensballeien), 24 weltlichen Fürsten und 145 Grafen und Herren. Die Städtebank bestand aus 85 Reichsstädten. Einzelstimmen (Virilstimmen) hatten im Fürstenrat nur die geistlichen und weltlichen Fürsten; die Prälaten und Grafen hatten nur je zwei Kuriatstimmen. Insofern bestand eine Überzahl der Geistlichkeit im Fürstenrat.

Für den ganzen inneren Betrieb des Reichstages war ausschlaggebend nicht der Kaiser oder einer seiner Beauftragten, sondern der Reichskanzler, der Erzbischof von Mainz. Im „Gemeinen Reichsrat", also im Plenum, fand eigentlich nicht die Haupttätigkeit statt, sondern in den Ausschüssen. Diese waren interkurial. Der Große Ausschuß hatte 1521 18 Mitglieder: sechs Kurfürsten, je vier weltliche und geistliche Fürsten, einen Prälaten, zwei Grafen, ein oder zwei Städteboten.

Dieser Reichstag war in Worms interessiert an den Hauptfragen: Reichsregiment, Reichslandfrieden, Reichskammergericht und Reichspolizeiordnung. Und er war interessiert an den Gravamina gegen Rom, hinsichtlich der Kirchenreform. Was nur *zusammenhing* mit der Luthersache, aber durchaus nicht dasselbe war. Allgemein knüpften die weltlich und geistlich Reformgesinnten große Hoffnung an den neuen Kaiser, der vom Papst so wenig gewünscht worden war. Luther selbst hatte 1520 in seiner Schrift „An den christlichen Adel" geschrieben: „Gott hat uns ein junges,edles Blut zum Haupt gegeben, damit viel Herzen zu großer, guter Hoffnung erweckt."[84]

Der Kaiser und seine Räte wünschten ein gutes Klima, schon wegen der Sorgen um Spanien. Motivbündelung und Entscheidungsfindung auf kaiserlicher Seite sind aber nach den bisher ausgewerteten Quellen noch nicht voll durchschaubar. Es gab jedenfalls noch keine klare Organisation der kaiserlichen Zentralregierung; das war erst einige Jahre später der Fall. Es gab einen Beraterkreis mit wechselnder Zusammensetzung. Dazu gehörten vor allem Burgunder, außerdem Spanier und der italienische Leibarzt Marliano (inzwischen auch Bischof von Tuy) und der französische Beichtvater Jean Glapion, ein Franziskaner. Deutsche waren nicht dabei. Aber die alten Räte Maximilians wurden herangezogen, also der ehemalige deutsche Hofrat. Außerdem waren die päpstlichen Nuntien tätig – besonders Aleander – und auswärtige Gesandte. Wie gesagt, man war an gutem Klima zu den Ständen interessiert, aber nicht an Machteinbuße durch eine Reichsreform; mehr an der Abstellung der Gravamina gegenüber dem Papsttum. Karl selbst äußerte sich nicht negativ zu den früheren lutherischen Schriften.

Was ist bei dieser Konstellation herausgekommen? In der Geschichtsschreibung über den Wormser Reichstag dominiert eindeutig die Luthersache, die Causa Lutheri. Wenn man betont, daß sie ja eigentlich keine Reichstagssache war und daß nach Akten und Beschreibungen ganz andere politische (und gesellschaftliche) Dinge vorherrschten – Lehensempfang, Privilegienbestätigung mit großem Gepränge –, so ist doch die auch zeitgenössisch große Bedeutung der Luthersache schlichtweg zutreffend.

Aufs ganze gesehen kann man sagen, daß in Fragen der Reichsverfassung die Stände dem Kaiser entgegenkamen, weit mehr als er ihnen, hingegen er ihnen speziell in der Luthersache weit mehr entgegenkam. Was dabei bemerkenswerter- und eigentlich paradoxerweise ziemlich auf der Strecke blieb, waren die Gravamina: die kirchlichen Reformfragen, an denen doch beiden Teilen so sehr viel gelegen hatte. Das war am Anfang keineswegs vorauszusehen. Es lag vor allem daran, daß Beschwerden gegen den römischen Stuhl und die kirchlichen Mißbräuche in Verwaltung, Rechtsprechung, Besteuerung und Pfründenwesen nicht mit der „Glaubenssache", mit theologischen Fragen vermischt werden sollten. Dies war vor allem die klare Tendenz seitens des Kaisers.

Seit Ende November 1520 war Karl in Worms. Am 27. Januar 1521 wurde der Reichstag eröffnet. Alles ging zügiger, weniger förmlich-verzögernd zu als bei den kastilischen und aragonesischen Cortes. Die kaiserliche Proposition hatte auf Eile gedrängt, mit Hinweis auf Spanien, sie wünschte die Herstellung von Recht, Frieden und Ordnung, speziell die Regelung der Regierung für die Zeit der kaiserlichen Abwesenheit, außerdem Romzughilfe. Von Gravamina gegen Rom war nicht die Rede.

Viele Fragen können hier wegbleiben, etwa die Wiederherstellung des Landfriedens und des Kammergerichtes. Bemerkenswert ist, daß die Polizeiordnung aus dem Grunde nicht über das Entwurfsstadium hinauskam, weil hier auch das wirtschaftliche Leben geregelt werden sollte und der Kaiser nicht gegen die großen Kapital- und Handelsgesellschaften und ihre sog. „Monopolien" einschreiten wollte. Das war begreiflich, denn mit Unterstützung der Fugger hatte er ja seine Wahl gewonnen. Es gab heftigen Meinungsstreit im Großen und Kleinen Ausschuß. Nicht nur die oberen Stände, sondern auch zunftgebundene kleinere Reichsstädte wandten sich gegen die großen Fernhandelsgesellschaften, denen man vorwarf, sie seien am Preisanstieg schuldig.

Blieb dies offen, so siegte beim Problem des Reichsregimentes weitgehend die kaiserliche Auffassung. Es sollte nicht, wie schon in der Zeit Maximilians gefordert worden war und wie auch jetzt vor allem die Kurfürsten wünschten, eine ständige Institution sein, durch welche die kaiserliche Regierung an die Mitwirkung der Stände, zumindest der Kurfürsten, gebunden werden sollte, sondern nur ein Regiment für die Zeit der kaiserlichen Abwesenheit. Karl betonte klar die monarchische Gewalt: „Unser Ehr und Würde ist Euer Aller Ehr und Würde, und so stehet unser Gemüt und Wille nicht dahin, daß man viel Herren, sondern einen allein habe, wie des Heiligen Reiches Herkommen ist."[85] Heinz Angermeier hat mit Recht betont, daß Karl aufgrund seiner außerdeutschen Machtmittel nur geringer Reichshilfen und gar keiner regulären Steuern bedurfte, also „nicht mehr erpreßbar" war: „er konnte die monarchischen Ziele der Reichsreform in viel freierer

Weise verfolgen als sein Vorgänger".[86] An die Spitze des Regiments setzte er – wenn auch zunächst vorsichtshalber noch nicht ganz deutlich – seinen Bruder Ferdinand als kaiserlichen Statthalter; Pfalzgraf Friedrich und andere konnten ihn vertreten, aber mit weit geringeren Machtbefugnissen. Zwar bestand bei der Zusammensetzung des Regiments ein ständisches Übergewicht, indem der Kaiser nur vier der 21 Mitglieder bestimmen sollte, aber die ganze Institution wurde von den Fürsten sehr bald nicht mehr als ihr Instrument betrachtet und darum kritisiert und bekämpft.

Die Causa Lutheri gehörte, wie gesagt, eigentlich nicht zu den Reichstagsangelegenheiten. Von den vor allem politisch motivierten Verzögerungen von Luthers Angelegenheit durch den Papst war bereits die Rede. Im Juni 1520 war die Bannandrohungsbulle ausgefertigt worden, also zu einem Zeitpunkt, in dem Leo von dem Kurfürsten Friedrich von Sachsen nichts mehr erhoffen konnte; erst Ende September wurde sie in Deutschland bekannt, ihre Veröffentlichung wurde aber oft verhindert, beispielsweise von den Studenten in Erfurt. Im Dezember 1520 antwortete Luther auf die Verbrennung seiner Bücher mit der Verbrennung des Kanonischen Rechts, der Schriften seiner Gegner und der päpstlichen Bulle. Im Januar 1521 kam es zum endgültigen Bann Luthers. Das geschah also, während überall in Deutschland Lutherschriften verkauft und gelesen wurden.

Der päpstliche Nuntius Aleander drang auf kaiserliche Mandate gegen diese Verbreitung der Ketzerlehre, er verlangte eine Ächtung Luthers: es sei unmöglich, daß ein Ketzer auf dem Reichstag auftrete. Die Stände wünschten in der Hoffnung auf die antipäpstliche, also auch als kirchenreformfreudig vermutete Position des Kaisers Anhörung Luthers auf dem Reichstag, unter sicherem Geleit: „der deutschen Nation, unserem christlichen Glauben und allen Ständen und Gliedern zu Not, Nutz und Gutem".[87] Ein Hauptgrund für diesen Wunsch der Stände war zweifellos das öffentliche Ansehen Luthers, die Furcht vor Aufruhren. Das war der Hauptgrund auch für diejenigen, die inhaltlich zögerten, sich auf die Seite Luthers zu stellen. Luther sollte geladen werden, wie es in einem Entwurf von kaiserlicher Seite hieß: „aus Überflüssigkeit, allein dem Gemeinen Volk sein Gedenken und Fantisei, darein es der gedachte Luther geführt hat, abzuschneiden". Auch in Aleanders Berichten heißt es, gegenwärtig sei das ganze Deutschland in Aufruhr, neun Zehntel schrieen Luther und das letzte Zehntel, das sich nicht um die Worte Luthers kümmere, wünsche wenigstens den Tod der römischen Kurie.[88]

Am 6. März 1521 wurde Luther dann tatsächlich vor den Reichstag zitiert. Es kam zu der berühmt gewordenen Fahrt des Gebannten nach Worms, vom 2. bis zum 16. April. Am 17. April 1521 fand sein erster, zaghafter Auftritt vor Kaiser, Kurfürsten und allen Ständen des Reiches statt. Er war verwirrt und enttäuscht, daß gar nicht diskutiert wurde. Er bat um Bedenkzeit hinsichtlich der Frage des Widerrufes von „Etwas aus seinen Schriften". Der Kaiser Karl faßte seinen Eindruck in die Worte zusammen: „Der soll mich nicht zum Ketzer machen."

Am 18. April 1521 war der zweite Auftritt Luthers mit seiner berühmten großen Rede, die er erst deutsch und dann lateinisch hielt. Danach, als er um eine kurze, klare Äußerung gebeten wurde, sagte er: „Weil denn Ew. Kaiserliche Majestät, Kur- und Fürstliche Gnaden eine schlichte, einfältige, richtige Antwort begehren, so will ich die geben, so weder Hörner noch Zähne haben soll, nämlich also: es sei denn, daß ich mit Zeugnissen der Heiligen Schrift oder mit öffentlichen, klaren und hellen Gründen und Ursachen überwunden und überwiesen werde – denn ich glaube weder dem Papst noch den Konzilien alleine nicht, weil es am Tage und offenbar ist, daß sie oft geirrt haben und sich selbst widerwärtig gewesen sind – und ich also mit den Sprüchen, die von mir angezogen und eingeführt sind, überzeugt, und mein Gewissen in Gottes Wort gefangen sei, so kann und will ich nichts widerrufen, weil weder sicher noch geraten ist, etwas wider das Gewissen zu tun."[89]

Der Kaiser stand auf, es gab große Unruhe, man hörte Luther sagen: „Gott kumm mir zu Hilf! Hier bin ich! Amen!" Nach nochmaliger Aufforderung zum Widerruf brach der Kaiser die Sitzung ab.

Am 19. April ließ Karl eine eigenhändige Erklärung verlesen, erst französisch, dann deutsch. Es war ein großes Dokument der Gegenposition, das man nicht vergessen sollte: „Ihr wißt, Ich stamme ab von den allerchristlichsten Kaisern der edlen deutschen Nation, von den katholischen Königen von Spanien, den Erzherzögen von Österreich, den Herzögen von Burgund, die alle bis zum Tode getreue Söhne der römischen Kirche gewesen sind; immer Verteidiger des katholischen Glaubens, der heiligen Zeremonien, Dekrete und Gebräuche des Gottesdienstes... Nach ihrem Tode haben sie uns das als Vermächtnis hinterlassen, und nach ihrem Beispiel habe ich bislang gelebt. So bin ich entschlossen, festzuhalten an allem, was meine genannten Vorgänger und ich bis zur Stunde festgehalten haben, besonders aber was meine Vorgänger auf dem Konstanzer Konzil und anderen verordnet haben: Denn es ist gewiß, daß ein einzelner Bruder irrt, wenn er gegen die Meinung der ganzen Christenheit steht, da sonst die Christenheit 1000 Jahre oder mehr geirrt haben müßte. Deshalb bin ich entschlossen, meine Königreiche und Herrschaften, Freunde, Leib und Blut, Leben und Seele einzusetzen. Denn das wäre eine große Schande für uns und Euch, Ihr Glieder der edlen deutschen Nation, die wir durch Privileg und einzigartiges Prestige berufen sind zu Verteidigern und Schutzherren des katholischen Glaubens, wenn in unserer Zeit durch unsere Nachlässigkeit auch nur ein Schein der Häresie und Beeinträchtigung der christlichen Religion in die Herzen der Menschen einzöge. Nachdem wir gestern hier die hartnäckige Antwort Luthers gehört haben, sage ich Euch, daß es mich reut, so lange gezögert zu haben, gegen ihn vorzugehen. Ich werde ihn nie wieder hören. Er habe sein Geleit. Aber ohne zu predigen und ohne das Volk zu unterweisen in seiner schlechten Lehre und ohne es darauf anzulegen, daß eine Volksbewegung ausbreche. Ich bin fest entschlossen, mich zu verhalten und gegen ihn vorzugehen wie gegen einen notorischen Ketzer. Euch aber ersuche ich, daß Ihr Euch in dieser Sache als gute Christen erweist, wie Ihr es ja zu tun gehalten seid und wie Ihr es mir versprochen habt."[90]

Diese Rede wurde ebenfalls, wie Luthers Rede, sofort gedruckt. „Damit waren die weltgeschichtlichen Positionen bezogen," wie Brandi gesagt hat,[91] – in einer für gewöhnliche Geschichte ungewöhnlichen Klarheit.

Die genannte Rede ist das erste eigenhändige große Produkt von Karl V. Die Eigenhändigkeit wurde betont. Das Original ist allerdings nicht mehr vorhanden. Heinrich Lutz weist darauf hin, daß die Selbstproduktion wahrscheinlich, wenn auch nicht sicher sei.[92] Bemerkenswert ist bei der Rede, daß vom Papst nicht gesprochen wird, von der römischen Lehrentscheidung gegen Luther auch nicht. Karl beruft sich auf die Vorgänger (auf das „Erbe"), auf das Konzil, aber dort auf das, was seine Vorgänger, die Kaiser, angeordnet haben. Sicherlich ist diese Rede grundlegend für Karls Haltung, wenn er auch tatsächlich nicht direkt gegen Luther vorging, sondern nach Spanien zog und sich gegen Frankreich wendete.

Es gab noch einige wichtige Tage, an denen die Stände Vermittlungsversuche bei Luther unternahmen. Die meisten hätten gern einen dogmatischen Widerruf von ihm gehabt, um gemeinsam mit dem Kaiser gegen die kirchlichen Mißstände vorgehen zu können. Das gelang nicht. Luther wollte nicht. Sieben Tage später, am 26. April 1521, reiste er mit Geleit von Worms ab. Karl hielt das Geleit, trotz der Meinung vieler, man brauche einem Ketzer nicht Wort zu halten. Der Kaiser und manche andere werden wohl aus Erinnerung an das Unrecht, daß man Hus angetan hatte, so gehandelt haben. Eine Gewalttat erschien auch angesichts der öffentlichen Meinung als sehr gefährlich, − aber diese Gefahr hat man vielleicht überschätzt. Jedenfalls sieht man das an der Reaktion, als Luther am 4. Mai bei Gotha „überfallen" und auf der Wartburg versteckt wurde: es gab Bestürzung, es gab Trauer, aber keinen Aufstand.

In Worms war am 8. Mai das Edikt gegen Luther fertig. Er kam in Reichsacht und seine Anhänger wurden gewarnt. Verlesen wurde das Edikt aber erst nach Schluß des Reichstages, am 25. Mai, als die meisten schon abgereist waren, − was nicht heißen soll, daß diese „meisten" lutherfreundlich gewesen wären: nur eine starke Minderheit war lutherfreundlich, denn immer muß man die Reformfreudigen von den Lutherischen unterscheiden. Kurfürst Joachim von Brandenburg stimmte nach der Verlesung „im Namen aller versammelten Stände" zu. Das Edikt kam aber nicht in den Reichsabschied.

Man sagt leicht, unter „normalen Umständen", wenn also Karl V. in Deutschland geblieben wäre, sei das sehr gefährlich, wenn nicht vernichtend für Luther und seine Reformation geworden. Das ist fraglich. Es gibt kein vergleichbares Beispiel. Einzelne Territorialfürsten hatten jedenfalls große Macht gegenüber dem Kaiser. Der Druck zur Kirchenreform wäre geblieben. Sicher ist aber natürlich, daß durch die neunjährige Abwesenheit des Kaisers seine Position deutlich geschwächt wurde. Wobei er sich selbst zusätzlich dadurch schwächte, daß er die Erbteilung mit Ferdinand verabredete. Die österreichischen Erblande, also seine Hausmacht in Deutschland, gab er ab.

Bevor darauf eingegangen werden kann, soll zusammenfassend betrachtet werden, was dieser Aufenthalt Karls V. in Deutschland, von Aachen 1520 bis Worms 1521, bedeutet hat. Personalisierend könnte man sagen: Drei wichtige Persönlichkeiten und damit drei sehr verschiedene Mächte begegneten ihm hierbei.

Die erste ist Jakob Fugger, der Reiche. Also der Mann, der den Kaiser 1523 daran erinnern konnte: „Es ist bekannt und liegt am Tage, daß Eure Kaiserliche Majestät die Römische Krone ohne meine Mithilfe nicht hätten erlangen können." Neben der Mitregierung der Kurfürsten kann man seit dieser finanziellen Hilfe geradezu von einer Mitregierung der Fugger im Reich sprechen.[93] Der Aufstieg dieser Firma geschah in der Zeit Maximilians, besonders seit der Alleinregierung Jakob Fuggers ab 1510. Es war ein Familienunternehmen mit streng „monarchischer" Verfassung, als Finanzmacht über ganz Europa ausgebreitet, gestützt auf das alpenländische Silber- und Kupfergeschäft im Salzburger Land und in Tirol, dann vor allem auf die slowakische Kupferausbeute, und stärker als andere, ebenfalls sehr reiche Firmen politisch tätig. Sie wurden mit ihren Geldvorschüssen die Bankiers Maximilians. Ihre Faktoren und Agenten waren wichtig für politische Informationen und diplomatische Tätigkeit. In Augsburg befand sich die Zentrale, in der nach politischen Einschätzungen die Interessen geklärt und die finanziellen Einsätze geplant wurden. Finanziell und auch organisatorisch waren die Fugger damals jeder staatlichen Verwaltung überlegen. Es war unschätzbar wichtig, daß sich diese moderne bürgerliche kapitalistische Macht mit dem Kaisertum und mit der Altgläubigkeit verband. Bürgerlich war sie in Augsburg – die Fugger gehörten zur Weberzunft, sie kamen erst 1538 ins Patriziat –, aber schon 1511 wurde Jakob geadelt, 1514 gegraft, 1530 wurden seine drei Neffen und Nachfolger Reichsgrafen mit Sitz und Stimme im Reichstag. Die Fugger wurden wegen ihrer modernen Praktiken angegriffen von der traditionelleren Hanse, von Fürsten und Rittern und kleineren Reichsstädten, und wurden nur von wenigen großen Reichsstädten unterstützt. In Worms 1521 verteidigte Konrad Peutinger aus Augsburg die Monopole. 1522 gab es auf dem Nürnberger Reichstag neue Angriffe: keine der großen Handelsgesellschaften sollte mehr als 50 000 Gulden Kapital besitzen. Sie beschwerten sich bei Karl in Spanien, er tat nichts gegen diese Gesetze, ermöglichte aber unter der Hand Ausnahmeregelungen. Um die gleiche Zeit, im August 1521, wurde die sog. „Fuggerei" gegründet, eine Sozialsiedlung für arme, arbeitsfähige Leute, die da für eine symbolische Jahresmiete von 1 Gulden wohnten und täglich für die Seelen aller Fugger beten sollten.

Die Fugger waren eng mit Karl V. und seinem Wirkungsbereich verbunden. Wer außerhalb seiner Familie stand in Deutschland dem Kaiser persönlich näher? Während der Reichstage hatte er kein Schloß zur Verfügung, und wenn sie in Augsburg stattfanden, wie es bevorzugt der Fall war, wohnte er in dem prächtigen Fuggerhaus. Anton Fugger, der nach dem Tode Jakobs im Dezember 1525 das Unternehmen führte, wurde Bankier der internationalen kaiserlichen Politik. Schon wegen seiner ungarischen Besitzungen war er auch mit Ferdinands Politik und ihrer Finanzierung verbunden, aber die Tätigkeit für den Kaiser ging vor. Ihretwegen dehnte er seine Faktoreien und Pachtgeschäfte auf Spanien aus, so weitgehend, daß dieser Sektor schließlich der wichtigste des Fuggerschen Unternehmens wurde. Dabei ließ er sich auf viele Risiken ein, konnte aber, besonders in der Spätzeit, durchaus nicht mehr alle Kreditwünsche Karls erfüllen. Daß die Fugger beim alten Glauben blieben, war eine Voraussetzung dieser Zusammenarbeit. Daraus erwuchsen aber nicht nur mehrere Konflikte mit dem protestantischen Augsburger Stadtregiment, es hatte auch generell zur Folge, daß sich der neue Glaube, die Kirchenreform, *nicht* mit dieser modernen Wirtschaftsform verband. Auf diese Weise kam es zur protestantischen Monopolfeindschaft. So wie Luther gegen die Finanzmanipulationen des Papsttums wetterte, so schimpfte er auf „Kaufhandel und Wucher".

Die zweite Persönlichkeit ist Friedrich der Weise, Kurfürst von Sachsen. Es gab neben den Habsburgern mehrere große Fürstenfamilien in Deutschland, die dabei waren, sich eine starke Territorialmacht aufzubauen: die Wittelsbacher in der Kurpfalz und in Bayern, die Welfen in Niedersachsen, die Hohenzollern in ihren schwäbischen Stammlanden, in Ansbach-Bayreuth und Kulmbach und in der Mark Brandenburg, die Wettiner in Sachsen. Äußerlich schienen damals die Wettiner nicht die mächtigsten zu sein, eher die Hohenzollern, die durch Albrecht von Brandenburg das Erzbistum Magdeburg, Mainz und das Bistum Halberstadt besaßen, und durch Albrecht von Ansbach seit 1511 das Amt des Hochmeisters des Deutschen Ordens in Preußen. Das waren aber alles eher arme Besitzungen. Demgegenüber hatten die Wettiner zwar seit 1485 ein zweigeteiltes Land – der Albertiner Herzog Georg im Südwesten (Eisenach, Gotha, Koburg), der Ernestiner Kurfürst Friedrich der Weise im Osten –, aber sie hatten enormen Wohlstand durch neuerschlossene Erz- und Silbervorkommen. Die Fugger und die Habsburger waren *ihnen* finanziell verpflichtet. Eine große staatliche Organisation der Bergverwaltung und des Bergrechtes wurde von ihnen geschaffen. Daher war Friedrich der Weise der einzige wirklich „unabhängige" Kurfürst, d. h. unabhängig von Wahlgeldern. Und unabhängig obendrein dadurch, daß er nicht ehrgeizig war: er ließ sich nicht gegen Karl V. als Kaiserkonkurrenten aufstellen.

Es ist also nicht unwichtig, daß dies der Landesherr Luthers war. Persönlich war er zwar ein großer Reliquiensammler und wurde erst auf dem Totenbett evangelisch, aber er bekämpfte die geistliche Macht in seinem Territorium und er schützte Luther. Er hatte dessen Auftreten in Worms verlangt ohne Rücksicht darauf, daß Luther schon von Rom gebannt worden war. (Sonst wurden gewöhnlich die Ketzerfragen in den Ländern selbst geregelt, direkt mit Rom, nicht über das Reich.) Die oppositionelle territoriale Eigenmacht trat Karl V. in Friedrich dem Weisen deutlicher als in einem anderen entgegen.

Die dritte Persönlichkeit ist natürlich Luther, – der durch sein Auftreten in Worms, teilweise schon durch seinen Zug dorthin, vervielfältigt durch den Buchdruck, eine enorme Publizität errang. Und der Macht errang, Macht von einer Art, wie sie damals noch unbegreiflich und neuer war als die Macht des Territorialfürsten oder die des neuen reichen Fugger. Die Grenzen der besonderen Anlage meiner vorliegenden Geschichte Karls V. kommen hier wahrscheinlich besonders stark zum Ausdruck. Luther steht weniger als bei einer gewöhnlichen Darstellung über allgemeine oder gar über deutsche Geschichte des 16. Jahrhunderts im Mittelpunkt. Demgegenüber muß hier vor allem die Position Karls V. erklärt und auch innerhalb des deutschen Wirkungsbereiches mehr über die Problemkreise Österreich und Reichsreform gehandelt werden. Luther soll damit nicht unterschätzt werden. Da im Unterschied zu so vielen anderen verwelkten Problemen der damaligen Zeit die konfessionellen Kämpfe immer noch einen gewissen neuralgischen Effekt hervorrufen können, sei auf diese vom Thema geforderte eingeschränkte Betrachtungsweise Luthers besonders aufmerksam gemacht.

Fassen wir noch einmal zusammen, was der Reichstag von Worms 1521 ergeben hatte. Beim Reichsregiment siegte weitgehend die Absicht Karls, daraus ein Instrument für die Zeit seiner Abwesenheit zu machen, wobei sein Bruder Ferdinand als Statthalter dann stärker an ihn als an die Regimentsräte gebunden wurde. Die Kirchenreform ließ sich nicht reichseinheitlich regeln, da sie an die Ketzerfrage des so populären Luther gebunden war. Luther machte keinen auch nur partiellen Widerruf, er machte also nicht den Weg frei zur Zusammenarbeit seiner Anhänger mit moderat-kirchenreformbereiten anderen Ständen und mit dem eigentlich papstfeindlichen Kaiser. Die Stände zogen alles in die Länge, sie hatten nicht vor, die altgläubige oder die reformerische oder die lutherische Position aufzugeben, was ja mit einem Machtverlust gegenüber dem Kaiser oder der Kirche verbunden gewesen wäre. Der Kaiser erließ ein Edikt gegen Luther, er warnte die Anhänger und er warnte vor der Verbreitung von Luthers Schriften, er konnte dieses Edikt aber nicht zur Wirkung und Durchführung bringen, da gleichzeitig die spanischen Unruhen und der französische Krieg ausbrachen. Er mußte weg, er mußte also Ferdinand gleich sehr viel überlassen: Österreich und die Statthalterschaft im Reich.

Karl V. hatte in seiner Rede in Worms am 19. April 1521 eine klare, hohe Haltung als Verteidiger des Glaubens gezeigt. Diese Haltung war für ihn dadurch erleichtert worden, daß er für den Ernst der religiösen Gewissensnot bei Luther und dessen Anhängern kein Verständnis hatte. Er sah die Anhängerschaft als so weltlich an – hinsichtlich der Möglichkeit der Emanzipation vom Reich, von Kirchenabgaben, hinsichtlich der Kirchenguteinziehung –, wie er auch Weltlichkeit bei Kirche und Papst durchschaute. Er hielt sich demgegenüber an seine eigene ideale, traditionelle Aufgabe als Vogt der Kirche. Typisch ist für ihn dabei auch die Anständigkeit, Luther das versprochene Geleit zu halten. Das hat er noch in Yuste bedauert. Falls er anders gehandelt hätte, so hätte er damit an der Fortführung der unterschiedlichen territorialen Kirchenreformen kaum Entscheidendes ändern können. Denn Luthers Anstoß war gegeben. Ein Frankfurter in Worms schrieb, es könnte sein, daß man den Luther als Ketzer verbrennt, es sei sogar wahrscheinlich, aber noch wahrscheinlicher sei dann, daß er am dritten Tag wiederauferstehen würde. (Wie man an diesem Beispiel sieht, gab es schon damals einen recht flotten journalistischen Stil.) Ohne Luthers Autorität wäre die Reformation vielleicht radikaler geworden und mehr auseinandergeflossen, aber weitergegangen wäre sie.

Nur ein energisch vorgehender, allein auf die deutschen Probleme beschränkter Kaiser, also einer ohne außerdeutsche Abhängigkeit, hätte möglicherweise eine reichseinheitliche Kirchenreform bei gleichzeitiger eigener Machterweiterung schaffen können. Nach Worms verschwanden aber sowohl Luther als auch Karl V. wieder von der deutschen Bildfläche. Und Karl behielt zwar sein Hauptziel im Auge, er löste sich aber durch Erbteilung noch deutlicher von Deutschland.

Dieses dritte Problem ist jetzt noch zu beleuchten. Von der Anbahnung der böhmisch-ungarischen Herrschaft für das Haus Österreich 1515 war schon die Rede, also von der Vereinbarung einer Doppelheirat: Die Kinder Wladislaws von Böhmen-Ungarn, Ludwig und Anna, sollten die Enkel von Maximilian heiraten: Maria und Ferdinand (oder vielleicht Karl). Ludwig, seit 1516 König von Böhmen und Ungarn, hatte nach der Kaiserwahl noch einmal versucht, Karl als Gatten seiner Schwester Anna zu gewinnen; Anna wollte lieber Kaiserin als Erzherzogin sein. Hätte Karl zugestimmt, so wäre die schwindelerregende Folge gewesen, daß er 1526, nach dem frühen Tod Ludwigs, auch noch Böhmen und Ungarn geerbt hätte. Er winkte aber ab, und seine Gesandten versprachen Ludwig im August 1520, Ferdinand würde erhöht werden, er würde Herrscher der österreichischen Erbländer sein, mit welchem Titel auch immer.[94]

So zögerlich und offenbar auch ungern Karl an die Sache heranging, er mußte nach diesem Versprechen die Erbteilung realisieren; er tat das in möglichst kleinen

Schritten. Maximilian hatte in seinem letzten Testament am Jahresende 1518 die österreichischen Erbländer den Enkeln Karl und Ferdinand als seinen rechten und natürlichen Erben übergeben, ohne über die Aufteilung Näheres zu bestimmen; sie sollten aber auch seine unermeßlichen Schulden bezahlen.[95] Karl konnte also sowieso nur provisorisch und nach außen hin das Gesamterbe übernehmen und mußte in Verhandlungen mit Ferdinand eintreten. Im April 1521 kam dieser nach Worms, freundlich, vertrauensvoll und nachgiebig, wie er meistens dem ihm gegenüber viel mißtrauischeren älteren Bruder begegnete, den er ehrfürchtig auch als seinen „Vater" anredete. Karl übergab ihm geheim die fünf österreichischen Herzogtümer, zunächst noch mit gewissen Abstrichen an der dalmatinischen Küste. Im Mai 1521 fand daraufhin die Hochzeit von Ferdinand mit Anna in Linz statt, etwas später die von Ludwig mit Maria.

In Brüssel wurden dann im Januar und Februar 1522 die entscheidenden Verträge zwischen Karl und Ferdinand geschlossen. Erst einmal übernahm jeder eine Hälfte der Schulden Maximilians, die etwa sechs Millionen Gulden und damit soviel wie zehn volle Jahreseinkommen aller österreichischen Länder betrugen; hier beklagte sich Ferdinand dann allerdings lebenslang, wie nachlässig Karl dieser Verpflichtung nachkam. Die eigentlichen Verträge waren zum Teil offen, zum Teil geheim. Offen wurde vereinbart, daß Ferdinand kaiserlicher Statthalter im Reichsregiment werden sollte. Die nieder- und innerösterreichischen Länder wurden mit allen landesherrlichen Rechten an ihn abgetreten, und „Statthalterschaft" sollte er auch in den voderösterreichischen Gebieten von Tirol bis Oberrhein haben, einschließlich Württembergs. Geheim wurde darüberhinaus Ferdinands erbliche Landesherrschaft in allen deutsch-habsburgischen Ländern vereinbart, das Elsaß allerdings nur auf Lebenszeit, dann sollte es an Burgund fallen. Ferdinand verzichtete dafür auf alle Ansprüche hinsichtlich der burgundisch-spanischen Erblande. Dieser Vertrag sollte sechs Jahre lang oder bis zur Kaiserkrönung geheim bleiben. Natürlich brachte diese Geheimnistuerei und die entsprechende Produktion widersprüchlicher Gerüchte Ferdinand in Autoritätsschwierigkeiten, besonders bei den unsicheren Rechtszuständen in Württemberg; darum wünschte und erreichte er die Veröffentlichung des Geheimvertrages durch seinen kaiserlichen Bruder schon vorzeitig, im Februar 1525.

Damit schied Karl als Landesherr aus Deutschland wieder aus. Er hatte nur noch den (später sog.) burgundischen Reichskreis und die „Ehre der kaiserlichen Stellung".[96] Beinahe so wie auch ein König von England oder Frankreich hätte Kaiser sein können.

Nach einer nur dreijährigen „Einheit" unter Karl bedeutete das die Trennung der riesigen habsburgischen Ländermasse. Mit Burgund/Spanien auf der einen und Österreich sowie dem bald dazugehörigen Böhmen und Ungarn auf der anderen Seite wurde sie so getrennt, wie sie dann im großen ganzen etwa 200 Jahre weiterexistieren sollte, bis zum spanischen Erbfolgekrieg.

Daß Karl bei seiner ersten deutlichen Machtdelegation also zuerst auf deutsches Gebiet verzichtete, konnte man ihm natürlich vom nationalistischen Standpunkt aus übelnehmen: er entzog sich gewissermaßen den deutschen Problemen. Kurz- und langfristig war es aber nur konsequent. Kurzfristig deshalb, weil er sich dem noch nicht stabilisierten Spanien nicht entziehen konnte; er hatte dort innere

Konflikte zu bewältigen und außerdem den Konflikt mit Frankreich. Langfristig deshalb, weil Spanien für die Kaiserpolitik eine sicherere militärische und finanzielle Basis war als die österreichischen Erblande mit ihren eingebauten Böhmen-, Ungarn- und Türkenproblemen, – die ja dann sogar den Statthalter Ferdinand von der Reichspolitik abhielten.

Dies war also das Resultat von Karls Deutschlandaufenthalt 1520/21. Alles war prägend für seine Lähmung gegenüber der weiteren deutschen Entwicklung, vor allem gegenüber dem Fortgang der Reformation. Gerade die ungewöhnliche Größe seines Wirkungsbereiches verschaffte ihm neben vielen Ressourcen und einer Fülle von Eingriffsmöglichkeiten eine Vielzahl immer parater Verhinderungen. Er konnte gegen die Ausbreitung der „Häresie", der gegen die römische Kirche gerichteten lutherischen Reformation in den einzelnen deutschen Territorien, nicht konsequent vorgehen, weil er überaus lange von Deutschland abwesend war und das ja auch ohne österreichische Hausmacht noch eher tun konnte: zunächst neun Jahre, bis zum Augsburger Reichstag von 1530, dann wieder neun Jahre; erst dann, in den Vierzigerjahren, blieb er in Deutschland verbissen „am Ball", hoffte ab 1547 zu siegen und die Sache durchzuzwingen und scheiterte schließlich. Denn es gab viele Möglichkeiten ihn zu lähmen. In der ganzen Zeit wurde er gelähmt durch Frankreich, durch die Türken, durch den Papst, der sich gegen ein Konzil sträubte, und durch die katholisch-altgläubigen Landesfürsten und Bischöfe, die sich einerseits wegen kirchlicher Kompetenzen untereinander stritten und andererseits sogar mit den Lutherischen darin einig gingen, daß sie die kaiserlich-habsburgische Machtvergrößerung fürchteten, die so leicht mit einem kaiserlich-altgläubigen Siege verbunden sein konnte.

Es ist in diesem Zusammenhang bemerkenswert, daß es den Habsburgern nie gelang, sich im Reich eine feste, sichere Gruppe von Anhängern, sozusagen eine Partei aufzubauen. Das hing sicherlich mit ihrem dynastischen Hochmut in Sachen Heiratspolitik zusammen. Maximilian hatte zwar noch seine Schwester Kunigunde mit Albrecht von Bayern verheiratet, folgte aber möglichst dem distanzschaffenden Grundsatz, „ausländische" Heiratspolitik zu treiben und ebensolche von anderen deutschen Fürsten zu verhindern. Sein Enkel Karl wurde hierin noch feiner. Gerade gegenüber Bayern fällt diese Haltung und Wirkung auf.

Die Größe von Karls Wirkungsbereich ermöglichte sein Vorgehen als „Vogt" der Kirche oder der Christenheit ebensosehr wie er durch dessen Heterogenität immer wieder paralysiert wurde. Nicht daß sich jeweils *alle* Hindernisse gleichzeitig bemerkbar machten, aber es waren doch so viele, daß es mit irgendeiner Hemmung eigentlich immer „funktionierte". Jedenfalls war das so bis zum Schmalkaldischen Krieg, – aber auch dann, nach Karls Sieg bei Mühlberg 1547, brachte es immerhin der Papst fertig, sich querzulegen, und als er später als Verzögerer wieder ausfiel, erhoben sich die deutschen Fürsten gegen die „spanische Servitut".

Diese Lähmungen allein erklären allerdings nicht völlig Karls Scheitern gegenüber der deutschen Kirchenspaltung. Es kommt die große Vorsicht und Langsamkeit von Karls Regierungsweise hinzu. Er antwortete auf die Überfülle seiner Aufgaben nicht durch schnelle Betriebsamkeit, hastige Effizienz wie sein Großvater Maximilian, sondern durch Hinauszögern, durch Versuche, erst einmal „suaviter" vorzugehen, die Dinge sich entwickeln zu lassen, – die Sache „auszusitzen", könnte man sagen, wenn Karl nicht dabei so viel herumgereist wäre. Bei aller Bereitschaft, die Möglichkeiten seines ungewöhnlichen Wirkungsbereiches wahrzunehmen, ihn in all seiner Heterogenität zusammenwirken zu lassen, und bei aller Hartnäckigkeit und Eigensinnigkeit des Zielefesthaltens ging er so vorsichtig vor. Zur Hartnäckigkeit äußerte er sich selber einmal gegenüber Contarini: „Ich bestehe von Natur hartnäckig auf meinen Meinungen." Contarini erwiderte höflich: „Sire, auf guten Meinungen bestehen, ist nicht Hartnäckigkeit, sondern Festigkeit." Karl erwiderte ihm darauf in seiner entwaffnenden selbstkritischen Art: „Ich bestehe zuweilen auch auf schlechten."[97]

Hinsichtlich der Langsamkeit wurden ihm immer wieder Vorwürfe gemacht. Etwa von der Ritterversammlung des Goldenen Vlieses im Dezember 1531. Der Kanzler verkündete damals als Meinung des Ordens, der Kaiser sei in den Geschäften zu langsam, er kümmere sich um zu viele Kleinigkeiten und vernachlässige das Wichtigste. Der Kaiser antwortete freundlich, seine Langsamkeit habe ihm bisher immer nur Vorteile gebracht.[98]

Man wird soviel sagen können: einerseits durch diese geduldige, abwartende – oft natürlich abwarten müssende – Politik Karls V., aber andererseits, auf Seiten der reformwilligen deutschen Fürsten, auch durch deren von Luther gelernte Berufung auf Gewissen und Verantwortung – sosehr das mit Landesinteressen verbunden war – ist das hohe geistige Niveau der Auseinandersetzung erreicht worden. Und ist wohl auch die – für die damalige Zeit und für die Brisanz der Gegensätze – erstaunlich weitgehend unblutige Art der Auseinandersetzung erreicht worden. Das gilt natürlich nicht für den Bauernkrieg und die Ritterrevolten, aber, von den Kämpfen gegen Täufer abgesehen, für die Zeit zwischen 1525 und dem Schmalkaldischen Krieg 1546/47, und auch danach wieder.

Genug dieser allgemeineren Betrachtungen. Wir haben uns nun damit zu beschäftigen, was in Deutschland zwischen 1521 und 1530, also während Karls Abwesenheit passierte.

Deutsche Unruhen und Reichstage ohne den Kaiser

Es ging in den ersten Jahren, bis 1525, noch weit mehr drunter und drüber als 1520/21 in Kastilien und Valencia. Ein ungewöhnlich starker „Prozeß gesamtgesellschaftlicher Destabilisierung" (Lutz) fand statt.[99] Da waren die Wittenberger Unruhen, dann die Versuche der Reichsritter, vor allem Sickingens, durch Säkularisierung geistlicher Fürstentümer mit der Reichsreform zu beginnen. Und da war der Bauernkrieg. All dies wurde verhältnismäßig schnell „befriedet", die Ordnung wurde ohne kaiserlichen Eingriff wiederhergestellt –: wie in Spanien. Nur daß der Kaiser in Deutschland auch danach nicht auftrat und damit keine Stabilisierung erreichte wie in der siebenjährigen Tätigkeit in Spanien.

Tätig war in seiner Abwesenheit das Reichsregiment. Es saß bis 1524 in Nürnberg. Ferdinand als kaiserlicher Statthalter, selber vertretbar durch „seinen" Statthalter Pfalzgraf Friedrich, und 22 Mitglieder gehörten dazu. Jeder Kurfürst sollte ein Vierteljahr persönlich zum Dienst in Nürnberg sein, was immer zu entsprechendem Meinungswechsel des Regiments in Religionssachen führte. Die Tätigkeit der fürstlichen Räte in Rechtsvereinheitlichungsfragen setzte ein, auch in der Wirtschaftspolitik, hier vor allem beim Reichsgrenzzoll und bei der Politik gegen die Monopolien. Aber das Wormser Edikt erwies sich als nicht durchführbar. Als während der Wittenberger Unruhen Luther im März 1522 von der Wartburg kam, um einzugreifen, erklärte Hans von der Planitz: er, Luther, sei kein Ketzer, Klosteraustritte und Laienkelch seien auch nicht Ketzereien; würde man Luther entfernen, so würden sich Nachahmer erheben, aber ohne seinen Geist. (Dieser Hinweis auf die „Nachahmer" richtete sich gegen Karlstadt, Müntzer und die Zwickauer Propheten.)

Auf den drei Nürnberger Reichstagen 1522–24 wurde die abnehmende Machtstellung des Regiments deutlich: „Während das Regiment 1522 und 1522/23 den Reichstag leitete, wurde es im Frühjahr 1524 zum Objekt der Verhandlungen degradiert."[100] Die Städtebank war so empört über die gegen ihren Willen 1522/23 beschlossene Monopolgesetzgebung und Reichszollordnung, daß sie Hilfe beim fernen Kaiser suchte. Parallel zu dem Vertreter des Regiments, der den Kaiser um Zustimmung zu den Reichstagsbeschlüssen ersuchen sollte, reiste eine Gesandtschaft mit Vertretern der vier großen Fernhandelsstädte Augsburg, Nürnberg, Straßburg und Metz nach Valladolid, und Karl kam im eigenen Interesse ihren Wünschen entgegen.[101] Aber auch bei den Fürsten stieg der Widerstand gegen die Regimentsräte. Hatten sie ursprünglich das Regiment selber gewünscht, so sahen sie nun ihre Interessen dort nicht mehr vertreten, als die Räte den Schwäbischen Bund, Trier, Würzburg und den Pfalzgrafen am Vorgehen gegen die Reichsritter zu hindern suchten. Das führte 1524 zur völligen personellen Neubesetzung des Regiments und zur Verminderung seiner Kompetenzen. Schon hier zeichnet sich ab, daß diese Institution niemals die entscheidende Instanz, das „maßgebende Forum des Reichs" werden konnte.[102] Es bestand zwar noch bis 1530, hatte aber in so brisanten Fragen wie den Religionssachen oder der Türkenabwehr nichts mehr zu melden. Ferdinand war als Statthalter des Kaisers unabhängig davon. Das „maßgebende Forum des Reichs" blieb weiterhin eindeutig der Reichstag. Für den Kaiser war das zwar unbequem und er suchte ihn durch politische Einzelabsprachen zu schwächen, aber er lernte mit der Zeit, ihn voll anzuerkennen und mit ihm zu arbeiten.

Religionssachen, kirchliche Reformfragen konnte und wollte aber der Reichstag eigentlich nicht selbst regeln. Hier tauchen schon 1522/24 die Namen der Gremien auf, zwischen denen die Probleme in den nächsten Jahrzehnten virtuell hin- und hergeschoben werden sollten – allgemeines Konzil, Nationalkonzil, Nationalversammlung –, um dann 1555 doch beim Reichstag zu landen. Im November 1522 wünschte der zweite Nürnberger Reichstag ein „freies christliches Konzil", im Februar 1524 der dritte ein Nationalkonzil vor einem allgemeinen, das dann nach dem Einspruch des päpstlichen Legaten durch eine „gemeine Versammlung Teutscher Nation" ersetzt werden sollte, also durch so etwas ähnliches wie einen Reichstag.[103] Im November desselben Jahres sollte sie tätig werden, aber das verbot Karl V. im Juli durch ein Mandat aus Burgos. So waren oder blieben diese kirchlichen Reformprobleme eine Sache der einzelnen Reichsstände in ihren Territorien.

Aber auch die Unterdrückungen der Ritter und der Bauern waren viel mehr eine Sache der betroffenen Fürsten als des Reichsregiments oder gar des Kaisers.

Eigentlich war das nicht sein „Wirkungsbereich", wenn sich auch manchmal die Bauern auf ihn beriefen. Sein Bruder Ferdinand war nicht als kaiserlicher Statthalter damit befaßt,sondern als Graf von Tirol, als welcher er allerdings besonders lange durch die dortigen Bauernunruhen belastet wurde (sie waren mit Angriffen gegen seine „fremdländischen", also spanischen und niederländischen Berater verknüpft).

Trotz der großen langfristigen Bedeutung des Bauernkrieges für die deutsche Geschichte kann auf diese Unruhen in unserem Rahmen nicht ausführlich eingegangen werden. Nur soviel: Man kann diesen Bauernkrieg verstehen als Teil, als sichtbarsten Teil einer großen allgemeinen Volksbewegung im Zuge des lutherischen Anstoßes und der Enttäuschung gegenüber der ausgebliebenen allgemeinen Reform und gegenüber dem fremden, wieder abgereisten Kaiser. Eine solche Bewegung war da, vor allem in den Städten. Aber beim niederen Adel und bei den Bauern kam noch etwas spezifisches hinzu. Hier formierte sich der Aufstand starker Schichten, die im Zuge der neuen deutschen, vor allem für Territorialfürsten und Städte blühenden Entwicklung schlecht wegzukommen drohten. Deutlich gegen die Machtsteigerung von Fürsten und Städten richtete sich der Reichsritterstand, vor allem Franz von Sickingen, und so artikulierte es ihm Hutten. Der reichsfreie ebenso wie der landsässige Adel fühlte sich nach Wegfall seiner besonderen militärischen Aufgaben wirtschaftlich-sozial und rechtlich immer mehr eingeschränkt von der Gerichts- und Verwaltungserweiterung des Fürstentums und seiner Kanzleien. Man könnte etwa vergleichen: Was in den westlichen Staaten dem Hochadel passierte, durch das Vordringen zentralistischer Bestrebungen der Könige, das passierte hier den Rittern gegenüber dem Territorialfürstentum. Die besondere Komponente des Kaisers oder des fehlenden Kaisers ist aber auch nicht zu übersehen: Schon Maximilian hatte versucht, den niederen Adel an sich zu binden, als Gegengewicht gegen die Fürsten. Er plante ritterschaftliche Organisationen. Dieses kaiserliche Interesse war aber von den Rittern nicht klar erwidert worden, sie hatten es mehr dazu benutzt, um zwischen Kaiser und Landesfürsten hinund herzupendeln. Erst jetzt unter Karl V. fühlten sie sich schwächer: der Kaiser war weit weg und die Territorialstrukturen wurden fester. Seit den 1530er Jahren wird man dann eine entsprechende Adelspolitik Karls und vor allem Ferdinands finden. In der kritischen Zeit davor fanden die Aufstände besonders der fränkischen und der schwäbischen Ritter statt. Der rheinische Adel geriet unter den Einfluß des kriegerischen Sickingen. Dieser wehrte sich im italienischen Condottiere-Stil und natürlich auch im Luther-Stil gegen „Rom", genauer gesagt: gegen das geistliche Fürstentum Trier. Das Reichsregiment konnte gegen dergleichen nur papierene Proteste ausstoßen, und mehr konnte es andererseits auch nicht gegen den Schwäbischen Bund tun, der die fränkischen und schwäbischen Ritter vernichtete.

Weit wichtiger waren die Bauernaufstände, die eine viel längere Tradition hatten, nun aber eine Neuartikulierung in der lutherischen Reformation fanden. Denn die plötzliche, kurzzeitige Ausweitung für ein Vierteljahr 1525 über fast ganz Oberdeutschland bis Thüringen und Sachsen ist zweifellos nicht nur durch das Bevölkerungswachstum zu erklären, sondern auf Reformationshoffnungen zurückzuführen. Es waren allerdings meistens konservative Hoffnungen, Berufungen auf alte Vorrechte (Allmende, Wald-, Weide- und Wasserrechte) gegen die Einführung neuer Rechte, die die landesherrlichen, kleinadligen oder bürgerlichen Grundherren mit römisch-rechtlich geschulten Beamten unternahmen. Denn diese waren eigentlich die Neuerer.

Man verlangte bäuerlicherseits überall die politische und wirtschaftliche Entmachtung des Klerus. Es war ein Verlangen nach innerdörflicher Autonomie, nach Erweiterung der Selbstverwaltung gegen die Vorrechte von Adel und Geistlichkeit, ähnlich wie auch in den Städten. Autonome Gemeinden sollten direkt der landesherrlichen Gewalt gegenüberstehen – als *dem* anderen politischen Faktor. Ein landständisches Regiment sollte zusammen mit dem Landesherrn Politik führen. Oder auch an seiner Stelle, –wie man in gewisser Parallele zum Reichsregiment verlangte. Es gab auch Vereinigungsvorstellungen nach Art der schweizerischen Eidgenossenschaft. Insgesamt handelte es sich um partikulare Aufstände oder solche gegen einen Territorialstaat, nicht gegen das Reich.

In den südlichen Oberrheinlanden, in Oberschwaben und den Alpenländern ging es besonders radikal zu. Die Stühlinger Bauern erklärten schon 1524, ihr Ziel sei, „daß sie ihren herrn nit mer gehorsam sein wollten und kein herren haben dann den kayser und ihm sein Tribut geben, und daß er ihnen nichts einreden solt. Sie wollten alle schlösser und klöster und was den Namen hat geistlich, zerstören".[104] Auch die Markgräfler redeten 1525 ähnlich. Man kann also von der Idee einer „bäuerlichen Reichsunmittelbarkeit" sprechen. Alle obrigkeitlichen Gewalten sollten eliminiert werden, mit Ausnahme der des Kaisers. Das bedeutete nicht den Wunsch nach einem stärkeren Reich oder den Wunsch, einen nationalen Staat von unten her aufzubauen (wie es von Historikern in der Zeit des Nationalsozialismus und auch später in der DDR gern gedeutet wurde). Die Bauern wollten nicht die kaiserliche Macht steigern. Man redete immer nur von der „obersten Gewalt": ähnlich hatte man früher von „Kaiser und Papst" geredet, während man jetzt den Papst wegließ. Der Kaiser war aber sehr unpersönlich. So finden wir es bei den Bauernschaften zu Heilbronn, bei den Württembergern, aber darüberhinaus doch nur selten. Alle Formeln waren eher Zeichen für die Undeutlichkeit des Kaisers. Er bildete keine Gegenfigur gegen die Landesfürsten.

Diese, besonders Philipp von Hessen, besiegten die Bauern, – altgläubige ebenso wie lutherische Fürsten. Sie waren überhaupt die eigentlichen Sieger. „So widersinnig es klingt", stellt Günther Franz fest:„erst der Bauernkrieg gab den Fürsten den Weg frei, um den alten Ständestaat zu überwinden und den modernen absoluten Territorialstaat aufzurichten.., der den Ritter ebenso wie den Bürger und den Bauern zu Untertanen des einen Herren machte."[105] Das bedeutete eine politische Unterdrückung, nicht eigentlich eine durchgreifende rechtliche und wirtschaftliche Veränderung für die deutschen Bauern.

1525 waren die „Sturmjahre" der Reformation zu Ende. Soweit sie eine allgemeine Volksbewegung war, beruhigte und vereinzelte sie sich. Um so mehr suchten die Stände nun nach rechtlichen Sicherungen für die Kirchenreformen. Es waren nun die Fürsten, die reformierten. Beispielsweise 1525 der Hochmeister Albrecht von Brandenburg, der den Deutschen Orden auflöste und Herzog von Preußen wurde. 1526 reformierte Philipp von Hessen. Und so andere. Außerdem taten es die Städte.

1526 fand der Reichstag zu Speyer statt. Karl V. konnte nicht kommen. Ferdinand beschleunigte diesen Reichstag wegen des Türkeneinfalls in Ungarn. Es war nur ein Kompromiß und ein Provisorium möglich – wie dann noch öfter. Mit der Konzilsidee kam man nicht weiter, darum wurde wiederum eine „National-Versammlung" vorgeschlagen. Das Wort klingt sehr revolutionär, und es war auch etwas Neues. Man erklärte, die Wirren im Reich könnten am besten vermieden werden „durch ein frey gemein general oder zum wenigsten nacional versammlung aller stende teutscher nacion", wenn der Kaiser ein „gemein frey concilium" nicht in angemessener Zeit erreichen könnte. „Ein gemeine versammlung Teutscher nacion..., darin bedacht, erwegen und beratschlagt werden soll, wie es hinfur bis zur anstellung eines gemeinen conciliums gehalten" werden solle.[106] Es blieb aber wieder beim Vorschlag. Man fand den Kompromiß: bis zu einem (General)Konzil in spätestens anderthalb Jahren wollten die Stände „mit ihren Untertanen also leben, regieren und sich halten, wie ein jeder solches gegen Gott und kaiserliche Majestät hoffe und vertraue zu verantworten".[107] Deutlich wurde also hier die Gewissensverantwortung formuliert, jedenfalls eine Verantwortung auf der Grundlage des Gewissens für die Zwischenzeit, als Übergangslösung. Tatsächlich bekam das aber eine größere Bedeutung. Es wurde der Ausgangspunkt für die Entfaltung des landesherrlichen Kirchenregiments in Deutschland.

Weitgehend war das den Türken zu verdanken. Am 9. Juli 1526 war Sultan Süleyman mit seinem Heer in Belgrad eingerückt, – in 77 Tagen war es von Istanbul dorthin gelangt. Ludwig II. zog ihm mit seinen Ungarn entgegen und erlitt am 29. August in der nur zweistündigen Schlacht bei Mohács eine katastrophale, folgenreiche Niederlage. Tausende von Fußsoldaten und Reitern, Hunderte Adlige, sieben Bischöfe und beide Oberbefehlshaber fielen, der König selbst geriet auf der Flucht in sumpfiges Gelände und ertrank in seiner schweren Rüstung. Ferdinand konnte nicht mehr helfen, aber der Erbfall trat für ihn ein, da Ludwig und Maria kinderlos waren. Die böhmischen Stände machten zwar das Recht der freien Königswahl geltend, jedoch sie wählten ihn Ende Oktober. In Ungarn war es viel schwieriger. Die Stände waren gespalten, eine Partei wählte Johan Zápolya, den Woiwoden von Siebenbürgen; am 11. November wurde er in Stuhlweißenburg gekrönt. Die Gegenpartei wählte am 17. Dezember Ferdinand zum König von Ungarn; als solcher bekämpfte er 1527 Zápolya politisch und militärisch, wurde zwar nicht mit ihm fertig, konnte sich aber doch seinerseits im August 1527 in Buda krönen lassen. So hatte der Erzherzog und spanische Infant an Macht und Rang gegenüber dem kaiserlichen Bruder stark zugelegt, hatte aber mit Ungarn vor allem das osmanische Problem geerbt.

Für die Reformierten – um darauf zurückzulenken – bedeuteten diese großen Veränderungen wieder eine Atempause. Sie begannen nun aber konfessionelle Bündnisse zu schließen und dabei Überlegungen über den Widerstand gegen eine rechtmäßige Obrigkeit, also gegen den Kaiser, anzustellen. Für Luther blieb er auch dann rechtmäßiger Oberherr, wenn er die Evangelischen verfolgen sollte. Andere dachten aber anders. Es gab Spaltungen vor allem durch die Zwinglianer.

Ein neuer Reichstag kam zunächst nicht zustande. Im Mai 1527 war der Kaiser von den Ständen und vom Regiment darum gebeten worden, hatte auch für Ende des Jahres eine Einberufung nach Regensburg zugesagt, anscheinend sogar mit einer gewissen Aufgeschlossenheit für eine Nationalversammlung, hatte sie dann auf März 1528 verschoben und plötzlich, erst Anfang Februar, mit einem Mandat aus Burgos ganz abgesagt, ohne Angabe von Gründen. Vermutlich versprach er sich von Einzelverhandlungen mit den Fürsten durch Gesandte mehr, nicht in der Religionsfrage, aber für militärische Hilfe und für seine Absicht, nun Propaganda für die Wahl Ferdinands zum römischen König zu machen.[108]

Erst im März 1529 fand wieder ein Reichstag statt, in Speyer, aber ohne den Kaiser. Ferdinand, enttäuscht über die fehlende Unterstützung durch Karl, leitete als Statthalter, hielt zunächst eine große Rede über die wiederum drohende Türkengefahr und hob dann den Abschied von 1526 auf. Er war damals strenger gegen die Lutheraner als sein Bruder und versuchte, diese gefährliche Ausbreitung von „Häresie", gegen die weder von kaiserlicher noch von päpstlicher Seite wirklich etwas getan wurde, nun doch zu bremsen. Im August 1528 hatte er an Karl geschrieben, das Luthertum habe „in allen Reichsstädten so zugenommen, daß die Türken unserem Glauben näherstehen als diese Deutschen"; die Achtung vor dem Kaisertum sinke.

Von Seiten eines Lutheraners in Speyer im April 1529 sah es so aus: „Schrecklich ist der Krieg dieser drei Götter: des Heilands, des römischen Abgottes und Mahomets."[109]

Ferdinand bestand darauf, daß weitere Neuerungen unterbleiben sollten. Das Wormser Edikt sollte wieder voll in Kraft treten. Er erreichte das durch einen Mehrheitsbeschluß. Darauf wandten sich sechs lutherische Fürsten, unterstützt von vierzehn reformierten Städten, gegen Mehrheitsbeschlüsse in Fragen „von Gottes Ehre und jeder Seele Heil". Es war ein feierlicher Protest, eine Appellation an den Kaiser, an ein künftiges Konzil oder eine entsprechende Zusammenkunft der deutschen Nation. Durch diesen Protest wurden sie zu „Protestanten". Es kam zur klaren Trennung der konfessionellen Gruppen, zu einem „Riß in der Reichsverfassung" (Fuchs), der bleiben sollte.[110]

Confessio und Confutatio in Augsburg 1530

Jetzt erst kam Karl V. nach Deutschland zurück, zum Reichstag in Augsburg im Juni 1530. Nicht mehr blaß, jünglinghaft und unerfahren, sondern als bärtiger, selbstsicherer Herr, auf der guten Basis von Spanien, erfolgreich gegenüber Frankreich und versöhnt mit dem Papst, der ihn im Februar 1530 unter gewaltiger Prachtentfaltung in Bologna gekrönt hatte.

Zu diesem seinem ersten Besuch in Italien war er schon im August 1529, von Barcelona kommend, eingetroffen. Seit Dezember hielt er sich in Bologna, der zweiten Hauptstadt des Kirchenstaats, auf und hatte wochenlange Gespräche mit Clemens VII., sicherlich weniger über Gott als über die Welt. Weder in Kastilien noch in Aragon war er als entsprechender König gekrönt worden, aber hier erhielt er nun am 22. Februar für Italien die Eiserne Krone der Lombardei, die eigens feierlich von Monza nach Bologna gebracht worden war, und an seinem 30. Geburtstag, dem 24. Februar (zugleich dem Jahrestag des Sieges von Pavia), setzte ihm der Papst die Kaiserkrone aufs Haupt.[111] Zweifellos ist das von Karl als ein Höhepunkt seines Lebens empfunden worden. Es sollte übrigens die letzte Kaiserkrönung durch einen Papst sein (denn bei Napoleon I. 1804 war der Heilige Vater nur anwesend). Sie fand ungewöhnlicherweise außerhalb Roms statt, auf Wunsch Karls, der längst dringend in Deutschland erwartet wurde.

Ferdinand hatte schon 1529 sehnlich auf ihn und seine Hilfe gegen die Türken gehofft, die im Juli wieder Belgrad, Anfang September Buda erreicht hatten und von Ende September bis 14. Oktober Wien belagerten. Erst als der Sultan die Belagerung abgebrochen hatte, erfuhr Ferdinand überhaupt von ihr, denn er war gerade in Prag und versuchte, Hilfe vom böhmischen Landtag zu bekommen. Trotzdem wuchs in Deutschland sein Ansehen angesichts dieser erfolgreichen Abwendung der türkischen Gefahr. Er trat dem kaiserlichen Bruder 1530 in gestärkter, wenn auch immer noch gefährdeter Position gegenüber.

Von ihrer Wiederbegegnung am 3. Mai 1530, die sie selber denkwürdig fanden, hören wir fünfzig Jahre später etwas. 1580 stieß Michel de Montaigne, wie er in seinem Reisetagebuch vermerkte, auf dem Wege von Innsbruck nach Sterzing auf eine „an einem Felsen angebrachte Bronzetafel von reicher Arbeit mit einer lateinischen Inschrift, die besagte, daß Kaiser Karl V. auf der Rückkehr von Spanien und Italien, wo er zum Kaiser gekrönt worden war, und sein Bruder Ferdinand, König von Ungarn und Böhmen, auf der Rückkehr aus Pannonien, sich hier nach achtjähriger Trennung im Jahre 1530 getroffen hatten, und daß Ferdinand diese Gedächtnistafel hatte anbringen lassen, auf der die beiden Brüder einander umarmend dargestellt sind".[112] Der eigentliche Grund für Ferdinands Erinnerungszeichen lag sicherlich in seiner Dankbarkeit dafür, daß sich Karl nun endlich für seine Wahl zum römischen König einsetzte. Er hatte ihn immer wieder daran erinnert, aber Karl hatte das nicht vor seiner eigenen Kaiserkrönung tun wollen. Diese war nun geschehen. Ferdinand hatte aber inzwischen ein neues Hindernis fürchten müssen: den 1527 geborenen ersten Sohn Karls. Von da an war er ja nicht mehr, wie vorher, Gesamterbe seines Bruders. Nun stellte sich also das Problem, ob nach Karls Ableben sein Wirkungsbereich endgültig geteilt und damit seinem Sohn die Möglichkeit verbaut werden sollte, Kaiser zu werden.[113] Karl blieb dabei, was er Ferdinand versprochen hatte, und dieser konnte dafür dankbar sein; und war daran interessiert, diese brüderliche Zusammenarbeit überall bekannt zu machen. Das Problem sollte aber später (nach 1547) noch einmal virulent werden.

In den Maiwochen in Innsbruck drängte sich vieles zusammen. Der alte Großkanzler Gattinara, der den Kaiser auf der Italienreise begleitet hatte, starb hier und sollte durch keinen Nachfolger ersetzt werden. Ein englischer Gesandter kam wegen der leidigen Scheidungsfrage Heinrichs VIII., Karls Schwager Christian wegen des ihm verlorengegangenen dänischen Königreiches, Karls Schwester Maria, die verwitwete Königin von Ungarn, um ihn nach 16 Jahren wiederzusehen. Hier in der erneuerten Verbindung zwischen Karl, Ferdinand und Maria wurde der Anfang oder jedenfalls eine entschiedene Verbesserung des politischen Systems gefunden, mit dem der Kaiser in den nächsten zwei, drei Jahrzehnten seinen so heterogenen Wirkungsbereich einigermaßen zusammenhängend und aufeinander bezogen regieren konnte. Das geschah mit vorzüglichen Ratgebern, mit einer ergebenen Klientel, vor allem aber mit den so loyalen Familienmitgliedern, die sich für Statthalterschaften und Regentschaften einspannen und durch ununterbrochene

Denkmal zur Wiederbegegnung Karls V. mit seinem Bruder Ferdinand I. am 3. Mai 1530.
Es stand auf der Paßhöhe der Brennerstraße in der Nähe der Ortschaft Gries. Bis hierher war Ferdinand, von Innsbruck aus, seinem Bruder entgegengekommen (wie aus der Inschrift zu entnehmen), den er acht Jahre nicht gesehen hatte. Karl V. kam von der Kaiserkrönung in Bologna und war auf dem Weg zum Reichstag in Augsburg. Zur Erinnerung ließ Ferdinand dieses Bronzerelief durch den Landrichter zu Steinach errichten. Seit 1783 ist es verschwunden und wurde durch eine Marmortafel mit derselben Inschrift ersetzt. Abbildung nach: M. Herrgott: Monumenta Augustae Domus Austriacae, Bd. III/1, Freiburg 1760, Tafel 49.

Korrespondenz von ihm bestimmen ließen. Darum sorgte Karl für die Rangerhöhung Ferdinands im nächsten Jahr und bat Maria nach dem Tode der Statthalterin Margarete im Dezember 1530, ihre Nachfolgerin in den Niederlanden zu werden.

Unter diesen verbesserten Voraussetzungen zog der Kaiser zum Reichstag. Der feierliche Einzug in Augsburg ist ausführlich beschrieben worden. Kurfürsten und Fürsten holten ihn ab und ritten dann mit dem kaiserlichen Hofgesinde, dem päpstlichen Legaten und den Erzbischöfen vor ihm her: „Darnach ist Kei. Mai. allein unter dem himel, den die des Radts zu Augspurg getragen, auff einem weissen Polnischen hengst mit guldem zeug bekleidet, ynn einem gulden spanischen wapen rock und auff seinem heubt ein klein spanisch hütlein gezogen."[114]

An seine Frau Isabella in Spanien schrieb er: „In Augsburg traf ich am Vorabend von Fronleichnam ein, von den Kurfürsten, Fürsten und Gesandten feierlich empfangen. Am folgenden Tage fand die Prozession statt, die schon einige Jahre unterblieben war. Ich ging mit, in meiner gewohnten Art. Und obwohl einige Lutheraner nicht zur Prozession kamen, wurde ich doch von vielen begleitet, den es gibt deren, die im Glauben feststehen, bei weitem mehr als von den anderen. Man hat auch schon begonnen mit der Glaubenssache, um diese Ketzerei mit der Wurzel auszureißen. Was hier in der Stadt am meisten Schaden anrichtete, waren die Predikanten der lutherischen Fürsten. Deshalb ist unter allgemeiner Zustimmung bekanntgemacht, daß bei Strafe nur die von mir bestimmten Prediger reden dürfen. Das war ein guter Anfang. Die Eröffnung des Reichstages erfolgte am 20. Juni und die Proposition enthielt drei Punkte. Der erste und wichtigste betraf den Glauben; der zweite die Türkennot und Ungarn; der dritte die Regierung von Deutschland. Ich hoffe zu Gott, daß alles in seinem Sinne vollbracht wird."[115]

Wie man sieht, betreffen die drei Propositionen die drei „Hauptkomplexe": die Türken, die Reformation und die Verfassung. Karls Ziel war, Unterstützung gegen die Türken zu bekommen; dafür erhoffte er eine deutsche Glaubenseinheit. Und außerdem sollte Ferdinand römischer König werden; das wollte er durch die Stände sichern. Er suchte also die innere Einheit durch Lenkung, um nicht zu sagen Ablenkung nach außen zu erreichen. Denn es war nicht ganz eindeutig, wieweit die Türkenfrage eine „Reichssache" war. Ungarn lag außerhalb der Reichsgrenze, und es war unsicher, wieweit die Türken wirklich über Ungarn hinauswollten. Manche Historiker, wie Elton, sind der Meinung, daß sie es gar nicht wollten; sie hätten nur Einfälle unternommen, nicht Eroberungskriege, denn die eigentliche Expansion sei damals in Richtung Syrien und Ägypten gegangen. Das konnte aber Karl nicht so sehen. Er und Ferdinand brauchten Unterstützung an Geld und Leuten; darauf hatte Karl schon vorher in Spanien gedrängt. Nicht zuletzt deswegen, wegen der dort ansässigen Finanzleute, ist dieser Reichstag in Augsburg veranstaltet worden. „In allen Beratungen dachte der Kaiser zuallererst an den Sultan, während die Lutheraner an das Evangelium und die katholischen Fürsten an die Habsburger Macht dachten", meint Elton. So ganz sicher ist das im Falle von Karl nicht. Wolfgang Reinhard stellt die folgende politische Prioritätenliste für Karl V. auf: 1. Friede mit Frankreich; 2. Ordnung Italiens, Arrangement mit dem Papst; 3. Königswahl Ferdinands (wobei Rücksicht auf die Kurfürsten, auf die „Regierung von Deutschland" genommen werden mußte); 4. Türkenhilfe; 5. Glaubensfrage. Bei Ferdinand hätten nur die Punkte 3 bis 5 eine Rolle gespielt.[116]

Wie dem auch sei, für beide waren die Lutheraner nicht die Hauptsache. Mit Härte gegen sie vorzugehen, wäre schon deshalb politisch unklug gewesen. Darin waren sich alle Gegner der Protestanten einig: der Kaiser wegen der Probleme Ferdinands und der Türken, die Kurie wegen ihrer Furcht vor einem Konzil. Heinrich Lutz geht noch weiter: Karl habe an eine deutsche einheitliche Nationalkirche gedacht, etwa so, wie sie in Spanien bestand, wo sie durch staatskirchlichen Eingriff und zunächst auch humanistischen Reformismus erneuert worden war.[117]

Jedenfalls ist deutlich, daß Karl, im Gegensatz zu den anfänglichen, vom Speyerer Reichstag 1529 geprägten Vorstellungen Ferdinands, die Glaubenseinheit nicht mit Gewalt herstellen wollte. Es gab große Vorüberlegungen über den einzuschlagenden Weg. Manche Räte rieten, Güte und Gewalt zu vereinen, und zwar — sehr kennzeichnend — in der Weise, daß Theologen und Fürsten durch Gaben und gute Worte gewonnen werden sollten, gegenüber dem niederen Volk aber Gewalt angewandt werden müßte: „Diese allein heilte den Aufstand Spaniens gegen seinen König; sie wird es auch sein, die Deutschlands Untreue gegen Gott heilen wird."[118]

Karl wird etwa auch so gedacht haben. (Das ist gegen Lutz anzunehmen, der ihn zu sehr kirchenpolitisch gemäßigt oder gar fortschrittlich sieht.) Man kann an all diesen Vorüberlegungen sehen, was es für die Reformation bedeutete, daß die Fürsten hart blieben.

Im übrigen wollte Karl am liebsten ein Konzil, und zwar ein Universalkonzil. Schon 1524 hatte er an den Papst geschrieben: „Da die Deutschen bitten, es in Deutschland zu halten, so könnte seine Heiligkeit Trient dafür wählen, das sie für eine deutsche Stadt halten, obwohl es eigentlich schon Italien ist." Grundsätzlich war Karl meistens gegen ein Nationalkonzil. 1528 schrieb er an Ferdinand: „Je mehr die deutsche Nation unter sich ist, um so mehr wird sie zu Irrtümern neigen."[119]

Aber jedenfalls gegenüber den Ständen auf dem Reichstag wollte Karl „suaviter" sein. Dafür ein Beispiel: Als er in Augsburg lutherische Predigten verboten hatte und der alte Markgraf Georg von Brandenburg-Ansbach daraufhin empört zu ihm sagte: „Ehe ich wolle meinen Gott und sein Evangelium verleugnen, ehe wollt ich hie vor Ew. Kaiserl. Majestät niederknien und mir den Kopf abhauen lassen!", erwiderte Karl erschrocken in seinem gebrochenen Deutsch: „Nicht Kopf abhauen, nicht Kopf ab!"[120]

Man kann diese Haltung des Kaisers erasmisch nennen, humanistisch, sie enthielt die entsprechenden Gesichtspunkte der moderatio, der caritas. Sie war aber deutlicher von politischen Sachzwängen abhängig als von einer persönlichen Nähe zu diesem großen Gelehrten, den er nie zu Gesprächen oder Vermittlungen einlud. Das fällt bei diesem Reichstag besonders auf, da viele, und zwar die verschiedensten Teilnehmer den damals in Freiburg wohnenden Erasmus brieflich um Rat fragten: Melanchthon ebenso wie Vertreter der altgläubigen Stände, Angehörige des kaiserlichen Hofes und der päpstliche Legat.[121] In seinem Geiste wollte man zu einer Einigung kommen. Man veranstaltete eine theologische Diskussion, an der sich der Kaiser beteiligte. Die Protestanten legten die von Melanchthon verfaßte Augsburger Konfession vor, abweichend davon die Städte Straßburg, Lindau, Konstanz, Memmingen die „Tetrapolitana", die von Zwingli beeinflußt und im allgemeinen von Bucer verfaßt war; Zwingli legte noch ein eigenes Bekenntnis vor. Am wichtigsten war aber eben die Augsburger Konfession. Sie war ebenfalls auf Ausgleich und Gemeinsamkeit mit der allgemeinen Kirche der Väterzeit ausgerichtet und gleichzeitig gegen Täufer und Sakramentierer. Joseph Lortz hat es als eine Tatsache von unermeßlicher Bedeutung bezeichnet, daß dieses die berühmteste Bekenntnisschrift der Protestanten wurde, also nicht ein Text von Luther, sondern eine den Ausgleich versuchende, vom Humanismus bestimmte, die Streitfragen möglichst abschwächende Schrift.[122] Luther hielt sich zwar in der Nähe auf, auf der Feste Coburg, damit Melanchthon die Reformation nicht unter Preis verkaufte, er schwankte aber auch im Zwiespalt zwischen Hoffnung auf den Kaiser und Skepsis.

Als die so ausgleichsbemühte Confessio von den Katholiken durch ihre Confutatio widerlegt worden war – auch hier sorgte Karl für Milderung, ging aber von seiner Schiedsrichterrolle ab, indem er sie in *seinem* Namen vorlegen ließ –, glaubte er, nun müßten die Protestanten sich als überwunden betrachten. Das taten die aber nicht.

Karls zweiter Lösungsversuch war, ein Reformkonzil binnen Jahresfrist zu versprechen – er schrieb darüber einen flehentlichen Brief an den Papst – und bis dahin zur alten Ordnung zurückzukehren. Auch das wurde abgelehnt, und zwar unter Berufung auf das Gewissen. Was den Kaiser besonders aufbrachte. Bei den Verhandlungen über den Reichsabschied ließ er sagen, er und die Reichsstände sähen nicht, „auf welches Evangelium sie sich stützten, wenn sie fremdes Gut raubten, gegen den Willen der Eigentümer behielten und auf deren Forderung nach Rückerstattung zur Antwort gäben, das sei eine Gewissensfrage". Außerdem könne er sich „nicht genug wundern und empören, daß sie sich *allein* ‚evangelisch‘ nenneten, gleich als seien so viele christliche Kaiser, Könige, Kurfürsten und Fürsten, ja ihre eigenen Vorfahren vom Evangelium abgewichen, seien sie allein rechtgläubig und katholisch, der Kaiser und die Fürsten aber Abtrünnige vom Glauben". Er sei „ihr Souverän und unmittelbarer Herr, dazu Vogt der ganzen Christenheit. Auch ihm erschiene nach seinem Gewissen geboten, zur Erhaltung seiner Ehre und Hoheit bei dem alten und durch langen Brauch geheiligten christlichen Glauben zu verharren; auch er habe ein Seelenheil und eine *noch* größere Verantwortung vor Gott als sie, die Stände. Ihm stehe es nicht an, in Grundfragen des Glaubens weiter entgegenzukommen oder ihre eigenwilligen Neuerungen zu billigen."[123]

Am Ende seines Lebens, in Yuste, als sich Karl Vorwürfe machte, Luther und die Lutheraner zu milde behandelt zu haben, soll er (nach Sandoval) den Mönchen gesagt haben: „Es ist sehr gefährlich, mit diesen Ketzern umzugehen, denn sie besitzen so lebhafte und durchdachte Argumente, daß sie einen nur allzu leicht verwirren. Folglich wollte ich die Beweisführung ihrer Sekte niemals anhören."[124] Tatsächlich hat er sie angehört und mit ihnen diskutiert, aber die spätere Behauptung gibt vielleicht einen Hinweis darauf, daß es ihm nicht immer leicht fiel, seinen katholischen Standpunkt durchzuhalten; es gehörte viel schroffes Verantwortungsbewußtsein dazu.

Trotz aller Bemühungen gab es also einen dissonanten Abschluß. Der Reichsabschied wurde im Sinne der alten Ordnung bei Aussicht auf ein Konzil verfaßt, obwohl sich der Papst darüber nur verschwommen ausgedrückt hatte, es wurde

Karl V. und Ferdinand I. auf dem Reichstag zu Augsburg 1530. Zwei Gemälde von Jan Cornelisz Vermeyen, dem Hofmaler Margaretes in den Niederlanden, in deren Auftrag er nach Augsburg gereist war. Die Darstellungen wirken sehr sprechend für die Verhandlungsbemühungen auf diesem Reichstag. Ob der Kaiser dem Maler neu „gesessen" hat, ist aber etwas zweifelhaft, denn Vermeyen war zwischen 1526/29 nach Spanien geschickt worden und hatte dort außer Isabella auch Karl schon gemalt, und zwar sehr ähnlich, nur mit längerem Haar, wie er es damals noch getragen hatte. Später, 1535, hat Vermeyen den Kaiser nach Tunis begleitet und die Entwürfe für die Gobelins über diesen Kriegszug geschaffen. Das Gemälde von Karl ist in Brüssel (Sammlung Delporte), das von Ferdinand in München (Oberfinanzdirektion).

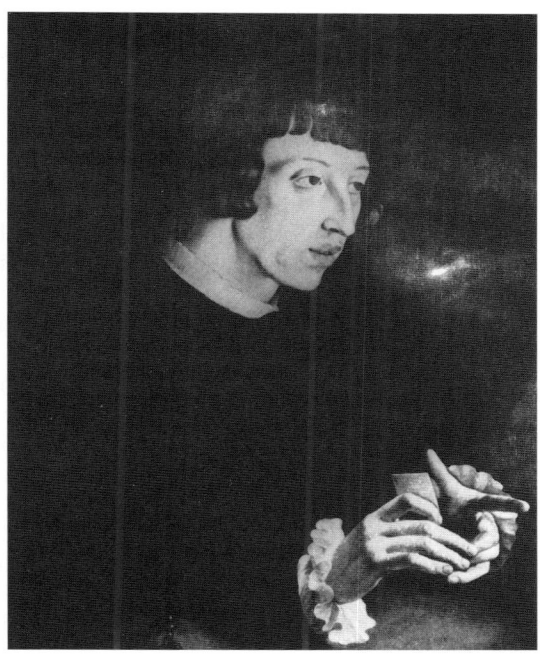

111

Wiederherstellung des Kirchengutes gefordert; den Protestanten wurde ein halbes Jahr Gelegenheit gegeben, beizugeben. Diesen Abschied nahmen die Protestanten nicht an. Sie verließen den Reichstag. Damit waren die Stände endgültig in Konfessionsparteien gespalten.

Aber trotz aller Drohungen geschah den Protestanten nichts. Karl hatte auch Ärger mit den katholischen Ständen, die plötzlich weiterverhandeln und vor allem nichts für den Türkenkrieg beisteuern wollten. Obendrein bildete sich eine reichsständische Oppositionsfront gegen die Wahl Ferdinands zum römischen König. Pfalz und Bayern verfolgten ein wittelbachisches Gegenwahlprojekt. Bayern arbeitete da sogar mit Hessen und Sachsen zusammen, aber diese entwickelten keinen eigenen Vorschlag, und aus der ganzen Sache wurde nichts.

Karl und Ferdinand betrieben die Wahl mit guten Worten, Versprechungen und hohem finanziellen Einsatz, so daß am 5. Januar 1531 Ferdinand in Köln mit den Stimmen von fünf Kurfürsten zum römischen König gewählt wurde, − allen außer der sächsischen und der eigenen als böhmischer König. Damit war seine Statthalterschaft in der Zeit von Karls Abwesenheit verbunden, wie bisher, während vom Reichsregiment gar keine Rede mehr war. Auch die Nachfolge Ferdinands als Kaiser und damit die Nachfolge eines nicht mehr mit Burgund und Spanien verbundenen, eines nicht mehr universalen Kaisertums war damit vorprogrammiert.

Besonders sinnreich (und noch heute zu sehen) ist damals in Freiburg, der Hauptstadt des habsburgischen Breisgaus, die Herrschaft der beiden Brüder veranschaulicht worden. Schon Maximilian, der dort 1498 einen Reichstag veranstaltet hatte, stiftete 1512 dem Münster drei Chorfenster und widmete die beiden äußeren seinen Enkeln: Karl, damals „König von Kastilien, Leon und Granada", und Ferdinand, Erzherzog von Österreich. 1526−29 wurden weitere Fenster im Chorumgang geschaffen: Maximilian, knieend vor seinem Patron, dem heiligen Georg, Philipp der Schöne vor Andreas, dem Schutzpatron Burgunds, daneben die beiden lebenden Herrscher: Karl V. vor Jakob, dem Schutzpatron Spaniens, und Ferdinand vor Leopold, dem von Österreich. Und 1530/32 schuf Hans Sixt von Staufen für das Kaufhaus gegenüber vom Münster die Standbilder derselben vier Habsburger, − etwas grob und nicht sehr portraitähnlich, darum selten abgebildet, aber doch ein gutes Stück historischer Erinnerung.[125]

Vom Schmalkaldischen Bund 1531 zum Schmalkaldischen Krieg 1546/47

Im Februar 1531 gründeten die Protestanten zum gegenseitigen Schutz den Schmalkaldischen Bund von acht Fürsten und elf Städten. Sie wollten einander beistehen, wenn einer „aufgrund des Wortes Gottes und der Lehre des Evangeliums" angegriffen werde. Sie erkannten ein Widerstandsrecht gegen den Kaiser an.

Karl schildert selber die Situation und seine Haltung zu den Protestanten im Juni 1531 in einem Brief aus Gent an seine Frau Isabella: „Erlauchte und großmächtige Kaiserin! Ich verschob die Pläne für dieses Jahr, weil ich betreffs des Konzils auf eine gute Entscheidung hoffte, denn das Wohl der Christenheit hängt davon ab. Aber die Schwierigkeiten von seiten des Papstes und des allerchristlichen Königs (also Frankreichs) dauern an und bedeuten eine große Gefahr; denn in Deutschland wird es durch den Aufschub des Konzils nur immer ärger. Das steigert die Türkengefahr, so daß ich erwog, mich mit den Lutheranern zu vergleichen, um Schlimmeres zu verhüten und noch dieses Jahr heimzukehren...“[126]

Die Heimkehr fand erst später statt, denn der Kaiser nahm am Regensburger Reichstag (April bis Juli 1532) teil, hielt sich dabei allerdings wochenlang zur Kur in Bad Abbach auf (Granvelle mußte alle zwei Tage zur Berichterstattung und zu allen anderen Regierungsgeschäften hinreiten). Auf diesem Reichstag zierten sich die Katholiken bei der Türkenhilfe, darum wendete sich der Kaiser an die Protestanten, und zwar außerhalb des Reichstages, in Einzelverhandlungen. Gegen ein mündliches kaiserliches Versprechen, das praktisch die Aufhebung des Augsburger Abschieds bedeutete, waren diese bereit, Männer und Geld für den Türkenkrieg zu liefern. Im „Nürnberger Anstand“ bekamen die protestantischen Territorien Toleranz bis zum Generalkonzil. „Wir haben einen frommen Kaiser“, sagte Luther damals, der in diesem Zugeständnis, in dieser möglichst heimlichen Nachgiebigkeit Karls ein Gotteszeichen für die Richtigkeit des reformatorischen Weges sah, „er hat einen Keil im Herzen, es hab' ihn ihm dreingesteckt, wer da will. Er ist fromm und still. Ich halt, er rede in einem Jahr so viel als ich an einem Tag.“[127] So sah es Luther. Realiter war es wieder der drohende Sultan, der den Protestanten geholfen hatte − und der sich dann auch noch zurückzog, als der Kaiser eine gewaltige europäische Armee im September/Oktober 1532 in Wien zusammenbrachte. Die große Schlacht fiel darum aus, Karl wandte sich darauf wieder anderen Geschäften zu − eine neue Annäherung des Papstes an Frankreich fand statt, er mußte auch wieder nach Spanien −, erst neun Jahre später (1541) war er wieder in Deutschland, beim Reichstag in Regensburg.

Wie wenig hatte man bisher hinsichtlich einer einheitlichen Kirchenreform erreicht! Die Protestanten waren an einem Konzil und an einer Verständigung mit der altgläubigen Mehrheit nicht interessiert. Der Kaiser wollte (wie Lutz vermutet) eine Nationalkirche nach spanisch-erasmischem Muster und bekam sie nicht. Es blieb die deutsche Bischofskirche, die altertümlichste und reformwidrigste: ihr mußte sich Karl beugen, er mußte dem Druck der altgläubigen Stände nachgeben. Das war im Grunde für ihn das Ergebnis des Augsburger Reichstages.[128] Daß er nachgab und damit auch der päpstlichen Autorität half, betonte ein Mann wie Aleander um 1533: „Wenn wir in diesen sehr bösen Zeiten als Kaiser einen Friedrich Barbarossa, einen Ludwig von Bayern oder einen Heinrich IV. o.ä. hätten, dann besäßen wir schon entweder wenig oder nichts mehr von einem großen Teil der Christenheit!“[129] (Aleander bezog dabei ein, daß damals dem Papst England und Dänemark schon verlorengegangen waren.)

Auf lange mußte nun Karl das Reich wieder dem König Ferdinand überlassen. Und der hatte den politisch erstarkenden Protestantismus sich gegenüber, während seine Unterstützung durch altkirchliche Fürsten, namentlich durch Bayern, schwach war, denn sie wollten kein allzu mächtiges habsburgisches Kaisertum.

Die geschwächte Position der Habsburger wurde 1534 deutlich, als ihnen Protestanten mit französischer Hilfe Württemberg wieder entrissen. Die Franzosen bekamen das württembergische Mömpelgard verpfändet, als Preis für ihre Hilfe bei der Zurückführung des Herzogs Ulrich in sein Herzogtum. Ulrich war kirchlich und politisch eng mit dem Landgrafen von Hessen verbunden. Kaiser und König konnten gegen diesen schweren Verlust nichts tun. Sie resignierten gegenüber dieser lutherischen Enklave zwischen den österreichischen und alemannischen habsburgischen Besitzungen. Den Bayern war das nicht unlieb.

Sie resignierten, aber vergessen hat das Karl den Protestanten in seiner langsamen Art nicht. Allmählich kannte er die verschiedenartigen Hindernisse seiner deutschen Politik und konnte mit viel Geduld versuchen, sie zu seinen Gunsten aufeinander abzustimmen. Es ist schwer zu sagen, wieweit in der Entwicklung bis zur gewaltmäßigen Auseinandersetzung mit den lutherischen Fürsten 1546/47 ein langfristiger Plan seitens des Kaisers vermutet werden kann; wenn, dann hatte er wohl nur einen sehr groben Plan, bei dem er kurzzeitige Vorteile, überraschende Gelegenheiten (und ebensolche Nachteile und Widerstände) einbauen können mußte. Eine gewisse staatsmännische Strategie ist aber in seinem Vorgehen durchaus zu erkennen.

1541 fand in seiner Anwesenheit wieder ein Reichstag in Regensburg statt, also nach langer Pause; anders als in den zwanziger Jahren vermied Ferdinand, dergleichen ohne ihn durchzuführen. Karl kam nun nicht wie 1530 als europäisch erfolgreicher Kaiser, sondern gewissermaßen als Kreuzzugssieger, nach dem Erfolg von Tunis – also als Vollbringer eines Sieges gegen die Ungläubigen, wie es seinem Ideal entsprach. Er kam nicht prunkvoll wie nach Augsburg 1530, sondern in Schwarz, wie stets seit dem Tode Isabellas. Er hatte außerdem die brutale Bestrafung Gents hinter sich. Sein Ziel war wieder einmal Türkenhilfe, die in der Zwischenzeit (1532–40) nicht nötig gewesen war. Jetzt, 1540, war Zápolya gestorben, Ferdinand wollte sich nun sein Ungarn erobern, und die Türken wandten sich dagegen: sie besetzten Buda und Pest, und der Sultan wollte die Regentschaft für Zápolyas gerade geborenes Söhnchen übernehmen. Wie man hieran sieht, ist es eigentlich weniger so, daß bei den Reichstagen Kaiser und König immer zufällig in türkischer Bedrängnis waren und die Protestanten deshalb Chancen bei ihnen hatten, sondern eher umgekehrt: bei der Türkengefahr brauchte die Habsburger Geld und hofften auf innerchristliche Einigungsbereitschaft. Das Ziel war verquickt mit der Gegnerschaft des französischen Königs. Er spielte mit den Türken zusammen, und der Kaiser konnte hoffen, hierdurch die deutschen Protestanten von den Franzosen zu trennen.

Karl ging weltlich-politischer in dieses „Spiel" als früher, aber er knüpfte doch wieder dort an, wo er in Augsburg aufgehört hatte: bei theologischen Diskussionen und Unionsbemühungen. Das wurde schon vor dem Reichstag angefangen. Juni/Juli 1540 fand unter dem Vorsitz König Ferdinands das Hagenauer Religionsgespräch zwischen Bucer, Osiander, Calvin einerseits, Cochläus und Eck andererseits statt. Im November 1540 kam es in Worms wiederum zu einem wochenlangen Religionsgespräch. Granvelle nahm teil. Auch dann in Regensburg, während des Reichstages, wurde einen Monat lang auf diesem Gebiet diskutiert. Hier versuchte Contarini zu vermitteln. Der Kaiser selbst lernte Bucer kennen. Er sprach den Fürsten gut zu, sagte etwa zu den sächsischen Räten: „Man breche wohl ein altes Haus ab, wovon doch die Steine und anderes zum Wiederaufbau eines neuen dienlich seien und keineswegs zu verachten. Wenn also Mißbräuche eingerissen seien und deshalb das Ganze angefochten werde, so dürfe man doch das einzelne darüber nicht geringschätzen."[130] Er sprach auch davon, gegebenenfalls ohne römische Kurie eine Reform durchführen zu wollen. Es wurde ein „Regensburger Buch" der Theologen zusammengestellt und den Ständen übergeben. Beide Konfessionen lehnten es ab, Luther und der Papst dann auch.

Längst hatte aber der Kaiser diplomatische Fäden gesponnen. Er vermochte die Schmalkaldische Front der protestantischen Fürsten zu schwächen, und zwar durch Übereinkunft mit einem der fähigsten und politischsten Fürsten in dieser Front, nämlich Philipp von Hessen. Das war aber dessen eigene Schuld. Seine Eheschwierigkeiten waren zu einem großen Problem angeschwollen. Philipp konnte seine Frau nicht ertragen, aber nicht ohne Frauen leben. Dieser − nicht ganz seltene − Konflikt wurde bei ihm durch seine ernste lutherische Religiosität und entsprechende Gewissensskrupel verschärft. Er brauchte die Gnade Gottes, durch die Sakramente, die konnte er aber nicht bekommen, weil er im Ehebruch, also im Sündenstand befindlich war. Er wünschte den Konflikt zu lösen, indem er noch einmal heiratete. Eine Scheidung war nicht möglich, aber man verwies ihn, getreu der vom Protestantismus empfohlenen Bibellektüre, auf das Alte Testament, wonach Bigamie möglich sei. Der Erzvater Jakob war ja mit Lea und mit Rachel verheiratet gewesen. Die Theologen gaben ihm deshalb Dispens, auch Luther, aber es sollte ganz geheim bleiben. Was natürlich nicht möglich war. 1540 wurde der große Skandal publik. Die katholische Welt war voller Schadenfreude. Melanchthon wollte „vor Scham sterben", Bucer war sehr verwirrt, Luther berief sich auf das Beichtgeheimnis und empfahl dem Landgrafen, tapfer zu lügen und abzuleugnen. Was die Sache nur schlimmer machte. Bigamie wurde − seit der beim Reichstag von 1532 verabschiedeten „Peinlichen Gerichtsordnung Kaiser Karls V. und des heiligen Römischen Reiches" (der „Carolina") − „peinlich gestraft".[131] Das nutzte Karl V. diplomatisch aus. Es kam zu tiefgeheimen Verhandlungen zwischen den beiden in Regensburg. Philipp bot an, dem Kaiser militärisch zu helfen, aber nicht gegen Deutsche; er versprach, kein Bündnis mit einer auswärtigen Macht einzugehen (das bezog sich vor allem auf Frankreich) und alle möglichen kaiserlichen Ansprüche zu unterstützen. Dafür erteilte der Kaiser hinsichtlich der Bigamie und der politischen Opposition Verzeihung; er versprach, Philipp wegen religiöser Fragen nicht zu „überziehen", es sei denn, es gäbe Glaubenskrieg gegen alle Protestanten.

Das bedeutete eine enorme politische und moralische Schwächung der Protestanten, zumal sie so undeutlich und geheim war. In Regensburg war das aber auch der einzige Erfolg Karls in diesem Jahre 1541. Ansonsten kam es nur noch zu einer gewissen Annäherung an andere, jüngere protestantische Fürsten, und zwar durch Granvelle; es war die politischere zweite Generation, es war besonders Moritz von Sachsen. Später sollte sich das auswirken, aber zunächst kam es zu einem enttäuschenden Scheitern des ganzen Reichstages, der überstürzt abgeschlossen wurde.

Und kaum war der Kaiser fort, kam es zu einer weiteren Expansion der Protestanten: 1542 wandte sich der Schmalkaldische Bund gegen Herzog Heinrich II. von Braunschweig-Wolfenbüttel, und zwar zum Schutz der Städte Goslar und Braunschweig, die der Herzog wegen ihrer reformerischen Tätigkeit (vor allem wegen der Klösteraufhebung) entmachten wollte. Luther schrieb in diesem Zusammenhang seine Flugschrift „Wider Hans Worst". Der Herzog floh, Wolfenbüttel wurde erobert. Damit war der letzte, fähigste, besonders hartnäckige Altgläubige in Norddeutschland vertrieben. Später, 1545, als Heinrich das Land zurückerobern wollte, wurde er von Philipp von Hessen besiegt (was eigentlich nicht ganz im Sinne seiner geheimen Verhandlungen mit dem Kaiser war) und gefangengenommen. Außerdem begann auch noch 1542 Hermann von Wied, der Erzbischof von Köln, mit reformatorischen Maßnahmen, indem er mit Hilfe Bucers und Melanchthons evangelische Ordnungen einzuführen suchte.

Dies waren aber Scheinerfolge. Der Kaiser behielt die deutschen Probleme im Blick, bei allen Umwegen. Zunächst versuchte er, anstatt Ferdinand bei dessen ungarischen Kämpfen zu helfen, anderswo eine neue Kreuzrittertat zu vollbringen, in Algier, die ihm peinlicherweise mißlang. An den nächsten Reichstagen von Speyer 1542 und Nürnberg 1542 und 1543 nahm er nicht teil, versicherte seinem Bruder aber, wenn dort genügend Türkenhilfe gewährt würde, käme er persönlich auch zur Hilfe. Dann entschuldigte er sich mit Hinweis auf die französischen Kriegsabsichten.[132] Tatsächlich hatte er bei seinen neuen militärischen Vorbereitungen längst Frankreich im Visier, aber nicht nur Frankreich.

Im Mai 1543 verließ er Spanien zum letzten Mal als regierender König und richtete sich auf eine lange Tätigkeit gegen Frankreich und in Deutschland ein. Erfolgreich kämpfte er gegen den Herzog von Cleve, mit dem er einen langen Streit wegen Geldern hatte. Philipp und der Schmalkaldische Bund halfen diesem protestantischen Kollegen nicht. Der Herzog mußte Geldern dem Kaiser überlassen und 1543 in seinen Erbländern die Reformation rückgängig machen. Gleichzeitig wurde dann auch die reformatorische Entwicklung in Köln gestoppt. Also, wie Karl hier erstmals deutlich erfuhr, mit Gewalt ging es gegen die Reformation. Er fixierte das später in seinen Memoiren: „Diese Erfahrung öffnete dem Kaiser die Augen und erleuchtete seinen Sinn darüber, daß es nicht nur nicht unmöglich, sondern im Gegenteil sehr leicht sei, einen solchen Übermut mit Gewalt zu bändigen, wenn es nur unter den rechten Umständen und mit den gehörigen Mitteln geschieht."[133]

Beim Reichstag von Speyer 1544 ging Karl nun also politisch viel zielbewußter vor. Aber zunächst keineswegs gegen die Protestanten. Er brauchte sie, er wollte ihre Hilfe gegen Franzosen und Türken haben. Im Winter 1543/44 ankerte eine türkische Flotte in Toulon, es kam also zu französisch-türkischem und päpstlichem Zusammengehen. Mit innerer Bereitschaft, zur Union mit den Protestanten zu kommen, war es bei Karl nach den Enttäuschungen von Augsburg und Regensburg sicherlich aus, aber politisch war er sehr freundlich zu ihnen. Vor allem mit Moritz von Sachsen kam er gut überein. In religiösen Fragen ging er ihm und den anderen mehr entgegen als früher, während er gleichzeitig gegenüber der Kurie — die ihm in der Konzilsfrage nie entgegengekommen war — scharfe Töne anschlug. Er sagte dem Legaten etwa: was habe ich alles für Seine Heiligkeit getan — „und nun muß ich es erleben, daß der Stellvertreter Christi sich dem Könige von Frankreich oder vielmehr dem Türken anschließt!"[134] Er drohte, er werde auf dem Reichstag die Reform der Kirche selber in die Hand nehmen. Die Protestanten freuten sich über diese Neuigkeit, also dieses „Bündnis von Papst, Franzosen und

Türken wider den Kaiser" (wie Luther es nannte). Sie stimmten der Türkenhilfe und der Unterstützung gegen Frankreich überraschend zu, allerdings unter der Voraussetzung von Zusicherungen in bezug auf „Friede und Recht". Der Kaiser gab solche Zusicherungen, er sprach von „beiden Religionen", die friedlich nebeneinander leben sollten, d. h. (dies war immer die Einschränkung) bis zum Konzil. Da Karl dieses Entgegenkommen gegen die altkirchlichen Stände nicht durchsetzen konnte, wurde es in den Reichsabschied nicht als Beschluß der Reichsstände aufgenommen, sondern „aus kaiserlicher Machtvollkommenheit". Dieser Reichstag von Speyer 1544 war hiermit, wie Tyler mit Recht sagt, der erfolgreichste Reichstag des Kaisers.[135] Er brachte ihm auch prompt ein Tadelsbreve des Papstes ein, in dem er gewarnt wurde, „gottlosen" kaiserlichen Vorgängern wie Nero, Demitian, Heinrich IV. und Friedrich II. zu folgen. Die Kurie war zutiefst entrüstet über diese Pläne eines Nationalkonzils, diese Preisgabe der Kirchengüter und dergleichen. Karl reagierte nicht darauf, das taten für ihn Luther und Calvin!

Durch diese Politik erreichte der Kaiser, was er wollte: Die Unterstützung des französischen Krieges, den er nun erfolgreich durchführte. Aber nach seinem Sieg machte er einen Geheimvertrag mit Franz I., in dem dieser ihm versprechen mußte, zur Organisierung eines Konzils und zur Rückführung der Protestanten in die Kirche beizutragen.

Auch die Kurie veränderte nun schnell ihre Politik. Im November 1544 wurde – endlich – eine Kirchenversammlung festgelegt. Sie sollte in Trient im Mai 1545 eröffnet werden. Das geschah dann zwar nicht so schnell, aber der Papst drängte nun auf einen Krieg gegen die Ketzer; er war zu beträchtlichen Hilfstruppen und Hilfsgeldern bereit (vor allem mit Hilfe der Kirchensteuern der Niederlande). Zu all diesem war er natürlich nur bereit, um dann vielleicht doch des problematischen Konzils überhoben zu sein, denn wenn man die Ketzer militärisch bekämpfte – wer wollte dann noch auf die so unerwünschten Reformen drängen? Mitte Dezember 1545 wurde tatsächlich das Konzil in Trient eröffnet, wenn es auch zunächst mager besucht wurde und vor allem wenige Deutsche dort waren. Protestanten waren überhaupt nicht da. Immerhin – Karl hatte, was er seit Jahrzehnten wünschte, und er hatte, wie man in Rom fand, nun keinen Grund mehr, die Protestanten zu schonen.

Was er aber auch nicht vorhatte.

Im April 1546 kam er von den Niederlanden nach Regensburg zum Reichstag. Wie man annehmen muß: zum Kriege entschlossen. Viele Stände erschienen gar nicht. Die Protestanten versuchten sich zu schützen, und sie rüsteten. Der Kaiser war mehr mit Diplomatie beschäftigt, er verständigte sich mit Bayern und mit dem Papst. Ansonsten herrschte eine gereizte Stimmung wegen der vielen Warterei auf die Fürsten. Zur Entspannung gab es Feste und Lustbarkeiten. Hier hatte Barbara Blomberg ihren kurzen Auftritt als Maitresse des Kaisers. Juan d'Austria wurde gezeugt.

Im übrigen gibt ein Brief vom 9. Juni 1546 an die Schwester Maria genaue Auskunft über die Situation, wie sie Karl sah: „Meine Bemühungen unterwegs und das Kolloquium in Regensburg sind gescheitert. Die abgewichenen Kurfürsten und Fürsten haben beschlossen, nicht persönlich zum Reichstag zu kommen, sich vielmehr nach dem Reichstage zu erheben, um die geistlichen Fürsten zunichte zu machen und gegen den römischen König und mich vorzugehen. Wenn man also wartete, wäre alles verloren. So sahen wir, mein Bruder und der Herzog von Bayern, daß es nur noch die Gewalt gibt, sie zu vernünftigen Bedingungen zu zwingen. Die Zeit ist günstig, denn sie sind durch ihre Kriege und Rüstungen geschwächt; ihre Untertanen, zumal der Adel, sind unzufrieden; die Erregung über die Gefangennahme des Herzogs von Braunschweig und seines Sohnes ist allgemein; die Aufspaltung in verschiedene Konfessionen und die Hoffnung, einige Fürsten zur Unterwerfung unter das Konzil zu bewegen, wie Moritz und Albrecht (Alcibiades von Brandenburg), kommen dazu. Außerdem haben wir Aussicht auf die päpstliche Hilfe und auf eine Bewilligung von 800 000 Dukaten oder mehr. Schritten wir jetzt nicht ein, so stünden alle Stände Deutschlands in Gefahr, vom Glauben abzufallen, auch die Niederlande. Nachdem ich dieses alles erwogen und wieder erwogen hatte, entschloß ich mich, den Krieg gegen Hessen und Sachsen als Landfriedensbrecher an dem Herzoge von Braunschweig und seinem Lande zu beginnen. (Der Herzog war ja als kaiserlicher Parteigänger von den beiden vertrieben worden.) Und obwohl dieser Vorwand nicht lange darüber täuschen wird, daß es um die Religion geht, so dient er doch zunächst, die Abgewichenen zu trennen. Im weiteren Verlauf könnte man sehen, wie man alles begründet. Seid versichert, daß ich nichts leichtfertig unternehme, und wenn sie von außerhalb Deutschlands eingreifen wollten, so würden sie zu spät kommen, ich aber die Niederlande schützen." Dann gab Karl Anordnungen für die Mobilisierung der Niederlande. „Der Sold für... die Truppen kann bereits auf die halben Einkünfte der Kirche in den Niederlanden verrechnet werden. Da das Geld aus Spanien noch nicht eingetroffen ist, mögen zunächst 300 000 Gulden auf Wechsel gehen... Wahret das Geheimnis und verständigt mich von allem."[136]

Also der Krieg wurde formell eröffnet durch das kaiserliche Vorhaben, die Acht an den Landfriedensbrechern Hessen und Kursachsen zu vollstrecken, wegen ihres Überfalls auf Braunschweig. Tatsächlich war es nicht ein Krieg gegen „den" Protestantismus, sondern gegen den Schmalkaldischen Bund, der nicht alle umschloß, die mit Rom gebrochen hatten. Wenn dieser Bund vernichtet war, so glaubte Karl, würden sich die anderen Stände bald fügen und wäre der Protestantismus politisch-machtmäßig im Kern dahin.

Es war die größte militärische Auseinandersetzung, die Deutschland bis dahin überhaupt erlebt hatte. Das ist bemerkenswert im Vergleich zu den vorhergehenden häufigen militärischen Auseinandersetzungen in Italien, in Frankreich − während des Hundertjährigen Krieges − und auch in Spanien im Endstadium der Reconquista. Die Auseinandersetzung fing aber sehr schleppend an. Die Schmalkaldener waren zunächst überlegen, jedoch erwies sich ihre Bundes-Organisation für die Militärführung als schwerfällig. Der Feldhauptmann war an Mehrheitsbeschlüsse der Kriegsräte gebunden, und keiner wollte seine kostbaren Truppen ernsthaft aufs Spiel setzen. Beim Kaiser gab es eine klare Führung, die war er persönlich, so wie bisher bei keinem seiner europäischen Kriege; aber die Truppen mußten aus den Niederlanden, aus Italien und Spanien erst zusammengezogen werden. Es wurden insgesamt 65 000 Mann: darunter 20 000 Deutsche, 12 000 Italiener, 10 000 Niederländer, 10 000 spanische Fußsoldaten und 10 000 Reiter. Der Schmalkaldische Bund war überlegen, er brachte 80−90 000 Mann auf die Beine.

Die ganze militärische Aktion wurde, wie Gerhard Ritter sagt, nicht ein Feldzug „der Schlachten und raschen Entscheidungen, sondern der endlosen Marschmanöver und Verschanzungen. Die zögernd-bedachtsame Art Karls, vor allem aber die unendlich schwerfällige Methodik damaliger Kriegsführung mit riesigen Wagentrossen und unbehilflichen Geschützparks wirkten in derselben Richtung."[137]

Die Protestanten machten eine große und vor allem viel bessere propagandistische Vorbereitung. In den Flugschriften hieß es: „Kein Walch soll uns regieren, dazu auch kein Spaniol!" Bugenhagen verbreitete, der Papst und der Kaiser wollten alle Kinder von Protestanten ermorden. Der Kampf sollte nicht gegen den „Kaiser Karl" geführt werden, sondern gegen „Karl von Gent". Aber militärisch konnten die Protestanten die Vereinigung des kaiserlichen Heeres nicht verhindern. Sie konnten es immerhin im Sommer/Herbst 1546 von Hessen und Sachsen auf Süddeutschland abdrängen, so vorsichtig sie auch mit Bayern sein wollten. Die Folge war, daß sich die oberdeutschen protestantischen Stände durch Demütungen und Geldzahlungen die kaiserliche Gnade erkaufen mußten: also Kurpfalz, Württemberg, Ulm, Augsburg (das dank der Vermittlung von Anton Fugger glimpflicher davonkam), Frankfurt, Straßburg und andere Orte.

Der Herzog Moritz von Sachsen hatte zunächst noch gezögert. König Ferdinand, der mit ihm zusammen vorgehen wollte, riet seinem Bruder, ihm die Kurwürde zu versprechen. Das half. Beide fielen nun im November 1546 in Kursachsen ein. Der Kurfürst Johann Friedrich mußte mit seinen Truppen von der Donau in den Norden eilen. Treibend war bei Moritz, der darum als „Judas von Meißen" beschimpft wurde, ein innersächsischer Streit zwischen der albertinischen und ernestinischen Linie, der zu Luthers Zeit nie so weit gekommen war, – aber Luther war eben im Februar 1546 gestorben. Dieser Kampf in Sachsen erleichterte die kaiserliche Lage an der Donau. Dort siegte der Kaiser vollständig. Aber in Sachsen war die Lage schwierig. Moritz war durchaus nicht siegreich. Ferdinand geriet in schwere Auseinandersetzungen mit den böhmischen Ständen. Der Kaiser mußte an eine Verlagerung seiner Truppen in den Norden denken.

Es ist sehr charakteristisch für die päpstliche Haltung in diesem „Kreuzzugskrieg", bei dem die beiden Enkel des Papstes Pauls III. die päpstlichen Truppen anführten, daß diese Situation, die ja durchaus noch keine Kriegsentscheidung beinhaltete, bereits Grund genug für den Papst war, im Januar 1547 seine Truppen abzuberufen. Der Kaiser durfte nicht zu siegreich sein, er durfte nicht zu wenig Schwierigkeiten haben. Natürlich geschah das unter französischem Einfluß. Außerdem wurden Vorbereitungen gemacht, das Konzil von Trient nach Bologna zu verlegen, also in päpstliches Gebiet; diese Verlegung fand dann im März 1547 statt.

Als am 22. Januar 1547 durch ein päpstliches Breve und unter salbungsvollen Glückwünschen für die Erfolge des Kaisers die päpstlichen Truppen abberufen wurden, sagte Karl zu dem Nuntius: er merke wohl, daß der Papst ihn in diesen schweren Krieg hineingebracht habe, um ihn nun sitzen zu lassen. Karl wurde sogar unfein: er zitierte das italienische Sprichwort, jungen Leuten könne man die Franzosenkrankheit verzeihen, bei Greisen sei sie widerlich, und fügte noch hinzu, beim Papst sei es freilich anders, der leide schon von Jugend an darunter![138] Dann ging er lieber aus dem Zimmer. Es ist dies eines der seltenen Beispiele für fast unkontrollierte Wut dieses schweigsamen, schwerfällig formulierenden Mannes.

Der Abzug dieser Truppen wirkte sich auf den Kriegsverlauf nicht entscheidend aus, insofern war das päpstliche Vorgehen nicht unverantwortlich. Aber es war ein besonders helles Zeichen dafür, unter welchen Voraussetzungen der Kaiser als Vogt der Kirche tätig war.

Im April 1547 vereinigten sich die kaiserlichen Truppen mit denen von Ferdinand und Moritz bei Tirschenreuth vor dem Böhmerwald. Der Kurfürst Johann Friedrich überschritt die Elbe, um sicherer zu sein, er zog in Richtung Mühlberg (nördlich von Meißen), um von dort nach Wittenberg oder Magdeburg zu gehen. Das kaiserliche Heer folgte ihm auf dem südlichen Elbufer, zu einer Furt vor Mühlberg. Diese Furt wurde trotz Schiffsabwehr am 24. April 1547, an einem Sonntag, als der Kurfürst beim Gottesdienst war, im Nebel von spanischen und anderen Truppen überschritten. Rechts der Elbe kam es dann mehr zur Verfolgung als zu einem wirklichen „Treffen". Der Kurfürst wurde gefangen, der Herzog von Alba führte ihn vor den Kaiser. Als Johann Friedrich ihn „Allergnädigster Kaiser" anredete, unterbrach ihn Karl: „Ihr hättet uns besser längst dafür gehalten!"

Es war ein großer, auch persönlicher Sieg des Kaisers. Höchste antike Vergleiche wurden beschworen. Beim Übergang über die Elbe schreibt ein spanischer Chronist: „Jeder wurde an Caesar und seine denkwürdigen Worte beim Überschreiten des Rubicon erinnert, und gewiß konnte sich uns Anwesenden kein passenderer Vergleich darbieten." Stolz und demütig soll Karl Caesars (anderen) Ausspruch umformuliert haben: „Veni, vidi, Deus vixit!"[139]

In allen katholischen und kaisertreuen Ländern wurde er gefeiert. Im fernen Granada, für die Westfassade des immernoch im Bau befindlichen Palastes auf dem Alhambrahügel, wurde 1550 ein Relief des Kampfgetümmels mit dem Kaiser zu Pferde geschaffen: es sollte den in Mühlberg gegen die Ketzer siegreichen Kriegshelden verewigen, der damit und vorher durch die Einigung mit Franz I. in Crépy einen haltbaren europäischen Friedenszustand erreicht hatte. So wurde es jedenfalls in Südeuropa propagiert und gehofft, und darum konnte man in Granada die militärischen Reliefs an den Außenseiten mit Friedensallegorien am Hauptportal verbinden.[140]

Aber diese Darstellung geriet in Vergessenheit. Für die Nachwelt wurde Mühlberg eindrucksvoll und unvergeßlich festgehalten auf dem „gemalten Reiterdenkmal" von Tizian.[141] Der Kaiser sitzt dort in Rüstung auf einem entzückenden Rappen, der mit gleichsam burgundischer Eleganz tänzelt. Das geschieht vor einer romantisch schwermütigen Landschaft, ohne Andeutung eines Schlachtfeldes. Es ist gar keine Imponiergebärde des Siegers, in der Karl hier gemalt wurde, sondern eine ritterliche Haltung in großer Einsamkeit, Entschlossenheit, vielleicht sogar Trauer, daß so ein Sieg notwendig war. Wenn man will, mag man darüberhinaus die Sorge über die Folgen dieses Sieges in das Bild hineinlesen. Es wurde in Augsburg 1548/49 gemalt, wohin Tizian auf Wunsch des Kaisers gereist war. Karl hatte lange keinen eigenen Hofmaler, aber seitdem er 1530 in Mantua Gemälde von Tizian kennengelernt hatte und 1533 in Bologna den Künstler selbst, wollte er nur noch von ihm gemalt werden, beschenkte ihn mit Adelsbriefen und ernannte ihn zum Mitglied seines Hofes. Besser hätte er für sein eigenes Nachleben nicht sorgen können.

Tizian hat mit dem Reiterbild sicherlich das tiefere Wesen und Schicksal dieses Kaisers getroffen, aber er hat ihn idealisiert, wenn man damit Karls tatsächliche

Stimmung und Haltung nach dem Mühlberger Sieg vergleicht. Darauf deutet übrigens schon Tizians gleichzeitig gemaltes Bild des gefangenen dicken Kurfürsten von Sachsen. Gegen alles Reichsrecht sprach ein ad-hoc-Gerichtshof das Todesurteil gegen den Kurfürsten aus. Der Kaiser setzte die Vollstreckung aus, um die Sachsen von weiterer Kriegsführung abzubringen und zu Verhandlungen gefügig zu machen. Er erreichte damit, daß er Wittenberg nicht erobern mußte. Es kam zur Wittenberger Kapitulation im Mai 1547. Moritz erhielt die Kurwürde und die Kurlande. Johann Friedrich erkannte das an, aber er erkannte nicht künftige Konzilsbeschlüsse, sondern nur Reichstagsabschiede an, das heißt, er gab politisch, nicht religiös nach. Er blieb weiter in Gefangenschaft, sozusagen als Geisel für die Innehaltung der Unterwerfungsverträge. Was nicht nur die Protestanten verbitterte, sondern überhaupt von den Fürsten unehrenhaft gefunden wurde.

Zumal es Philipp von Hessen nicht anders ging. Auf Zureden von Moritz und von Joachim von Brandenburg (die mit ihm verwandt waren) kämpfte er nicht weiter, sondern unterwarf sich auf ganz unsichere Bedingungen hin im Juni 1547. Er wurde nicht begnadigt, sondern jahrelang gefangengehalten, lediglich unter der Versicherung, es sei nicht ein „ewiges Gefängnis"; es waren immerhin fünf Jahre in den Niederlanden.

Diese Demütigungen sind von den Protestanten außerordentlich schwer genommen, ja übertrieben worden. Im Vergleich zu dem, was sonst und später im 16. Jahrhundert in Religionskriegen geschah, ging es aber hier sehr gemäßigt zu. Mit Todesurteilen wurde nur gedroht, es gab keine Kriegsverwüstungen.

Die gefürchtete monarchische Reichsreform

Der Kaiser glaubte, nun machtmäßig eindeutige Voraussetzungen dafür zu haben, die Probleme auf dem nächsten Reichstag in seinem Sinne zu lösen. Das war der sogenannte Geharnischte Reichstag in Augsburg. Am 1. September 1547 wurde er eröffnet. Karl zog hin mit den gefangenen Häuptern des Schmalkaldischen Bundes. Er hatte nun nicht nur wie früher Franzosen und Ungläubige, sondern auch Ketzer besiegt. Während des Reichstages war er aber schwerkrank, er hatte Gichtanfälle und fiebrige Gelbsucht.

Neue Planungen zur Reichsverfassung, zur Kirchenreform und zur habsburgischen Erbverteilung standen an. Was zunächst die Verfassung betrifft, so wurde die Idee eines „Reichsbundes" lanciert. Das geschah schon vor Beginn des Reichstages. Es war der letzte Versuch einer monarchischen Reichsreform. „Bündisch" hieß sie im Sinne des Schwäbischen (oder auch des Schmalkaldischen) Bundes: gemeint war eine Landfriedensregelung auf der Grundlage gemeinsamer militärischer und finanzieller Macht, die nicht von dem so wirkungslosen Reichstag abhängig sein sollte. Der Reichsbund sollte also eine überständische Finanz- und Militärorganisation sein. Die Bezeichnung „Bund" sollte verdecken, daß er als eine vom Kaiser, also stark monarchisch geleitete Organisation gedacht war. Die Stände zögerten das wohlweislich schon vor dem Reichstag durch Gegenentwürfe hin; denn Karl bemühte sich seinerseits, vorher diesen Bund aufzurichten, für zwölf oder mehr Jahre, währenddessen alle Sondereinungen der Stände außer

Kraft treten sollten. Nach großen, vergeblichen Anfangsanstrengungen erlahmte Januar 1548 sein Interesse, krankheitsbedingt und weil nicht nur die deutschen Fürsten, sondern auch seine Schwester Maria und die niederländischen Räte Schwierigkeiten machten. Er hatte die gesamten burgundischen Erblande in den Bund hineinnehmen wollen, und demgegenüber wurde stattdessen im Burgundischen Vertrag vom 26. Juni 1548 gesichert, daß sie als neuer eigener Reichskreis mit ihren Sonderrechten deutlich vom übrigen Reich abgegrenzt waren. Und die Stände des Reichstages bewilligten anstelle des Bundes nur „Baugeld" für die Grenzbefestigungen gegen die Türken und einen „Vorrat", eine Geldreserve zur Verfügung des Kaisers für Notfälle.

Auch und gerade angesichts des erweiterten, gesteigerten Wirkungsbereiches des Kaisers funktionierten also die Hemmungs-Mechanismen. Gerade der siegreiche Kaiser schien sowieso schon zu viel befehlen zu können. Moritz von Sachsen schrieb ihm, halb feststellend, halb fürchtend: ratgeben nütze wenig, der Reichstag werde weniger durch Beratungen als vielmehr durch Befehle gekennzeichnet werden. Der Kurfürst Joachim von Brandenburg sprach von einer drohenden „Servitut" (das wurde dann überhaupt das Schlagwort der Fürsten). So sah es auch die Kirche. Madruzzo, der Kardinalbischof von Trient, nannte den Kaiser (in einem Brief an Alessandro Farnese) den „absoluten" Herrn Deutschlands, dessen Autorität im Reiche nicht geringer sei als die eines italienischen Tyrannen in seiner Stadt, − Grund genug bei solcher Übertreibung, ihm von der Kurie aus weiterhin Schwierigkeiten zu machen.[142]

Unter diesen Schwierigkeiten standen Karls kirchenpolitische Anordnungen und deren Durchführungen. Er nötigte allen, auch den evangelischen Fürsten, Versprechen ab, Gesandtschaften zum Konzil zu schicken und sich dessen Beschlüssen zu unterwerfen. Voraussetzung dafür war − und dafür wollte er sorgen −, daß das Konzil wieder in Trient tagte. (Stattdessen wurde es erst einmal in Bologna vom Papst beendet und sollte dann nach Rom verlegt werden!) Karl war sich darüber klar, daß mit einer entsprechenden Zwischenzeit zu rechnen war, er also wieder einmal über ein Provisorium verfügen mußte. Das war das sogenannte „Interim". Interim, also „einstweilen", wollte er, der Kaiser, die kirchlichen Verhältnisse in Deutschland selber regeln. Ohne Hilfe der Stände wurde durch eine deutsche und spanische Kommission ein Entwurf vorbereitet. Johannes Agricola, der protestantische Hoftheologe des Kurfürsten von Brandenburg, war dabei, außerdem der altgläubige Weihbischof von Mainz. In diesem Entwurf wurde die Gewalt der Bischöfe betont, kraft ihrer apostolischen Sukzession die Schrift auszulegen; nur Priesterehe und Laienkelch sollten den Protestanten bis zu den Beschlüssen des Konzils gewährt werden. Im allgemeinen wollte man also katholische Ritualien wiederherstellen; über die Rückgabe säkularisierter Güter wurde nichts gesagt.

Die katholischen Reichsstände verhielten sich ablehnend, faßten das Interim aber als für sie nicht verbindliche Sonderregelung für die Protestanten auf. Formell wurde es durch Aufnahme in den Reichstagsabschied vom 30. Juni 1548 gültiges Reichsgesetz. Gerhard Ritter hat es die „Aufrichtung einer kirchlichen Diktatur durch die immer noch halb geistlich verstandene Gewalt des Kaisertums" genannt.[143] In Deutschland war es der letzte Versuch, mit weltlichen Zwangsmitteln die Glaubenseinheit wiederherzustellen, – ein Versuch, bei dem es später auch stärkere, auch absolute Monarchien schwer hatten, durchzukommen. Das kann man etwa am Bürgerkrieg in Frankreich in der zweiten Hälfte des 16. Jahrhunderts sehen. Unter den deutschen Verhältnissen war er fast überhaupt nicht durchführbar.

Nur in den süddeutschen Reichsstädten und in Württemberg ließ sich das unter drohendem militärischem Druck durchsetzen. In den Städten durch Wiedereinführung der alten Geschlechterherrschaft gegen das Zunftregiment. Konstanz, Bischofsstadt und Reichsstadt, die sich längst gern der Eidgenossenschaft angeschlossen hätte, deren Bischof aber schon in den zwanziger Jahren Hilfe bei Karl gefunden hatte, verlor nun ihre Reichsstandschaft und wurde auf Ferdinands Wunsch österreichische Landstadt. Hunderte von Geistlichen, die Interimsgegner waren, wurden in Süddeutschland entlassen, aber es war zu wenig katholischer Ersatz da, auch zu wenig Einverständnis der Bevölkerung. Immerhin hat diese Zerstörung reichsstädtischer Freiheit Folgen gehabt. Zusammen mit der gleichzeitigen und späteren ungünstigen wirtschaftlichen Entwicklung in Süddeutschland führte sie zum Rückgang dieser Städte.

In Mittel- und Norddeutschland war das Interim nicht durchzuführen. Die Evangelischen spalteten sich in zwei verschiedene Abwehrhaltungen, eine gemäßigte und eine radikalere. Die Gemäßigten in Sachsen und Brandenburg taten so, als fügten sie sich dem Interim, aber in Kursachsen in der Weise, daß man mit Melanchthons Hilfe ein umformuliertes „Leipziger Interim" schuf; Melanchthon rückte dabei lautstark von Luther ab und behauptete, die Zwangsmaßnahmen beträfen untergeordnete Fragen, – während alle dafür sorgten, daß sie gar nicht durchgeführt wurden. Ebenso nur zum Schein wurde das Interim in Brandenburg eingeführt. Strikt und offen abgelehnt wurde es in den norddeutschen Städten Hamburg, Lübeck, Bremen, Braunschweig und Hannover. Zufluchtsort der offenen Interimsgegner wurde Magdeburg, „unseres Herrgotts Kanzlei".

Der Kaiser hatte also den Krieg gewonnen, aber nicht den Frieden. Er erschwerte sich eine dauerhaftere Ordnung auch durch seine neuen dynastischen Pläne, die eigentlich gerade darauf angelegt waren, die kaiserliche Herrschaft über Deutschland zu sichern. Dadurch brachte er außer Protestanten, Franzosen, Kurie und Türken auch noch seinen eigenen Bruder und dessen Sohn Maximilian gegen sich auf.

Karl hielt nämlich nun die reinliche Trennung der habsburgischen Erbmasse in einen österreichischen und einen burgundisch-spanischen Teil für zu sehr schwächend. Da er selber sah, wie nötig er die spanische Basis für seine Macht in Deutschland brauchte, konnte er sich leicht ausrechnen, ein wie schwacher Nachfolger sein Bruder Ferdinand als Kaiser mit seinem österreichischen, böhmischen und unsicheren ungarischen Rückhalt sein würde. Also überlegte er sich, während er sich selber in seiner körperlichen Verfassung nahe dem Tod glaubte, Verschränkungen des spanischen und deutschen Wirkungsbereiches. Sein Sohn Philipp sollte nicht immer nur als Regent in Spanien tätig sein, sondern auch in den Niederlanden und in Italien wirken. Ferdinands Sohn Maximilian sollte Karls Tochter Maria heiraten, und beide wurden im September 1548 nach ihrer Hochzeit und bei Abwesenheit Philipps zu Regenten in Spanien eingesetzt. Karls Plan für das

Kaisertum bestand nun darin, daß sein Nachfolger Ferdinand werden bzw. bleiben sollte, der ja schon römischer König war. Dieser sollte dann aber dafür sorgen, daß Philipp zum römischen König gewählt werde. Philipp sollte dann Kaiser werden und dafür sorgen, daß Maximilian zum römischen König gewählt werde. Dieser sollte erst dann, nach Philipp, Kaiser werden. Und so sollte es offenbar weiter im spanisch-österreichischen Reißverschlußverfahren gehen.

Das war nun entschieden anders als in den zwanziger Jahren abgemacht. Man nimmt an, daß Maximilian – möglicherweise auch schon Ferdinand – dem Kaiser zu nachgiebig gegenüber den Protestanten erschien. Die Sache führte zu dem eigentlich einzigen ernsten Familienzwist in der Zeit Karls V., zur tiefen und nie mehr ganz zurückgegangenen Entfremdung zwischen den Brüdern und zum dauernden Groll Maximilians. Ferdinand hatte nichts gegen die spanische Ausbildung seines Sohnes, er wehrte sich aber entschieden gegen den dazwischengebauten Nachfolger Philipp. Zumal außerdem Gerüchte herumschwirrten, nach denen Karl seinen Bruder Ferdinand überhaupt nicht zum Kaiser haben wollte: Rassow nimmt nicht ohne Grund an, daß dies tatsächlich anfangs Karls Intention war.[144]

Diese Probleme wurden vor allem nach dem Reichstag von Augsburg virulent, während sich Karl von September 1548 bis Mai 1550 in Brüssel aufhielt, wo er von seiner Schwester Maria in seinen Plänen voll unterstützt wurde. Die zermürbenden Auseinandersetzungen zogen sich aber noch länger hin. Sie kulminierten im Winter 1550/51 in Augsburg. Ferdinand verband sie mit den ständigen Beschwerden wegen der mangelnden Ungarnhilfe und mit seiner Abneigung gegen Philipps Position in Oberitalien. Im März 1551 wurde die Sache dann im Fuggerhaus familiär verbrieft, in der von Karl gewünschten Weise. Philipp übernahm die Beistandspflicht gegen alle Feinde und Rebellen auch in den österreichischen Erblanden, also auch zur Beilegung der Religionsstreitigkeiten. Zur Ausführung ist dieser Familienpakt, dieser Versuch Karls, seinen übergroßen Wirkungsbereich auf Dauer zu verschnüren, nicht gekommen. Vier Jahre später verzichtete Philipp.

Durch alles, was darüber durchsickerte, hat diese Nachfolgeregelung eine beträchtliche negative Wirkung auf die deutschen Fürsten ausgeübt. Sie führte nicht nur bei den evangelischen, sondern auch bei den katholischen zu steigendem Spanienhaß. Die „viehische spanische Servitut" wurde Schlagwort. Man hatte ja schon die spanischen Truppen des Kaisers im Land, was übrigens gegen die Wahlkapitulation von 1520 verstieß. Und man lernte 1550 auf einem Augsburger Reichstag Karls sehr zurückhaltenden und sehr spanischen Sohn Philipp kennen, der Ende 1548 in die Niederlande gekommen war. So bildete sich die Opposition der deutschen Fürsten, der Kampf für die Libertät gegen die Servitut. Wie man sieht: Karl hatte versucht, den politischen Kern der religiösen Opposition zu vernichten und provozierte dadurch eine viel stärkere allgemeinere politische Opposition.

Sie gewann Form 1551, vor allem durch die politische Kehrtwendung von Moritz von Sachsen und durch die Erneuerung, ja erhebliche, gefährliche Verstärkung der Zusammenarbeit mit Frankreich. Beides führte zu Karls V. entscheidendem Unglücksjahr 1552.

Ab Februar 1550 entwickelte sich ein Bündnis protestantischer norddeutscher Fürsten. Der neue Kurfürst Moritz von Sachsen gehörte zunächst nicht dazu, im

Gegenteil, er hatte sich vom Kaiser mit der Exekution der Reichsacht gegen das aufsässige Magdeburg betrauen lassen, spielte aber ein geradezu machiavellistisches Doppelspiel bei der Belagerung, indem er sich insgeheim an die Spitze des oppositionellen Fürstenbundes setzte und tatsächlich gegen den Kaiser rüstete. Der Herzog Wilhelm von Bayern bildete wieder einmal keine Stütze für Karl V., weil er enttäuscht war, daß er nicht die Oberpfalz und die pfälzische Kur bekommen hatte. Besonders übel spielte sich Markgraf Albrecht Alcibiades von Brandenburg-Kulmbach auf, ein Raubritter wie früher Sickingen, ein Söldnerführer unter Karl im Schmalkaldischen Krieg und nun darauf aus, geistliches Land zu gewinnen.

Durch Vermittlung hessischer Räte schloß Moritz im Oktober 1551 ein Geheimbündnis mit Heinrich II. von Frankreich, der sowieso schon einen Krieg gegen den Kaiser begonnen hatte. Im Januar 1552 wurde dieses Bündnis in dem bedenklichen, langwirkenden Vertrag von Chambord ratifiziert: Gegen beträchtliche Subsidien für Unternehmen gegen den Kaiser erhielt Frankreich die Zusage, Cambrai, Toul, Metz und Verdun besetzen zu dürfen: oder, wie es heißt, „daß die königliche Majestät zu Frankreich aufs allerfürderlichste die Städte, so zum Reich von alters gehören, und nicht deutscher Sprache sein, als nämlich Cammerich, Toll in Lothringen, Metz, Verden ohne Verzug einnehmen und diese als Vicarius des heiligen Reiches, zu welchem Titel wir Seine königliche Majestät zukünftig zu befordern geneigt seien, inhabe und behalte, doch vorbehalten dem heiligen Reich seine Gerechtigkeit, so es auf dieselben Städte hat, damit sie also wieder aus des Gegenteils (Partners) Hand gebracht."[145] Das war also das Zugeständnis einer Besetzung dieser Städte auf unbestimmte Zeit durch den französischen König, nicht der entsprechenden Bistümer. Wegen der späteren Folgen ist dieser Vertrag gerne in der Linie der französischen Ausdehnungspolitik gesehen worden. Die Zielrichtung ging aber damals vor allem auf strategisch wichtige Punkte, um den Kaiser zu hindern, niederländische Truppen ins Reich zu ziehen. Trotzdem war dies natürlich eine verhängnisvolle, schon nach damaligem Reichsrecht landesverräterische Tat deutscher Fürsten.

Der Kaiser befand sich hinsichtlich dieser Opposition in ziemlichem Unwissen und Unglauben. Das lag an seiner Neigung, die deutschen Fürsten zu verachten und zu unterschätzen. In Trient war das Konzil im Mai 1551, nach dem Tode Papst Pauls III., neu eröffnet worden. Karl hatte erstaunlicherweise erreicht, daß dort nicht nur deutsche Prälaten, sondern auch Oratoren protestantischer Fürsten und Städte erscheinen durften, – z. B. Sleidanus aus und für Straßburg; im Januar 1552 waren sogar Bevollmächtigte des Kurfürsten Moritz von Sachsen dort. Von Verständigung war allerdings keine Rede. Dafür war es nun einfach zu spät. Das Konzil konnte nur Organ der Reform der katholischen Kirche werden, nicht der Reformation. Eine Lösung der deutschen Religionsfrage war dort also nicht möglich. Sie war nur innerhalb Deutschlands zu leisten, – wie der Kaiser meinte, durch seine Interimspolitik und durch seine militärische Macht.

In dieser Position und Zielrichtung wurde er überrascht durch das Losschlagen der Protestanten im März 1552. Es kam zum sogenannten „Fürstenkrieg". „Fürter wollen wir rücken nach des Kaisers Person", erklärten sie.[146] Moritz hatte ja „gegen Magdeburg" gerüstet, er machte nun gemeinsam mit Hessen und mit dem Kulmbacher einen Vorstoß nach Süden, direkt auf den in Innsbruck sitzenden

Karl V., seine Geschwister und sein Sohn Philipp in Augsburg 1547/51. Alle sind von Tizian gemalt worden, der im Auftrag des Kaisers zweimal nach Augsburg reiste. 1547/48 fand der sogenannte „Geharnischte Reichstag" statt. Karl (links) ließ sich in der Rüstung malen, die er in der Schlacht von Mühlberg 1547 getragen hatte (Ausschnitt aus dem großen Reiterbild). Philipp (unten) kam 1550/51 beim nächsten Reichstag dorthin, um sich (im Zusammenhang mit dem neuen Nachfolgeplan seines Vaters) den deutschen Fürsten vorzustellen. Beide Gemälde sind in Madrid (Prado).

Karls Bruder Ferdinand (oben), inzwischen bärtig, ließ sich wohl ebenfalls in der Rüstung von Mühlberg
malen. Die Schwester Maria, seit
1526 Witwe des Königs Ludwig II.
von Ungarn und in entsprechender
Kleidung, seit 1531 Statthalterin der
Niederlande, war als wichtige politische Beraterin ihrer Brüder auch in
Augsburg. Beide Gemälde sind wohl
Kopien: Ferdinand in Madrid (Prado),
Maria in Paris (Musée des Arts Deco-
ratifs).

Kaiser zu, während der französische König die ihm übertragenen Städte überfiel. Sie konnten sehr schnell vorrücken, da Süddeutschland, vor allem Bayern, neutral blieb. Im April waren die Protestanten in Augsburg. Sie begannen Verhandlungen mit dem neutral gebliebenen, zur Vermittlung bereiten Ferdinand in Linz. Der Kaiser, gegen diese Verhandlungen eingestellt, hatte keine Zeit zu Gegenmaßnahmen, kein Geld, keine Truppen, er wollte von Innsbruck noch in die Niederlande, das ging nicht, obwohl er es tollkühn zusammen mit drei Hofkavalieren und schwarzgefärbtem Bart versuchen wollte. Als einer der „Kriegsfürsten" bis Tirol vorstieß, mußte Karl über die Berge nach Kärnten flüchten, nach Villach westlich von Klagenfurt. Das Konzil in Trient fühlte sich nun auch bedroht und löste sich auf. Einen solchen Überraschungsschock hatte Karl noch nie erlebt, eine solche Demütigung war ihm noch nie passiert. Es ist wohl nicht zu bezweifeln, daß die Protestanten ihn hatten gefangennehmen und erpressen wollen, so wie er früher Franz I., Clemens VII., und jetzt die protestantischen Fürsten gefangengenommen hatte.

In Villach wurde Karl, obwohl körperlich eine Ruine, munter tätig, er machte Hilfsgelder flüssig, besonders durch Anton Fugger, der ihn über Innsbruck bis Villach begleitet hatte, er rüstete, er dachte sich politische Tricks aus. Schon in Innsbruck hatte er Johann Friedrich, den ehemaligen Kurfürsten von Sachsen, freigelassen, der sich vielleicht gegen Moritz verwenden lassen konnte; der Kurfürst blieb aber freiwillig bei ihm.

Währenddessen gab es weitere Verhandlungen zwischen den Kriegsfürsten und Ferdinand, nach Linz nun in Passau. Dabei wird deutlich, daß Moritz nun den Ausgleich suchte. Mit Heinrich II. von Frankreich konnte er einen solchen Ausgleich nur vorübergehend finden, weil dieser ja in Frankreich selber geradezu ein Protestantenfresser war. Wichtiger war der Ausgleich mit Ferdinand, der deutlich zugänglicher war als sein Bruder. Moritz verlangte die Freilassung der gefangenen Fürsten, besonders Philipps von Hessen, die Aufhebung des Interims, die Beendigung des spanischen Gewaltregiments, die Begründung eines dauernden rein politischen Ausgleichs der Religionsparteien, eines immerwährenden Religionsfriedens, der auch dann gelten sollte, wenn eine Verständigung über Glaubensfragen auf einem Reichstag, auf einem Universal- oder Nationalkonzil nicht zustandekommen sollte, – wie das ja zu erwarten war. Eingezogene kirchliche Besitztümer sollten bleiben. So geeinigt, werde man dem Kaiser zur Türkenabwehr bereitstehen. Man kann sagen, das war schon die Vorprägung des Augsburger Religionsfriedens von 1555.

Ferdinand erklärte sich einverstanden. Auch die altkirchlichen Fürsten waren damit weitgehend zufrieden, unter dem Eindruck der Raubzüge und Erpressungen von Albrecht Alcibiades sogar erstmals die geistlichen Reichsstände. Deren Stimmungsumschwung hat Horst Rabe das vielleicht „überhaupt wichtigste Ergebnis des gesamten Fürstenaufstands" genannt: „ohne diesen Umschwung wäre der Weg zum Religionsfrieden wohl noch lange nicht frei geworden."[147]

Karl lehnte den Vertragsentwurf als „unbillig und unsinnig" ab. Er war über all das so erbittert, daß er dem eigenen Bruder gemeinsames Spiel mit den Protestanten zutraute – wohl unrichtigerweise. Es war jedenfalls kein Spiel hinter seinem Rücken. Ferdinand war so streng altgläubig und fromm wie eh und je, aber politisch verhielt er sich seit dem Schmalkaldischen Krieg um des Friedens willen zugänglicher gegenüber den Protestanten und riet auch immer wieder seinem Bruder zu einer solchen Haltung, etwa hinsichtlich der Behandlung des gefangenen Landgrafen von Hessen. Und während der Passauer Gespräche wuchs einmal wieder die Türkengefahr, gegen die ihm Moritz Hilfe zugesagt hatte. Darum reiste er im Juli 1552 nach Villach und beschwor seinen so hartnäckigen Bruder, nachzugeben. Dieser erklärte ihm damals schon, wie er seiner Schwester Maria schrieb, „daß er eher Deutschland verlassen würde, um ihm die Möglichkeit zu geben, ein Einverständnis mit den Feinden zu suchen, als etwas zu tun, was der Religion zum Schaden gereichen würde oder das ihn, ebenso wie seine Nachfolger, in eine Lage versetzen würde, die zu Richtern zu haben, über die er regieren sollte".[148] Aber noch wollte er Deutschland nicht verlassen, sondern in den Hauptpunkten standhalten. Wie Brandi sagt, setzte Karl „den Tränen Ferdinands das Pathos einer unerschütterlichen Überzeugung entgegen. Ferdinand hatte Gegenwart und Zukunft zu verlieren, Karl die Ewigkeit. In Nebenpunkten, auch in solchen, die er gänzlich verurteilte, gab er nach, aber nicht in der Hauptsache, Religion und Reichsregierung. Den unbedingten Frieden wollte er nur bis zu einem Reichstag gewähren und die Reichsbeschwerden selbst entscheiden, nicht durch die Fürsten. Mehr konnte Ferdinand nicht erreichen."[149]

Nach einigem Hin und Her nahmen das die neutralen Fürsten und nach großer Empörung sogar die „Kriegsfürsten" an; Moritz aus Furcht vor Rüstungen des Kaisers und vor Johann Friedrich. Die Annahme und Ratifikation durch den Kaiser geschah am 15. August 1552.

Allerdings nicht alle nahmen es an. Der Raubritter Markgraf Albrecht Alcibiades von Brandenburg-Kulmbach weigerte sich, er erklärte Moritz wieder für einen Judas, machte einen evangelischen „Pfaffenkrieg" gegen Nürnberg, gegen die fränkischen Bistümer, brandschatzend, plündernd den Main entlang bis ins Elsaß, um Anschluß an Frankreich zu gewinnen. Er gab damit gewissermaßen eine Kostprobe, was bei einem eigentlichen Religionskrieg in Deutschland hätte passieren können.

Religionsfrieden ohne Karl V.

Aber hiermit sind wir am Ende von Karls wirkender Tätigkeit im Reich, die nun doch sang- und klanglos gescheitert war oder die jedenfalls er politisch nicht weiterzuführen gewillt war. Er hatte ja nicht die geringste Aussicht, auf dem nächsten Reichstag irgendsoetwas wie eine Glaubenseinheit wiederherstellen zu können. Er hatte andererseits auch nicht vor, ewigen Religionsfrieden bei getrennten Konfessionen zuzugestehen. Stattdessen hatte er sehr Dringendes zu tun, nämlich dem französischen Vorgehen in Metz, Toul, Verdun entgegenzutreten und die drohende Verbindung mit Alcibiades zu verhindern.

Im November 1552 verließ er das Reich für immer. Er eilte mit seinen neuen Truppen, um Metz zurückzuerobern. Das sieht aus wie eine große, letzte Tat des Kaisers im deutschen Interesse – er steht hier nationaler da als seine protestantischen Gegner. Tatsächlich stand dahinter sein dringender Wunsch, die Verbindung zwischen der Freigrafschaft Burgund und Luxemburg-Niederlande sicherzustellen. Es war also eigentlich habsburgisch-erbländisches Interesse. Im Winter belagerte er Metz, das von den Franzosen in aller Eile und unter Einäscherung der Vorstädte zur Festung ausgebaut worden war.

In diesem Endspiel erlaubte sich Karl, bei aller eindrucksvollen Festigkeit im Grundsätzlichen, wie sie vor allem in Villach zu sehen war, doch geradezu grotesk schäbige Mittel und Versuche. Alcibiades wurde von ihm nicht überwältigt, sondern in Dienst genommen, wobei er die fränkischen Räubereien des Markgrafen ungerührt anerkannte. Gerhard Ritter, der nicht zu erwähnen vergißt, daß dies der Herzog von Alba dem Kaiser geraten habe, bemerkt dazu: „Es war ein echt welscher Trick, unwürdig der früheren Handlungsweise Karls, von ihm selbst als peinlich empfunden und ein deutliches Zeichen nachlassender Klarheit seines politischen Instinktes."[150]

Es half ihm nicht einmal etwas. Die Belagerung von Metz mußte im Januar 1553 erfolglos abgebrochen werden. Das war ein zweiter, ein eigentlich noch schlimmerer Schlag als Innsbruck. Karl führte dieses Unglück auf seine Nachgiebigkeit gegenüber den Protestanten zurück. Er war nahe daran, die Passauer Zugeständnisse wieder zurückzunehmen, das Interim wieder einzuführen. Jedenfalls ließ er Alcibiades treiben, was der wollte. Moritz von Sachsen entschloß sich, gegen diesen Raubritter zu Felde zu ziehen, schlug ihn im Juli 1553 bei Sievershausen in einer Schlacht, die als die wütendste und verlustreichste auf deutschem Boden im ganzen 16. Jahrhundert gilt, und wurde selbst so schwer verwundet, daß er zwei Tage später starb.

Einen neuen Reichstag, wieder in Augsburg, bereitete Karl noch selber vor, wenn auch erst nach mancherlei Verzögerung. Jahrzehntelange Erfahrungen hatten gezeigt, daß keine andere Institution, weder Generalkonzil noch Nationalkonzil, in der Lage war, die religiösen Konflikte zu lösen. Karl hatte aber nicht vor, hinzugehen. Am liebsten hätte er es gehalten wie in Villach: an den schwierigen, für seine Ziele nahezu aussichtslosen Verhandlungen nicht teilnehmen und dann die Beschlüsse ablehnen. Im Juni 1554 gab er aus Brüssel seinem Bruder Vollmacht, den Reichstag zu leiten, „und zwar so, wie Sie handeln würden, wenn ich in Spanien wäre". Er sollte Vollmacht haben, zu verhandeln und zu beschließen, „ohne auf irgendeine Entschließung von meiner Seite zu warten". Er fügte hinzu: „Um Ihnen ehrlich den Grund dafür zu sagen, wie es sich unter Brüdern gehört, wobei ich Sie bitte, sich keinen anderen einbilden zu wollen: es ist nur in Rücksicht auf die Religion, weswegen ich die Hemmungen habe, die ich Ihnen mündlich in allen Einzelheiten und ausführlich erklärt habe, auch noch bei unserer letzten Begegnung in Villach; wobei ich nicht zweifle, daß Sie Ihrerseits als ein so guter und christlicher Fürst, der Sie sind, darauf achten, dort nichts zuzustimmen, was Ihrem Gewissen Eintrag tun oder Ursache für noch größere Zwietracht in der Religionssache sein könnte."[151] Karl hatte einen Weg gefunden, seinen Grundsätzen treu zu bleiben, ohne weiter gegen den Strom der Entwicklung schwimmen zu müssen.

Vom „Strom der Entwicklung" kann man wohl wirklich sprechen, denn die protestantischen Fürsten erhielten ihren „beständigen", also nicht provisorischen Religionsfrieden, obwohl sie − immer noch − in der Minderheit blieben und nach dem Tode von Moritz eigentlich auch keine politische Persönlichkeit mehr aufzuweisen hatten, die in der Lage gewesen wäre, die Entwicklung entscheidend, verändernd zu beeinflussen. Beides war also gar nicht „notwendig". Sie brauchten keine Übermacht und keine Persönlichkeit für die folgende Entwicklung. Nachdem sie im Februar 1555 die Proposition für den neuen Reichstag zur Kenntnis genommen hatten, nach der nur über Religionsgespräche und Religionsvergleich verhandelt werden sollte, vom Passauer Vertrag und einem politischen Religionsfrieden aber gar nicht die Rede war, einigten sie sich nur in Naumburg, keinesfalls von der Augsburger Konfession von 1530 abzugehen, sich auf kein neues Religionsgespräch einzulassen und „immerwährenden Religionsfrieden" zu fordern. Das wurde Ferdinand mitgeteilt, der Reichstag erklärte die Friedensfrage für vorrangig, und damit kamen die Fürsten schließlich zu dem Friedenszustand, den Moritz in Passau 1552 schon entworfen hatte. Genau genommen, waren es weniger die Fürsten selbst, die dies auf dem Reichstag erreichten, als ihre juristisch hochgebildeten Räte, durch die sie sich vertreten ließen. Sie waren es, die den Theologen das Religionsproblem aus der Hand nahmen. Selten haben Juristen politisch so segensreich, so friedensstiftend gewirkt.

Im Februar 1555 war also der Augsburger Reichstag von Ferdinand eröffnet worden. Die Protestanten forderten volle rechtliche Anerkennung der Reformation. Das umschloß religiöse, juristische und Eigentumsfragen: Anerkennung und Schutz der Kirchenordnungen für Gegenwart und Zukunft. Es bedeutete die Aufhebung der bischöflichen Gerichtsbarkeit in den protestantischen Gebieten und die Anerkennung des Besitzstandes, d. h. der Säkularisationen.

Es ging um Gegenwart und um Zukunft. Die Reformation sollte nicht festgeschrieben werden und erstarren. Man wollte auch eine Rechtsgrundlage für die Durchführung von Reformation in weiteren Ständen in der Zukunft. Das war der brisanteste Punkt. Die katholischen Stände wollten nicht das Tor für ihre eigene Verminderung oder gar Auflösung öffnen. Außerdem gab es das Sonderproblem der geistlichen Fürstentümer. Da half dann der Erlaß des Reservatum ecclesiasticum, der geistliche Vorbehalt: Geistliche Fürsten, die zur evangelischen Konfession übergingen, verloren ihre weltliche Herrschaft.

Nach langen, zähen Verhandlungen wurde am 25. September 1555 der Reichstagsabschied verkündet und damit der Augsburger Religionsfrieden veröffentlicht. Sein wichtigstes Prinzip war, daß der Landesherr die kirchliche Konfession bestimmte. „Cuius regio eius religio". Diese Formel findet man zwar erst bei späteren Juristen (erstmals bei Joachim Stephani 1599), aber sie war inhaltlich das Prinzip.[152] „Ubi unus dominus, ibi sit una religio". Damit wurde die konfessionelle Einheitlichkeit jedes Territoriums festgelegt. Die Reichsstände, aber nur die Reichsstände, durften entscheiden, ob sie katholisch oder evangelisch sein wollten: d. h. ob sie altgläubig bleiben wollten oder die Augsburger Konfession zur Norm nehmen wollten. Denn der Religionsfrieden galt nur für „Verwandte der Augsburger Konfession", nicht für Zwinglianer, Calvinisten, Täufer und andere Sekten.

Ausnahmen von der konfessionellen Einheitlichkeit des Territoriums bildeten diejenigen Reichsstädte, in denen Bekenner beider Konfessionen wohnten. Sie mußten die freie Ausübung der Religionen zulassen. Das betraf vor allem die acht süddeutschen Reichsstädte mit ihrer in der Interimszeit erzwungenen und nicht voll gelungenen Rückkehr zum katholischen Glauben. Außerdem wurde erklärt, daß landsässige (nicht reichsunmittelbare) Ritter und Landstädte in geistlichen Fürstentümern beim evangelischen Gottesdienst bleiben durften, wenn sie ihn schon eingeführt hatten. Dies wurde aber nur als Declaratio Ferdinandea verkündet, nicht eigentlich vom Reichstag. Es betraf auch Österreich gerade besonders stark. Ebenso wurde nur von Ferdinand der schon genannte „geistliche Vorbehalt" in den Frieden eingefügt, ohne daß sich die Stände darüber geeinigt hätten. Es kam auch nicht deutlich in den Religionsfrieden hinein, daß weiter reformiert werden könnte, − wie dieser Frieden ja überhaupt vor allem eine juristisch gesicherte Besitzverteilung war, eine weltliche Friedensordnung, eine „Justizialisierung des Glaubenskonflikts"[153], nicht eigentlich eine „Reformation". Es kam aber auch nicht deutlich in den Religionsfrieden hinein, daß die Reformation künftig beschränkt sei.

Derlei Undeutlichkeiten, mehrdeutige Formulierungen gab es in diesem Vertragswerk viele; das waren Resultate der oft nur mühsam, ja nur scheinbar gefundenen Kompromisse. Zahlreiche kleinere und größere Streitigkeiten entwickelten sich daraus in der Folgezeit. Aber insgesamt hatte man doch nun nach 25 Jahren ein funktionierendes Instrument geschaffen.

Was nicht geschaffen wurde und nun nicht mehr als Möglichkeit bestand, war eine einheitliche Reichsreligion. Weder katholisch noch evangelisch war sie denkbar. Mit dem „Sacrum Imperium" war es vorbei, damit auch mit der Rolle des Kaisers als dem zweiten Haupt der Christenheit oder dem Vogt der Kirche. Daß diese einheitliche Reichsreligion verunmöglicht wurde, ist damals und später nicht nur von katholischen, sondern auch von protestantischen Beurteilern bedauert worden; noch von Gerhard Ritter etwa, der der Meinung war, daß bei energischer Politik der protestantischen Fürsten ganz Deutschland hätte ihrer Konfession zufallen können; der Katholizismus sei − vor allem in den geistlichen Fürstentümern − künstlich gestützt und erhalten worden, Deutschland sei bei dieser Erschlaffung aus der weiteren nationalpolitischen Entwicklung und damit der weiteren internationalen Einwirkung ausgeschieden.[154] Das sind sehr fragwürdige Urteile, und es liegt viel Wünschbarkeit darin, − wobei auch die Wünschbarkeit fragwürdig ist. Wieso wäre eine Reichs-Staatsreligion besser gewesen? Man muß das fragen angesichts des politisch-rechtlichen Zustands, in dem hier nun erstmals gelebt werden konnte: in der Gleichberechtigung verschiedener − jedenfalls zweier verschiedener − Konfessionen in einem, wenn auch lockeren Reichsverband, territorial-konfessionell gegliedert. Das war ziemlich neu und ist so im 16./17. Jahrhundert nur im Deutschen Reich geschaffen worden; nach diesen Jahrhunderten war dann konfessionelle Toleranz kein vergleichbar virulentes Problem mehr.

Seit 1555 gibt es anerkanntermaßen konfessionelle Pluralität innerhalb des Reichsverbandes und konfessionelle Einheitlichkeit innerhalb der Territorien von Fürsten und Städten. Die Reichsstände haben konfessionelle Libertät, nicht die Einzelpersonen. Nicht ihre Untertanen. Insofern ist das eine enorme Zunahme der Bedeutung der landesherrlichen weltlichen Obrigkeit. Sie war es, die die freie Wahl hatte (außer in den geistlichen Fürstentümern), aber sie war es auch, die den

Untertanen die Religion vorschrieb. Sie schrieb sie vor in einer Stärke, wie das andere Staaten Europas nicht oder nur mit großer Mühe nach Bürgerkriegen und Auswanderungen im Laufe des 16./17. Jahrhunderts schaffen sollten.

Man hat daraus oft die Besonderheit des „deutschen Untertanengeistes" ableiten wollen: indem dieser Untertan ja nicht nur weltlich, sondern auch in religiösen, also in inneren Gewissensfragen untertan war. Das stimmt natürlich nur, wenn der Untertan bleiben wollte, wo er war. Wenn auch die Bevölkerung des 16. Jahrhunderts noch sehr unbeweglich war, ist doch zu betonen, daß Glaubenswahl, gewünschte Glaubens-Ausübung leicht durch Umzug erreicht werden konnte. Andersgläubige erhielten im Augsburger Religionsfrieden das Recht, ohne Schaden an Leib und Gut auszuwandern; ohne Schaden bedeutete: nach Verkauf von Gut. Martin Heckel hat dieses Beneficium emigrandi „das erste allgemeine Grundrecht" genannt, „das das Reich durch das geschriebene Verfassungsrecht jedem Deutschen garantierte", es war damit den meisten europäischen Staaten um Jahrhunderte voraus.[155] Diese Auswanderung mußte kein sehr weiter Umzug sein, sie war Umzug innerhalb des gleichen Sprachgebietes. So gut hatte es vergleichsweise kaum ein Andersgläubiger in einem anderen europäischen Land des 16. und 17. Jahrhunderts (abgesehen wohl von den osteuropäischen). Die Deutschen lernten dadurch nicht die großen Emigrationen aus religiösen Gründen kennen, wie die Franzosen, Niederländer und Engländer.

Insgesamt kann man sagen, daß der Augsburger Religionsfrieden 1555 für Jahrzehnte eine enorm neutralisierende Wirkung gehabt hat. Auch das fällt im Vergleich zu Westeuropa auf, zu den französischen und niederländischen Bürgerkriegen, die großenteils aus konfessionellen Gründen in der zweiten Hälfte des 16. Jahrhunderts geführt wurden. Fernand Braudel hat den deutschen Religionsfrieden „ein wahres Edikt von Nantes avant la lettre" genannt.[156]

Selbstverständlich war die Kurie über diesen Religionsfrieden empört. „Wäre Ferdinand bereits Kaiser, so würde er abgesetzt werden", soll Papst Paul IV. gesagt haben. Er anerkannte diese weltlichen Kompromisse nicht, aber er war wenig an Auseinandersetzungen darüber interessiert; dafür war er zu sehr mit dem Kampf gegen die spanische Herrschaft Karls und seines Sohnes Philipp in Italien beschäftigt.

Kaiser war immer noch Karl V. Der Reichsabschied vom 25.September 1555 erging in seinem Namen. Wenn man daran denkt, wie gern er ein Friedenskaiser sein wollte, für die ganze Christenheit und damit doch auch für das Reich, erscheint es geradezu als tragischer Widerspruch, daß all dies nur äußerlich, nicht wirklich in seinem Namen geschah. Sechs Tage vor dem Reichstagsabschied, am 19. September 1555, ordnete er aus Brüssel den Widerruf aller Beschlüsse an, die der römischen Kirche zum Nachteil gereichen würden. Und eine Stunde vor der Verkündigung des Abschiedes traf einer seiner Kanzleiräte in Augsburg ein und teilte dem König Ferdinand mit, Karl danke ab, die Kaiserwürde solle noch während des Reichstages an Ferdinand übertragen werden und der Abschied dann allein in dessen Namen ergehen. Ferdinand erzählte das gar nicht weiter, schickte den Kanzleirat zwecks Überdenkung dieses Schrittes zu seinem Bruder zurück und beendete den Reichstag, wie vorgesehen, in Karls Namen. Tatsächlich verzögerte sich die formelle Abdankung dann noch lange, aber Karl betrachtete sich nicht mehr als zuständig; den Protest vom 19. September ließ er auf sich beruhen.

Das war von ihm nur konsequent. Auch objektiv hatte er die Rolle ausgespielt, die ihm besonders wichtig war, – die Rolle als Vogt der Kirche. Er hatte noch mehr eingebüßt. Der Reichsabschied bestand nicht nur aus dem Religionsfrieden, sondern auch einer kennzeichnenderweise damit verbundenen Landfriedens-Exekutionsordnung, die das Reich endgültig in zehn Reichskreise einteilte. Sie ist hier nicht weiter zu behandeln, aber es muß doch betont werden: auch und gerade sie führte dazu, daß die Stände und nicht mehr die kaiserlich-königliche Reichsgewalt „in allen unmittelbaren Bereichen des politischen, rechtlichen und wirtschaftlichen Lebens zu den eigentlichen Repräsentanten des Reiches wurden". Heinz Angermeier sieht in beiden Friedenswerken, dem konfessionellen und dem institutionellen, den Abschluß der ständischen Reichsreform. Der „Sturz des religiös ausgerichteten Kaisertums" zog das damit verbundene „verfassungsrechtlich-staatlich ausgerichtete Königtum in Deutschland nach sich". Er spricht von der „Umwandlung des Reiches vom weltlichen Körper der Christenheit zum politischen Friedensverband der deutschen Reichsstände".[157] Dies war nun effektiv Karls Wirkungsbereich nicht mehr.

Der Kontrast wird besonders deutlich, wenn man sich klarmacht, welche Machtstellung Karl V. noch wenige Jahre zuvor gehabt hat. Mit Bernd Moeller kann man feststellen, daß er 1541–46 in Deutschland sein politisches Meisterwerk vollbrachte und daß niemals seit der Stauferzeit ein Kaiser eine so souveräne Position im Reich gehabt hat wie er 1547–51.[158] Wieviel stärker wäre er noch gewesen, wenn der „Reichsbund" gelungen wäre: wobei die Niederlande mit einbegriffen sein sollten. Auch die Reichsritterschaft, vielleicht sogar der landständische Adel, wären einbegriffen gewesen. Mit der Reichsritterschaft hatten Karl und Ferdinand seit Anfang der Vierzigerjahre geliebäugelt. Sie hatten territoriale Organisationen der Reichsritter gefördert. Diese fürchteten die mächtiger werdenden Territorialfürsten und sahen etwa im Schmalkaldischen Bund eine adelsfeindliche Fürstenkoalition. Man kann in Luthers Tischreden im Mai 1544 lesen, daß er einen Aufruhr des „fürstenneidischen Adels nach dem des Pebels" fürchtete. Im April 1546 hatte Karl V. eine Erklärung erlassen, er wolle die Freiheiten des Adels schützen; er stellte dabei gegen das Schlagwort von der Fürstenlibertät das der Adelslibertät. All das half zwar nicht gegen die Entwicklung der großen Territorialfürsten, der evangelischen genauso wie der katholischen, es sicherte aber doch die Reichsritterschaft auf Dauer.[159] Man muß allerdings dagegenhalten, daß der Kaiser den Einfluß eines anderen deutschen Standes, den der Reichsstädte, zur selben Zeit schwächte: wegen ihrer reformatorischen Bestrebungen; er schwächte sie durch hohe Steuerzahlungen, die Zünfte verloren Mitregierungsrechte, es kam zu altpatrizischer Restauration und damit zu einer verhängnisvollen Entwicklungshemmung.

Dies sind nur einige nachgetragene Einzelheiten, die zusätzlich zeigen sollen, eine wie große, außergewöhnliche Machtstellung der Kaiser damals noch gehabt hatte. Man kann nicht sagen, daß er in seiner damaligen siegreichen Stellung versucht hätte, ein absolutistisches Regiment aufzubauen. „Er kannte die Schranken seiner Macht und er war gar nicht der Mann dazu, geschriebenes Recht willkürlich zu verletzen" (Gerhard Ritter).[160] Diese Schranken seiner Macht sind schon an der Schwierigkeit zu sehen, das Interim überhaupt zu realisieren: am ehesten war das in Süddeutschland möglich, in Mittel- und Norddeutschland in absteigender Linie weit weniger. Eine andere Schranke war sein physischer Zustand. Hier hatte Karl V. versucht, seine Einwirkung zu verstärken und zu verlängern, indem die Familie eingesetzt, die dynastische Regelung besprochen und verändert wurde. Wir haben gesehen, daß dies zu schweren Familienauseinandersetzungen führte, tatsächlich also die Einwirkung Karls noch mehr schwächte. Vor allem aber provozierte sie die besprochene Opposition der deutschen Fürsten, besonders auch der Altgläubigen, wie man an Bayern sehen kann.

All das war nun 1555 vorbei. Das Reich war sein Wirkungsbereich nicht mehr. Seine Reichspolitik war damit – mit sehr friedlichem, neutralisierendem Ergebnis, aber deutlich – gescheitert. Eine Politik war gescheitert, die er immerhin über dreißig Jahre, ohne sie prinzipiell zu ändern, durchgehalten hatte.

Man muß sich klarmachen, daß er damals – obwohl er erst 55 Jahre alt war – fast alle für ihn wesentlichen Zeitgenossen, seine Ratgeber ebenso wie seine deutschen und europäischen Gegner, überlebt hatte. Cobos starb 1547, Granvelle 1550; Luther 1546; Franz I. 1547, Heinrich VIII. auch, die Päpste wechselten sowieso schneller; demgegenüber ist geradezu auffallend, wie „lebendig" die Familie blieb: Ferdinand und Maria. Außerhalb der Familie lebte Karl also in eine sehr veränderte Zeit hinein. Seine verweigerte Anpassung und außerdem seine körperliche Hinfälligkeit trennten ihn, anders als seinen Bruder Ferdinand, von weiterer Wirkungsfähigkeit in Deutschland. Faktisch schon vor 1555.

Persönlich führte das schließlich zum resignierenden Rückzug nach Spanien – aber nicht politisch. Politisch führte es zur ausschließlichen Konzentration auf die Europapolitik, auf Familienpolitik im europäischen Rahmen, zur möglichsten weiteren Betätigung als „Vogt der Kirche", zur Stabilisierung der (altgläubigen) Christenheit.

Darauf werden wir am Schluß des nächsten, des dritten Teils kommen.

Dritter Teil
Uneiniges Europa und Türkenabwehr

*„Manche sagen, ich wolle Herrscher
der Welt werden, und doch zeigen
mein Denken und meine Taten, daß das
Gegenteil der Fall ist... Ich habe
nicht die Absicht, gegen die Christen
Krieg zu führen, sondern gegen die
Ungläubigen, und Italien und die
Christenheit seien im Frieden, und
jeder besitze das Seine."*

Karl V. in Rom am 17. April 1536.[161]

Kaisertum, Frankreich, Papsttum: Universalismus und Politik

Burgund und Spanien waren die „Hausmacht" Karls V., nicht Österreich. Sie waren seine finanzielle und militärische Machtbasis. Hier war er auch „innenpolitisch", als territorialer Fürst tätig, soweit er in dieser Beziehung überhaupt tätig war; nach der Festigung der Macht, der Behördenorganisation und der Ordnung der Finanzen konnte er da das meiste delegieren.

Um die Fragen der deutschen Nation hatte er sich als Kaiser zu kümmern. Aber das Kaisertum war ein Titel, der einerseits machtmäßig in Deutschland nicht sehr viel bedeutete, andererseits anspruchsmäßig über Deutschland hinausragte, nämlich im Führungsanspruch für die lateinische Christenheit. Auch da war das Kaisertum im Vergleich zum Papsttum − und auch unabhängig davon − in seiner Bedeutung zurückgetreten, besonders nach der Zeit der Kreuzzüge; aber nun, seit dem neuen Vordringen des Islam in Gestalt der Osmanen, bekam es wieder gesteigerte Bedeutung. Daß sich der Kaiser mit der Reformation herumschlagen mußte, war eigentlich eine ärgerliche Abdrängung von wesentlicheren Aufgaben. Es war nur insofern günstig, als er sich in seiner Rolle als Vogt der Kirche bewähren konnte, vom Papst „gebraucht" wurde und doch auch eine deutliche eigene Stellung gegen den Papst aufbauen konnte, etwa durch Drohung mit dem Konzil.

Was die reale europäische Machtstellung Karls V. betraf, so war sie beinahe unabhängig von dem schon vorhanden, was das Kaisertum zusätzlich brachte. Auch ohne Kaiser zu sein, war Karl durch seine Macht in den Niederlanden, in der Freigrafschaft Burgund, in Spanien und Süditalien ein sehr starker Gegner für Frankreich und auch für den Papst als dem Herrn des Kirchenstaates. Seine europäische außenpolitische Lage und die damit zusammenhängenden Probleme sind beinahe beschreibbar ohne Rekurs auf sein Kaisertum. Der größte Teil der französischen

Landesgrenze war Grenze zu Gebieten Karls V. In Italien trat er dem Papst vor allem als Erbe des Gebietes Ferdinands des Katholischen entgegen.

Das Kaisertum war zu all dem eine Machterweiterung, und zwar durch die enge, dann allerdings gelockerte Verbindung mit den österreichischen Erblanden und durch verschiedene Ansprüche, die Maximilian I. reaktiviert hatte: den auf die Herrschaft in Reichsitalien und den weit höheren, die Christenheit gegen die Ungläubigen zu schützen und im Kreuzzug gegen sie zu führen. Besonders diesen höheren Anspruch stellte Karl V. in Wort und möglichst auch in Tat. Insofern waren seine europäischen Auseinandersetzungen, vor allem der Kampf gegen Frankreich, kaum anders als die deutsche Reformation, ärgerliche Abdrängungen von der eigentlichen Aufgabe. Karl brauchte eigentlich nicht nur ein religiös-politisch einiges Deutsches Reich, sondern auch ein ebenso einiges Europa als Basis für die wahre Kaiseraufgabe. Die er, weil diese Voraussetzungen meistens mangelten, kaum je in Angriff nehmen konnte.

Man behauptet nun gern, gegen diese universalistischen Ansprüche hätten sich die Nationalstaaten gestellt; gegen die drohende und seit 1519 greifbar nahe habsburgische Großmachtbildung sei das europäische Staatensystem gebildet worden, das seither, bis in unser Jahrhundert, immer wieder gegen entsprechende Hegemonialbildungen funktioniert habe. Robertson sah es so im 18. Jahrhundert von der englischen Gleichgewichtspolitik her; Ranke von den „Großen Mächten" im 19. Jahrhundert; Ludwig Dehio nach 1945 in seinem wirkungsvollen Werk „Gleichgewicht oder Hegemonie − Betrachtungen über ein Grundproblem der neueren Staatengeschichte".

Die Datierung „des" europäischen Staatensystems und der Entstehung der europäischen Nationalstaaten ist eine problematische Sache. Sie soll hier nicht grundsätzlich aufgerollt werden. Für unsere Zwecke genügen zwei Feststellungen:

1. Das Spiel politischer Allianzen und Gegenallianzen hat sich in der Tat im habsburgisch-französischen Kampf, besonders bei der Auseinandersetzung um Italien, außerordentlich intensiviert. Damit ist nicht gleich „ein europäisches Staatensystem" geschaffen worden. Im Gegenteil. Josef Engel hat mit Recht betont, daß Europa hierbei eher in mehrere politische Systeme auseinandergebrochen ist: Denn nicht alle Staaten − nicht die des europäischen Ostens und Nordens − interessierten sich für Italien. Und außerdem fing dieses Spiel, wie früher schon betont, als Spiel zwischen Aragon und Frankreich an, als Antwort auf die französische Invasion von 1494.

2. Es geht nicht an, wie vor allem Heinrich Lutz betont hat, die mittelalterliche universalistische Konzeption Karls V. gegen die modern-nationalstaatliche Franz'I. zu stellen.[162] Der Ausgangspunkt des französischen Königs war nicht viel anders als der des Kaisers. Sie waren Rivalen mit einer nicht so grundsätzlich verschiedenen Mischung universalistischer und machtstaatlicher Konzeptionen. Die Kreuzzugsidee etwa hatte ja besonders der französische König gepachtet. In der Beeinflussung der Kurie gab man sich gegenseitig nichts nach, und das war seit dem Spätmittelalter so. Man kann von gemeinsamen strukturellen Voraussetzungen bei Habsburg und bei Frankreich sprechen. Beide suchten mit der Machtstellung in Italien die Suprematie in Europa zu erringen.

Entsprechend neigt man in der neueren Forschung dazu, die Auseinandersetzung mit Frankreich ins Zentrum von Karls Tätigkeit zu rücken und sein Streben
nach Einheit der Christenheit und nach gemeinsamem Kampf gegen die Ungläubigen mehr als propagandistisches Mittel im Dienste dieser Auseinandersetzung zu
bewerten. Früher betonte man die besondere gesamteuropäische Perspektive des
Kaisers und scheute sich deshalb, in seinen Kriegen gegen Frankreich mehr zu sehen als unumgängliche Reaktionen auf unablässig aggressive Könige. Jetzt meint
man, Kriege gegen die Muslime im Maghreb oder gegen die Protestanten in
Deutschland seien zwar „ideologisch" höherwertig gewesen, hätten aber nicht das
gleiche Prestige eingebracht wie persönlich geführte siegreiche Kämpfe gegen
Frankreich, – und solches Prestige war für jeden Monarchen vorrangig wichtig.[163]

Nun hatte Karl die Feindschaft gegen Frankreich sozusagen dreifach geerbt: als
Herzog von Burgund, als König von Spanien und als kaiserlicher Nachfolger Maximilians. Diese Erbschaften waren jedoch nicht eindeutig, und die aus ihnen zu
ziehenden Lehren noch weniger. Burgund lebte, wie im ersten Teil gezeigt, in
dem Wunsch, den Franzosen das eigentliche Herzogtum wieder zu entreißen.
Aber die burgundischen Edelleute, und mit ihnen Karl, lebten doch auch in der
Bewunderung des großen Nachbarn, der seit den Italienzügen Karls VIII. und
Ludwigs XII. politisch wie kulturell beeindruckend wuchs, und sie waren diplomatisch immer wieder daran interessiert, mit diesem mächtigen Staat auf gutem
Fuß zu stehen.

Was das politische Vorbild der beiden Großväter betrifft, die für Karl viel wir-
kungsvoller waren als seine Eltern, so demonstrierte ihm Ferdinand der Katholische jahrzehntelange kriegerische Verstrickungen mit Frankreich in Süditalien
und den Pyrenäen und daneben die trickreichen Möglichkeiten, je nach politischem Vorteil die Bündnisse zu wechseln; tieferen Eindruck machte ihm aber sicherlich Ferdinands Sieg über die Ungläubigen in Granada.

Maximilian I., den anderen Großvater, lernte er persönlich kennen. Dessen Erneuerung der antik-mittelalterlichen Kaiseridee, seine hohe Auffassung von den
imperialen Aufgaben über Deutschland hinaus, in Burgund, Italien, im propagier-
ten Kampf gegen den Islam und auch in den (von der eigenen Frömmigkeit unab-
hängigen) Reibereien mit den Päpsten – all das nahm er sich eindeutig zum Vorbild; war sich auch bewußt, wie weitgehend er seinen eigenen Wirkungsbereich
den Visionen und zähen politischen Bemühungen seines großväterlichen Vorgängers verdankte. Daß sich Maximilian nicht nur durch Burgund, sondern auch
durch seinen Ehrgeiz, die kaiserliche Macht in Reichsitalien wiederherzustellen,
Frankreich zum Dauerfeind machte, beobachtete der junge Karl jedoch mit Zurückhaltung und Kritik. Vor allem die achtjährigen Kämpfe um die venezianische
Terra Ferma seit 1508 gaben dazu reichlich Anlaß. Maximilians impulsive militärische Unternehmungen waren eher ritterliche Abenteuer, nie finanziell und politisch genügend vorbereitet, praktisch immer erfolglos. Als Außenpolitiker wurde
er so wenig ernstgenommen, daß man darauf vielleicht die lange Unterschätzung
der sich (trotzdem) bildenden habsburgischen Großmacht, also auch die anfängliche Unterschätzung seines „blassen Enkels" zurückführen kann.[164]

Wie dem auch sei: Karl, trotz des großen temperamentmäßigen Unterschiedes
zu seinem Großvater doch auch stark an Kriegführung und dem damit verbunde-

nen Prestigegewinn interessiert, lernte, mit großer Vorsicht vorzugehen; mit sorg-
fältiger finanzieller, diplomatischer und propagandistischer Vorbereitung und viel
Verzögerungstaktik. Mit dem keineswegs kaiserfreundlichen Venedig legte er sich
niemals an. Mit Frankreich war es aber eben seit Karls Sieg in der Kaiserwahl 1519
nicht zu vermeiden. Indem durch diesen Sieg der bisher nur theoretisch disku-
tierte Begriff der Monarchia Universalis ein „hohes Maß konkreter Anschaulich-
keit" gewann,[165] in Propagandaschriften verbreitet wurde und viel Anklang fand,
sah sich das französische Königtum mit seinen ebenso ehrgeizigen Ansprüchen in
einer Weise zurückgesetzt, die sein Prestige beeinträchtigte und seine reale Macht
gefährdete, die ihm also unerträglich erscheinen mußte. Die stolze mittelalterliche
Tradition dieses Königtums, der beherrschende Einfluß auf das Papsttum seit Avi-
gnon, die politische Expansion seit Ludwig XI. – all das hatte dafür gesprochen,
daß Frankreich die erste Rolle in der lateinischen Christenheit spielte und dank
des brillanten Franz I. weiter spielen würde. Und nun sollte es in der so zufällig zu-
sammengestoppelten habsburgischen Macht einen ernsthaften, sogar überlegenen
Gegner anerkennen, der ihm diese Rolle entriß? Daraus ist der französisch-habsburgische Dauerkonflikt ab 1519 zu erklären. Es ist aber nicht zu erkennen, daß
ihn Karl V. absichtlich verschärft hätte, wenn ihm auch Gattinara dazu riet; im Gegenteil, er bemühte sich, nicht nur propagandistisch, sondern tatsächlich seine anspruchsmäßig günstigere Position zur Konfliktdämpfung auszunutzen und Frankreich auf wichtigere, gemeinsame Ziele hinzulenken.

Wir werden im folgenden, da es also weniger um das europäische Staatensystem als um den habsburgisch-französischen Dauerkonflikt geht, nicht versuchen,
eine gleichmäßige Gesamteuropapolitik Karls V. zu beschreiben, sondern uns zunächst auf den Kampf mit Frankreich um Italien konzentrieren. Dieser Kampf war
gleichzeitig eine politische Auseinandersetzung mit dem Papst, und darum müssen
wir nach der Beleuchtung von Frankreich her nun auch noch auf Karls außenpolitische Konstellation gegenüber dem Papsttum aufmerksam machen.

Sieht man es von der deutschen Reformation aus, so mochten der Kaiser als
„Vogt der Kirche" und der Papst im großen ganzen in gleicher Richtung, also in
Gegenrichtung zur Reformation, arbeiten, – so sehr die Protestanten natürlich
die Unterschiede zwischen den beiden erkannten und auszunutzen suchten. Außerhalb Deutschlands aber sah man den Kaiser vor allem als Gegenspieler des Papstes. Maximilian I. hatte diese Rolle gegenüber den politischen Päpsten wieder zu
spielen angefangen. Der Gegensatz Kaisertum-Papsttum trat dann in der Zeit
Karls V. in einer Weise in den Vordergrund, wie man ihn seit den salischen und
staufischen Kaisern nicht mehr gekannt hatte und wie er auch später nicht mehr
auftreten sollte, – jedenfalls bis zu den Auseinandersetzungen Napoleons I. mit
dem Papst.

Die Schärfe dieses wiederauftretenden Gegensatzes lag vor allem darin begründet, daß der Kaiser Süditalien besaß. Das war eine Wiederholung der Konstellation, die es unter Friedrich II., dem Kaiser und dem König von Sizilien,
und seinen reichsitalienischen Ansprüchen und Kämpfen gegeben hatte, – je-
nem übrigens auch für Deutschland so „fremden" Kaiser, der als Gebannter
1229 zum Kreuzzug nach Jerusalem gezogen war und sich dort gekrönt hatte.
Nach 1250 war für den Papst die Kaiserproblematik hinter der französischen Be-

einflussung weit zurückgetreten. Jetzt wurde sie aber neben Frankreich von neuem lebendig.

Das ist einer der Gründe, die Karl V. die Kennzeichnung als „letztem Kaiser des Mittelalters" eingebracht haben. Die Unterschiede müssen aber auch gesehen werden: Die Päpste kämpften nicht, wie in der Stauferzeit, um ihre universalistischen, hierarchisch übergeordneten Ansprüche. Ihre − vergleichsweise längst eingeschränkte − Position wurde von Karl V. auch gar nicht angegriffen, abgesehen von seinem Drängen nach einem Konzil. Karl V. kämpfte auch nicht wie die Staufer um Regalienrechte, um Steuer- und Gerichtsfreiheiten in Italien, um Rechte bei den Bischofswahlen, also allgemein um die Durchsetzung kaiserlicher Herrschaftsrechte gegenüber päpstlichen in Reichsitalien. Formell wurde das zwar zuweilen vorgebracht, aber de facto war da im aragonesischen Süditalien genügend durchgesetzt und in Norditalien nach der Entwicklung der großen Stadtrepubliken eine ganz andere Lage eingetreten. Auch in der moderneren Form der „Konkordate" suchte der Kaiser kein Übereinkommen mit dem Papst über gerichtliche und steuerliche Neuordnungen in seinen Ländern. Das war geregelt oder regelte sich für die Niederlande, für Spanien und für Neapel ohne größeres Aufsehen. Und was das Reich betraf, so war hier eine Regelung nicht möglich, da der Kaiser der radikal antipäpstlichen Opposition nicht Herr wurde. Hiergegen versuchte er kein gemäßigtes kirchenreformerisches Konkordat mit dem Papst zu machen (was wohl auch gar nicht gegangen wäre), sondern eben nur über den Papst auf ein Konzil zu drängen.

Also kurz: Universalistisch, ideologisch bestand kein so starker Gegensatz zwischen Papsttum und Kaisertum wie im Mittelalter. Der Kaiser schützte sozusagen von sich aus die Kirche, er war von sich aus viel mehr bereit zum Kreuzzug, als daß ihn der Papst dazu animiert hätte (wie er es bei den Staufern getan hatte). Was universalistische Machtansprüche betraf, so drängte nicht der Papst den Kaiser zur Anerkennung der seinigen, sondern umgekehrt: Karl V. verlangte vom Papst, daß dieser seine − und nicht die französischen! − Ansprüche anerkennen sollte. Darin lag der Hauptunterschied. Der Papst wurde von *zwei* Großmächten bedrängt, nicht nur, wie im Hochmittelalter bis zum Ausgang der Staufer, von der einen kaiserlichen und im Spätmittelalter von der französischen. Hierdurch, und nicht allein durch die „Weltlichkeit" der Renaissance-Päpste, ist die stärkere Verlagerung ins Weltlich-Machtpolitische zu erklären.

Auch aufgrund der Stellung zum Papsttum war, wie gesagt, Frankreich der außenpolitische Hauptrivale für Karl V. Auch davon sind die strukturellen Ähnlichkeiten der habsburgischen und der französischen Tendenz bestimmt.

Kampf um Italien 1515−1529

Die strukturelle Ähnlichkeit der französischen Tendenz zeigt sich sofort, wenn wir daran erinnern, daß Frankreich mit dem Kampf um Italien ja „angefangen" hat. 1494 unternahm es die große verheerende Invasion in das italienische „Staatensystem". Das Ziel des französischen Königs war Neapel, das Erbe von Anjou, als Ausgangsposition für eine weitere, eine neue französische Beherrschung des Papstes und für die Mittelmeerherrschaft, und dann weiter für Unternehmungen gegen den Islam, für Kreuzzüge. Maximilian I., den man schon von der Bourgogne und der Bretagne abgewehrt hatte, glaubte man in Reichsitalien übervorteilen zu können, ebenso Ferdinand den Katholischen in Süditalien.

Hiergegen, also gegen den Vorstoß Frankreichs, entwickelte sich eine Allianzpolitik verschiedenster Art. Maximilian allein war dagegen zu schwach. Der andere Großvater Karls V. schaffte aber schon die entscheidende Machtstabilisierung in Süditalien. Ferdinand erreichte 1504, daß Neapel Bestandteil der Krone Aragon wurde, nicht nur eine Nebenlinie. Das wurde nach langem Hin und Her auch von Frankreich anerkannt. 1510 anerkannte auch die Kurie diese Herrschaft Aragons über Süditalien. Bei allem Wirrwarr im Norden blieb dies eine entscheidende Konstante.

Diese Konstante erbte Karl 1516. Primär von hier aus, nicht vom Kaisertum aus, ist seine Italien- und Kirchenstaatspolitik bestimmt. Seiner Hegemonie in Italien war im Grunde nur in Oberitalien etwas anzuhaben. Die ständigen Auseinandersetzungen mit Frankreich, mit denen er seine Plage hatte, sind eigentlich darauf zurückzuführen, daß das Frankreich nicht wahrhaben wollte. Es wollte, wie schon gesagt, den Mißerfolg seiner universalistischen Zielrichtung nicht zugeben und war natürlich stark und willens genug, dem Rivalen, wo es konnte, zu schaden.

Frankreich nutzte seine Möglichkeiten an der niederländisch-französischen und an der spanisch-französischen Grenze aus − später kamen noch die Protestanten und die Türken als Hilfen hinzu −, hatte aber vor allem die ständige Störmöglichkeit durch Invasion nach Norditalien. Hier gab es keine direkten spanischen und niederländischen Interessen und hatte sich Habsburg, oder genauer: Maximilian I., bisher als schwach erwiesen.

Schließlich ist bei dieser Auseinandersetzung nicht gering zu schätzen, daß Frankreich seit 1515 einen ehrgeizigen, energischen König hatte: Franz I. Er war der fast gleichzeitig mit ihm angetretene außenpolitische Hauptrivale Karls V. bis 1547. Das führte zu einer starken, von den Zeitgenossen mit Spannung verfolgten Personalisierung der außenpolitischen Rivalität, halb im Stile mittelalterlicher Ritterromantik, halb im antikisierenden Renaissancestil.

Franz, sechs Jahre älter als Karl, machte den imposanten Anfang, indem er die französische Mailandpolitik wieder aufnahm. Das war schon für seinen Vorgänger Ludwig XII. ein guter Ersatz für das unerreichbar gewordene Neapel gewesen. Mailand galt seit der brutalen Stadtherrschaft der Visconti im 14. Jahrhundert und auch dank seiner wirtschaftlichen Potenz als eine der fünf „großen Mächte" Italiens. Gian Galeazzo (1378−1402) hatte dort hochfahrende Ziele verfolgt: er verheiratete 1389 seine Tochter mit dem Herzog Ludwig von Orléans und produzierte damit die französischen Erbansprüche, er ließ sich 1395 vom König Wenzel gegen viel Geld zum Herzog und damit in den Reichsfürstenstand erheben und träumte davon, die Lombardei zum Kernland eines Königreichs Italien zu machen. Als die Visconti 1447 in der männlichen Linie ausstarben, wollte die Stadt eine „Ambrosianische Republik" errichten, Kaiser Friedrich III. wollte das Herzogtum als erledigtes Reichslehen einziehen und der Herzog Karl von Orléans wollte es erben. Gegen all das brachte es der Condottiere Francesco Sforza militärisch in seine Gewalt. Er ernannte sich selbst 1450 zum Herzog, und in seiner Familie blieb Mailand bis zu Lodovico il Moro (1476–1499), dessen Hof Jacob Burckhardt bei aller „Unsittlichkeit" den „glanzvollsten von Europa" genannt hat, „da kein burgundischer mehr vorhanden war".[166] Aber dann war es mit der Selbständigkeit und großen Macht Mailands nach zwei Jahrhunderten zu Ende. Es nützte Lodovico nichts, daß Maximilian I. im März 1494 seine Tochter Bianca Maria mit einer kräftigen Mitgift heiratete und ihn als Reichsfürsten anerkannte. 1499/1500 besiegte ihn König Ludwig XII. aus dem Hause Valois-Orléans, machte sein Erbrecht geltend und gliederte Mailand dem französischen Staat ein.

Nach zwölfjährigem Besitz ging das Herzogtum 1512 den Franzosen wieder verloren, und zwar an einen verblüffend neuen Rivalen, an die selbständig gewordene eidgenössische Söldnermacht: die Schweizer Eidgenossenschaft expandierte dank der modernen militärischen Effizienz der Infanterie, die sich vor allem in ihren Söldnern verkörperte. Sie setzten Lodovicos Sohn Massimiliano Sforza als nominellen Herzog ein. Dagegen kämpfte Franz I. im November 1515 in der großen, sofort berühmten Schlacht bei Marignano. Er führte und siegte persönlich, errang also höchstes königliches Prestige und setzte einen Maßstab, an dem sich dann vor allem Karl immer messen lassen mußte. Mit diesem Sieg übernahm Franz die Herrschaft in Mailand und hatte damit praktisch die Vorherrschaft in Oberitalien.

Im nächsten Jahr, im August 1516, als Karl, der Herzog von Burgund, die spanische und damit auch süditalienische Erbschaft antrat, wurde unter diesem Eindruck der Vertrag von Noyon zwischen ihm und Franz geschlossen, nicht im habsburgischen Sinne, sondern in der traditionellen Linie der frankreichfreundlichen burgundischen Politik. Die beiden Könige trafen sich zur Unterzeichnung persönlich, Karl redete den ihm ohne Zweifel imponierenden Franz als seinen „guten Vater" an. Große Friedensbeteuerungen wurden ausgestoßen, Italien schien klar zwischen dem spanischen südlichen und dem französischen nördlichen Interessengebiet geteilt, und gemeinsam wollte man sich auf die Türkenbekämpfung festlegen.

Die Lage änderte sich, als Franz in der Rivalität um den Kaisertitel 1519 unterlag. Auf diesen Titel hatte er mit Hilfe des Papstes Leos X. gehofft. Seine persönliche Empfindlichkeit bei dieser Zurücksetzung gegenüber dem Knaben Karl ist sicherlich nicht geringzuschätzen. Noch in Worms im April 1521 erhielt Karl die Nachricht über den Kriegsbeginn Frankreichs. Karl hatte Probleme mit dem Papst, er hatte Unruhen in Deutschland und in Spanien, – die Gelegenheit war also für Franz günstig, gegen diese sein Land von allen Seiten bedrohende Übermacht offensiv vorzugehen.

Das ist der Beginn des ersten von vier Kriegen zwischen Franz und Karl: 1521/26, 1526/29, 1532/38, 1542/44. Dann gab es noch einen Krieg Karls gegen Heinrich II. Hinsichtlich Italiens wurde der Konflikt aber – wirklich auf dem Rücken Italiens – bereits in den zwanziger Jahren entschieden. Von der französisch-habsburgischen Teilung kam es zur bleibenden habsburgischen Vorherrschaft.

Italien war in den Kämpfen und Plünderungen und im Verlust der eigenen Machtstellung der Leidtragende dieser Auseinandersetzung. Karl erlebte alles – fast alles – vom fernen, sicheren Spanien aus, aber doch, wie wir noch sehen werden, in schweren persönlichen Auseinandersetzungen mit Franz und mit dem

Papst (Clemens VII.); die Wirkung reichte bis England und bis in die Entwicklung der dortigen Reformation.

Franz war an mehreren strittigen, gut verwundbaren Punkten tätig: in Navarra; in den Niederlanden, wo er Geldern half; die Hauptrichtung in den Zwanziger-jahren war jedoch Italien. Hier wurde wichtig, daß der Papst, Leo X., zu Karl V. umschwenkte. Ende Mai 1521, sicherlich im Zusammenhang mit Karls klarer Haltung gegen Luther, fand diese Schwenkung statt. („Ce bon enfant, l'empe-reur", soll er gesagt haben.) Sicherlich spielte aber auch das herrische Auftreten von Franz in Oberitalien, also als Herr von Mailand, als welcher er sich gegen kir-chenstaatliche Ausdehnung in Parma und Piacenza wehrte, eine Rolle bei dieser päpstlichen Politik. Das bedeutete eine unerhörte Stärkung der Stellung Karls. Es ist die Zeit der Ideologie Gattinaras, also seiner Idee, das Weltreich von Italien aus aufzubauen, unter Vernichtung des französischen Rivalen (wenn dies auch nicht so deutlich gesagt wurde). Gleichzeitig wurde Karl auch in den Niederlanden ge-stärkt, indem dort England eine ähnliche Rolle spielte wie der Papst in Italien: Es vermittelte und wendete sich dann deutlich zu Karl im Herbst 1521 in Brügge; dies war die Politik des Kardinals Wolsey.

Im November 1521, während sich Karl noch in den Niederlanden aufhielt, fiel Mailand. Kaiserliche deutsch-spanische und päpstliche Truppen marschierten ein. Herzog wurde wieder ein Sforza, Francesco, ein anderer Sohn Lodovicos, aber deutlich unter kaiserlicher Schutzmacht. Das war eine große Veränderung. Wäh-rend des Spätmittelalters war die kaiserliche Herrschaft in Oberitalien, die eigent-lich bis zum Kirchenstaat reichte, zu bloßen Rechtstiteln geschrumpft. Die Kaiser konnten die neuen Stadtherrschaften und ihren häufigen Wechsel überhaupt nicht beeinflussen, sondern nur gegen gute Bezahlung sanktionieren; sie konnten ko-stengünstig ihre Romreisen durchführen, mehr nicht. Nun aber fand überra-schend eine neue Realisierung dieser kaiserlichen Herrschaft statt, und zwar durch ihre Verbindung mit der spanischen Macht. Nicht nur Oberitalien, sondern die gesamten italienischen Verhältnisse sind dadurch langwirkend verändert worden.

Es ging nun für Karl immer weiter aufwärts. Nach dem Tode des Papstes Leos X. im Dezember 1521 wurde Adrian von Utrecht zum Papst gewählt, sein nieder-ländischer Lehrer, der dann Regent in Spanien gewesen war. Karl erklärte: „Wir halten für gewiß, daß Gott selbst diese Wahl gemacht hat", und schrieb ihm: „Wenn das Papsttum in Eurer Hand ist und das Reich in der meinen, scheint mir dies dazu da zu sein, um gemeinsam viele und große Dinge zu vollbringen durch ein einhelliges Handeln von uns beiden. Und die Liebe und der Gehorsam, die ich Euch entgegenbringe, sind nicht geringer als sie ein guter Sohn seinem Vater ent-gegenbringt." Sein Biograph Brandi fügt hinzu: „Es war nicht eben das Verhältnis Gerberts von Reims zu Otto III., aber doch seit Jahrhunderten und wiederum in einer Zeit stärkster seelischer Spannung des Abendlandes das Mirakel eines deut-schen Kaisers und eines deutschen Papstes von weltbewegender Richtung."[167] (Genau genommen waren beide Niederländer. Adrian war der letzte nichtitalieni-sche Papst bis zu Johannes Paul II.)

Karl fuhr unter diesen günstigen Vorzeichen im Sommer 1522 nach Spanien und blieb dort sieben Jahre. Die glückliche Konstellation hielt sich aber nicht. Es kam zu weiteren Kämpfen und politisch-diplomatischen Veränderungen in Italien. Die so sichtbare Übermacht des Kaisers führte dazu, daß sogar schon Adrian von ihm abrückte. Wieviel mehr nach dessen baldigem Tode im November 1523 sein Nachfolger, der Mediceär Clemens VII.! Karl selber hatte das allerdings anfangs nicht für möglich gehalten. Clemens war ein sehr problematischer Charakter, und vor allem war er der unglückliche Papst, unter dem die Reformation die größten Verluste für die katholische Kirche brachte: Deutschland, Schweden, Dänemark, England. Er fürchtete, daß der Kaiser das eroberte Herzogtum Mailand selbst behalten wollte, und arbeitete dagegen. Als sich die kaiserlichen Truppen 1524 bei ihrem Vorstoß in die Provence und bei der Belagerung von Marseille übernahmen, konnte Franz Mailand zurückerobern, und daraufhin kam es im Januar 1525 zu einem offenen Bündnis zwischen Frankreich und dem Papst, dem sich auch Venedig anschloß.

Sehr schnell konnten die kaiserlichen Generäle einen sensationellen Gegenschlag führen. Es waren Pescara mit Leyva und dem von Franz abgefallenen Herzog von Bourbon, sowie Frundsberg. Während Franz Pavia belagerte, griffen sie ihn an, mit unbezahlten Truppen, die trotz der Soldverzögerung kampfbereit waren. Es kam zur großen Schlacht von Pavia, zum Sieg der Kaiserlichen, und vor allem: König Franz wurde gefangengenommen, am 24.Februar 1525, am Geburtstag des Kaisers.

Nun folgten typisch stilvolle Reaktionen und realpolitische Überlegungen. Der Vizekönig von Neapel, Lannoy, behandelte den hohen Gefangenen in vornehmster ritterlicher Form. Er berichtete darüber an Karl und betonte: „Gott hat Euch jetzt Eure Gelegenheit gegeben und niemals werdet Ihr besser Eure Kronen empfangen können als jetzt." Das bezog sich darauf, daß Karl ja eigentlich zur Krönung schon von Deutschland aus hatte nach Italien kommen wollen. „Dies Land kann sich zur Zeit so wenig auf Frankreich stützen wie Navarra, dessen Erbe mitgefangen ist. Meine Meinung wäre, daß Ihr jetzt nach Italien kommen müßtet." (Das sollte Karl in diesen Jahren noch öfters zu hören bekommen.) „Sire, Ihr erinnert Euch, daß Herr von Berßele eines Tages sagte, Gott sende jedem Menschen einmal im Leben einen guten Herbst. Wenn er da nicht ernte, so sei es vorbei."[168] Auch hier bei der Italienpolitik finden wir also den Eindruck von Zeitgenossen, daß Karl bei rascherem Zugreifen angesichts seiner Machtverhältnisse mehr erreichen konnte.

In Spanien erfuhr man von dem Sieg am 10.März. Karl verbot lauten Jubel und ordnete kirchliche Danksagungen an. Das Problem war, was man jetzt mit dem Sieg und dem gefangenen König anfangen sollte. Machtpolitische Ausnutzungs-Pläne stritten mit ritterlichen Formen. Ebenso stritt die moderne Hegemonialpolitik um Italien gegen die traditionellen Rechtsansprüche Burgunds. Gattinara versuchte, universalistische Pläne rücksichtslos gegen Frankreich durchzusetzen, − „rücksichtslos" war ja auch wegen der Stärke Frankreichs nötig. Da er seinen Herrn kannte, war er gar nicht dafür, daß mit Franz persönlich verhandelt wurde; Karl sollte ihn möglichst gar nicht sehen. Auf italienische Interessen sollte Franz ganz verzichten; das Herzogtum Burgund sollte Karl bekommen; die Provence sollte von Reichs wegen an den Herzog von Bourbon verliehen werden. Es war also an eine enorme Machtverkleinerung Frankreichs gedacht − wobei aber englischen Plänen entgegenzutreten war, die viel weitergingen: Heinrich VIII. wollte eigentlich gleich, angesichts seines Titels „King of France", nach Paris zur Krönung!

Statt daß Karl sofort nach Italien zog, um im Sinne Gattinaras dort das Zentrum seiner Macht einzunehmen, wurde der gefangene Franz nach Spanien gebracht. Das tat Lannoy ohne ausdrücklichen Befehl im Juni 1525. Franz bekam allerdings trotz seines Wunsches Karl zunächst nicht zu Gesicht; er kam nach Jativa, südlich von Valencia, in ein festes Schloß; dort weigerte er sich zunächst, überhaupt irgendwie zu verhandeln; nach grundsätzlicher Zustimmung zu Friedensverhandlungen wurde er dann in den Alcázar von Madrid transportiert. Erst hier, als er krank, angeblich sterbenskrank darniederlag, ließ sich Karl sehen. Er wollte kein Lösegeld, er wollte intensiv nur eins: die Bourgogne, Burgund. In allem Überschwang neuer Möglichkeiten und Probleme sah er diese traditionelle burgundische Forderung als das klare Kernstück an. Dies sollte ihm Franz zugestehen, und da genügte ihm ein persönliches Wort des Rivalen.

Gattinara war verzweifelt. Er schickte Denkschrift über Denkschrift, um Karl auf Italien als Basis für die Bekämpfung der Häretiker und Ungläubigen hinzulenken. Es sei keine Zeit zu verlieren, denn die Dinge entwickelten sich dort ohne klares, schnelles Eingreifen nicht zum Besten.

Das französische Angebot bestand im völligen Verzicht auf Italien, also auf Neapel und auf Mailand, außerdem auf Flandern und Artois; nicht Burgund; dazu in Lösegeld von 3 Millionen Goldtalern. Bei Lichte besehen, bot man also französischerseits fast nur das Lösegeld an, denn die anderen Dinge waren nur Rechtsfragen, − machtmäßig hatte das Karl längst.

Ende November 1525 hatte Franz schließlich die Gefangenschaft satt. Er erklärte, er sei nun zu allem bereit; die Übergabe Burgunds könne er aber nur in Frankreich selber erwirken. Hier baute er also die sonst wenig von ihm geachteten États Généraux und die Parlements vor. Er müsse deshalb dorthin. Seine Garantie bestand darin, daß er versprach, Eleonore, die Schwester Karls, die gerade frei war (vorher war sie mit dem inzwischen verstorbenen portugiesischen König Manuel verheiratet gewesen) zu ehelichen; seine zwei Söhne sollten als Geiseln zu Karl kommen. Schon im August 1525 hatte er aber einen notariellen Protest formuliert, des Inhalts: sollte er durch lange Gefangenschaft sich zu etwas bewegen lassen, das gegen Pflicht und Ehre sei, so erkläre er das von vornherein für null und nichtig.

Gattinara zog sich aus dieser Art von Verhandlungen heraus − die führte Lannoy − und spottete über das blinde Vertrauen Karls. Er prophezeite einen Mißerfolg und fügte hinzu: diese Weissagung sei nicht abergläubisch, wie man behauptete, denn die Quellen dieses „Aberglaubens" seien die geschichtliche Erfahrung und die Beobachtung der Gegenwart, woraus sich die Zukunft von selbst ergebe; − ein schönes Beispiel für humanistisches Geschichtsverständnis.

Es kam also zu dem umfangreichen Vertrag von Madrid vom 14. Januar 1526. Ausführlich wurden die Verzichtleistungen von Franz und seine Pflichten aufgezählt. Er sollte dem Kaiser zum Zuge nach Italien eine Flotte und ein Heer bereitstellen. Ein gemeinsamer Kreuzzug wurde geplant. (Brandi bemerkt hierzu: „Uralte französisch-burgundische Ideologien".) Der König sollte gegen seine beiden Söhne freigegeben werden; innerhalb von vier Wochen sollte Franz die Zustimmung des Parlaments und der Stände für die Freigabe Burgunds erreichen.

Dann kam es zu einem stilvollen Abschluß der Verhandlungen. Vor dem Altar beschwor Franz den Vertrag mit feierlichem Eid. Er gab Lannoy das Versprechen des Edelmannes, in die Gefangenschaft zurückzukehren, falls er seine Verpflichtungen nicht würde erfüllen können. Brüderlich umarmte er Karl zum Abschied, der ihn noch einmal beschwor, ihn nicht zu betrügen. Im März 1526 kam es in San Sebastian zum Austausch des Königs mit den Prinzen.

In dieser Art von Außenpolitik zeigt sich eine erstaunliche Weltfremdheit Karls. Sie fällt um so mehr auf, als er doch Intrigen und Allianzspiel besonders um Italien vonseiten seiner Großväter Maximilian und Ferdinand kannte. Offenbar wollte er den etwas jünglinghaften Versuch unternehmen, solche unehrenhaften Machenschaften durch anständige, ritterlich-persönliche Verhältnisse, durch einen neuen, vornehmeren Stil zu überwinden. Er sah nicht, daß nur der äußerliche Stil ritterlich war, nicht die Sache selber, die ja eher auf eine Erpressung hinauslief. Darum ist es auch verständlich, daß man von Frankreich und auch von Italien und anderswo her nichts besonders Ritterliches in dieser Vorgehensweise fand. Franz I. wirkte sowieso als der „sichtbarere" Held, er hatte an Siegen und Niederlagen persönlich teilgenommen, während Karl von fern für sich hatte kämpfen lassen und nun offensichtlich den gefangenen Helden erpressen wollte. Karl muß das verkannt haben. Man kann von einer hochgeschraubten Personalisierung der Außenpolitik sprechen, zu der ihm die Gefangennahme von Franz die Gelegenheit zu geben schien. Er nahm dann auch den bald sich abzeichnenden Wortbruch des französischen Königs ganz persönlich: das schien ihm keine Sache für einen neuen Krieg zu sein, sondern für ein ritterliches Duell.

Zunächst war aber die Folge, daß eine Ausnutzung des großen Sieges von Pavia seitens des Kaisers damit weitgehend verpaßt wurde. Karl mußte seine an sich kaum zu brechende Machtstellung in Italien weiter mit großer Mühe und großen Kosten und greulichen Auswirkungen verteidigen. Hierauf ist nun einzugehen.

Nach der Schlacht von Pavia folgte in Italien die Zeit eines gefährlichen Machtvakuums. Die französische Hegemonie war verschwunden, die kaiserliche war für Mittel- und Norditalien nicht deutlich anwesend, ihr Kommen wurde aber dauernd gefürchtet. Von den italienischen Staaten war keiner mehr in der Lage, schnell Italien zu „retten", wie es Machiavelli von Cesare Borgia oder den Medicis ersehnte, – weder der Papst noch Venedig konnten das. Die kaiserlichen Söldner lagen untätig und nicht regelmäßig bezahlt im Lande.

Typisch für diese Verhältnisse war die „Versuchung des Pescara" (um den Titel einer Novelle von Conrad Ferdinand Meyer zu verwenden). Der Befehlshaber des kaiserlichen Heeres, Marchese di Pescara, aus neapolitanisch-spanischer Familie, wurde insgeheim beschworen, einem allgemeinen Bund der italienischen und außeritalienischen Gegner Spaniens beizutreten; dafür sollte er Neapel bekommen. Da Pescara Grund hatte, mit dem Kaiser unzufrieden zu sein – er mußte aus seinem eigenen Vermögen die Söldner bezahlen, und die Siegesbelohnung ließ auf sich warten – glaubte man, gute Aussichten bei dieser Versuchung zu haben. Pescara berichtete aber alles treu an den Kaiser: „Dann sprach er (Girolamo Morone, der mailändische Staatssekretär) mir von der Unzufriedenheit in Italien und von der Möglichkeit einer Verbindung mit Frankreich, erinnerte mich an die mir widerfahrene Behandlung, wie man mich stets zurücksetzt; daß ich doch geborener

Italiener sei; ja daß ich den größten Ruhm gewinnen könne als Befreier meines Vaterlandes, daß es nur bei mir stehe, Haupt und Führer der Bewegung zu werden; daß alle zusammenwirken würden, mir das Königreich Neapel zu verschaffen."[169]

Es ist nun auch wieder bezeichnend, daß man in Spanien Pescara nicht traute und seine Briefe für eine Finte hielt. Besonders Gattinara tat das. Man vermutete, er wolle einen Grund haben, sich in Mailand festzusetzen. Man war mißtrauisch, als Pescara Morone gefangennahm und die wichtigsten Plätze in Mailand gegen eine antikaiserliche Verschwörung sicherte. Im Dezember 1525 starb Pescara an einer alten Verwundung von Pavia, ohne kaiserliche Anerkennung gefunden zu haben.

Wie stark Karls Machtstellung in Italien war, zeigte sich in den beiden folgenden Jahren, als er hier ohne persönliches Eingreifen, ohne klare Strategie, nicht nur den neuen französischen, sondern auch den päpstlichen Widerstand überwand.

Franz I. erklärte nach seiner Freilassung den Madrider Friedensvertrag für erpreßt und nichtig. Das hieß, er gab nicht nur Burgund nicht heraus, sondern erhob auch wieder Anspruch auf Mailand, Genua und Neapel. Im Mai 1526 schloß er die Heilige Liga von Cognac, mit dem Papst, mit Venedig, Florenz, sogar mit dem vom Kaiser so abhängigen Herzog von Mailand, sowie mit englischem Wohlwollen. Als französische und päpstliche Gesandte auf dieser Grundlage mit Karl verhandeln wollten (August 1526), erklärte dieser: „Wenn euer König sein Versprechen gehalten hätte, könnten wir uns diese Verhandlungen sparen. Ich will von ihm kein Geld, auch nicht für seine Kinder. Er hat mich betrogen, er hat nicht ritterlich, nicht wie ein Edelmann gehandelt, sondern niederträchtig. Ich fordere, daß der allerchristlichste König sein Wort hält und wieder mein Gefangener wird, wenn er seinen Vertrag nicht erfüllen kann. Besser wäre, diesen Streit zwischen uns persönlich auszufechten, als soviel Christenblut zu vergießen."[170] (Wenn auf dem Reichstag von Speyer 1526 gegenüber den Protestanten eine maßvolle Haltung eingenommen wurde, so hängt das mit diesem Konflikt zusammen.)

Die Heilige Liga erreichte kaum etwas, obwohl es mit den kaiserlichen Truppen durch Führungs- und vor allem durch Besoldungsmangel abwärts ging. Karls Finanzierungsschwierigkeiten zeigen sich hier deutlich. Die spanischen und niederländischen Mittel reichten nicht. Die Fugger hatten die Kaiserwahl finanziell ermöglicht, zögerten aber mit Vorschüssen für die Söldnerbezahlung. Das galt in gleicher Weise für Ferdinands Türkenabwehr 1524, für seinen Kampf gegen die Bauernaufstände 1525 wie eben jetzt für Karls Italienkriege bis 1529. (Erst seit diesem Zeitpunkt, als das französische Lösegeld für die Prinzen-Geisel in Aussicht stand und die spanische Cruzada vom Papst bewilligt war, wurde die finanzielle Betreuung der habsburgischen Interessen durch die Fugger sicherer.)

Im Frühjahr 1527 trafen neue Landsknechtsverbände unter Frundsberg in Oberitalien ein. Sie kamen ohne klare Strategie, ohne genügenden Sold, aber mit Erbitterung gegenüber dem kaiserfeindlichen Papst. Sie ist verständlich bei den deutschen Landsknechten, die von der protestantischen antipäpstlichen Stimmung angesteckt waren, aber sie war auch bei den Spaniern verbreitet. Man darf hierfür die Wirkung der öffentlichen, gedruckten Rechtfertigungen des Kaisers gegenüber der feindlichen Vorgehensweise des Papstes nicht unterschätzen, etwa seinen gedruckten Aufruf an das Kardinalskollegium, in dem es hieß, daß, wenn der Papst versage, ein Konzil einzuberufen sei.

Unter diesen Voraussetzungen also – keine rechte Kriegführung, kein Sold, Wut auf den Papst – machte sich das deutsch-spanische Heer selbständig. Es marschierte gegen den reichen Feind, und zwar in Eilmärschen, ohne Artillerie und Belagerungsgerät. Frundsberg konnte die Truppen nicht halten, er erlitt vor Aufregung einen Schlaganfall. Der Papst unterschätzte die Gefahr. Er ging nicht darauf ein, daß die gar nicht entsprechend ausgerüsteten „Belagerer" Roms bloß Proviant und Bezahlung haben wollten und dann vorhatten, weiter nach Neapel zu ziehen. Am 6.Mai 1527 „morgens frue", schreibt Ziegler, der Sekretär Frundsbergs, „gab Gott einen dicken Nebel, der das Kaisrisch Volk bedecket, das man sie aus der Stadt nicht wol sehen mocht".[171] Sie griffen an unter dem Kommando des Herzogs von Bourbon, der dabei – wohl versehentlich durch Spanier – getötet wurde. Weitgehend führerlos drang also das Heer in die Stadt ein. Der Papst wurde auf seinem Weg zur Messe durch seine Schweizergarde geschützt, er rettete sich in die Engelsburg. Dann kam es zum Sacco di Roma. Das waren große Greuel, aber man muß sagen, die Berichterstattung über diese Greuel war, wie es sich für ein Zentrum der Literatur gehört, auch besonders lautstark. Man kann nicht von weitgehender Zerstörung und wohl auch nicht von Massentötungen sprechen, sondern es handelte sich um Plünderung, um Raub, dabei um Beschädigungen der Kirchen und um Zwangseinwirkung auf die reichen Bürger, wenn sie ihr Geld nicht gleich herausrücken wollten. Dabei gab es viele Quälereien, Mord und Totschlag, Frauenschändungen und Saufexzesse. All das war ganz überraschend und entsetzlich. Wie lange dauerte es? Ziegler berichtet, man habe die Vorgehensweise nach sechs Tagen verboten. Es ging aber wohl noch wochenlang, vielleicht monatelang weiter.

Dieser Sacco di Roma gilt als das „Ende der italienischen Renaissance". Damit ist aber nicht die tatsächliche Zerstörung – etwa von Kunstwerken – gemeint. Stadtgeschichtlich, baugeschichtlich bildet dieses Ereignis gar keinen Einschnitt für Rom. Eigentlich ist nur die Änderung des Lebensgefühls angesichts dieser Erfahrung gemeint. Es ist das Ende der „Verweltlichungs"-Phase. Die Zeitgenossen sahen diese Katastrophe gern als Strafgericht Gottes über das Sündenbabel an, und das deuteten sie nicht nur außerhalb Italiens und Roms so. Langsam begann nun die kirchliche Reformzeit – die sich aber ohnehin schon als kommende Tendenz angekündigt hatte.

Den deutschen antirömischen Kirchenreformern konnte der Sacco di Roma nur gefallen. Dieses Ereignis war für sie ein Stück Realisierung ihres Wunschbildes, wie der deutsche Kaiser gegen den Papst vorgehen sollte. Karl V. war aber über diesen „seinen Sieg" natürlich entsetzt. Er wies öffentlich die Verantwortung dafür weit von sich. In seinen Aufzeichnungen heißt es: „Die Hauptverantwortung lag nicht bei ihm, sondern bei denen, die ihn gezwungen hatten, sich zu verteidigen und eine so große Armee einzusetzen, die, wie sich herausstellte, schwer im Zaum zu halten war."[172]

Den Papst ließ er aber doch zappeln. Einen Monat nach der Einnahme Roms hatte Clemens in der eingeschlossenen Engelsburg kapituliert und blieb nun dort gefangengesetzt. Gattinara sah seinen Herrn, wenn er nach Italien zu seiner starken Armee ginge, „auf dem direkten Weg zur Universalmonarchie, von aller Welt geachtet und gefürchtet, außerhalb jeder Zwangslage".[173] Andere, besonders die erasmisch beeinflußten Ratgeber, versuchten den Kaiser in diesem günstigen Moment zu einer durchgreifenden Kirchenreform zu bewegen. Das gelang nicht. Es war aber 1527 wohl auch schlechterdings aussichtslos; denn alle Feinde des Kaisers, Frankreich an der Spitze, fanden sich nun in der Zielrichtung der Papstbefreiung zusammen. Sie drangen in Oberitalien, Anfang 1528 auch ins Königreich Neapel ein. Karl konnte der Sache nur die Spitze nehmen, wenn er mit dem Papst zum Ausgleich kam. Das geschah im November 1527. Der Kirchenstaat wurde wiederhergestellt; einige Plätze wurden nur als Pfänder besetzt gehalten. Dafür versprach Clemens Neutralität und die Zahlung von 400 000 Dukaten. Er durfte daraufhin aus der Engelsburg entweichen. Das war jedenfalls eine geschicktere Gefangenenbehandlung als diejenige von Franz I., und sie hatte eine langfristige Wirkung.

Die kaiserliche Lage in Italien stabilisierte sich 1528 wieder, durch diese Politik zwischen Kaiser und Papst und durch etwas wichtiges anderes: Andrea Doria mit der genuesischen Flotte, der zunächst auf französischer Seite gestanden hatte, trat zum Kaiser über. Genua war die zentrale maritime Position Frankreichs in Oberitalien gewesen. Sie war fast so bedeutend wie Mailand. Genuas Verlust sollte zu großen Neuüberlegungen hinsichtlich des französischen Mittelmeerhandels und seines Schutzes führen: vor allem zur Annäherung an die Pforte. Der Gewinn dieser Seemachtbasis für Karls und auch für die spätere spanische Mittelmeerpolitik ist sehr hochzuschätzen. In der zweiten Hälfte des 16.Jahrhunderts, nach dem Niedergang Antwerpens, wurde Genua zunehmend auch die Finanzbasis des spanischen Weltreiches. Im Hinblick auf diese Entwicklung möchte man annehmen, daß die Genuesen etwas dergleichen vorausberechnet haben, also nicht nur aus vorübergehender – etwa persönlicher – Spannung mit Frankreich die Front wechselten, sondern ihre größeren Möglichkeiten innerhalb des habsburgischen Wirkungsbereiches erkannten.

1529 gab es Friedensschlüsse. Im Juni zunächst in Barcelona zwischen dem Kaiser und dem Papst. Clemens erhielt wichtige Versprechungen, die ihn familiär interessierten: nämlich Hilfe bei der Wiedereinsetzung der Medici in Florenz. Alessandro di Medici erhielt die Hand immerhin der illegitimen achtjährigen (von einer Niederländerin stammenden) Tochter Karls versprochen, der Margarete. (In diesen Geschäften strich dann Clemens 1530/31 bei seiner Wiederannäherung an die Franzosen noch eine fette Prämie ein: seine elfjährige Nichte Katharina von Medici sollte Heinrich [II.], den Sohn Franz'I., heiraten.)

Im August 1529 wurde der Friede von Cambrai zwischen Karl und Franz ausgehandelt, und zwar betont besänftigend und in dem Wunsch, zu einem guten Verhältnis zurückzufinden, unter Führung zweier kluger, politisch erfahrener Damen: Louise von Savoyen, der Mutter und engen Beraterin des Königs, und Margarete von Österreich, der Tante des Kaisers und seiner Statthalterin in den Niederlanden. Daher wird er der Damenfriede genannt. Das Ergebnis war etwa dasselbe wie Madrid 1526, aber angesichts von Franzens Verzicht auf alle Ansprüche in Italien brachte es Karl nun über sich, auf die Rückgabe der Bourgogne zu verzichten, allerdings ohne seine Rechte auf sie aufzugeben; er behielt sich vor, „diese in gütlicher Weise und auf dem Rechtsweg weiter zu verfolgen".[174] Für die französischen Prinzen wurde Lösegeld gezahlt (2 Millionen Soleils = 1 Million Dukaten). Außerdem wurde gemeinsame Türkenabwehr ausgemacht. Eleonore, Karls ältere Schwester, seit 1526 in Ferntrauung mit Franz „verbunden", wurde nun als Königin anerkannt; sie kam zusammen mit den ausgelösten Prinzen nach Frankreich. Weniger politisch versiert als die beiden Damen von Cambrai, versuchte sie in der Folgezeit durch ihre natürliche Liebenswürdigkeit die französisch-habsburgische Atmosphäre zu verbessern.

Folgen in Italien und England. Blick auf Nordeuropa

Wir haben nun auf die teils profanpolitischen, teils kirchenpolitischen Folgen dieser Friedensschlüsse Karls V. mit dem Papst und mit Frankreich einzugehen. Für Italien bedeuteten sie die spanisch-habsburgische Hegemonie. Für Frankreich die Abkehr vom universalistischen Konzept und vom Kreuzzugsgedanken; das kann man besonders an der Verhandlungsbereitschaft gegenüber den Osmanen sehen. Für das Reich und die Reformation – Karl zog ja hiernach zum Reichstag nach Augsburg – eine Steigerung der Stellung Karls ohne entscheidende weitere Wirkung. Sehr wohl aber für die Reformation in England.

Was Italien betrifft: nun erst betrat Karl den Boden dieses Landes, nahezu gleichzeitig mit dem Friedensschluß von Cambrai im August 1529. Das war bei der Abreise in Barcelona nicht so beabsichtigt gewesen. Er hatte sich nach siebenjähriger Tätigkeit in Spanien zu dieser Fahrt entschlossen, weil er geglaubt hatte, nun doch in Person den Krieg in Italien zu Ende führen zu müssen. Die Sache hatte sich verzögert; viele spanische Ratgeber waren dagegen, daß er das Land verließ, oder drängten zu Unternehmungen gegen die Türken zur See; Geld und Streitkräfte waren unter diesen Voraussetzungen nur langsam zusammengekommen. Und nun stand ihm in Italien kein großer militärischer Sieg, sondern eine Vielzahl von kleineren Streitigkeiten bevor, – während anderswo größere Aufgaben auf ihn warteten: in Neapel herrschte Wirrwarr, die Türken drangen in Ungarn vor, und ein Reichstag mußte einberufen werden. Karl sah sich so vehement vielleicht zum ersten (aber sicherlich nicht zum letzten) Mal den unvereinbaren Anforderungen seines übergroßen Wirkungsbereiches gegenüber. Sehr ausführlich schrieb er darüber an seinen Bruder Ferdinand (11. Januar 1530). Er sah alle Probleme, ließ sich aber nicht von ihnen zwingen. Er blieb bis Mai 1530 in Oberitalien, nahm sich der dortigen einzelnen Streitfragen an, auf der Grundlage seiner militärischen Macht, frei von der französischen Gegenmacht, aber möglichst nicht im Eroberstil, sondern in ständiger Verbindung mit der anderen großen italienischen Autorität, dem Papst. „Ich will die Freundschaft des Papstes, wer immer es sein möge, haben und aufrecht erhalten, was kaum jemals der Fall sein könnte, wollte ich in Italien den Herrn spielen", schrieb er an Ferdinand.[175] Er spielte also den Friedensstifter; was ihm nicht schwerfiel, da es seinen Neigungen und Plänen entsprach. Ab Dezember 1529 kam es in Bologna zu wochenlangen Geheimgesprächen zwischen ihm und Clemens VII., nicht nur über die italienischen Verhältnisse, sondern auch über die deutschen und englischen. „Von diesem Zeitpunkt an kann man ihn als den europäischen Staatsmann ansehen", urteilt sein spanischer Biograph Fernández Alvarez.[176]

Dieser Friedenspolitik entsprach die Königs- und Kaiserkrönung in Bologna im Februar 1530. Weniger entsprach ihr die zehnmonatige Belagerung von Florenz von Oktober 1529 bis August 1530 durch ein kaiserlich-päpstliches Heer. Karl leistete die versprochene Hilfe für den Papst bei der Unterwerfung der Stadt unter die Herrschaft der Medici. Im Zusammenhang mit dem Sacco di Roma 1527 hatten sie sie verloren. Eine religiös fanatische Republik in Wiedererinnerung an Savonarola war entstanden, die asketische Sittlichkeit und die „Königsherrschaft Christi" propagierte; man hat kürzlich Parallelen zum wenig späteren Täuferreich von Münster entdeckt,[177] und zweifellos war Karl V. von dieser politisch-religiösen Radikalität abgestoßen. Es gab zähe, verlustreiche Kämpfe — Michelangelo war auf seiten der Belagerer als Feldbaumeister tätig —, dann mußte die Republik kapitulieren, verlor ihre Privilegien und verlor ihre Verfassung. Alessandro di Medici wurde kraft kaiserlicher Machtvollkommenheit zum ersten Herzog von Florenz eingesetzt. Ab 1561 hieß das Herrschaftsgebiet dann „Toscana".

Insgesamt kam es in Italien durch die Kriege der zwanziger Jahre zu einer tiefen Strukturveränderung. Auch seine internationale Bedeutung veränderte sich. Sizilien, Neapel und Sardinien standen unmittelbar in Abhängigkeit Karls V. Das waren 40 Prozent des italienischen Territoriums. Die ehemalige Pentarchie der größeren italienischen Staaten (Neapel, Kirchenstaat, Florenz, Mailand, Venedig) war dahin. Nur Venedig und der Kirchenstaat blieben als von äußerer Macht unabhängig zurück. In Mailand war Francesco Sforza eingesetzt, aber mit spanischer Besatzung, also durchaus nicht unabhängig, — von den kleineren Staaten ganz zu schweigen. Die spanische Herrschaft mußte immer auf der Hut vor französischen Invasionen sein, daher war sie fühlbar stark. Man kann von einer habsburgischen Hegemonie auf Jahrhunderte sprechen, — spanisch-habsburgisch bis 1714, teils österreichisch-habsburgisch, teils spanisch-bourbonisch bis zu Bonaparte und dann noch bis zur italienischen Einigung im 19.Jahrhundert.

Wenden wir uns zu England. Hier hat Karl V. durch seinen Einfluß auf den Papst, ohne es zu wollen, die Reformation, die Abkehr von der päpstlichen Oberhoheit, zustandegebracht. Wir sahen, daß Heinrich VIII. unter der außenpolitischen Führung des Kardinals Wolsey zwischen Frankreich und Habsburg lavierte, also möglichst vermittelnde Stellungen einnahm. Wolsey versuchte, sich innenpolitisch und außenpolitisch eine papstähnliche Stellung zu verschaffen: innenpolitisch mit päpstlicher Sondervollmacht für die englische Kirchenreform, außenpolitisch etwa schon 1518, als er für einen kurzen Augenblick die großen Mächte der Christenheit in London gegen den gemeinsamen türkischen Feind zu vereinigen vermochte (was eigentlich Sache des Papstes war). An sich war England seit Heinrich VII. traditionell prohabsburgisch (das kann schon auf die Verbindung der Yorks mit Burgund zurückgeführt werden), aber Habsburgs Macht wurde sehr groß, Karl wich Heiratsversprechungen und -verhandlungen aus, seine Haltung zu England nach seinem Sieg über Franz I. 1525 enttäuschte, — also half England, durchaus schon nach dem Gesichtspunkt des europäischen Gleichgewichts, inoffiziell der antikaiserlichen Liga von Cognac 1526. Das war beinahe eine diplomatische Revolution. Es gab dafür viele Gründe, aber der Hauptgrund war sicherlich die antikaiserliche Haltung des Papstes. Denn der Papst wurde benötigt. Heinrich VIII. hatte damals seine „great matter", nämlich die Scheidung bzw. Ehe-

Nichtigkeitserklärung von Katharina, der Tochter des katholischen Königspaares Ferdinand und Isabella, also Karls Tante. Katharina hatte ihm keine männlichen Nachkommen verschafft, nur die Tochter Maria (1516), außerdem liebte Heinrich Anne Boleyn, und seit 1527 äußerte er Gewissensskrupel, ob die Ehe mit der Frau des Bruders (denn das war Katharina gewesen) nicht vielleicht sündig und damit ungültig sei, der Papst also seinen Dispens zurücknehmen müßte. Heinrich war stramm päpstlich, er hatte gegen Luther 1521 einen Traktat geschrieben, Leo X. nannte ihn damals „Defensor Fidei".

1527 war aber nun ein schlechter Zeitpunkt. Clemens VII. war gefangen, in der Hand des Kaisers. Wolsey versuchte sich selber oder die Kardinäle vertretungsweise einzusetzen, um die Sache im Sinne seines Königs zu regeln. Das ging nicht. Nach seiner Freilassung schwankte der Papst, ob er den Fall in England – wie es dort gewünscht wurde – entscheiden lassen konnte oder in Rom entscheiden mußte. Kurz nach dem Friedensschluß mit Karl in Barcelona im Juni 1529 zog er den Fall nach Rom: im Juli. Offensichtlich geschah das also unter dem Druck des Kaisers. Theologisch war die Sache kontrovers; es ist ziemlich wahrscheinlich, daß Clemens unter normalen Umständen der Scheidung stattgegeben hätte. Für England war es jedenfalls so gut wie offensichtlich, daß er unter politischem Druck Karls ablehnte oder mindestens die Sache immer wieder hinauszögerte.

Aus diesem Grunde brach Heinrich VIII. mit Rom. Er wollte keine Reformation, aber er wollte alle Rechtsbefugnisse über innerenglische Angelegenheiten dem Papst entreißen und selber übernehmen. Das geschah stückweise: 1529 wurde der hierin unfähige Wolsey entmachtet und stattdessen Thomas Cromwell tätig, 1532 anerkannte die englische Kirche den König als ihr Oberhaupt, statt des Papstes, 1533 wurden vom Parlament Appellationen nach Rom in testamentarischen und eherechtlichen Fällen verboten. Darunter befand sich „zufällig" der Fall des Königs. Die Ehe zwischen ihm und Katharina konnte also nun in England für nichtig erklärt werden. Das geschah auch. Es geschah rechtzeitig angesichts der Schwangerschaft Anne Boleyns (enttäuschenderweise wurde ja daraus wieder ein Mädchen, nämlich Elisabeth). Nur widerwillig ließ dann Heinrich VIII. weitere Reformen in lutherischer Richtung zu, weniger widerwillig die Klosterauflösungen. Die bischofskirchliche Verfassung blieb.

Wie gesagt, Karl V. hatte das nicht gewollt, er schützte nur, in seinem großen Familiensinn, Katharina, die selber heftig gegen die Nichtigkeitserklärung der Ehe protestiert hatte, und ihre Tochter Maria, die nun als illegitim gelten sollte. Die kirchenpolitischen Folgen waren nicht vorhersehbar. Sie sind aber eindeutig von seinem Druck auf den Papst abhängig. Möglicherweise war es für Karl V. ein Grund, später für die Rückkehr Englands zum alten Glauben – in Verbindung mit seiner Familienpolitik – bemüht zu sein.

Bei dieser Gelegenheit soll ein Streiflicht auf einen englandnahen Teil Europas fallen, auf Nordeuropa. Dort war nämlich auch habsburgische Familienpolitik im Spiel, dort aber gänzlich erfolglos; und es geschah dort auch im Zusammenhang mit Reformation.

Schon einleitend bei diesem Teil über die Europapolitik wurde betont, daß sich am Anfang des 16.Jahrhunderts noch kein einheitlich zusammenwirkendes europäisches Staatssystem bildete. Es bestanden vielmehr mehrere Einzelsysterne: neben dem um Italien zentrierten südeuropäischen System gab es das osteuropäische und das nordeuropäische. Karl V. hat aber eben doch eine weite Wirkung auf viele Bereiche Europas gehabt: nicht nur auf Spanien und Italien, auf Frankreich, Deutschland, Ungarn und die Osmanen, sondern – wie gezeigt – auch auf England. Auf Polen und auf Rußland ist sie kaum sichtbar, wohl aber auf Nordeuropa. Das sind Dänemark, Schweden und Norwegen, seit 1397 in der Kalmarer Union vereinigt, flächenmäßig ein Riesengebiet. Das Hauptinteresse der Habsburger ging von den Niederlanden aus, wegen des Handelsverkehrs durch den Sund, um in Danzig Getreide und Holz zu kaufen; es stand also gegen die Interessen der Hanse.

Ab 1513 regierte diese Union Christian II., der aber in Schweden von dem dortigen Reichsverweser und dessen nationaler, bischofsfeindlicher Partei nicht anerkannt wurde. 1515 heiratete Christian die 14jährige Isabella, eine Schwester Karls von Burgund. Das war nun einmal ein habsburgisches (maximilianisches) Heiratsprojekt, das ganz schief ging. Christian drang gewaltsam in Schweden ein, er ließ Greuelberichte über kirchenschänderisches Verhalten der dortigen Aufständischen verbreiten und konnte sich dadurch die Hilfe Karls und des Papstes sichern. 1520, nach dem Tode des Reichsverwesers, wurde er zum König gekrönt, richtete aber das Stockholmer Blutbad an: Unter Ketzeranklage wurden etwa hundert Personen hingerichtet, darunter viele Adlige, Stockholmer Bürger und zwei Bischöfe, – sicherlich nicht deshalb, weil sie Ketzer gewesen wären, sondern weil sie Gegner der nordischen Union waren. 1521 traf sich Karl V. mit diesem Christian in den Niederlanden. Danach bremste er Feindseligkeiten seitens Lübecks gegen seinen Schwager, deutlich auch im Interesse der niederländischen Händler. Mit hansischer Hilfe wurde aber doch sehr bald der Widerstand gegen Christian II. aufgebaut. 1523 erhoben die Schweden Gustav Vasa zum König, und gleichzeitig gab es einen dänischen Adelsaufstand gegen Christian. Herzog Friedrich von Schleswig und Holstein wurde hier zum König gewählt. Christian mußte mit seiner Familie Zuflucht in den Niederlanden suchen. Das war das Ende der Kalmarer Union und der Anfang der lutherischen Reformation in Schweden und Dänemark unter dem Einfluß von Lübeck.

Bei Karls Tante Margarete saß also damals die ehemalige dänische Königsfamilie, nun seltsamerweise mit lutherischen Neigungen, die vielleicht einfach opportunistisch waren; Isabella nahm das Abendmahl in beiderlei Gestalt. Christian verdarb es aber mit allen, er zog 1528 ab und zog herum, suchte Hilfsgelder und Truppen; 1530 tauchte er in Innsbruck bei Karl auf. Dann kehrte er zum katholischen Glauben zurück, landete 1531 mit niederländischer Hilfe in Norwegen zwecks Rückeroberung, erklärte sich da wieder evangelisch – das sind so die Erfahrungen, die Karl schon innerhalb der Familie hinsichtlich des politischen Opportunismus in Glaubensfragen machen konnte –, wurde in eine Falle gelockt und gefangengenommen, 27 Jahre lang, fast bis zu seinem Tod.

Karl war mit diesem Schwager sowieso nie gut zurechtgekommen; außerdem war seine Schwester Isabella 1526 gestorben. Er wollte aber mit den Kindern und entsprechenden Erbschaftsansprüchen etwas anfangen. Das waren Hans, Christine und Dorothea, die in den Niederlanden erzogen wurden. Hans hatte er mitgenommen zum Regensburger Reichstag 1532, dort starb aber der 12jährige Junge.

Karl schrieb darüber einen Brief an seine Schwester Maria (die inzwischen in den Niederlanden die Rolle der verstorbenen Tante Margarete übernommen hatte), in dem er sich persönlich ungewöhnlich erschüttert zeigt: „Es war der netteste Junge, den ich kannte. Ich habe seinen Tod empfunden wie denjenigen eines eigenen Sohnes. Denn ich hielt ihn so, und er war ja auch schon groß und mir sehr vertraut. Gottes Wille konnte es gewiß an jedem Ort so fügen, aber mir ist es nun doch sehr leid, daß ich ihn hierher mitgenommen habe. Gott wolle es vergeben, aber ich wünschte seinen Vater an seiner Stelle. [Karl wußte in diesem Augenblick noch nichts von dessen Gefangenschaft.] Indessen, der kleine Kerl ist gewiß besser aufgehoben. Er ist ohne Sünden so gestorben, daß ihm, selbst belastet mit den meinigen, die ewige Seligkeit sicher gewesen wäre; im Sterben noch rief er: Jesus!"[178]

Mit den Töchtern versuchte er Politik zu machen. 1533 wurde Christine 12jährig mit dem alten Herzog Francesco von Mailand verheiratet, damit dieser politisch zuverlässiger und mehr an Habsburg gebunden wurde. Karls Schwester Maria war empört: „Es ist gegen Gott und das Recht der Natur, ein Mädchen, das noch nichts von einer Frau hat, zu verheiraten und den Gefahren eines Kindbetts auszusetzen. Ich bitte es mir zu verzeihen, aber mein Gewissen und die Liebe zu diesem Kinde zwingen mich, das zu sagen." Karl antwortete darauf, er verfüge an Vaters Statt, der sei so gut wie gestorben, und er handele im Interesse des Reiches. Für diesen schiefen Herzog sei sie reif genug.[179]

Mit Nachkommen von Francesco und Christine wurde es nichts. Der Herzog starb 1535. 1541 wurde die Witwe, die zwischendurch von Bayern umworben worden war, weil man dort Mailand haben wollte, mit dem Erbprinzen von Lothringen vermählt. Sie starb erst 1590.

Dorothea wurde 1535 14jährig mit dem Pfalzgrafen Friedrich verheiratet, also erstaunlicherweise mit einem deutschen Kurfürsten. Der Sinn der Sache war aber, daß dieser Mann nun für das Erbe Dänemarks tätig werden sollte. Dänemark drohte sich wieder mit Lübeck gegen den niederländischen Handelsverkehr zu verbinden, es gab dänisch-französische politische Verbindungen, also sollte hier gegengesteuert werden. Fugger machte dafür Gelder flüssig. Der Pfalzgraf wurde aber überhaupt nicht tätig. Später, kurz vor dem Schmalkaldischen Krieg, näherte er sich sogar den Protestanten, und auch Dorothea nahm zum Schmerze des Oheims das Abendmahl in beiderlei Gestalt.

Wie man sieht, ganz Nordeuropa ist also nur das Gebiet mehrfach mißglückter außenpolitischer Einflußnahmen Karls. Wir können dieses Gebiet darum nun wieder verlassen, während England später noch einmal eine Rolle spielen wird.

Die Osmanen zu Land und zur See

Von allen Folgen des Sieges in Italien war natürlich die französische Politik nach 1529 die gewichtigste, diejenige, die Karls größte Aufmerksamkeit erforderte: insbesondere Frankreichs Kontaktaufnahme zum christliche Hauptfeind, den Osmanen. Diese Handlungsweise ist den Franzosen immer besonders verübelt worden, schon von den Zeitgenossen: von altgläubigen ebenso wie von reformierten Deutschen, von Italienern und Spaniern, natürlich unter dem Eindruck der vielen öffentlichen kaiserlichen Verlautbarungen darüber; übrigens auch in Frankreich selber ist sie kritisiert worden. Spätere Historiker sind dieser Kritik gefolgt, namentlich Ranke und auch noch wieder Josef Engel. Den Türken gegen einen christlichen Rivalen aufzuhetzen, das erschien als sehr viel schnöder als von der alten Kirche abzufallen: das fanden vor allem die Protestanten. Obwohl es schon früher venezianisch-türkische Abmachungen gegeben hatte und auch in Ungarn Formen der Koexistenz entwickelt wurden, empfand man das französische Vorgehen als schweren Traditionsbruch. Er wurde auch in sehr vorsichtigen, verschleierten Formen durchgeführt. Andererseits waren aber eben die Möglichkeiten, die Habsburger zu Lande und zu Wasser – also in Ungarn, auf dem Mittelmeer, in Nordafrika – zu stören, zu verlockend; verbunden mit der Sicherung und Erweiterung des französischen Levante-Seehandels.

Das Osmanische Reich war die Haupt-Gegenmacht des Kaisers und seines Wirkungsbereiches, mit der er trotzdem nie in direkte Konfrontation kam. Schon für ihn als Oberhaupt des Ordens vom Goldenen Vlies galt der Kreuzzug als der höchste Auftrag, und diese Hauptaufgabe hat er auch als Kaiser immer betont. Eigentlich waren es drei Aufgaben. Die direkte Kreuzzugsrichtung der lateinischen Christenheit hätte nach Konstantinopel und Jerusalem führen müssen. Zu Land war Ungarn und der Südosten des Reiches zu verteidigen; hier trug der Kaiser mit dem Reichsheer Verantwortung, aber die Hauptarbeit hatte der König von Ungarn, sein Bruder Ferdinand. Zur See und an der afrikanischen Nordküste war Karl in erster Linie als König von Spanien gefordert. Sehr unterschiedliche Gebiete der Konfrontation. Das osmanische Großreich bildete eben sowohl im Mittelmeergebiet als auch im südlichen Europa die Gegenmacht des habsburgischen Großreiches. Es war in etwa derselben Zeit so gewachsen wie die Casa de Austria, auch vielvölkrig, und der Sultan trat auch – durch seinen Khalifentitel – mit einem universalistischen Anspruch auf wie der Kaiser; in der militärischen Aktivität war er ihm allerdings weit überlegen.

Karl V. hat auf verschiedenen Ebenen klar sichtbare Gegenspieler gehabt: Luther, den französischen König, den Papst. Der Gegenspieler im weitesten Horizont ist Süleyman der Prächtige, Sultan von 1520 bis 1566, Großherr über ein riesiges Reich, viel neu erobernd (vor allem in Ungarn und in Armenien), aber doch, ähnlich wie Karl, der Erbe noch dynamischerer Vorgänger.

Sein Vater Selim I. hatte in acht Jahren (1512–1520) von der Basis der (heutigen) Türkei und des Balkans aus die Gewinnung Syriens, Arabiens und Ägyptens geschafft, – sozusagen als Beiprodukt im Laufe der Bekämpfung des safewidischen Persiens (das 1501 von Ismail gegründet worden war, der eigentliche Anfang des heutigen Iran). Die in Syrien und Ägypten herrschenden Mameluken waren nämlich mit Persien verbündet. 1517 hatte er den Khalifentitel erhalten, da nun Mekka und Medina in seinem Machtbereich lagen. Seine Eroberungen führten zur schweren Störung des europäischen Levante-Handels. Die Osmanen nahmen eine neue maritime Richtung auf. Das Ostmittelmeer wurde zum osmanischen Binnenmeer.

Süleyman, der Sohn, nahm zu Land und See die volle Expansion, den „heiligen Krieg" gegen den Westen wieder auf. Zu Land kam er schon 1521 bis Belgrad. Fünf Jahre später fand der neue, weitere Vorstoß statt, der zu der schon erwähnten Katastrophe Ludwigs II. und seines ungarischen Heeres bei Mohács führte. Seither war Ferdinand für Ungarn verantwortlich, hatte sich dabei aber noch mit dem Gegenkönig Johan Zápolya auseinanderzusetzen. Karl V. meldete in einem großen Brief vom 26. November 1526 aus Granada an die ungarischen Stände ebenfalls seine hohe Aufgabe an: „Seit wir die Regierung des Römischen Reiches und die Schirmherrschaft über die christliche Gemeinschaft übernommen haben, war es unser Bestreben, sie in Frieden auszuüben, unsere Waffen mit der Hilfe der christlichen Fürsten gegen den ewigen Feind des Glaubens zu wenden." Er versprach, er werde seinen Bruder „mit unserer Macht, Autorität, sogar mit der eigenen Person niemals verlassen, ja wir sind in dieser Sache in größter Bereitschaft und beginnen die eigenen und der Untertanen Kraft darauf auszurichten, den Türken, soweit dies in Anbetracht der Größe der Sache möglich ist, innerhalb kurzer Zeit und schnell von Eurer Schwelle zu verjagen und sogar, so Gott hilft, Euren Grenzgebieten fernzuhalten".[180] Das blieben zunächst große Worte, auch noch 1529 bei der beängstigenden, aber dann abgebrochenen Belagerung Wiens durch den Sultan.

Im selben Jahrzehnt entwickelte sich auch die türkische Seeherrschaft. 1522 wurde Rhodos den Johannitern weggenommen. Schon damals hatte Karl versucht, die christlichen Fürsten gegen „diesen wilden und zu Wasser und zu Lande übermächtigen Türken" zur Hilfe zu sammeln.[181] Für das westliche Mittelmeer bediente sich der Sultan des Chaireddin Barbarossa, eines islamisierten Griechen aus Lesbos, der sich anfangs unter mamelukischer, dann unter osmanischer Flagge schon in Selims Zeit in Algier festgesetzt hatte (das wurde 1519 ein osmanischer Paschalik), und sich hier mit guter türkischer Artillerieverteidigung gegen die neuen spanischen Ausdehnungsversuche in Nordafrika zur Wehr setzte. Das war die wichtige osmanische Machtbasis im westlichen Mittelmeer. 1531 stellte sich auch Tunis unter die Schutzherrschaft Süleymans. Zwei Jahre später (1533) wurde Barbarossa Oberbefehlshaber der türkischen Seestreitkräfte.

Also hier fand ein bedrohliches osmanisches Vordringen sowohl gegen Ungarn als auch gegen spanisches Interessengebiet statt. Barbarossa plünderte in Süditalien und Spanien und verschleppte Christen in die Sklaverei. Die Aktionen richteten sich also gegen beide Habsburger, Ferdinand und Karl.

Für Frankreich mußte all dies dazu verlocken, politische Beziehungen anzuknüpfen, zumal Handelsbeziehungen schon bestanden und verbessert werden sollten. In den zwanziger Jahren gab es mehrere französische Gesandtschaften, heimliche, unter kommerziellem Vorzeichen. Man kennt einen Brief Süleymans an den König Franz aus dem Jahre 1526: „Ihr, ein Franke, König des Landes Frankreich, habt an meine Pforte, die Zuflucht der Könige, durch Euren getreuen Gesandten Frangipani einen Brief übersandt und ihm auch einige mündliche Mitteilungen anvertraut. Ihr habt mich wissen lassen, daß der Feind euer Land erobert hat [? schwer zu sagen, was der Gesandte da behauptet hat: vielleicht Mailand] und daß ihr euch gegenwärtig in Gefangenschaft befindet. Ihr habt hier um Hilfe und Beistand zu Eurer Befreiung gebeten... Es ist nichts außergewöhnliches, daß Herrscher besiegt und gefangen werden. Drum fasset Mut und laßt euch nicht völlig niederschlagen. Unsere glorreichen Vorfahren und ruhmwürdigen Ahnen – Gott erleuchte ihre Gruft – haben nie nachgelassen Kriege zu führen, um ihre Feinde zurückzuschlagen und Reiche zu erobern. Auch Wir sind ihren Spuren gefolgt... Tag und Nacht halten wir Unser Roß gesattelt und Unseren Säbel an der Seite. Möge Gott der Allmächtige das gute Werk fördern! Was auch Sein Wille zum Ziele habe, er möge geschehen! Im übrigen befragt euren Gesandten über die Verhandlungsgegenstände und Neuigkeiten, er wird euch davon unterrichten. Das sei euch hiermit kundgetan."[182]

Abgesehen vom „prächtigen" Stil und allgemeinem Trost von Herrscher zu Herrscher stand nicht viel darin, aber das wichtigste sollte eben mündlich überbracht werden. Es wird wohl der Vorstoß nach Ungarn angekündigt worden sein, so unklar auch ist, ob die französische Einwirkung irgendetwas mit dieser Absicht zu tun gehabt hat. Auch die Belagerung Wiens September/Oktober 1529 ließe sich mit französischer Einwirkung in Verbindung bringen; für den Damenfrieden kam diese türkische Bedrohung allerdings zu spät. Andererseits gab es 1530 Versuche von seiten der Spanier und Portugiesen, Beziehungen zum Gegner der Osmanen, also zum Schah von Persien, anzuknüpfen.

Karl selbst entschloß sich nach seiner Teilnahme an den Reichstagen von Augsburg und Regensburg 1532, seinem Bruder „mit der eigenen Person" gegen die in Ungarn und auch in der Steiermark vorrückenden türkischen Truppen zu helfen, wenn auch der Sultan persönlich dabei sei, – „si el Turco viene en persona", wie er im April an seine Frau schrieb.[183] Das war der Fall, aber Süleyman kehrte dann um, bevor Karl kam. Man weiß nicht warum; vielleicht wegen der Größe des christlichen Heeres, vielleicht wegen Angriffen der kaiserlichen Flotte unter Andrea Doria im Mittelmeer. Jedenfalls gaben die Türken Ende August die wochenlange Belagerung der kleinen Festung Güns an der Grenze der Steiermark auf und erklärten, der Sultan habe den Rückmarsch angetreten, weil er dem so eifrig gesuchten „König Karlo" – so und nicht „Kaiser" wurde er immer betitelt – nicht begegnet sei. Ende September traf dieser in Wien ein, war aber nun trotz Ferdinands Drängen nicht bereit, mit dem großen, durch niederländische, spanische und italienische Truppen verstärkten Reichsheer nach Ungarn gegen die Türken – und gegen Zápolya – vorzustoßen. Stattdessen wurde in Wien festlich der Sieg begangen – ebenso wie in Istanbul Süleyman seinen Sieg „im deutschen Krieg gegen den König von Spanien" feierte.[184]

Karl suchte nun den kaiserlichen Kreuzzugsplan nicht mit den Interessen des Königs von Ungarn, sondern mit seinen eigenen als König von Spanien zu verbinden, wenn er dabei auch nicht mit dem Sultan „in Person" konfrontiert wurde. Er wendete sich gegen den türkischen Vorstoß ins westliche Mittelmeer, gegen Chaireddin Barbarossa in Tunis. Das war seine eigene, hartnäckig festgehaltene Idee, die er auch persönlich durchführen wollte. Er knüpfte dabei an das strategisch-kommerzielle spanische Interesse an nordafrikanischen Stützpunkten an, das nach der Eroberung Granadas zu den Festsetzungen in Melilla (1496), Mers el-Kébir (1505), Oran (1509), Algier (1510–16), Bóne und Tripolis (1510) geführt hatte. Im Falle von Oran hatte der Kardinal Cisneros nicht nur kirchliche Gelder beigesteuert, sondern auch persönlich teilgenommen und damit den Kreuzzugscharakter betont. Nach Tunis hatte dann schon Ferdinand der Katholische 1511 eine Expedition vorbereitet, aber wieder aufgegeben.

Mit Kreuzzugsfahnen am kaiserlichen Schiff startete am 30.Mai 1535 in Barcelona Karls Flotte spanischer und portugiesischer Galeeren. Andrea Doria stieß
dazu. In Sardinien kam es zur Vereinigung mit deutschen, päpstlichen und anderen
italienischen Truppen, auch mit den Maltesern; insgesamt waren es etwa 100
Kriegsschiffe und 300 Transportschiffe, die im Juni 1535 Kurs auf Tunis nahmen.
Nach 24 Stunden warf man gegenüber den Ruinen von Karthago Anker. Die Festung La Goleta wurde nach dreiwöchiger Belagerung gestürmt. Der Kaiser war
dabei, er führte nicht, sondern ordnete sich dem Landfeldherrn, dem Marchese
del Vasto, unter. Es gab reiche Beute, 85 Galeeren, viele französische Kanonen, die
man an den Lilien erkannte. Barbarossa war selbst in Tunis. Die Frage stellte sich
nun, ob man zum Zentrum Algier oder nach Hause oder eben nach Tunis ziehen
sollte. Letzeres bedeutete einen schwierigen Landmarsch. Der Kaiser setzte das gegen den Kriegsrat durch. Die Truppen zogen also nun in mühsamer Wüstenwan-
derung Richtung Tunis und litten unter Durst, Hitze und feindlichen Angriffen.
Inzwischen hatten sich Christensklaven in der Stadt Tunis bewaffnet und verjagten
Barbarossa. Die Besetzung der Stadt war also nicht schwer, Barbarossa allerdings
entkommen.

Insgesamt war das Unternehmen ein großer Triumph, der erste persönliche
militärische Triumph für Karl, und einer über den für ihn „richtigen", den „wahren" Gegner. Dichter, Maler und Historiker waren bei der Expedition zur Ruh-
mesverbreitung dabei. Stärker als irgendeine frühere kaiserliche Tat ist Tunis propagandistisch vermarktet worden. Hans Sachs in Nürnberg dichtete eine „Historia
von dem kaiserlichen Sieg in Africa im Königreich Tunis". Der niederländische
Maler Jan Vermeyen stellte Kartons für die zwölf riesigen Tapisserien über die „Eroberung von Tunis" her, die in Brüssel 1548–1554 gewebt wurden. Karl selbst
kümmerte sich noch 1550 um eine Korrektur des Tunis-Kapitels aus den Histo-
rien von Paulus Jovius.[185]

Auf der Rückkehr nach Italien kam Karl zum ersten Mal nach Sizilien und
Neapel – dem Teil seines Wirkungsbereiches, den er am spätesten kennenlernte,
der ihm auch, abgesehen von der nie gesehenen Neuen Welt, am fernsten lag; hier
regierte auch kein Familienangehöriger an seiner Stelle, sondern ein Vizekönig
(Pedro Alvarez de Toledo). Man veranstaltete festliche Einzüge. In Messina gab es
Inschriften zu Ehren des „Vorkämpfers Europas über Afrika und Asien", darunter:
„Vom Aufgang der Sonne bis zu ihrem Niedergang"[186]– hier finden wir den er-
sten Anklang an das spätere Wort, daß die Sonne im Reiche Karls V. nicht unter-
gehe (was streng genommen erst für Philipp II. und sein spanisch-portugiesisches
Reich 1580 stimmt).

Für die Franzosen war diese Verjagung des Chaireddin Barbarossa aus Tunis
sehr unerfreulich. Die wichtigen französischen Handelsinteressen in der Levante
wurden davon berührt, vor allem, wenn Karl in dieser Weise dann auch die anderen osmanischen Basen im westlichen Mittelmeer beseitigen würde. Man traf sicherlich Karls Intentionen, wenn man das als erste Schritte zum Kreuzzug fürchtete. Frankreich stellte sich deshalb vehement gegen eine drohende Wiederherstellung des westmittelmeerischen Mare Clausum von Aragon und Habsburg. Vor allem seit den Forschungen Braudels wissen wir, daß die alten Handelswege vom
Mittelmeer zum Vorderen Orient auch im 16.Jahrhundert weiter bestanden, trotz

der portugiesischen und spanischen Entdeckungen. Im Vergleich zu allen anderen europäischen Handelsstaaten hatten die französischen Mittelmeerhäfen immer noch einen erheblichen Vorsprung. Es ist klar, daß sich die Franzosen den erhalten wollten. Schlimm genug war ja schon, daß ihnen seit 1528 der militärische Schutz der genuesischen Flotte fehlte. 1534 hatte man deshalb mit Chaireddin Barbarossa ein Bündnis geschlossen, aber nach dessen Niederlage mußte man sich nun an die Regierung des Sultans selber wenden.

So sind die Abmachungen zwischen Frankreich und der Pforte vom Mai 1536 zu verstehen. Sie wurden in Form einer „Kapitulation" gefaßt, also einer osmanischen Privilegienverleihung an Frankreich, wie so etwas zwischen Arabern und Christen seit jeher üblich gewesen war. Man billigte Frankreich für den gesamten osmanischen Bereich eine Vorrangstellung vor jeder anderen christlichen Macht zu, mit der man sonst noch Handelsbeziehungen unterhielt. Das war der kommerzielle Teil der Vereinbarung. Die mündlichen Absprachen gingen darüber hinaus. Schon Ende 1535 verpflichteten sich die Osmanen, diesen französischen Handel mit ihrer Seemacht zu schützen. Engel urteilt: „Hierin liegt das welthistorisch Entscheidende: Indem Frankreich den Osmanen an seiner Mittelmeerküste Häfen zur Verfügung stellte, hatte zum erstenmal in der Geschichte eine abendländische Großmacht, ja zum erstenmal überhaupt während einer Kreuzzugsvorbereitung eine abendländische Macht ein Bündnis mit dem Kreuzzugsgegner gegen die zum Kreuzzug bereite christliche Macht geschlossen."[187] Insofern konnte man das eine Sabotage der Kreuzzugsvorbereitung nennen. Dieser Vorwurf ist genauer formuliert, als das bisher – etwa von Ranke – geschehen war; wenn man es so formuliert, setzt das freilich eine stärkere Wahrscheinlichkeit eines Kreuzzugs voraus, als er im 16. Jahrhundert unter den gegebenen Machtumständen eigentlich vorstellbar ist.

Frankreich wurde auch an der italienischen Grenze wieder aktiv. Im März 1536 drang es überraschend ins Herzogtum Savoyen ein, offenbar in Richtung auf Mailand. Dort war Sforza ohne Erben gestorben. Ohne daß Karl etwas von den französisch-türkischen Abreden wissen mußte, war schon das wieder Kriegszustand und gleichzeitig Abdrängung vom Krieg gegen die Ungläubigen.

Am 5. April zog der Kreuzzugssieger Karl V. in Rom ein. Der neue Papst, Paul III. (Farnese), hatte mehrere Häuser abreißen lassen, um ihm eine „via triumphalis" zu bauen. Es entsprach dem humanistischen Geschmack und dem Renaissancestil, daß Karl vor allem antikisierend als siegreicher Feldherr, als „Scipio Africanus Tertius" verherrlicht wurde, von „Karthago" kommend, nicht so recht als Schutzherr der Christenheit; aber mit Rassow kann man den Verdacht haben, daß seitens des Papstes auch politische Absicht dabei war.[188] Karls Geschmack und Intentionen entsprach dieser Stil jedenfalls nicht. Die Schaulustigen stellten erstaunt fest, daß er, im Gegensatz zur Prachtentfaltung seiner Begleiter, ohne Schmuck, in einem einfachen violetten Samtgewand mit Barett auf seinem Schimmel daherritt.

Lange verhandelte er mit dem neuen Papst, der konzils- und reformgeneigter war als Clemens VII., versuchte vergeblich, ihn politisch auf seine Seite zu ziehen, und inszenierte darum plötzlich einen großen öffentlichen Auftritt gegen die unchristliche Haltung des allerchristlichen Königs, – im Vollgefühl hoher eigener Leistung und idealer Absichten. Am Ostermontag stellte er den Papst: zwar nicht vor „der Presse", aber doch vor etwas ähnlich Öffentlichem: vor Kardinälen, französischen und venezianischen Diplomaten, kaiserlichem Gefolge und einer größeren Anzahl weiterer Personen. Auf dem Wege zur Messe bat er ihn um Gehör. Indem er seine gewöhnliche Verschlossenheit überwand, hielt er über eine Stunde lang eine relativ freie Rede in spanischer Sprache. Er dankte dem Papst für seine Sorge um das Konzil, er erzählte, er habe eigentlich gleich weiterreisen wollen, gegen Algier, also gegen den Hauptstützpunkt von Barbarossa, – da trete ihm nun der König von Frankreich in den Weg. Lange verweilte er bei einer Rückerinnerung seines Verhältnisses zu Franz I., geradezu einer differenzierten historischen Darstellung, die Hand und Fuß hatte. Er, Karl, mache jetzt ein letztes Angebot zum Frieden, wozu er von Herzen bereit sei; oder zum Krieg, den er nicht fürchte; oder, um das Blut der Völker zu schonen, zu einem persönlichen Zweikampf auf dem Lande oder auf einem Schiff. Der Kampfpreis sollte Mailand und Burgund sein. Innerhalb von zwanzig Tagen müsse der König seine Armee zurückziehen und sich für das Friedensangebot oder den Einzelkampf entscheiden; andernfalls habe er, der König, damit den allgemeinen Krieg erklärt. Er, Karl, wolle aber Frieden, nichts als Frieden.

Der Papst dachte, Karl sei nun fertig, er dankte ihm darum und lobte mit Nachdruck seinen Friedenswillen. Die ganze spanische Rede hatte er, wie die meisten anderen, nur mit Mühe verstanden. Alle waren von ihr sehr überrascht worden, auch seine wichtigsten Ratgeber, Granvelle und Cobos. Der Kaiser hatte im Alleingang, ohne Vorankündigung gehandelt.

Karl hatte inzwischen auf seinen Zettel geguckt und unterbrach nun den Papst. Er habe etwas vergessen, nämlich, daß er vor allem die Entscheidung des Papstes anrufen wolle. Wenn der Heilige Vater fände, daß er, Karl, im Unrecht sei, dann möge er den französischen König unterstützen; wenn nicht, rufe er vor Gott den Papst und die ganze Welt gegen den König von Frankreich auf.[189]

Das war ein überraschender Auftritt, eine eindrucksvolle Gegenpropaganda gegen die Franzosen, die in Italien nötig war, da sie sich dort so gern als Befreier gerierten. Die Rede wurde sofort in sechs Sprachen publiziert. Der Papst, unter dem Druck, öffentlich für Karl eintreten zu sollen, hatte es nicht ganz leicht zu reagieren. Er hoffe, wie er sagte, auf Friedenswahrung; einen Zweikampf müsse er ablehnen, und um der Aufgabe der Versöhnung willen müsse er, der Papst, und müßten die Kardinäle neutral bleiben.

Es kam dann doch zu einer kurzen kriegerischen Auseinandersetzung, wobei Karl zum Angreifer wurde. Er drang in die Provence ein, hatte aber kein Kriegsglück. Der französische General Montmorency ließ ihn ins Leere stoßen, indem er anordnete, abgesehen von den Festungen das Land zu räumen, die Ernte zu vernichten und alle Vorräte wegzuschaffen; damit verhinderte er ein längerfristiges Festsetzen des kaiserlichen Heeres. Ebensowenig hatte Karl an der niederländischen Grenze Glück. Immerhin konnte Franz großenteils wieder aus Savoyen vertrieben werden. Barbarossa machte inzwischen Plünderungen und Menschenjagden an der italienischen Küste.

Frieden oder vielmehr, weil man sich über Mailand nicht einigen konnte, den Beschluß einer zehnjährigen Waffenruhe gab es dann bei einer Art Gipfelkonferenz in Nizza im Juni 1538. Insofern kann man doch von einer Fernwirkung der römischen Rede Karls sprechen. Hier konferierten der Kaiser, der Papst und der König, wobei es aber nur getrennte Verhandlungen unter Vermittlung des Papstes gab. Eleonore, die Königin und Schwester des Kaisers, wirkte auch mit. Erst nach Abschluß dieser Verhandlungen trafen sich Karl und Franz persönlich in Aigues-Mortes. Eleonore legte ihre Arme um beide Fürsten, − man könnte beinahe mit den christlichen Worten sagen: glaubend, liebend, hoffend −, und auch Karl scheint für einen Augenblick seinem Wunschdenken nachgegeben und zugunsten seiner gesamtchristlichen Pläne an eine haltbare Freundschaft geglaubt zu haben.

Die Kreuzzugstendenz wurde aber gelähmt. Im Februar 1538 war es zwar zu einer Türkenliga zwischen dem Kaiser, Ferdinand, Venedig und dem Papst gekommen, mit dem hochgesteckten Ziel, Konstantinopel durch eine gemeinsame Flottenaktion zu erobern. Aber daraus wurde nichts. Der Kaiser hatte besonders klug vorzugehen geglaubt, indem auch er mit Ungläubigen verhandelte: mit Barbarossa, dem er in Geheimverhandlungen die Herrschaft über Nordafrika nun unter *kaiserlicher* Oberhoheit anbot. Dadurch hoffte er die osmanische Seemacht zu lähmen und selbst direkt auf Konstantinopel zielen zu können. Das führte aber nur dazu, daß Doria mit den vereinigten italienischen Flotten im September 1538 die Schiffe Barbarossas nicht recht anzugreifen wagte. Dieser wechselte aber durchaus nicht die Seite und schützte damit weiterhin die Türken. Fernand Braudel hat diesem merkwürdigen Seegefecht bei Prevesa (südlich von Korfu), bei dem vielleicht auch die alte Rivalität zwischen Genua und Venedig eine Rolle gespielt hat, eine entscheidende Bedeutung beigemessen. Das geschwächte und enttäuschte Venedig trat aus der Liga aus und schloß unter französischer Vermittlung im November 1540 einen Sonderfrieden mit der Pforte. „Ohne Venedig ist Karl V. nicht mehr Herr des Mittelmeers. Er ist nun der Unterlegene, und die Folgen machen sich mehr als ein Vierteljahrhundert lang bemerkbar, bis zur Revanche der Christen bei Lepanto am 7. Oktober 1571."[190]

Schon kurz nach dem Ausscheiden Venedigs wurde die osmanische Übermacht zu Wasser *und* zu Land evident: im Jahre 1541, angesichts von langwirkenden habsburgischen Mißerfolgen in Ungarn und Nordafrika. Auf dem Reichstag von Regensburg bat Ferdinand Ende Juni die Stände um Hilfe gegen den anrükkenden Sultan, mit mäßigem Erfolg. Ende August ergaben sich Buda und Pest. Karl hatte, wenn auch schlechten Gewissens, kaum geholfen. Schon Ende Juli hatte er Regensburg verlassen, und am 6. August ließ er aus Innsbruck an seine Schwester schreiben: da man es für sicher hielte, „daß der Türke ganz persönlich nach Ungarn kommen wird, wäre S. Mt. an sich um ihrer Ehre willen verpflichtet gewesen, dorthin zu gehen, hat aber nicht die Möglichkeit, die Kosten hierfür zu tragen".[191] (1541−45 gingen vor allem die amerikanischen Geldeinkünfte um die Hälfte zurück.) Stattdessen versuchte er, noch einmal etwas gegen die türkische Vorherrschaft im Mittelmeer zu unternehmen. Das würde auch die Spanier zu neuen Geldmitteln bewegen. Mit einer spanisch-genuesisch-neapolitanischen Flotte griff er im Oktober 1541 Algier an, also das Zentrum Barbarossas, erlitt aber einen völligen Mißerfolg. Das lag vor allem an den Wetterverhältnissen in der späten Jahreszeit. 150 Schiffe gingen mit Geschützen, Proviant und einem Teil der Mannschaft unter; auch die mitgeführten Kanzleiakten gingen dabei verloren. Hernán Cortés, der Eroberer Mexikos, war an dem Unternehmen beteiligt, er wollte noch einen Sturm auf Algier wagen, der Kaiser war aber dagegen.

Dieser Mißerfolg bewirkte, daß die osmanische Seemacht im ganzen Mittelmeer unerschüttert blieb, also auch im westlichen – eben bis zur Seeschlacht von Lepanto 30 Jahre später. Wir müssen auf die Einzelheiten nicht weiter eingehen, auf die Überwinterung der türkischen Flotte in Toulon 1543/44, auf die Kaperangriffe und Plünderungszüge an italienischen und spanischen Küsten, auf die neuen Flottenunternehmungen 1551/53 zur Unterstützung Frankreichs. Juan d'Austria, Karls illegitimer Sohn, hat dann im Auftrag Philipps II. durch den Sieg bei Lepanto die türkische Seeherrschaft im westlichen Mittelmeer zurückgedrängt, aber kurz vorher, 1570, ging Tunis verloren. Juan konnte es 1573 nur für ein Jahr zurückerobern, konnte also nicht verhindern, daß nun dieser Teil des Maghreb stärker in das Osmanenreich eingebunden wurde. Das immerhin hatte Karl V. durch seinen Erfolg von 1535 um fast vier Jahrzehnte verzögert.

Im Falle Ungarns hatte Karl seinem Bruder zunächst noch für 1542 Hilfe in Aussicht gestellt, das aber nach dem Mißerfolg von Algier aufgegeben. Die türkische Eroberung von Buda und Pest führte trotz aller weiterer Bemühungen Ferdinands zu einem Dauerzustand für 145 Jahre: zur Verfestigung der ungarisch-osmanischen Grenze in der Höhe des Plattensees; das habsburgische „Königliche Ungarn" bestand bis 1686 nur noch in einem Gebietsstreifen mit der neuen Hauptstadt Preßburg. Mit wiederholten Verträgen und ständiger Gesandtschaft in Konstantinopel (seit 1547) suchte man einigermaßen Sicherheit gegenüber der osmanischen Macht zu gewinnen. Als „Kaiser" erschien in diesen Schriftstücken niemals Karl V., erst 1559 Ferdinand; vorher, 1547, wurde er als „König von Wien" tituliert – und der französische König als Kaiser.[192]

Letzte Kämpfe gegen Frankreich. Der Versuch der spanisch-englischen Verbindung

Nun muß die Europapolitik weiter verfolgt werden. Immer ist ja zu betonen, daß die Konflikte Karls V. mit den Franzosen, mit dem Papst, mit den Osmanen und auch mit den evangelischen Fürsten fast stets gleichzeitig bestanden, fast während seiner ganzen Regierungszeit. Trotzdem sind wir in diesem dritten Teil schwerpunktbildend und -verlagernd vorgegangen, indem zunächst von Frankreich, dann vom Papsttum und dann von den Osmanen die Rede war. Frankreich und der Papst herrschten in den zwanziger Jahren vor, die Osmanen in den dreißiger Jahren. Daß in den vierziger Jahren die deutschen Probleme im Vordergrund standen, war bereits im zweiten Teil zu sehen. Aber natürlich waren auch sie mit den anderen Konflikten verquickt, die Karl diesmal nur etwas zurückdrängen oder stillegen konnte.

In diesem Abschnitt über die Europapolitik können die vierziger Jahre deshalb schnell überblickt werden. Der in Nizza 1538 abgemachte zehnjährige Waffenstillstand schien zunächst zu besserem Einvernehmen zwischen Frankreich und dem Hause Österreich zu führen. Er verschaffte Karl, der immer Schwierigkeiten hatte, von einem Teil seines Wirkungsbereiches zum anderen zu kommen – hier: von Spanien in die Niederlande –, die großartige Einladung, 1539/40 durch Frankreich zu reisen. Zwei Prinzen begleiteten ihn, später der König Franz selbst. Karl konnte mit eigenen Augen das Königreich sehen, das ihn seit seiner Jugend faszinierte, besonders die Pracht der Schlösser von Blois, Amboise, Chenonceaux, Chambord, Fontainebleau, denen er so wenig entgegenzusetzen hatte. Es gab Feste, Turniere, Jagden, aber ausdrücklich keine Politik.

Die wurde früh genug wieder feindlich. Der Waffenstillstand hielt nicht. Hauptgrund war wohl Mailand. Karl suchte sich das immer zu sichern, hatte es mehrfach sogar seinem Bruder Ferdinand verweigert und nach 1536 nur um des lieben Friedens willen in Aussicht gestellt, einen französischen Prinzen (den späteren Karl IX.) damit zu belehnen. Aber im Oktober 1540 war sein Mißtrauen gegen die französische Politik (im Bereich der Niederlande) wieder so stark gewachsen, daß er doch lieber seinen eigenen dreizehnjährigen Sohn Philipp mit Mailand belehnte. Das mußte den französischen König, der den Verlust dieses Herzogtums niemals verschmerzt hatte, schwer verletzen. Als Anlaß für den Bruch nahm er aber etwas anderes, einen Gesandtenmord. Im Juli 1541 war ein französischer Gesandter an der Pforte, namens Rincón, mit einem Begleiter auf dem Rückweg von Konstantinopel bei Pavia von kaiserlichen Soldaten ermordet worden. Man hatte gehört, daß er offenbar erfolgreich mit dem Sultan verhandelt hatte. Nicht ganz sicher ist, ob ursprünglich nur die Beraubung des Gesandten geplant war und er der Volkswut zum Opfer fiel, jedenfalls geschah diese Tat in der Atmosphäre der Empörung über die französisch-türkische Zusammenarbeit, – die aber nur noch zunahm. Franz erklärte am 12. Juli 1542 den Krieg und suchte den Kaiser an vielen Stellen gleichzeitig zu schaden: in den Niederlanden von Geldern aus, in Luxemburg, in Navarra, im Herzogtum Mailand.

Karl, seit Dezember 1541 wieder in Spanien, mußte sich all dem stellen, schrieb ausführliche Regentschaftsanweisungen für seinen Sohn Philipp, bevor er das Land verließ, und gestand im geheimen Teil dieser Aufzeichnungen: „Ich bin so unentschlossen und unklar über das, was ich zu tun habe...“[193] Eigentlich wollte er sich nach den Mißerfolgen gegen die Osmanen nun gegen die „Ketzer“ in Deutschland wenden, mußte aber die Auseinandersetzung mit Frankreich davor schieben. 1543 zog er nach militärischer und diplomatischer und halbwegs auch finanzieller Vorbereitung aus Spanien nach den Niederlanden, hatte einen Erfolg über Cleve, hielt 1544 den Reichstag von Speyer ab, bei dem die Protestanten Geld und Truppen zum Krieg gegen Frankreich beisteuerten, und veranstaltete im Juni eine große Heerschau bei Metz. Dann marschierte er in Richtung Paris. Das hätte sehr gefährlich werden können, wenn Heinrich VIII. mitgemacht und sich nicht nur mit der Belagerung von Boulogne beschäftigt hätte. Aber auch so war Franz im September 1544 zu Friedensverhandlungen bereit, zum Vertrag von Crépy. Er verzichtete wieder auf alles Mögliche, sein Sohn und Thronfolger Heinrich (II.) protestierte darum auch sofort gegen den Vertrag, aber man staunt, was für Versprechungen Karls Unterhändler gaben: der jüngere Sohn von Franz, der Herzog von Orléans, sollte entweder Karls Tochter Maria heiraten und die gesamte Niederlande als Mitgift bekommen oder Ferdinands Tochter Anna mit Mailand als Mitgift; der Kaiser wollte innerhalb von vier Monaten die Wahl treffen.

Schwer vorstellbar, daß diese Abtretungen von ihm seriös gemeint waren und er nicht hoffte, Frankreichs weitere Politik würde ihm erfahrungsgemäß schon die Möglichkeit geben, die ganze Sache zurückzunehmen. In diesem Falle half ihm, wie er selber fand, der liebe Gott: nachdem es noch bis zur Verlobung mit Anna gekommen war, starb der Herzog im September 1545.[194]

Gott schien dem Kaiser auch sonst in diesen Jahren auffallend zu helfen. Zum Vertrag von Crépy gehörte der Geheimvertrag von Meudon, in dem Franz ihn bei der „Rückführung und friedlichen Beilegung des Religionsstreits in Deutschland" zu unterstützen versprach.[195] Dies und das Stillhalten der Türken ermöglichte dann das gewaltsame Vorgehen Karls in Deutschland.

Hier kam es, wie wir sahen, zu seinem zeitweiligen Triumph 1547, also im selben Jahr, in dem Franz I. und Heinrich VIII. starben, einem Triumph, der aber nach knapp fünf Jahren durch neues Zusammengehen der protestantischen Fürsten mit Frankreich unter Heinrich II. zum endgültigen Scheitern seiner Deutschlandpolitik führte. Metz wurde im Winter 1552/53 vergeblich vom Kaiser belagert. Daraufhin zog er in die Niederlande.

Dort bereitete er nun, angesichts seiner Mißerfolge auf beinahe allen Gebieten und seiner finanziellen Misère, seinen Rückzug von den politischen Geschäften vor. Als Hauptgrund gab er Krankheit und physische Erschöpfung an, nicht etwa Einsicht in das politische Scheitern. Krank und erschöpft war er wirklich in hohem Grade. Asthma hatte er seit seiner Jugend, und auch an schmerzhaften Gichtanfällen hatte er schon lange zu leiden; in seinen Memoiren von 1550 zählte er siebzehn schwere zwischen 1528 und 1547 auf. Er ertrug sie mit Skepsis gegen die medizinischen Ratschläge seiner Ärzte, ignorierte deren Diätvorschriften und meinte, seine Arznei sei Geduld „und ein klein wenig schreien".[196] Aber jetzt ging es ihm viel schlimmer. Als er bleich und abgemagert in einer verhangenen Sänfte in Brüssel einzog, hielt man ihn für sterbenskrank, vor allem wegen eines Darmleidens. Monatelang war er 1553 tief deprimiert und arbeitsunfähig, wollte allein sein und höchstens mit seiner Schwester und Granvelle sprechen, die diesen Zustand geheimhielten. (Bei Granvelle handelte es sich nicht mehr um den alten Nicolas, der 1550 in Augsburg gestorben war, sondern um Antoine, seinen gut eingearbeiteten Sohn, den Bischof von Arras, der dann noch Philipp II. beraten wird.) Während der verheerenden französischen Einfälle in die Niederlande ließ sich Karl im September in einer Sänfte zu seinen Truppen bringen, ebenso im Juli und August 1554 – das war seine letzte Kriegstätigkeit –, aber dazwischen und danach zog er sich wieder ganz zurück, wohnte auch nicht mehr im Herzogspalast, sondern in einem kleinen, zweizimmrigen Haus im Schloßpark. Es ist kaum abzuschätzen, wie weitgehend damals Maria für ihn agiert hat, zusammen mit dem jüngeren Granvelle. Vielleicht war das schon das Ende seiner Herrschaft. Jedenfalls muß es ihm monatelang so vorgekommen sein, als habe er schon abgedankt.

Darum bereitete er seinen Rückzug vor, krank, niedergeschlagen von seinen schweren Mißerfolgen, aber mit klaren, vernünftigen Überlegungen. Sein Wirkungsbereich war ihm zu groß und zugleich viel zu wichtig. Es war ihm viel zu wichtig, ihn durch große Regierungskunst weiterzuentwickeln, als daß er hätte verantworten können, diese Aufgabe mit seinen schlechten Kräften weiterzuführen – nur weil er „zufällig" Kaiser war und diese Rangstellung behalten wollte.

Karl V. in den fünfziger Jahren. Eines der spätesten Bilder von ihm. Zeichnung von unbekannter Hand. Aus der Sammlung von Arras.

Sein Entschluß ist nicht zuletzt die Folge des Immer-Unabhängiger-Werdens von Ratgebern, die ihm weggestorben waren und die er mehr durch sich selbst als durch andere ersetzt hatte. Es kam aber eben auch die Einsicht hinzu, daß sein Wirkungsbereich objektiv zu groß war, um funktionsfähig zu sein. Er wurde durch die Vielzahl der Gegner gelähmt. Er konnte nicht einen Gegner entmachten, ein Problem lösen, ohne daß die anderen lähmend dazwischentraten; diesen Mechanismus hatte er oft genug erlebt. Nur mit seinem Rückzug war der Wirkungsbereich aufteilbarer und wohl funktionsfähiger – ohne daß er *ganz* auseinanderfallen sollte.

Wir sahen: Karl hatte „zufällig", aber mit Verantwortungsbewußtsein geerbt. Er hatte frühzeitig delegiert (die österreichischen Erblande), er war auch ziemlich von Anfang an daran gewöhnt, in die Zukunft zu planen, Regelungen für die Zeit nach seinem Tode zu geben. Er hatte ein unstillbares Bedürfnis, nicht nur genaue Instruktionen für den Regenten zu geben, für Philipp, wenn er Spanien verließ, sondern auch immer wieder neue Testamente aufzusetzen. Er lebte nicht nur – wegen der Größe seines Wirkungsbereichs – in anderen räumlichen, sondern auch in anderen zeitlichen Vorstellungen, viel überpersönlicher als die anderen Fürsten seiner Zeit.

Es war kein abrupter Abgang, sondern eine langsame, durch die vielen Instruktionen an Philipp und dessen Regentschafts-Erfahrungen vorbereitete Übertragung der Aufgaben: unter möglichst konstruktiven, verbessernden Veränderungen und Zukunftsplänen. Die Nachfolge Philipps als Kaiser nach Ferdinand war unsicher, ja unwahrscheinlich nach den letzten Geschehnissen in Deutschland: Karl plante stattdessen einen viel besseren europäischen Zusammenschluß. Der Wirkungsbereich sollte nicht verkleinert, sondern optimiert werden.

Dieser Plan war die Verbindung von England mit den Niederlanden und Spanien.

Der Biograph Tyler psychologisiert und behauptet, daß Karl hier einfach etwas wiedergutmachen wollte, was er falsch angefangen hatte. In den zwanziger Jahren hatte ja der Plan einer Heiratsverbindung mit Maria, der Tochter Heinrichs VIII. und Katharinas (seiner eigenen Tante), bestanden: hätte er nicht das Verlöbnis gebrochen und Isabella von Portugal geheiratet, so wäre die Entfremdung mit England vielleicht nicht eingetreten und vielleicht auch nicht der Abfall Englands vom Papst, – zu dem er, ohne zu wollen, mitgewirkt hatte. Heinrich VIII. hätte keine weiteren Kinder gehabt usw., es hätte also eine sehr günstige antifranzösische englisch-spanische Verbindung gegeben.[197] Auch ohne daß man so weitgehend psychologisiert, läßt sich vermuten, daß diese Gedankengänge dem Kaiser nicht ganz fern gewesen sein dürften.

Aber kommen wir zu den Fakten: Im Frühjahr 1553 wurde der erst 15jährige Eduard VI. von England schwerkrank, am 6.Juli starb er. Unter diesem Monarchen war die Reformation in stark calvinistischer Ausprägung vorangetrieben worden. Nach dem Erbfolgegesetz und Testament Heinrichs VIII. waren Maria, dann Elisabeth Thronfolger. Maria war natürlich, wie ihre verstoßene Mutter, streng altgläubig geblieben, war sehr fanatisch und hatte das klare Ziel, ihr Land zum alten, „wahren" Glauben, in den Schoß der römischen Kirche zurückzuführen. Reginald Pole leistete gegenreformatorische Hilfe. Marias Vetter Karl war aus verwandtschaftlichen, religiösen und außenpolitischen Gründen aufgerufen, ihr zu helfen. Auch durch Heirat mußte sie sofort an den habsburgischen Bereich gebunden werden. Ferdinand in Wien setzte sich für eine Ehe mit seinem zweiten Sohn Ferdinand ein. Karl und seine Schwester Maria in Brüssel unterbanden das, denn sie hatten, wie sie fanden, eine viel bessere Idee: Karls jung verwitweter Sohn Philipp sollte ihr Mann werden. Das war eine verlockende gegenreformatorische und europapolitische Aussicht. Eine große politische Beratung der englischen Königin durch die Brüsseler setzte ein. Man riet ihr etwa zu anfänglicher Mäßigung in kirchlichen Dingen, sie bekam Geld über Antwerpener Bankhäuser zu ihrer Unterstützung. Für die Verheiratung mit dem spanischen Philipp war sie Feuer und Flamme, wenn sie ihn auch zunächst nur auf einem geliehenen Tizianbild kennenlernte; die anderen Engländer waren weniger begeistert, Philipp selber zunächst auch − eigentlich hatte er sich Anfang 1553 entschlossen, seine Cousine Maria von Portugal zu heiraten, außerdem war seine englische Tante zweiten Grades zehn Jahre älter als er −, aber er war immer ein gehorsamer Sohn. Im Januar 1554 kam es zur Ferntrauung. Unter Wyatt gab es dagegen in England eine Rebellion, zugunsten der Thronfolgerin Elisabeth, sie wurde aber mit Brüsseler geldlicher Unterstützung niedergeschlagen.

Im Juli 1554 kam Philipp mit 125 Schiffen von La Coruña nach Southampton. Die Hochzeit fand in Winchester statt. Das Hochzeitsgeschenk Karls V. für seinen gehorsamen Sohn war das Königreich Neapel (noch nicht Sizilien), damit er Maria rangmäßig ebenbürtig war. Die vereinigten Titel lauteten: König und Königin von England, Frankreich, Neapel, Jerusalem, Irland. Ganz so großartig war es in Wirklichkeit freilich nicht. Philipp, der Erbe der Niederlande und Spaniens, sollte nur für die Dauer der Ehe „König von England" heißen, ohne Thronfolgerecht und Regierungsfähigkeit. Der erste Sohn der beiden sollte Erbe Englands und der Niederlande werden; der schon geborene Sohn Carlos war als Erbe Spaniens vorgesehen.

Das war die vorletzte europäische Sensation, die Karl zuwegebrachte. Sie hatte schwerwiegende Folgen, aber wichtige, erwartete Folgen blieben auch aus.

Es kam zu einer großangelegten Gegenreformation in England durch Maria und durch Reginald Pole, extremer, als Karl und Philipp es wünschten. Pole als Kardinallegat führte im November 1554 England in den Gehorsam der römischen Kirche zurück. Im Januar 1555 begannen Ketzerverfolgungen, Emigrationen, Ketzerverbrennungen. Darunter waren führende englische Protestanten wie der Erzbischof Cranmer. Dies erzeugte ein protestantisches Märtyrertum wie sonst nirgends und außerdem einen langwirkenden englischen Haß auf „popery", auf das Papsttum, verknüpft mit Nationalhaß auf die Spanier, die als daran mitschuldig angesehen wurden.

Die wichtige ausbleibende Folge war, daß die Ehe Philipps mit Maria kinderlos blieb. Das wurde schon 1555 nach einer Scheinschwangerschaft ziemlich wahrscheinlich. Auf Kindern hatte aber der ganze europäische Plan Karls beruht.

Europäische Folgen waren die in geradezu hysterischen Formen wiederaufbrechenden Habsburg-Feindschaften Frankreichs und des Papstes. Frankreich fühlte sich bei dieser neuen, *noch* umfassenderen Einkreisung entsprechend gefährdeter; die vorgesehene Erbteilung zwischen England und der Niederlande einerseits und

Spanien auf der anderen Seite konnte da in der Gegenwart nicht trösten. Extrem reagierte aber vor allem die römische Kurie, oder genauer: der im Mai 1555 zum Papst gewählte 79jährige Paul IV., ein fanatischer Neapolitaner, dem es nichts ausmachte, wegen seines antihabsburgischen Affekts − der dadurch genährt wurde, daß Philipp Mailand und Neapel besaß − die ganze englische Gegenreformation zu desavouieren. Er entzog Pole die Legatenwürde und klagte ihn der Häresie an. Im September 1556 kam es in Italien zu neuem französisch-päpstlichen Kampf gegen die Spanier. Der Herzog von Alba rückte siegreich im Kirchenstaat ein. Darauf wurde Philipp vom Papst exkommuniziert.

Er fuhr im März 1557 nach zweijähriger Abwesenheit noch einmal nach England und erreichte Kriegshilfe gegen Frankreich, das wieder einmal die Niederlande bedrohte. Maria erklärte gegen den Willen des Privy Council und des Parlamentes Frankreich den Krieg. Philipps Heer siegte am 10. August bei St. Quentin. Aber England fühlte sich deutlich im Schlepptau Spaniens und hatte tatsächlich nur Nachteile von diesem Krieg. Es verlor Calais im Januar 1558; da diese Stadt 200 Jahre in englischem Besitz gewesen war, galt das als nationale Katastrophe. Damit war endgültig − jedenfalls „national", nicht so sehr dynastisch − Spanien und nicht mehr Frankreich der englische Hauptfeind: über hundert Jahre lang.

Karls Abdankungen und Lebensende

Karls großangelegter Plan hat also viel Verwicklung gestiftet, er erweckte viele ihm seit Jugend bekannte Konflikte wieder zum Leben, besonders in Italien, wo es ja inzwischen ruhiger geworden war. Solche drohenden Wiederholungen müssen ihn besonders enerviert haben.

Schon Ende September 1555, als der Augsburger Religionsfrieden verabschiedet werden sollte und die Schwierigkeiten mit dem Papst, mit England und Frankreich sich abzeichneten, bereitete er die letzte Sensation vor: die Phase seiner Abdankungen.

Karl versuchte, mit der Abdankung als Kaiser zu beginnen. Dafür schickte er, wie schon bei der Schilderung des Augsburger Reichstages von 1555 berichtet, eine Mitteilung an Ferdinand, die dieser aber für sich behielt; es war zu spät für den Reichstag, und Karl sollte sich das noch einmal überlegen. So begann Karl mit der Niederlegung seiner Souveränität über den Orden vom Goldenen Vlies, am 22.Oktober 1555 im Chor der Stiftskirche St. Gudula. Das war die altburgundische ideologische Kernstelle seines Lebens. Von daher stammte sein Ziel, das alte Burgund wiederherzustellen, das Ziel, das gescheitert und über das er hinausgewachsen war; von daher stammte auch seine mit der Kreuzzugsverpflichtung verbundene Kaiseridee, über die am selben Ort, vor 39 Jahren, Marliano gesprochen hatte.

Drei Tage später, am 25.Oktober 1555, übergab er im großen Saal des Schlosses von Brüssel vor den Ständevertretern und anderen Würdenträgern die Niederlande an seinen Sohn. Philipp hatte hierfür England verlassen, viele Mitglieder der habsburgischen Familie waren anwesend. Es war eine große Szene, die nie vergessen wurde.

Karl hatte zunächst den Zweck der Versammlung bekanntgeben lassen, dann nahm er seinen Redezettel, setzte eine Brille auf und erhob sich. Man befinde sich, sagte er, in demselben Raum, in dem er vor vierzig Jahren von seinem Großvater Maximilian die „Obergewalt über die belgischen Provinzen" empfangen hatte. Ein großer Rückblick auf sein Leben folgte. Er sei berufen worden zur Nachfolge seiner beiden Großväter. Sein Ziel sei gewesen, „unter den christlichen Völkern den Frieden zu erhalten und ihre Streitkräfte zu vereinigen zur Verteidigung des katholischen Glaubens gegen die Türken." Er fuhr fort: „Ich bin teils durch den Ausbruch der deutschen Ketzerei, teils durch die Eifersucht nebenbuhlerischer Mächte behindert worden, das Ziel dieser Bestrebungen vollständig zu erreichen; aber ich habe mit Gottes Hilfe nie aufgehört, meinen Feinden zu widerstehen und mich zu bemühen, die mir gewordene Sendung zu erfüllen." Dann zählte er auf: Neunmal sei er nach Deutschland gezogen, sechsmal nach Spanien, siebenmal nach Italien, viermal nach Frankreich, zweimal nach England und zweimal nach Afrika. Jetzt rüste er zur letzten Fahrt nach Spanien. „Obgleich ich in viele Kriege verwickelt gewesen bin, so habe ich doch keinen derselben gern unternommen, und indem ich von Euch Abschied nehme, ist nichts schmerzlicher für mich, als daß ich nicht imstande gewesen bin, Euch einen festen und gesicherten Frieden zu hinterlassen." Er habe alles eingesetzt, Ruhe, Leben und die Mittel seiner Staaten. Seiner Regierungsunfähigkeit sei er sich schon längst bewußt geworden, erklärte er und gab erstaunlicherweise als Hinderungsgründe für eine frühere Resignation die Krankheit seiner Mutter und Philipps zu zartes Alter an. Jetzt sei er aber gänzlich unnütz geworden, seine Mutter jüngst verstorben und Philipp inzwischen herangereift. Ihm wolle er seine Länder übergeben wie das Reich an Ferdinand. Nachdem er alle um Vergebung gebeten hatte, denen er Unrecht getan habe, setzte er sich erschöpft, stand aber nach einer Pause wieder auf und wandte sich direkt an seinen Sohn: „Andere Könige schätzen sich glücklich, wenn sie in ihrer Todesstunde ihre Kronen ihren Kindern aufs Haupt setzen können; ich will dieses Glückes im Leben mich freuen und Dich regieren sehen. Meine Handlungsweise wird wenig Nachahmer finden, wie sie wenige Beispiele hat, aber sie wird gepriesen werden, wenn Du mein Vertrauen rechtfertigst... Mag auch Dir ein Sohn beschieden sein, dem Du in gleicher Weise Deine Macht übertragen kannst."

So hat ein Teilnehmer des Staatsaktes die Rede aufgezeichnet.[198] Daß sie viele Anwesende zu Tränen rührte, besonders der Schluß, ist begreiflich. Der Kaiser selbst entschuldigte sich, nachdem er seinen Sohn umarmt hatte: „Seid nicht erstaunt, wenn ich einige Tränen vergieße, nicht nur wegen der Schwäche meines Alters, sondern auch aus Liebe zu Euch." Das Bewegende der Szene ist sicherlich dadurch gesteigert worden, daß sich die große Staatsangelegenheit mit eingängigen menschlichen Gefühlen und zugleich in geradezu modern nüchterner, schmuckloser, schlichter Form vollzog, ohne jeden Pomp. Karl machte einfache, uneitle, etwas einseitige, aber nicht hochgesteigerte Aussagen über die Fakten, – immerhin beim Rücktritt vom größten damals möglichen Wirkungsbereich. Denn wenn es auch zunächst nur um die Übergabe der Niederlande ging, gab es doch auch schon die Ankündigung der viel größeren Abdankungen.

Maria, die Regentin der Niederlande seit 1531, Karls Schwester und engste Beraterin, verabschiedete sich dann in einer kurzen Rede ebenfalls von ihrem

Amt. Eigentlich hätte, wenn der Staatsakt strikt auf die Niederlande begrenzt gewesen wäre, ihr Abschied im Mittelpunkt stehen müssen: er war praktisch für die Provinzen viel einschneidender; ihr Bruder war immer nur vorübergehend dagewesen. Er hatte sie übrigens dringend gebeten zu bleiben, gerade weil er ausschied, aber sie hatte ihm in einem großartigen Memorandum mit einigem spöttischen Hochmut die Gründe für ihren unwiderruflichen Entschluß dargelegt. Sie fürchtete, mit dem jungen Philipp nicht zurecht zu kommen, und erweiterte das auf ein Generationenproblem: „Es ist angemessen für eine Frau von fünfzig Jahren, die fünfundzwanzig Jahre mindestens gedient hat, sich für den Rest ihres Lebens mit einem Gott und einem Herrn zu begnügen. Darüberhinaus sehe ich in den Niederlanden eine junge Generation, an deren Art und Weise ich mich weder anpassen kann noch will. Loyalität und Respekt gegenüber Gott und dem Souverän haben so sehr abgenommen, und die Zahl ergebener Diener ist so klein – eine Sache, die sich nicht nur in diesem Land, sondern fast überall beobachten läßt –, daß ich über solche Leute nicht herrschen möchte, selbst wenn ich ein Mann und genügend fähig wäre."[199] Sie war entschlossen, zusammen mit ihrer Schwester Eleonore, der Witwe von Franz I., ihren Bruder nach Spanien zu begleiten.

„Wo erlebt die Weltgeschichte sonst, daß eine ganze Generation freiwillig vom Schauplatz abtritt? Und in solcher Form. Das Jahrhundert der Hochrenaissance gab auch seinen weltgeschichtlichen Szenen ihren Stil. Es erlebte sich selbst in einer bisher unerhörten Bewußtheit und Ausdrucksfähigkeit." Das sind Worte Karl Brandis zu dieser Szene.[200]

Je größer die Herrschaftsbereiche waren, desto einfacher war dann die Form der Abdankung. Die nächste betraf Spanien; seit zehn Jahren hatte Karl immer wieder angedeutet, daß er sich am liebsten dorthin zurückziehen, also auf die dortige Regierung beschränken würde, aber nun wollte er reinen Tisch machen. Am 16. Januar 1556 übergab er seinem Sohn Kastilien, Aragon, Sizilien und das Neue Indien. Das geschah in Karls kleinem Wohngebäude im Brüsseler Schloßpark, in engem Kreise von meist spanischen und italienischen Würdenträgern. Ursprünglich hatte der Akt wohl in Spanien stattfinden sollen, aber die Abfahrt hatte sich stark verzögert. Karl hielt eine merkwürdige Rede. Er hatte inzwischen seinen Resignationswunsch noch tiefer zurückgedacht und behauptete, seit ihm nach dem Tode seiner beiden Großväter das spanische Reich zugefallen sei, habe er beabsichtigt, sich vor allem dem Dienste Gottes zu widmen. Das sei ihm vereitelt worden durch die Krankheit seiner Mutter, durch die Last der Kaiserwürde – und durch die anfängliche Kinderlosigkeit seines Bruders Ferdinand, der ja vor ihm geheiratet hatte! (Das klingt beinahe, als habe es Karl doch etwas ausgemacht, daß nicht er 1521 Anna von Böhmen-Ungarn ehelichte.) Ferdinands männlichen Nachkommen, fuhr Karl fort, habe er nämlich die Herrschaft zugedacht gehabt; er sei dann eben selbst genötigt gewesen zu heiraten, und habe dann noch auf die Mündigkeit seines Sohnes warten müssen, und dann aus verschiedenen Gründen noch länger. Daraufhin gab er Philipp die Kassette mit seinen Testamenten und das Siegel; das letztere mit den Worten: „Führet es, lieber Sohn, so, als ob ich schon tot wäre."[201] Der Biograph Ferdinand Seibt vermutet, daß Karl mit diesem „Vexierspiel seines Lebensweges", das so wenig den Intentionen entspricht, denen er als junger Mann gefolgt war (aber vielleicht solchen, mit denen er gespielt hatte), sein Scheitern bemänteln wollte.[202] Damit leistete er, könnte man hinzufügen, der beliebten, langlebigen Legende über seinen Rückzug ins Klosterleben Vorschub.

Die Abdankung als Kaiser geschah dann nur schriftlich. Durch den Prinzen Wilhelm von Oranien schickte er, datiert vom 3. August 1556, die Verzichterklärung zugunsten seines Bruders ins Reich. Ferdinand, der ja schon durch die Wahl zum römischen König (1531) zum Nachfolger berufen sei, sollte das Kaisertum übernehmen, wie es auch hier hieß: „dergestalt, als ob Sie allein im Leben und Regiment und Wir allbereit mit Tod abgegangen wären".[203] Er sollte den richtigen Zeitpunkt für das Inkrafttreten bestimmen. Dieser Zeitpunkt kam dann erst beim Kurfürstentag zu Frankfurt am Main im Februar 1558. Reichsrechtlich, in der Goldenen Bulle, war ein solcher Fall gar nicht vorgesehen und auch noch nie vorgekommen; nur Königsabsetzungen. Die Kurfürsten wünschten den Übergang nicht einfach nur zu bestätigen, sondern entwickelten eine umständliche Prozedur, um ihrerseits Ferdinand als „Erwählten Römischen Kaiser" zu proklamieren; das geschah am 14. März 1558. Papst Paul IV. weigerte sich, das ganze Verfahren überhaupt anzuerkennen, unter anderem deshalb, weil es Ketzer unter den Kurfürsten gab; erst sein Nachfolger Pius IV. tat das 1560. Ferdinand in seiner Frömmigkeit empfand diese Anerkennung als tiefe Genugtuung, aber krönen ließ er sich vom Papst nicht, aus Furcht, die Protestanten im Reich zu provozieren.[204] Auch von seinen Nachfolgern wurde keiner mehr gekrönt. Der Kaiser mochte nun innerhalb des Reiches über den Konfessionen stehen – außerhalb konnte er keine besondere Rolle mehr beanspruchen.

Zum Zeitpunkt des Übergangs des Kaisertums befand sich Karl längst in Yuste. Er wollte danach nur noch als Privatmann angeredet werden. Die Abreise von den Niederlanden nach Spanien hatte im August 1556 begonnen, wenige Tage nach der Abdankungserklärung. Er hatte damit nun auf alles verzichtet – außer auf die nie gesehene Freigrafschaft Burgund, die er aus Sorge vor französischen Ansprüchen lieber formell behielt.

Die Rückkehr, die letzte Fahrt nach Spanien war längst geplant. Karl hatte wohl kaum in Erwägung gezogen, nun seinen Renaissancepalast auf dem Alhambrahügel in Granada zu bewohnen; der hätte fertiggebaut werden müssen, war ihm wohl auch zu groß, und die unzufriedenen Morisken konnten seine Ruhe stören. Stattdessen wurde für ihn ein Wohnhaus in Estremadura gebaut, westlich von Toledo, neben dem kleinen Kloster San Jerónimo de Yuste, das klimatisch günstig lag. Der Bau soll nach dem Plan eines Genter Palais errichtet worden sein, ähnelte aber äußerlich mehr einer italienischen ländlichen Villa. Die Räume waren flämisch ausgestattet. Im Februar 1557 konnte Karl nach einer Zwischenunterkunft im nahegelegenen Grafenschloß von Jarandilla in sein neues Haus einziehen. Sein Hofstaat von etwa fünfzig Personen wohnte im Dorf und im Kloster. Er selbst hatte in seiner Villa acht Räume. Es gab einen direkten Zugang von ihr zur Klosterkirche, und er konnte von seinem Schlafzimmer aus in die Kirche sehen, wie es Philipp im Escorial dann nachahmen sollte. Natürlich nahm er an der Messe teil und an religiösen Unterweisungen; besonders liebte er den Chorgesang, so daß Mönche wegen ihrer guten Singstimmen von anderen Klöstern eingetauscht wurden. Er führte aber kein mönchisches Leben, wie man sich das bis ins 19. Jahrhundert, bis zu Verdis „Don Carlos" so gern vorstellte. Vielmehr hatte er in Yuste einen ruhigen, vornehmen Alterssitz mit vielerlei weiteren politischen Beratungen, zeitweisen Besuchen der Schwestern und manchen anderen Gästen. Er betreute seine Sammlung von Uhren und Landkarten — Zeit und Raum! —, las über Religion und Geschichte und konnte stundenlang einem raffinierten italienischen Mechaniker zuschauen, der eine astronomische Uhr und verblüffende automatische Spielereien zusammenbaute. Manchmal angelte er von seinem Erkerfenster aus, ärgerte sich über seine eigensinnige schöne Tochter Johanna, die spanische Regentin während Philipps Abwesenheit, oder regte sich über den Lutheranismus in Spanien auf, der, wie er behauptete, von den Neuchristen käme.

Ein erstaunlicher Lebensabend; bemerkenswerterweise eigentlich nie von anderen Monarchen nachgeahmt, jedenfalls nicht freiwillig. Vorher hatte es Diocletian getan, von 305 bis 313. Immer wieder ist aber solcher Machtverzicht in der Zeit des Barock und der Aufklärung den Herrschern als Ideal vorgehalten worden. Im fernen China praktizierte es der Qianlong-Kaiser 1796, jedoch erst mit 85 Jahren und ohne für seine restlichen drei Lebensjahre die Staatsgeschäfte aus der Hand zu lassen.[205] 1806 legte Franz II. die Krone des Heiligen Römischen Reiches nieder; das war das Ende des *Reiches*, während sich Franz zwei Jahre vorher den österreichischen Kaisertitel zugelegt hatte. Im 19. Jahrhundert waren im Laufe der Revolutionen viele Fürsten gezwungen, auf ihre Throne zu verzichten und anderswie weiterzuleben; nicht zuletzt Napoleon I. nach ebenfalls übergroßem, aber erobertem Wirkungsbereich. Vielleicht hängt damit das damalige auffallend starke romantische, teils fromme, teils historisch aufklärende Interesse am Lebensabend Karls V. zusammen.

Es war aber nur ein relativ kurzer Lebensabend. Er dauerte in Yuste anderthalb Jahre. Karl starb am 21. September 1558, nach wochenlangen Qualen, wohl an Malaria. Die natürlich sehr erbaulichen Berichte darüber dürften richtig sein. Er war wirklich ein frommer Mann. Sein letzter visueller Halt war nicht ein alter kultischer Gegenstand, sondern ein modernes, speziell für ihn, nach seinen Wünschen geschaffenes Gemälde: Tizians Gloriabild, auf dem er den offenen Himmel mit den himmlischen Heerscharen hatte malen lassen, schon sehr barock; auf der rechten Seite kniend sich selbst und Isabella im Sterbehemd mit abgelegter Krone; darunter drei aus seiner Familie, seine Schwester Maria, sein Sohn Philipp und seine Tochter Johanna, wohl als seine Regenten; weiter unten in der Mitte Noah, der die Arche, das Sinnbild der Kirche, hochhält. Das Gemälde, das er „mein Jüngstes Gericht" nannte, hing im Saal neben seinem Schlafgemach über dem Hausaltar. Er soll es immer wieder und zuletzt unverwandt betrachtet haben, „bis daß die Ärzte in Angst gerieten".[206]

Er wurde in der Klosterkirche bestattet, mit einer ganz bescheidenen Begräbnisfeier. Dafür fanden in den nächsten Monaten an vielen anderen Orten große Trauerfeierlichkeiten statt. In Brüssel am 29./30. Dezember 1558 durch Philipp II. die aufwendigste, nach burgundisch-französischem Begräbniszeremoniell. Bei der Prozession wurden die einzelnen Herrschaftsgebiete durch Fahnenträger und Pferde mit Wappendecken dargestellt. Höhepunkt war ein Schiff mit den Säulen des Herkules und Illustrationen der Triumphe: wobei die Kriege gegen die Türken überrepräsentiert waren, so wie es der Kaiser gern gewollt hatte; sie machten die Hälfte der Bilder aus, während die Kriege in Amerika, Italien und dem Reich nur mit je zwei Bildern vertreten waren.

Daneben fanden in zahlreichen spanischen und italienischen Städten Trauerfeiern statt, aber auch außerhalb von Karls Wirkungsbereich: in Lissabon, Paris, Westminster und sogar in Konstantinopel. Die Exequien im Reich veranstaltete Kaiser Ferdinand I. während des nächsten Reichstages in Augsburg, am Geburtstag Karls, dem 24./25. Februar 1559. Sie waren ähnlich wie in Brüssel aufgezogen, aber schlichter, ohne Schiff, ohne Religionspolitik in den Reden, mit Rücksicht auf die protestantischen Stände. In katholischen Städten des Reichs gab es Trauerfeiern (Wien, Innsbruck, Freiburg); von protestantischen Totenpredigten im Reich ist nichts bekannt.[207]

Karls Bestattung in San Jerónimo de Yuste sollte nur vorläufig sein. Eigentlich wollte er in der Kathedrale von Granada beigesetzt werden, wo das Katholische Königspaar lag und wohin er seinen Vater, seine Frau Isabella und seine früh verstorbenen Söhne Johann und Ferdinand hatte überführen lassen. Kurz vor seinem Tode überließ er aber seinem Sohn Philipp, die Begräbnisstätte zu bestimmen. Und der ließ dann in gewaltiger Verbindung von Kloster, Schloß und Kirche den Escorial bauen, der auch die neue Familiengruft der Dynastie werden sollte. 1574 wurde Karl V. dorthin überführt, auch seine Frau, seine Söhne und seine Schwestern Eleonore und Maria.

Eleonore war sieben Monate vor Karl gestorben, bei der Rückkehr von einer tief enttäuschenden Reise an die portugiesische Grenze; sie hatte nach dreißig Jahren endlich ihre Tochter Maria (aus ihrer ersten Ehe mit Manuel I.) wiedersehen wollen, die sie in Lissabon hatte zurücklassen müssen, im Rahmen der großen Politik, hatte aber nur einen ganz entfremdeten Menschen getroffen. Karls andere, ihm vertrauteste Schwester Maria sollte auf seine und Philipps dringende Bitte doch wieder in die Niederlande zurückkehren und Politik machen, erklärte sich schließlich dazu bereit, starb aber noch in Spanien, einen Monat nach ihrem Bruder. Beide Schwestern waren ungewöhnlich wichtige und sichere Helferinnen in seiner ganzen Regierungszeit gewesen.

Schlußbetrachtung

Wieder einen Monat später, am 17.November 1558, starben in London die Königin Maria von England und der Kardinal Pole. Elisabeth wurde Nachfolgerin, und die englische Gegenreformation war wieder zu Ende. Damit war auch das habsburgische Projekt Karls hinsichtlich der Verbindung mit England zu Ende. Karl hatte da noch ein letztes Mal versucht, seinem übergroßen, aber schon geschwächten Wirkungsbereich nicht nur neue Machtzufuhr, sondern einen überpolitischen, christlichen Sinn zu geben − so wie er die katholische Einheit verstand. Nicht nur Franzosen und Türken hatte er damit wieder gegen sich aufgebracht, sondern auch den Papst. Durch den jungen Philipp und seine Feldherren wurde diese letzte schwere Krise seines Wirkungsbereiches erstaunlich gut bewältigt; durch dessen Aufteilung und Karls Ende der Friedensschluß mit Frankreich ermöglicht; noch mehr durch den Tod der englischen Königin Maria.

Der Frieden von Cateau-Cambrésis vom April 1559 zwischen Philipp II. und Heinrich II. war nicht nur der Abschluß der europäischen Spannungen, die das letzte Projekt Karls V. hervorgerufen hatte, er war weit mehr: Abschluß der jahrzehntelangen Spannungen und kriegerischen Konflikte, die durch die französische Invasion von 1494 nach Italien und den entgegenwirkenden spanisch-habsburgischen Machtbereich entstanden waren. Wenn auch Italien schon seit Ende der zwanziger Jahre weitgehend unter spanischer Hegemonie stand, so hat doch Frankreich erst 1559 seine dortige Gegenpolitik aufgegeben und sich auch aus Piemont, Savoyen und Korsika zurückgezogen.

Damit stehen wir am Ende der Geschichte Karls V. und seines übergroßen Wirkungsbereiches. Mit Helmut Koenigsberger läßt sich in der ersten Hälfte des 16. Jahrhunderts von drei rivalisierenden „Supermächten" sprechen: dem Osmanischen Reich, Frankreich und diesem weitausgebreiteten, nicht zusammenhängenden Reich. Die übrigen europäischen Mächte hatten nur mehr oder weniger die Wahl, sich den Auseinandersetzungen dieser drei anzuschließen.[208] Karls Reich war zu Land und See dem Osmanischen konfrontiert und es umlagerte Frankreich von drei Seiten. Diese Umlagerung wurde von dort als Bedrohung aufgefaßt, war aber auch eine Schwäche. Frankreich trennte Karls Länder und konnte sie an verschiedenen Stellen gleichzeitig angreifen. Darunter haben die Grenzgebiete, besonders die Niederlande, erheblich gelitten. Wichtiger ist aber, daß die machtpolitische Rivalität dieser beiden christlichen (dann katholisch zu nennenden) Supermächte alle in ihrem Sinne „höheren" Ziele, also alle Ansätze zu gemeinsamem Vorgehen gegen Türken und „Ketzer" zerrieb. Zugunsten der dritten Supermacht und der Entwicklung der christlichen Konfessionen.

Als Entwurf einer christlichen Universalmacht und ebenso als neues politisches Gesamtsystem ist das Reich Karls V. gescheitert. Es wurde geteilt, und überhaupt traten „die europäischen Verhältnisse, die in der Zeit Karls V. so unmittelbar aufeinander bezogen waren, ... in ein Stadium der partikularen Entwicklungen ein" (Lutz).[209] Mit den Spannungen ließen auch die Verbindungen und Beziehungen des Systems nach. Wenn auch seine einmal vorhanden gewesene Existenz nicht wieder vergessen wurde.

Wenn man das folgende halbe Jahrhundert überblickt, so läßt sich feststellen, daß die Aufteilung des Wirkungsbereiches Karls V., also vor allem die Trennung des Heiligen Römischen Reiches von der spanischen Großmacht, beiden Teilen nicht geschadet, fast nur genützt hat. Deutschland hatte ein „Übermaß an Veränderung"[210] zu verkraften. Das ging leichter ohne den europäischen Glanz und Spannungsreichtum des Kaisertums, den es unter Karl V. erlebt, aber auch erlitten hatte. Es mochte nun Ansehen und politische Macht wieder einbüßen, vor allem gegenüber West- und Südeuropa; der konfessionelle Dualismus im Reich seit 1555 mochte größere außenpolitische Initiativen verhindern;[211] er förderte aber weitgehend einen inneren friedlichen Ausgleich.

Für die spanische Großmacht, die weiterhin als Supermacht gelten konnte, hätte sich Karl keinen fähigeren Nachfolger wünschen können als seinen Sohn Philipp. Bei allen Meinungsverschiedenheiten fand dieser sich in seine Rolle und scheint auch den Vater nicht zum Rückzug aus der Politik gedrängt zu haben. Er lernte während seiner spanischen Regentschaften, ließ sich geduldig in alle außerspanischen Aufgaben in den Niederlanden und Italien, in alle Experimente mit der Reichsnachfolge und England einspannen, aber dann kehrte er 1559, nach dem Tode des Vaters, für immer nach Spanien zurück. Von dort, von seiner neuen Hauptstadt Madrid aus leitete er konzentriert die Europa in Atem haltende spanische Großmachtpolitik. „Karl wollte die Kaiseridee des Mittelalters", stellt Rassow fest, „und hat das spanische Imperium hinterlassen."[212] Fundiert hatte dieses Imperium schon das Katholische Königspaar. Durch den Kaiser wurde es jedoch viel enger mit dem übrigen Europa verbunden, sicherlich zu seinem finanziellen Nachteil, aber politisch und hinsichtlich des wechselseitigen kulturellen Austauschs zu seinem Gewinn. Manche Historiker sehen in seiner Zeit schon den Beginn der spanischen Hegemonie.[213] Philipp führte diese Europapolitik weiter und übernahm auch – im Unterschied zum Kaiser Ferdinand –, was Karl als seine kaiserliche Aufgabe angesehen hatte: die Stabilisierung der alten Kirche, die Gegenreformation. Wobei er dieselbe Distanz zur Kurie hielt wie sein Vater. Es war für Spanien erfolgreiche Politik: im Mittelmeerraum bei Italien und einigermaßen bei der Türkenabwehr, in der atlantischen Richtung, die durch die Erwerbung Portugals und seines Imperiums 1580 gewaltig verstärkt wurde. In Westeuropa, gegenüber Frankreich und England, war sie überzogen, aber das bringt Großmachtpolitik mit sich. Ein folgenreicher Fehlschlag war sie jedoch in den Niederlanden, die viel zu eng und zunehmend zu ihrem Nachteil mit Spanien verbunden waren. Und in Spanien selbst führte die strenge Religionspolitik gegen alle „Häresie", die von Philipp unterstützte Inquisition, zu dem, was man eine „Tibetisierung" genannt hat. In den Lutheranerprozessen in Sevilla und Valladolid 1558 und dem Verbot des Auslandsstudiums 1559 kann man ihren Anfang sehen, einen kulturellen Wendepunkt; man hebt davon gern die größere intellektuelle Freiheit in der Zeit Karls V. ab.[214] Tatsächlich wagte sich die Inquisition nach seinem Tode an Personen seines Vertrauens, wie Carranza, den Erzbischof von Toledo; aber im Grunde hat schon Karl diese Religionspolitik gewollt, wenn auch nicht diese kulturell-bildungsmäßige Abschließung Spaniens.

Im Unterschied zu Deutschland und Spanien litten in der zweiten Hälfte des 16. Jahrhunderts nicht nur die Niederlande, sondern auch Frankreich, die andere Großmacht, unter schweren, langen inneren Kriegen politisch-konfessioneller Art. Dorthin hatten sich die früheren inneren Auseinandersetzungen Italiens und Deutschlands gewissermaßen verlagert. Erst im 17. Jahrhundert wurde es anders. Deutschland stürzte in den Dreißigjährigen Krieg; Spaniens Macht wurde durch Frankreich geschwächt. Das politisch-kommerzielle Schwergewicht verlagerte sich vom Mittelmeerraum auf die atlantische Welt, und man muß feststellen, daß die neueren politischen, religiösen, wirtschaftlichen und gesellschaftlichen Entwicklungen selten vom ehemaligen Wirkungsbereich Karls V. ausgingen, vielmehr von England, vom „abgefallenen" Teil der Niederlande und von Frankreich.

Trotzdem wäre es falsch, von einem Wirkungsbereich Karls V. nur zu seinen Lebzeiten zu sprechen, oder nur von seiner Fortsetzung in Spanien. Kirchengeschichtlich ist deutlich, daß Karls Drängen auf ein Konzil zwar die Konfessionalisierung Europas nicht rückgängig gemacht hat, aber immerhin zur systematischen katholischen Reform führte. Es gibt keinen Papst, der so deutlich wie er als Vater des Konzils von Trient bezeichnet werden könnte.

Kulturgeschichtlich ist an den Jahrhunderte bleibenden Zusammenhang der habsburgischen Kulturwelt zu erinnern, den Austausch künstlerischer und gelehrter Ausdrucksformen in Spanien, Italien, Österreich und der südlichen Niederlande. Es ist der Barock sozusagen von Rubens bis Hugo von Hofmannsthal.

Schließlich ist an den bleibenden Eindruck der Persönlichkeit und des Schicksals des Kaisers selbst zu denken. Es handelt sich dabei nicht nur um die große Vorbilds-, ja Vaterbedeutung für alle spanischen und österreichischen Habsburger, sondern darüberhinaus um den Eindruck einer riesenhaften zusammengeerbten Macht und der Last, die der Kaiser damit hatte oder sich machte, um den Eindruck, wie wenig er damit tatsächlich ausrichten konnte. Damit hängt die Erfahrung der „ragione di stato" zusammen, die man speziell bei seiner Politik oder anläßlich der durch ihn provozierten europäischen Politik machte: bei seiner eigenen Politik reflektierte man darüber, gerade weil sie nicht rein machtpolitisch war. Der Begriff der „Staatsräson" (oder zunächst „Staatenräson") ist im Zusammenhang mit seiner Politik Mitte des 16.Jahrhunderts als Schlagwort bezeugt. Der Erzbischof und Humanist Giovanni della Casa warnte den Kaiser kurz nach 1547, Piacenza zu behalten, anstatt es dem Herzog von Parma zurückzugeben. Dies wäre nur „ragione degli stati", aber keine christliche und menschliche Handlungsweise, also sei sie des Kaisers unwürdig. Denn gerade in Staatssachen müsse die wahre Vernunft herrschen, nicht das, was man jetzt gefährlicherweise „utile ragion di stato" nenne. Später führte Boccalini, ein italienischer politischer Schriftsteller der zweiten Hälfte des 16.Jahrhunderts, die Ketzereien und vor allem ihre staatliche Förderung auf Staatsräson, auf Gegenwehr gegen die „monströse Macht Karls V." zurück. Und Campanella im 17.Jahrhundert war überzeugt, daß Interessenpolitik, Kriege und Spaltungen Europas das Wachstum der Türkenmacht ermöglich hätten. Karl V., heißt es bei ihm, hätte ohne den Krieg mit Frankreich einen großen Teil des Türkenreiches erobert, aber der Neid Frankreichs und die Furcht der Italiener hätten ihn gehemmt.[215] Die Geschichte Karls V. veranlaßte also begrifflich neugefaßte politische Erkenntnisse.

Den Historiker läßt seine Gestalt nicht so leicht los: wegen der ungewöhnlichen räumlichen Weite seines Wirkungsbereiches, die in anderen Fällen, normalerweise, nur abstrakt und unpersönlich erfaßt werden kann; auch wegen der überpersönlich langen zeitlichen Dimension, also wegen seiner Bereitschaft, sich für ein großes Erbe angestrengt einzusetzen und es über sein Leben hinaus weiterzusichern. Dadurch erscheint er in potenzierter Weise ein in der Geschichte stehender Mensch, ein bewußt von der Vergangenheit her in der Gegenwart und möglichst für die Zukunft Handelnder. Er handelte verantwortungsbewußt und unsicher; bei allem Starrsinn immer im Zweifel, wie er mit den ihm so leicht zugefallenen Erblasten umzugehen habe. Man hat von der „absoluten Modernität seiner Ausdrucksweise"[216] gesprochen, wie er sich darüber schriftlich äußerte: sachlich, uneitel und klug, wenn auch etwas umständlich reflektierend. Dabei wurde er – wegen seiner außergewöhnlichen Position mit ihren unermeßlichen Möglichkeiten – überschüttet von den Konzepten politischer, geistlicher und rhetorischer Ratgeber. Sie spekulierten unablässig darüber, was er getan hatte, was er tat, tun würde oder tun müßte. Die seitherigen Historiker mit ihren mehr oder weniger gesicherten Interpretationen sind eigentlich nur deren Nachfolger.

Wenn wir an seinen Wirkungsbereich denken, geht es aber nicht nur um seine Gestalt, auch nicht nur um die erstaunlich gelungene Zusammenarbeit der Frauen und Männer seiner Familie, sondern um Aktionen und Gegenaktionen einer ganzen herrschenden Schicht. Sie mochte in ihren Ehr- und Machtbegriffen, ihrer Beschäftigung mit Heirats- und Kriegsplanungen um die Vermehrung von Herrschaftstiteln und in ihrem ganzen adligen Zeitvertreib unendlich vielen Lebensbereichen der damaligen Menschen fernstehen. Aber sie beeinflußte und veränderte deren Verhältnisse und Ansichten doch erheblich. Ihr Wirken hat jenes „brausende Zeitalter", wie es Marliano 1516 nannte, nicht geschaffen, aber in komplizierten Ermöglichungen und Verhinderungen geprägt. Also gehen die Wirkungen auch in die nächsten Jahrhunderte weiter, bis in die Gegenwart, teils erkennbar, teils erforschbar. Karl V. und die damalige herrschende Schicht sind ein kräftiger, dabei ziemlich undeutlicher Mythos und ein unerschöpfliches Problemfeld wissenschaftlicher Erkenntnisarbeit. Das ganze Zeitalter mit seiner Fülle von Veränderungen und seinem hohen Bewußtseinsgrad gehört zu unserem Erinnerungshaushalt in besonders heller, herausfordernder und tröstlicher Weise. Wieviel ärmer wären wir, wenn es nicht mehr dazugehörte.

Anmerkungen

(Die vollständigen Titel der hier abgekürzt zitierten Quellen und Literatur findet man im nachfolgenden Verzeichnis.)

1 Werner Näf: Frühformen des „modernen Staates" im Mittelalter. In: Historische Zeitschrift 171, 1951, S. 225–243. Mit anderen einschlägigen Aufsätzen auch in: H. H. Hofmann (Hg.): Die Entstehung des modernen souveränen Staates. Köln/Berlin 1967.

2 Hermann Heimpel: Der Mensch in seiner Gegenwart. Göttingen 1954, S. 57. Josef Engel im Titel seines Beitrags im Handbuch der Europäischen Geschichte, Bd. 3, 1971. Werner Näf: Die Epochen der neueren Geschichte. Aarau 1945/46. Bd. 1, S. 261.

3 Tyler, S. 24.

4 Walther, S. 163.

5 Kohler: Quellen, S. 8 f. Vgl. die spanische Fassung in: Rassow: Politische Welt, S. 75.

6 Kohler: Quellen, S. 137.

7 Tyler S. 37.

8 A. H. L. Heeren: Handbuch der Geschichte des Europäischen Staatensystems und seiner Colonien. Göttingen 1819, S. 45. C. J. Burckhardt, S. 18 f.

9 Wallerstein Bd. 1, S. 165 ff.

10 Hierzu: Morel-Fatio (1913). Brandi Bd. 2, S. 13–53. Franz Schnabel: Deutschlands geschichtliche Quellen und Darstellungen in der Neuzeit. Darmstadt 1972, bes. S. 152–162 u. 247–252. Peter Rassow: Das Bild Karls V. im Wandel der Jahrhunderte. In: P. Rassow u. F. Schalk (1960), S. 3 ff. Heinrich Lutz: Karl V. – Biographische Probleme. In: G. Klingenstein u. a. (Hg.): Biographie und Geschichtswissenschaft. Wien 1979, S. 151–182. Für die im Folgenden erwähnten Werke vgl. die Titel im Quellen- und Literaturverzeichnis.

11 Dazu Seibt, S. 184–190 („Die Memoiren des Feldherrn").

12 Michael de Ferdinandy: Karl V. und sein Bild bei Sandoval. In: Archiv für Kulturgeschichte, Bd. 50, 1968, S. 64–81, Zitat S. 68.

13 Brandi Bd. 2, S. 22.

14 Jacob Burckhardt: Die Kultur der Renaissance in Italien. (Ges. Werke Bd. 3). Darmstadt 1955. S. 69.

15 Ich bin bei dieser Beschreibung Brandi, Bd. 2, S. 28–40 gefolgt.

16 Hierzu Wolfgang Petke: Karl Brandi und die Geschichtswissenschaft. In: H. Boockmann u. H. Wellenreuther (Hg.): Geschichtswissenschaft in Göttingen. Göttingen 1987, S. 287–320.

17 Lortz Bd. 1, S. 269.

18 Claudio Sánchez-Albornoz: España, un enigma histórico. Buenos Aires 1956, Bd. 2, S. 487 ff. Er spricht vom „Kurzschluß der spanischen Modernität". „Katastrophe" zitiert nach Pérez: Ferdinand und Isabella, S. 259.

19 Heinrich Lutz: Kaiser Karl V., Frankreich und das Reich. In: H. Lutz u. a.: Frankreich und das Reich im 16. und 17. Jahrhundert. Göttingen 1968, S. 7–19. Alfred Kohler hat in seinem Artikel „Karl V." in der Neuen Deutschen Biographie Bd. 11, S. 191–211 den lebenslangen Frankreichbezug deutlich herausgearbeitet.

20 Horst Rabe u. Heide Stratenwerth: Die Politische Korrespondenz Kaiser Karls V. Beiträge zu ihrer wissenschaftlichen Erschließung. In: H. Rabe (Hg.): Karl V., S. 11–39, hier S. 13. Dieser Aufsatz und der anschließende von H. Stratenwerth auch für das Folgende.

21 Rabe: Politische Korrespondenz, S. 11.

22 Horst Rabe: Karl V. und die deutschen Protestanten. Wege, Ziele und Grenzen der kaiserlichen Religionspolitik. In: Rabe (Hg.), Karl V., S. 317–345.

23 Commentarien Karls V. (1550). Kohler: Quellen, S. 29 f.
24 Seibt, S. 44 f. Vgl. auch Horst Fuhrmann: Pour le Mérite. Über die Sichtbarmachung von Verdiensten. Sigmaringen 1992, S. 24 ff.
25 Hermann Heimpel: Burgund − Macht und Kultur. In: Geschichte in Wissenschaft und Unterricht 4, 1953, S. 260.
26 Über die heutige wissenschaftliche Beurteilung Friedrichs III.: Karl-Friedrich Krieger: Die Habsburger im Mittelalter. Stuttgart/Berlin/Köln 1994, S. 228−237.
27 Niccolò Machiavelli: Der Fürst. (21. Kapitel.) Zürich 1945, S. 84.
28 Elliott: Imperial Spain, S. 13 f.
29 Elliott: Imperial Spain, S. 30.
30 Elliott: Imperial Spain, S. 43.
31 Rabe: Die iberischen Staaten, S. 602.
32 Hans R. Guggisberg: Das „Goldene Jahrhundert" Spaniens. Zur Problematik eines Epochenbegriffs. In: Neue Zürcher Zeitung Nr. 176 vom 30./31. 7. 1983.
33 Zitiert nach Elliott: Imperial Spain, S. 128.
34 Elliott: Imperial Spain, S. 129.
35 Zitiert nach Elliott: Imperial Spain, S. 137.
36 Nach Pirenne Bd. 3, S. 72.
37 Walther, S. 58.
38 Reisebericht von Antoine de Lalaing, zitiert nach Ludwig Pfandl: Johanna die Wahnsinnige. Freiburg 1930, S. 57.
39 Horst Pietschmann: Reichseinheit und Erbfolge in den spanischen Königreichen. In: Johannes Kunisch (Hg.): Der dynastische Fürstenstaat. Berlin 1982, S. 199−246, hier 229.
40 Zitiert nach: H. Wiesflecker: Kaiser Maximilian I., Bd. 3, S. 304 u. Bd. 5, S. 624.
41 Darüber Tyler, S. 38−42 und Seibt, S. 225−228.
42 Michelet zitiert nach U. Tamussino: Margarete von Österreich, S. 9. C. J. Burckhardt, S. 16.
43 Huizinga: Burgund, S. 46.
44 Nach der Zusammenfassung von Pirenne, Bd. 3, S. 101. Vgl. die spätere Charakteristik von Contarini (1525) in: Kohler: Quellen, S. 113 f. Die Spanier nannten ihn „Bocaabierto". Lutz: Ringen, S. 199.
45 Zitiert nach Tamussino: Margarete von Österreich, S. 151.
46 Zitiert nach Brandi Bd. 1, S. 45.
47 Zitiert nach J. Pérez: Ferdinand und Isabella, S. 318.
48 Zitiert nach Wiesflecker, Maximilian I. (1991), S. 182.
49 Earl E. Rosenthal: The Invention of the Columnar Device of Emperor Charles V at the Court of Burgundy in Flanders in 1516. In: The Journal of the Warburg and Courtauld Institutes 36, 1973, S. 198−230. Marlianos Rede nach der dortigen Beschreibung S. 221−223. Auch die folgenden Ausführungen über „Plus ultra" nach Rosenthal.
50 Dante: Divina Commedia, Inferno, 26. Gesang: „Dov' Ercole segnò li suoi riguardi,/ Acciòcche l'uom più oltre non si metta."
51 Johan Huizinga: Europäischer Humanismus: Erasmus. Hamburg 1958, S. 82 ff., 135, das Briefzitat S. 45. Lutz: Ringen, S. 202.
52 Nach Pirenne Bd. 3, S. 107 f.
53 Zitiert nach Lynch Bd. 1, S. 38.
54 Kohler: Quellen, S. 137.
55 Häbler Bd. 1, S. 127, dem in den meisten hier berichteten Einzelheiten gefolgt wird.
56 Brandi Bd. 1, S. 125.
57 Über die Aufstände und ihre heutige wissenschaftliche Beurteilung (besonders J. A. Maravall und J. Pérez) ist zu vergleichen: Walther L. Bernecker u. Horst Pietschmann: Geschichte Spaniens, Stuttgart/Berlin/Köln 1997, S. 84−99. Auch: Stephen Haliczer: The Comuneros of Castile. The Forging of a Revolution, 1475−1521. Madison, Wisc. 1981.
58 Fernández Alvarez: España, spricht von der „Hispanización de Carlos V" (Titel des zweiten, die zwanziger Jahre behandelnden Teils).
59 Franz-Heinz Hye: Österreich und Spanien vor und nach der Doppelhochzeit von 1495/96 im Spiegel historisch-heraldischer Monumente unter besonderer Berücksichtigung des Stadtwappens von Toledo. In: F. Menéndez Pidal de Navascués (Hg.): Las armerías en Europa al comenzar

la edad moderna y su proyeccion al Nuevo Mundo. Madrid 1993, S. 165–184, hier 173 ff. Der Zeitpunkt ist unklar. An der Puerta Nueva de Bisagra in Toledo ist das große Wappen um 1550–59 angebracht worden.

60 Darüber die Monographie von Rosenthal (1985).
61 Headley, S. 1.
62 Brandi Bd. 1, S. 78.
63 Zitiert nach Lynch Bd. 1, S. 46.
64 Zitiert nach Reinhard Bd. 2, S. 51.
65 Pierre Chaunu: Conquète et exploitation des Nouveaux Mondes (XVIe siècle). Paris 1969, S. 277.
66 Pietschmann, S. 116.
67 Fernández Alvarez: Imperator Mundi, S. 85.
68 Elliott: Imperial Spain, S. 186.
69 Earl J. Hamilton: American Treasure and the Price Revolution in Spain 1501–1650. Cambridge Mass. 1934.
70 Zitiert bei Lynch Bd. 1, S. 56.
71 Rede Karls V. vor seinen Räten in Madrid, nach dem Bericht des Chronisten Santa Cruz. Kohler: Quellen, S. 138.
72 Elton Bd. 1, S. 10.
73 Engel, S. 35.
74 Engel, S. 242.
75 Darüber Günther R. Burkert:Landesfürst und Stände. Karl V., Ferdinand I. und die österreichischen Erbländer im Ringen um Gesamtstaat und Landesinteressen. Graz 1987.
76 Brandi Bd. 1, S. 82.
77 Nach Brandi Bd. 1, S. 88.
78 Wiesflecker, Kaiser Maximilian, Bd. 4, S. 457.
79 Nach Sutter Fichtner, S. 24.
80 Brief an Margarete und an den Rat der Niederlande, Barcelona, 5. März 1519. Kohler: Quellen, S. 41–44.
81 Brandi Bd. 1, S. 92.
82 Kohler: Quellen, S. 59.
83 Wolfgang Petter: Probleme der deutsch-spanischen Begegnung in den Anfängen Karls V. In: Spanische Forschungen der Görresgesellschaft, 1. Reihe: Gesammelte Aufsätze zur Kulturgeschichte Spaniens, 26. Bd., Münster 1971, S. 89–150, hier S. 140.
84 Martin Luther: An den Christlichen Adel Deutscher Nation und andere Schriften. Stuttgart 1962, S. 11.
85 Zitiert bei Brandi Bd. 1, S. 110.
86 Heinz Angermeier: Die Reichsreform 1410–1555. Die Staatsproblematik in Deutschland zwischen Mittelalter und Gegenwart. München 1984, S. 232.
87 Brandi Bd. 1, S. 112.
88 Rainer Wohlfeil: Der Wormser Reichstag von 1521. In: Fritz Reuter (Hg.): Der Reichstag zu Worms von 1521. Reichspolitik und Luthersache. Worms 1971, S. 59–154. Zitate S. 196 (kaiserl. Entwurf) u. 99 (Aleander).
89 Zitiert nach Dickmann, S. 125.
90 Nach der Wiedergabe der Rede in Brandi Bd. 1, S. 112 f. und Kohler: Quellen, S. 74 f. Französischer Text und Übersetzung: Hans Wolter: Das Bekenntnis des Kaisers. In: Fritz Reuter: Der Reichstag zu Worms von 1521. Worms 1971, S. 226–229.
91 Brandi Bd. 1, S. 113.
92 Heinrich Lutz: Karl V. – Biographische Probleme. In: G. Klingenstein u. a. (Hg.): Biographie und Geschichtswissenschaft. Wien 1979, S. 171 f.
93 Moeller, S. 71. Dort auch das Fugger-Zitat.
94 Sutter Fichtner, S. 26.
95 Wiesflecker: Kaiser Maximilian I., Bd. 4, S. 426.
96 Brandi Bd. 1, S. 120.
97 Nach Ranke: Osmanen, S. 93.
98 Nach Brandi Bd. 1, S. 276.

99 Lutz: Reformation, S. 27.

100 Christine Roll: Das zweite Reichsregiment 1521–1530. Köln/Weimar/Wien 1996. S. 216.

101 Stefanie Hofmann: Die Städte zwischen Kaiser und Reich – zum politischen Handlungsspielraum der Reichsstädte am Beispiel der Gesandtschaft zu Kaiser Karl V. nach Valladolid im Jahr 1523. In: Horst Rabe (Hg.): Karl V., S. 163–189.

102 Roll, w.o., S. 337.

103 Rabe: Deutsche Geschichte, S. 252 f.

104 Zitiert nach Horst Buszello: Gemeinde, Territorium und Reich in den politischen Programmen des Deutschen Bauernkrieges. In: Hans-Ulrich Wehler (Hg.): Der Deutsche Bauernkrieg. (Geschichte und Gesellschaft, Sonderheft 1.) S. 105–128, hier 122.

105 Günther Franz: Der deutsche Bauernkrieg. München 1956. Bd. 1, S. 298.

106 Ernst Laubach: „Nationalversammlung" im 16. Jahrhundert. Zu Inhalt und Funktion eines politischen Begriffes. In: Mitteilungen des Österreichischen Staatsarchivs 38, 1985, S. 1–48, Zitate S. 3 u. 10.

107 Zitiert nach Dickmann, S. 157.

108 Christine Roll: Reichstags-Absage und Waldkirch-Mission. Überlegungen zur kaiserlichen Reichspolitik im ersten Jahrzehnt der Regierung Karls V. In: Rabe (Hg.): Karl V. S. 279–315, hier 290.

109 Gerhard Müller: Die römische Kurie und die Reformation 1523–1534. Kirche und Politik während des Pontifikates Clemens' VII. Gütersloh 1969. Zitate S. 71 u. 74.

110 Walther Peter Fuchs: Das Zeitalter der deutschen Reformation. In: Bruno Gebhardt (Hg.): Handbuch der deutschen Geschichte, Bd. 2, Stuttgart 1955, S. 80.

111 Percy Ernst Schramm: Herrschaftszeichen und Staatssymbolik. 3 Bde., Stuttgart 1954–1956. Bd. 1, S. 14; Bd. 2, S. 477; Bd. 3, S. 1030. Arno Borst bezeichnet Karl V. als den ersten modernen Menschen, dessen Geburtstag in bewußter Inszenierung gefeiert wurde. Arno Borst: Der überlieferte Geburtstag. In: Rudolf Schieffer (Hg.): Mittelalterliche Texte. (Schriften der MGH, Bd. 42.) Hannover 1996, S. 75.

112 Michel de Montaigne: Tagebuch einer Badereise. Stuttgart 1963, S. 113. Das Bronzerelief in der Nähe der Ortschaft Gries am Brenner ist seit 1783 verschwunden. Es gibt dort an einer Felsenwand nur eine Marmortafel mit dem Text des Reliefs, die wohl ersatzweise angebracht wurde. Wolfgang Hilger: Ikonographie Kaiser Ferdinands I. (1503–1564). Wien 1969. S. 43 f. u. 167. Franz-Heinz Hye in einem noch ungedruckten, mir freundlicherweise zur Verfügung gestellten Aufsatz: Rezente Spuren der historischen Beziehungen Vorderösterreichs und Tirols zu Spanien vor allem im 16. Jahrhundert. Das Denkmal ist abgebildet auf einem Kupferstich von Georg Hoefnagl 1590 und in: Marquard Herrgott: Monumenta Augustae Domus Austriacae. Bd. III/1, Pinacotheca. Freiburg 1760, Tafel 49.

113 Ernst Laubach: Karl V., Ferdinand I. und die Nachfolge im Reich. In: Mitteilungen des österreichischen Staatsarchivs 29, 1976, S. 1–51. Vgl. auch Rassow: Politische Welt, S. 23–28.

114 Kohler: Quellen, S. 159.

115 Zitiert nach Brandi Bd. 1, S. 264.

116 Elton Bd. 1, S. 124. Wolfgang Reinhard: Die kirchenpolitischen Vorstellungen Kaiser Karls V., ihre Grundlagen und ihr Wandel. In: Erwin Iserloh (Hg.): Confessio Augustana und Confutatio. Der Augsburger Reichstag 1530 und die Einheit der Kirche. Münster 1980, S. 62–100, hier 90.

117 Heinrich Lutz: Kaiser, Reich und Christenheit. Zur weltgeschichtlichen Würdigung des Augsburger Reichstages 1530. In: Historische Zeitschrift 230, 1980, S. 57–88, bes. 74 f.

118 So Karls Beichtvater Loaysa, zitiert bei Brandi Bd. 1, S. 262.

119 Zitate von 1524 und 1528 bei Brandi Bd. 1, S. 263.

120 Nach Rudolf Stadelmann: Das Zeitalter der Reformation. In: Brandt-Meyer: Handbuch der deutschen Geschichte, Bd. 2, S. 105.

121 Rassow: Politische Welt, S. 54.

122 Lortz, Bd. 2, S. 52.

123 Zitiert nach Dickmann, S. 169 und Brandi Bd. 1, S. 269. Vgl. Kohler: Quellen, S. 170 ff.

124 Michael de Ferdinandy: Karl V. und sein Bild bei Sandoval. In: Archiv für Kulturgeschichte 50, 1968, S. 80.

125 Hartmut Scholz: Kaiserliche Fensterstiftungen in Freiburg. In: Hans Schadek (Hg.): Der Kaiser in seiner Stadt. Maximilian I. und der Reichstag zu Freiburg 1498. Freiburg i. Br. 1998, S. 384–419. Zu den Standbildern: Dieter Mertens: Der Freiburger Reichstag. In: ebenda, S. 32.

126 Zitiert bei Brandi Bd. 1, S. 280.

127 Aus Luthers Tischreden, zitiert nach Seibt, S. 118.

128 Lutz: Kaiser, Reich und Christenheit. In: HZ 230, S. 72–75.

129 Zitiert nach Gerhard Müller: Die römische Kurie (wie Anm. 109), S. 275.

130 Brandi Bd. 1, S. 386.

131 Radbruch (Hg.), S. 83.

132 Darüber: Silvia Schweinzer: Die Vorgeschichte des Reichstags von Speyer 1542 im Spiegel der politischen Korrespondenz Kaiser Karls V. In: Lutz/Kohler (Hg.): Aus der Arbeit an den Reichstagen, S. 228–272.

133 Zitiert nach Brandi Bd. 1, S. 432.

134 Zitiert nach Brandi Bd. 1, S. 437.

135 Tyler, S. 109.

136 Nach der verkürzten Wiedergabe des Briefes bei Brandi Bd. 1, S. 470 f. Vollständig bei Kohler: Quellen, S. 323–328.

137 Ritter, S. 174. Allgemein zur damaligen Kriegsorganisation: Alfred Kohler: Kriegsorganisation und Kriegführung in der Zeit Karls V. In: Historisches Jahrbuch, 111. Jg.,1991, S. 433–451.

138 Ludwig von Pastor: Geschichte der Päpste. Bd. 5, Freiburg 1909, S. 594.

139 Luis Avila y Zuñiga, Comentario de la guerra de Alemana, zitiert nach Kohler, Quellen, S. 360. Heinz Schilling: Veni,vidi, Deus vixit – Karl V. zwischen Religionskrieg und Religionsfrieden. In: Archiv für Reformationsgeschichte Jg. 89, 1998, S. 144–166.

140 Earl E. Rosenthal: Palace of Charles V, S. 91. Rainer Wohlfeil: Kriegsheld oder Friedensfürst? Eine Studie zum Bildprogramm des Palastes Karls V. in der Alhambra zu Granada. In: Christine Roll u. a. (Hg.): Recht und Reich im Zeitalter der Reformation. Festschrift für Horst Rabe. Frankfurt a. M. usw. 1996, S. 57–96, bes. 60 u. 94f

141 Herbert von Einem: Karl V. und Tizian. In: Rassow/Schalk (Hg.): Karl V., S. 67–94, hier 74.

142 Zitate nach Rabe: Reichsbund, S. 68 f.

143 Ritter S. 178.

144 Rassow: Politische Welt, S. 33 f.

145 Zitiert nach Dickmann, S. 199.

146 Zitiert nach Rabe: Deutsche Geschichte, S. 434.

147 Rabe: Deutsche Geschichte, S. 436.

148 Kohler: Quellen, S. 423.

149 Brandi Bd. 1, S. 525

150 Ritter, S. 182.

151 Kohler: Quellen, S. 455.

152 Rosemarie Aulinger: Die Verhandlungen zum Nürnberger Anstand 1531/32 in der Vorgeschichte des Augsburger Religionsfriedens. In: Lutz/Kohler (Hg.): Arbeit an den Reichstagen, S. 194–227, hier 217.

153 Rabe: Deutsche Geschichte, S. 455.

154 Ritter, S. 185.

155 Martin Heckel: Deutschland im konfessionellen Zeitalter. Göttingen 1983, S. 48.

156 Braudel, S. 35.

157 Heinz Angermeier: Die Reichsreform 1410–1555. München 1984, S. 320, 327 u. 329.

158 Moeller, S. 150 u. 155.

159 Volker Press: Kaiser Karl V., König Ferdinand und die Entstehung der Reichsritterschaft. Wiesbaden 1976, Zitate S. 53 u. 56.

160 Ritter, S. 180.

161 Rede vor Papst, Kardinälen und Diplomaten, zitiert nach Braudel, S. 16.

162 Lutz: Christianitas afflicta, S. 21 f. und an vielen anderen Stellen.

163 So Rodríguez-Salgado, S. 29.

164 So Vermutung von Wiesflecker: Kaiser Maximilian, Bd. 4, S. 484.

165 Franz Bosbach: Monarchia Universalis. Ein politischer Leitbegriff der Frühen Neuzeit. Göttingen 1988, S. 35.

166 Jacob Burckhardt: Die Kultur der Renaissance in Italien. Darmstadt 1955, S. 28.
167 Brandi Bd. 1, S. 143. Dort auch das erste Zitat. Das zweite: Kohler: Quellen, S. 97.
168 Zitiert nach Brandi Bd. 1, S. 194. Mit dem Herrn von Berßele ist der niederländische Adlige Antoine de Lalaing, Herr von Montjoy und Graf von Hogstraeten gemeint, ein Vertrauter der Statthalterin Margarete.
169 Zitiert nach Brandi Bd. 1, S. 199.
170 Zitiert nach Brandi Bd. 1, S. 209.
171 Zitiert nach Dickmann, S. 226.
172 Fernández Alvarez: Imperator Mundi, S. 76.
173 Kohler: Quellen, S. 133.
174 Kohler: Quellen, S. 141.
175 Kohler: Quellen, S. 148.
176 Fernández Alvarez: Imperator Mundi, S. 93.
177 Volker Reinhardt: Florenz 1527/30 – Münster 1534/35. Überlegungen zur Genese radikaler Reformation und zur Vergleichbarkeit des scheinbar Inkomparablen. In: G. Hübinger, J. Osterhammel, E. Pelzer (Hg.): Universalgeschichte und Nationalgeschichten. Freiburg 1994, S. 117–136.
178 Zitiert nach Brandi Bd. 1, S. 279.
179 Nach Brandi Bd. 1, S. 195.
180 Zitiert nach Tamussino: Maria von Ungarn, S. 118 f.
181 Kohler: Quellen, S. 101.
182 Dickmann, S. 235.
183 Zitiert nach Silvia Schweinzer: Vorgeschichte, in: Lutz/Kohler(Hg.): Aus der Arbeit, S. 247.
184 Nach Tamussino: Maria von Ungarn, S. 192.
185 Heinz Duchhardt: Das Tunisunternehmen Karls V. 1535. In: Mitteilungen des österreichischen Staatsarchivs 37, 1984, S. 35–72, bes. 37 f., 50, 66 ff.
186 Nach Brandi Bd. 1, S. 316.
187 Engel, S. 284.
188 Rassow: Kaiser-Idee, S. 238 f.
189 Beschreibung der Umstände und der Rede selbst bei Rassow: Kaiser-Idee, S. 243–259. Zu ihrer Überlieferung: S. 379–392.
190 Braudel, S. 32. Vgl. auch: Fernand Braudel: Das Mittelmeer und die mediterrane Welt in der Epoche Philipps II. Bd. 3. Frankfurt a. M. 1990, S. 20.
191 Kohler: Quellen, S. 267.
192 Guido Komatsu: Die Türkei und das europäische Staatensystem im 16. Jahrhundert. Untersuchungen zu Theorie und Praxis des frühneuzeitlichen Völkerrechts. In: Christine Roll u. a. (Hg.): Recht und Reich im Zeitalter der Reformation. Festschrift für Horst Rabe. Frankfurt a. M. usw. 1996. S. 125 ff.
193 Kohler: Quellen, S. 301.
194 Dazu Federico Chabod: Milano o i Paesi Bassi? Le discussioni in Spagna sulla ‚alternativa‘ del 1544. In: Chabod: Carlo V, S. 185–224.
195 Kohler: Quellen, S. 315.
196 Zitiert nach: Peter Lahnstein: Der Charakter Kaiser Karl V. Anlage, Prägung, Entwicklung. In: H. v. Hentig u. A. Nitschke (Hg.): Was die Wirklichkeit lehrt. Golo Mann zum 70. Geburtstag. Frankfurt a. M. 1979, S. 31–45, hier 44.
197 Tyler, S. 217.
198 Kohler: Quellen, S. 466–468. Daraus die Zitate. Vgl. auch die Beschreibung bei Brandi Bd. 1, S. 542 f.
199 Tamussino: Maria von Ungarn. S. 267–269, Zitat 267.
200 Brandi Bd. 1, S. 543.
201 Josef Karl Mayr: Die letzte Abdankung Karls V. (16. Jänner 1556). In: Nachrichten von der Gesellschaft der Wissenschaften zu Göttingen, phil.-hist. Kl., Heft 2, 1931, S. 143–158. Die Rede auch bei Dickmann, S. 244–246.
202 Seibt, S. 222.
203 Zitiert nach: Gerd Kleinheyer: Die Abdankung des Kaisers. In: Gerh. Köbler (Hg.): Wege europäischer Rechtsgeschichte. Karl Kroeschell zum 60. Geburtstag. Frankfurt a. M. usw. 1987, S. 124–144, hier 126.

204 Sutter Fichtner, S. 224.

205 J. Osterhammel: China und die Weltgesellschaft. München 1989, S. 47.

206 H. v. Einem: Karl V. und Tizian. In: Rassow/Schalk (Hg.): Karl V., S. 93.

207 Achim Aurnhammer und Friedrich Däuble: Die Exequien für Kaiser Karl V. in Augsburg, Brüssel und Bologna. In: Archiv für Kulturgeschichte, 62/63. Bd., 1980/81, S. 101–157.

208 H. G. Koenigsberger: Prince and States General: Charles V and the Netherlands (1506–1555). In: Transactions of the Royal Historical Society 4, 1994, S. 127–151, hier 148.

209 Lutz: Christianitas afflicta, S. 484.

210 Schulze, S. 292.

211 Das betont Rabe: Deutsche Geschichte, S. 304. Dazu auch: Friedrich Edelmayer: Kaisertum und Casa de Austria. Von Maximilian I. zu Maximilian II. In: Kohler u. Edelmayer (Hg.), bes. S. 168.

212 Rassow: Politische Welt, S. 91.

213 Z. B. Merriman. Dazu: Kohler: Das Reich, S. 51.

214 Darüber Fernando Domínguez Reboiras: Gaspar de Grajal (1530–1575). Frühneuzeitliche Bibelwissenschaft im Streit mit Universität und Inquisition. Münster 1998, S. 37, 112 u. 263. J. Ignacio Tellechea Idígoras: Der Prozeß gegen Bartolomé Carranza. In: Silvana Seidel Menchi (Hg.): Ketzerverfolgung im 16. und 17. Jahrhundert. Wiesbaden 1992, S. 87–102.

215 Friedrich Meinecke: Die Idee der Staatsräson in der neueren Geschichte. (Werke Bd. 1.) München 1957, S. 56, 98 u. 123. Der Begriff „ragione degli stati" findet sich schon 1523 bei Guicciardini.

216 Michael de Ferdinandy: Karl V., Tübingen 1966, S. 56.

Quellen und Literatur in Auswahl

1. Quellen und bis 1900 erschienene Literatur

Baumgarten, Hermann: Geschichte Karls V., 3 Bde., Stuttgart 1885−92.

Bradford, William (Hg.): Correspondance of the Emperor Charles V and his Ambassadors at the Courts of England and France. London 1850.

Bucholtz, Franz Ferdinand von: Geschichte der Regierung Ferdinands des Ersten. 9 Bde., Wien 1831−1838. Neudruck Graz 1968.

Dickmann, Fritz (Hg.): Geschichte in Quellen. Bd. 3: Renaissance, Glaubenskämpfe, Absolutismus. München 1966.

Döllinger, Ignaz von: Dokumente zur Geschichte Karls V., Philipps II. und ihrer Zeit aus spanischen Archiven. Regensburg 1862.

Fernández Alvarez, Manuel (Hg.): Corpus documental de Carlos V. 5 Bde., Salamanca 1973−81.

Gachard, Louis Prosper (Hg.): Retraite et mort de Charles-Quint au Monastère de Yuste. 3 Bde., Brüssel 1854−55.

Gachard, Louis Prosper (Hg.): Correspondence de Charles V et d'Adrian VI. Brüssel 1859.

Henne, Alexandre: Histoire du règne de Charles-Quint en Belgique. 10 Bde., Brüssel 1858−60.

Kohler, Alfred (Hg.): Quellen zur Geschichte Karls V. Darmstadt 1990.

Korrespondenz Ferdinands I. Familienkorrespondenz. Bd. 1 (bis 1526) hg. v. Wilhelm Bauer. Wien 1912. Bd. 2 (1527−1530) hg. v. W. Bauer u. Robert Lacroix. Wien 1937/38. Bd. 3 (1531/32) hg. v. Herwig Wolfram u. Christiane Thomas. Wien 1984.

Lanz, Karl (Hg.): Correspondenz des Kaisers Karl V. Aus dem Kgl. Archiv und der Bibliothèque de Bourgogne zu Brüssel. 3 Bde., Leipzig 1844−46. Neudruck 1966.

Lanz, Karl (Hg.): Staatspapiere zur Geschichte Kaiser Karls V. Aus dem Kgl. Archiv und der Bibliothèque de Bourgogne zu Brüssel. Stuttgart 1845.

Lanz, Karl (Hg.): Monumenta Habsburgica. 2. Abt. Bd. 1: Actenstücke und Briefe zur Geschichte Kaiser Karl V. Wien 1853.

Lutz, Heinrich, u. *Kohler,* Alfred (Hg.): Das Reichstagsprotokoll des kaiserlichen Kommissars Felix Hornung vom Augsburger Reichstag 1555. Wien, Köln, Graz 1971.

Mignet, Fr.: Charles-Quint, son abdication, sa retraite, son séjour et sa mort au monastère de Yuste. Paris 1854.

Mignet, Fr.: La rivalité de Charles-Quint et de François I. 2 Bde., Paris 1876.

Morel-Fatio, Alfred: Historiographie de Charles-Quint. Première partie, suivie des mémoires de Charles-Quint. Texte portugais et traduction française. Paris 1913.

Radbruch, Gustav (Hg.): Die Peinliche Gerichtsordnung Kaiser Karls V. von 1532 (Carolina). 5. Aufl. hg. v. A. Kaufmann. Stuttgart 1980.

Ranke, Leopold von: Die Osmanen und die Spanische Monarchie im 16. und 17. Jahrhundert (1827), in: Sämtliche Werke Bd. 35/36, Leipzig 1877.

Ranke, Leopold von: Deutsche Geschichte im Zeitalter der Reformation. 3 Bde. 1839−1847. Neuausgabe hg. v. Paul Joachimsen. München 1926.

Reichstagsakten unter Kaiser Karl V. (Jüngere Reihe), Deutsche. Bd. 1−4 (1519−1524), Gotha 1893−1905. Bd. 7 u. 8 (1527−30), Göttingen 1935−71.

Robertson, William: History of the Reign of the Emperor Charles V. 3 Bde., London 1769.

Sandoval, Prudencio de: Historia de la vida y hechos del emperador Carlos V. Valladolid 1603. Neudruck Madrid 1955.

Santa Cruz, Alonso de: Crónica del Emperador Carlos V. 5 Bde., Madrid 1920−25.

Stirling, William: Das Klosterleben Kaiser Karls des Fünften. Dresden 1858.

Sepúlveda, Juan Ginez de: De rebus gestis Caroli V libri XXX. Madrid 1780.

Sleidanus, Johannes: Wahrhaftige und eigentliche Beschreibung aller fürnehmen Händel, so sich in geistlichen und weltlichen Sachen bey Regierung Kaiser Karl V zugetragen. 1557.

Weiss, Charles (Hg.): Papiers d'état du cardinal de Granvelle d'après les manuscrits de la bibliothèque de Besançon. 4 Bde. (über die Zeit Karls V.; insgesamt 9 Bde.), Paris 1841–43[52].

2. Literatur ab 1900

Armstrong, Edward: The Emperor Charles V. 2 Bde., London 1901.

Brandi, Karl: Berichte und Studien zur Geschichte Karls V. In: Nachrichten von der Gesellschaft der Wissenschaften zu Göttingen. Phil.-Hist. Klasse, I-XX. Göttingen 1930–1941.

Brandi, Karl: Kaiser Karl V. Werden und Schicksal einer Persönlichkeit und eines Weltreiches. Bd. 1, München 1937 u.ö.(zitiert nach der 4. Aufl. 1942), Bd. 2, Quellen und Erörterungen, München 1941.

Braudel, Fernand: Karl V. Frankfurt a. M. u. Leipzig 1992.

Burckhardt, Carl J.: Gedanken über Karl V. München 1955.

Carande, Ramón: Carlos V y sus banqueros 1516–1556. 3 Bde., Madrid 1943–1967.

Cardauns, Ludwig: Von Nizza bis Crépy. Europäische Politik in den Jahren 1534–1544. Rom 1923.

Chabod, Federico: Carlo V e il suo impero. Turin 1985.

Chabod, Federico: Storia di Milano nell'epoca di Carlo V. Turin 1961.

Chaunu, Pierre: L'Espagne de Charles Quint. 2 Bde.,Paris 1973.

Coniglio, G.: Il Regno di Napoli al tempo di Carlo V. Neapel 1951.

Elliott, John H.: Imperial Spain 1469–1716. 1963 u.ö.

Elliott, John H.: The Old World and the New 1492–1650. Cambridge 1970.

Elton, G. R.: Europa im Zeitalter der Reformation 1517–1559. 2 Bde., Hamburg 1971.

Engel, Josef: Von der spätmittelalterlichen respublica christiana zum Mächte-Europa der Neuzeit. In: Handbuch der Europäischen Geschichte, hg. von Theodor Schieder, Bd. 3, Stuttgart 1971. S. 1–443.

Fernández Alvarez, Manuel: La España del Emperador Carlos V (1500–1558; 1517–1556). Bd. 20 der Historia de España, hg. von Ramón Menéndez Pidal. Madrid 1966.

Fernández Alvarez, Manuel: Imperator Mundi. Karl V., Kaiser des Heiligen Römischen Reiches Deutscher Nation. Stuttgart 1977.

Häbler, Konrad: Geschichte Spaniens unter den Habsburgern. Bd. 1: Geschichte Spaniens unter der Regierung Karls I. (V.). Gotha 1907.

Häpke, Rudolf: Die Regierung Karls V. und der europäische Norden. Lübeck 1914.

Headley, John M.: The Emperor and his Chancellor. A study of the imperial chancellery under Gattinara. Cambridge 1983.

Huizinga, Johan: Burgund. Eine Krise des romanisch-germanischen Verhältnisses. Tübingen 1952.

Huizinga, Johan: Herbst des Mittelalters. Studien über Lebens- und Geistesformen des 14. und 15. Jahrhunderts in Frankreich und in den Niederlanden. Stuttgart 1952.

Jedin, Hubert: Geschichte des Konzils von Trient. 4 Bde. in 5, Freiburg 1949–1975.

Kamen, Henry: Golden Age Spain. Houndsmill, Basingstoke, London 1988.

Keniston, Hayward: Francisco de los Cobos. Secretary of the Emperor Charles V. Pittsburgh 1960.

Klaveren, Jacob van: Europäische Wirtschaftsgeschichte Spaniens im 16. und 17. Jahrhundert. Stuttgart 1960.

Koenigsberger, Helmut G.: The Empire of Charles V in Europe. In: The New Cambridge Modern History, Bd. 2. Cambridge 1958. S. 301–333.

Kohler, Alfred: Antihabsburgische Politik in der Epoche Karls V. Die reichsständische Opposition gegen die Wahl Ferdinands I. zum römischen König und gegen die Anerkennung seines Königtums (1524–1534). Göttingen 1982.

Kohler, Alfred: Karl V. 1519–1556. In: A. Schindling u. W. Ziegler (Hg.):Die Kaiser der Neuzeit. München 1990. S. 33–54 u. 471 f.

Kohler, Alfred: Karl I./V. (1516–1556). In: W. L. Bernecker (Hg.): Die spanischen Könige. München 1997. S. 37–60 u. 307–309.

Kohler, Alfred: Das Reich im Kampf um die Hegemonie in Europa 1521–1648. München 1990.
Kohler, Alfred, u. *Edelmayer,* Friedrich (Hg.): Hispania-Austria. Die Katholischen Könige, Maximilian I. und die Anfänge der Casa de Austria in Spanien. Wien/München 1993.
Ladero Quesada, Angel: Das Spanien der Katholischen Könige, Ferdinand von Aragon und Isabella von Kastilien 1469–1516. Innsbruck 1992.
Lahnstein, Peter: Auf den Spuren von Karl V. München 1979.
Lapeyre, Henri: Charles Quint. Paris 1973.
Liss, Peggy K.: Isabel the Queen, Life and Times. New York 1992.
Lortz, Joseph: Die Reformation in Deutschland. 2 Bde., Freiburg 1949.
Lutz, Heinrich: Christianitas afflicta. Europa, das Reich und die päpstliche Politik im Niedergang der Hegemonie Kaiser Karls V. (1552–1556). Göttingen 1964.
Lutz, Heinrich: Reformation und Gegenreformation. Oldenbourg Grundriß der Geschichte Bd. 10. München u. Wien 1979. Von Alfred Kohler neubearb. 4. Aufl. 1997.
Lutz, Heinrich: Das Ringen um deutsche Einheit und kirchliche Erneuerung. Von Maximilian I. bis zum Westfälischen Frieden. Berlin 1983.
Lutz, Heinrich (Hg.): Das römisch-deutsche Reich im politischen System Karls V. München u. Wien 1982.
Lutz, Heinrich, u. *Kohler,* Alfred (Hg.): Aus der Arbeit an den Reichstagen unter Karl V. Göttingen 1986.
Lynch, John: Spain under the Habsburgs. Bd. 1: 1516–1598. Oxford 1964.
Maravall, J. A.: Las Comunidades de Castilla. Una primera revolución moderna. Madrid 1963.
Menéndez Pidal, Ramón: La idea imperial de Carlos V. Madrid 1941.
Merriman, Roger B.: The Rise of the Spanish Empire in the Old World and in the New. Bd. 3: The Emperor. New York 1925.
Moeller, Bernd: Deutschland im Zeitalter der Reformation. Göttingen 1977.
Nette, Herbert: Karl V. in Selbstzeugnissen und Bilddokumenten. Reinbek 1979.
Parker, Geoffrey: Philip II. Boston u. Toronto 1978.
Pérez, Joseph: Ferdinand und Isabella. Spanien zur Zeit der Katholischen Könige. München 1989.
Pérez, Joseph: La révolution des ‚Comunidades‘ de Castille. Bordeaux 1970.
Pietschmann, Horst: Staat und staatliche Entwicklung am Beginn der spanischen Kolonisation Amerikas. Münster/Westf. 1980.
Pirenne, Henri: Geschichte Belgiens. Bd. 2 u. 3, Gotha 1902/07.
Rabe, Horst: Reichsbund und Interim. Die Verfassungs- und Religionspolitik Karls V. und der Reichstag von Augsburg 1547/48. Köln u. Wien 1971.
Rabe, Horst: Die iberischen Staaten im 16. und 17. Jahrhundert. In: Handbuch der Europäischen Geschichte, hg. von Theodor Schieder, Bd. 3, Stuttgart 1971. S. 581–662.
Rabe, Horst: Karl V., Kaiser (1500–1558). In: Theologische Realenzyklopädie, hg. v. G. Müller u. a., Bd. XVII. Berlin 1988. S. 635–644.
Rabe, Horst: Deutsche Geschichte 1500–1600. Das Jahrhundert der Glaubensspaltung. München 1991.
Rabe, Horst (Hg.): Karl V. Politik und politisches System. Berichte und Studien aus der Arbeit an der Politischen Korrespondenz des Kaisers. Konstanz 1996.
Rassow, Peter: Die Kaiser-Idee Karls V., dargestellt an der Politik der Jahre 1528–1540. Berlin 1932.
Rassow, Peter: Die politische Welt Karls V. München 1942.
Rassow, Peter: Karl V. Der letzte Kaiser des Mittelalters. Göttingen 1957.
Rassow, Peter, u. *Schalk,* Fritz (Hg.): Karl V. Der Kaiser und seine Zeit. Köln u. Graz 1960.
Reinhard, Wolfgang: Geschichte der europäischen Expansion. Bd. 2: Die Neue Welt. Stuttgart 1985.
Ritter, Gerhard: Die Neugestaltung Europas im 16. Jahrhundert. Berlin 1950.
Rodríguez-Salgado, M. J.: The Changing Face of Empire. Charles V, Philip II and Habsburg Authority, 1551–1559. Cambridge 1988.
Rosenthal, Earl E.: The Palace of Charles V in Granada. Princeton N.J. 1985.
Schilling, Heinz: Aufbruch und Krise. Deutschland 1517–1648. Berlin 1994.
Schulze, Winfried: Deutsche Geschichte im 16. Jahrhundert. Frankfurt a.M. 1987.
Seibt, Ferdinand: Karl V. Der Kaiser und die Reformation. Berlin 1990.
Sutter Fichtner, Paula: Ferdinand I. Wider Türken und Glaubensspaltung. Graz, Wien, Köln 1986.
Tamussino, Ursula: Margarete von Österreich. Diplomatin der Renaissance. Graz, Wien, Köln 1995.

Tamussino, Ursula: Maria von Ungarn. Ein Leben im Dienst der Casa de Austria. Graz, Wien, Köln 1998.

Trevor-Roper, Hugh: Princes and Artists. Patronage and Ideology at four Habsburg Courts 1517–1633. London 1976.

Tyler, Royall: Kaiser Karl V. Stuttgart 1959.

Vicens Vives, Jaime: Historia crítica de la vida y reinado de Fernando II de Aragón. Zaragoza 1972.

Wallerstein, Immanuel: The Modern World-System (I). Capitalist Agriculture and the Origins of the European World-Economy in the Sixteenth Century. New York u. London 1974.

Walser, Fritz: Die spanischen Zentralbehörden und der Staatsrat Karls V. Bearbeitet und ergänzt von Rainer Wohlfeil. Göttingen 1959.

Walther, Andreas: Die Anfänge Karls V. Leipzig 1911.

Wiesflecker, Hermann: Kaiser Maximilian I. Das Reich, Österreich und Europa an der Wende zur Neuzeit. 5 Bde., Wien 1971–85.

Wiesflecker, Hermann: Maximilian I. Die Fundamente des habsburgischen Weltreiches. Wien u. München 1991.

Zeittafel

1500   24. Februar: Karl in Gent geboren
Juli: Tod des Prinzen Miguel in Portugal, der in Spanien vor Karl erbberechtigt gewesen war
16. September: Beginn des Nürnberger Reichsregiments

1501   10. August: Lyoner Vertrag über eine künftige Heirat Karls mit Claudia, Tochter Ludwigs XII. von Frankreich

1502   21. März: Auflösung des Nürnberger Reichsregiments
22. Mai: die kastilischen Cortes huldigen Philipp und Johanna in Toledo
Gründung der Casa de la Contratación in Sevilla zur Leitung des Überseehandels

1503   10. März: Ferdinand I. in Alcalá de Henares geboren

1504   22. September: Vertrag in Blois zwischen Maximilian/Philipp und Ludwig XII.: Ludwig erhält Belehnung mit Mailand. Neapel, Mailand und Burgund sollen als Mitgift an Karl und Claudia übergehen
26. November: Tod Isabellas von Kastilien in Medina del Campo. Philipp nimmt den Titel eines Königs von Kastilien an

1505   12. Oktober: Ferdinand von Aragon verlobt sich mit Germaine de Foix

1506   Januar: Reise Philipps und Johannas nach Spanien
18. März: Heirat Ferdinand-Germaine de Foix
20. März: Geheimer Doppelheirats- und Erbvertrag Maximilians mit Wladislaw II. von Böhmen und (III.) von Ungarn
April/Mai: Annullierung Heiratsvertrag Claudia-Karl durch Ständeversammlung in Tours. Claudia mit Franz verlobt
25. September: Tod Philipps in Burgos. Ferdinand der Katholische erhält Regentschaft für Karl

1507   18. März: Maximilian I. überträgt Margarete die Statthalterschaft in den Niederlanden und die Vormundschaft über die Kinder Philipps
18. Juli: Karl in Brüssel zum Herzog von Burgund und Grafen von Flandern proklamiert
19. Juli: Karl in Brüssel zum König von Kastilien proklamiert
21. Dezember: Heiratsvertrag in Calais zwischen Karl und Maria von England (Tochter Heinrichs VII.)

1508   4. Februar: Maximilian I. „Erwählter Römischer Kaiser"
Dezember: Beginn des achtjährigen Kampfes um Italien (Liga von Cambrai)

1509	Chièvres wird Großkanzler Karls

1509 Chièvres wird Großkanzler Karls
      25. Februar: Ferdinand der Katholische bringt seine Tochter Johanna auf
      die Burg von Tordesillas
      April: Heinrich VIII. König von England (bis 1547). Hochzeit mit Ka-
      tharina von Aragon
      12. Dezember: Vertrag von Blois: Maximilian I. und Ferdinand einigen
      sich über die Regentschaft in Kastilien

1511 4. Oktober: Heilige Liga (Papst, Spanien, Venedig) gegen Frankreich

1512 11. April: Franzosen und deutsche Landsknechte siegen bei Ravenna
      über Liga
      Juni/Juli: Franzosen verlieren Mailand und räumen Italien

1513 Ferdinand der Katholische besetzt Navarra
      März: Leo X. Papst (bis 1521)
      6. Juni: bei Novara besiegen Eidgenossen die Franzosen
      16./17. August: Schlacht von Guinegate, Maximilian und Heinrich VIII.
      besiegen Frankreich

1515 1. Januar: Tod Ludwigs XII. Franz I. König von Frankreich (bis 1547)
      5. Januar: Großjährigkeitserklärung Karls
      3. Februar: Heilige Liga (Papst, Kaiser, Ferdinand, Sforza, Eidgenossen)
      gegen Türken, tatsächlich gegen Franzosen
      24. März: Vertrag Franz-Karl; Karl soll Renate (Tochter Ludwigs XII.)
      heiraten, scheidet aus Kriegsbündnis gegen Frankreich aus
      22. Juli: habsburgisch-jagiellonische Doppelheirat in Wien; (Maria und
      Ludwig, Anna und Maximilian als Stellvertreter für einen seiner beiden
      Enkel)
      12. August: Hochzeit Isabellas mit Christian II. von Dänemark
      13./14. September: Franz I. besiegt die Eidgenossen bei Marignano und
      erobert Mailand

1516 23. Januar: Ferdinand der Katholische gestorben
      13. März: Ludwig II. König von Böhmen und Ungarn
      14. März: Karl nimmt den Titel eines Königs von Spanien an
      13. August: Friedensvertrag Karls mit Franz I. von Noyon
      26. Oktober: Karl leitet Versammlung des Ordens vom Goldenen Vlies.
      Marlianos Rede
      3. Dezember: Karl in Brüssel schließt (auch im Namen Maximilians)
      Frieden mit Franz I.

1517 8. September: Abreise Karls nach Spanien
      31. Oktober: Martin Luthers Thesenanschlag in Wittenberg

1518 2. Februar: Erbhuldigung der kastilischen Cortes in Valladolid und Eides-
      leistung Karls
      April: Eleonore heiratet Manuel I. von Portugal
      9. Mai: Cortes von Aragon in Zaragoza

Juni bis Oktober: Reichstag zu Augsburg. Geheime Wahlverhandlungen Maximilians mit den Kurfürsten

15. Oktober: Mercurino Gattinara wird „Großkanzler aller Reiche und Länder"

1519   12. Januar: Tod Maximilians I. in Wels

15. Februar: Katalanische Cortes in Barcelona

28 Juni: Kaiserwahl Karls in Frankfurt

Dezember: „Germanía"- Unruhen beginnen in Valencia

Herzog Ulrich von Württemberg durch Schwäbischen Bund verjagt. Österreich erwirbt Württemberg

Beginn der Expedition von Cortés in Mexiko und der Erdumsegelung von Magellan

1520   April: Beginn des Aufstands der Comuneros in Toledo

20. Mai: Abfahrt Karls von La Coruña. Adrian von Utrecht Regent in Kastilien

29. Juni: Heilige Junta der Comuneros in Avila

23. Oktober: Krönung Karls zum römischen König in Aachen. Seither „Erwählter Kaiser".

20. November: Süleyman II., der Große, Sultan des Osmanischen Reiches (bis 1566)

1521   Januar bis Mai: Reichstag zu Worms

22. April: Franz I. erklärt Karl den Krieg. Bis 1526 1. Krieg Karl-Franz

23. April: Wormser Vertrag: Ferdinand erhält die landesherrlichen Rechte an den fünf österreichischen Herzogtümern

24. April: Endgültige Niederlage der Comuneros bei Villalar

25. Mai: Edikt von Worms gegen Luther und seine Anhänger

26. Mai: Hochzeit Ferdinands und Annas in Linz

28. Juni: Investitur Karls als König von Neapel durch Leo X.

18. Juli: Niederlage der Germanía von Valencia

August: Verhandlungen Karls in Brügge mit Wolsey über eine Heirat Marias, Tochter Heinrichs VIII.

Ende August: Türken erobern Belgrad

19. November: Pescara und Lannoy erobern Mailand

1522   9. Januar: Adrian von Utrecht Papst (Hadrian VI.)

13. Januar: Hochzeit Ludwigs II. mit Maria in Buda

Februar: Brüsseler Verträge: Ferdinand übernimmt die österreichischen Erblande und wird Karls Statthalter im Reich

März: Germanía in Valencia endgültig überwältigt.

16. Juni: Vertrag von Windsor zwischen Heinrich VIII. und Karl

16. Juli: Rückkehr Karls nach Spanien. Landung in Santander

Oktober: Unterwerfung der aufständischen Germanía in Mallorca; dauert bis Juni 1523

bis 1524 3 Reichstage in Nürnberg

bis 1523 Sickingensche Fehde (Reichsritterschaft)

Cortés beendet Eroberung von Mexiko
November: Rhodos von den Türken erobert

1523   1. Juli: die ersten zwei Lutheraner in Brüssel auf dem Scheiterhaufen verbrannt
August: Liga gegen Frankreich (Karl, England, Papst, Venedig, Mailand, Florenz)
14. September: Tod Papst Hadrians VI. Im November Clemens VII. (Medici) gewählt (Papst bis 1534)
Tod Franz von Sickingens. Ende des Ritteraufstandes

1524 bis 1526 Bauernkrieg in Deutschland

      26. Oktober: Franz I. erobert Mailand zurück
4. November: Katharina heiratet Johann III. von Portugal
12. Dezember: Clemens VII. schließt Bündnis mit Frankreich und Venedig

1525   24. Februar: Sieg der Kaiserlichen über die Franzosen bei Pavia. Gefangennahme Franz' I.
1. April: Clemens VII. Bündnis mit Karl V. und Heinrich VIII.
April bis Juni: Niederwerfung der Bauernaufstände in Deutschland durch die Fürsten
20. Juli: Franz I. wird nach Madrid gebracht

1526   14. Januar: Vertrag von Madrid zwischen Karl und Franz
10. März: Hochzeit Karls mit Isabella von Portugal in Sevilla
16. März: Austausch Franz' I. gegen seine Söhne
22. Mai: Liga von Cognac zwischen Franz, Clemens VII., Venedig und Sforza gegen Karl. Bis 1529 2. Krieg Karl–Franz
25. Juni: Reichstag zu Speyer
29. August: Die Ungarn unterliegen den Türken in der Schlacht von Mohács. Tod Ludwigs II. von Ungarn und Böhmen
22. Oktober: Wahl Ferdinands zum König von Böhmen
10./11. November: Wahl und Krönung Johann Zápolyas zum König von Ungarn in Stuhlweißenburg
17. Dezember: Wahl Ferdinands zum König von Ungarn in Preßburg

1527   6. Mai: Beginn des Sacco di Roma
21. Mai: Philipp II. in Valladolid geboren

1528   Bruch des Vertrags von Madrid durch Franz I. Krieg von ihm und Heinrich VIII. gegen Karl
Juli: Andrea Doria (Genua) geht zu Karl über
August: erstes Auftreten von Karls Gichtleiden

1529   März bis April: Reichstag zu Speyer. Protestation
10. Mai: Sultan Süleyman bricht zum „Heiligen Krieg" auf
29. Juli: Vertrag von Barcelona zwischen Karl und Clemens VII.

Ende Juli: Karl verläßt Spanien. (Regentin Isabella). Seine Schiffsreise von
  Barcelona nach Savona
3. August: Damenfrieden von Cambrai
25. September bis 15. Oktober: Die Türken belagern Wien

1530   24. Februar: Kaiserkrönung Karls in Bologna durch Clemens VII.
  Mai: Treffen in Innsbruck mit Ferdinand
  4. Mai Gattinara gestorben. Francisco de los Cobos und Nicolas Perrenot
    de Granvelle Minister Karls
  Juni bis November: Reichstag zu Augsburg. Confessio Augustana
  Juli: Freilassung der Söhne von Franz I.. Hochzeit von Franz I. mit Eleo-
    nore
  1. Dezember: Tod der Statthalterin Margarete in Mecheln

1531   5. Januar: Wahl Ferdinands zum römischen König
  25. Januar: Karl für ein Jahr in Brüssel
  27. Februar: Schmalkaldischer Bund
  Juli: Maria Statthalterin der Niederlande
  Beginn der Unterwerfung Perus durch Pizarro

1532   April bis Juli: Reichstag von Regensburg
  Nürnberger Anstand
  7.-28. August: Belagerung von Güns durch die Türken. Abbruch und
    Rückzug der Türken
  September: Karl und Ferdinand mit großem Heer in Wien
  Dezember bis Februar 1533 Karl und Clemens VII. in Bologna

1533   9. April: Karls Abfahrt nach Spanien

1534   Juli: die Habsburger verlieren Württemberg. Ulrich kehrt mithilfe prote-
    stantischer Fürsten zurück
  Heinrich VIII. trennt sich von Rom, begründet die anglikanische Kirche
  Franz I. erhebt Anspruch auf Mailand und besetzt Savoyen
  Oktober: Papst Paul III., bis 1549

1535   3. Mai: Abfahrt Karls mit der Kriegsflotte aus Barcelona. (Regentin Isa-
    bella.)
  Juli: Karl erobert Goleta und Tunis
  22. August bis 21. Oktober: Karl in Sizilien
  25. November bis 2. März 1536: Karl in Neapel

1536   Februar: Frankreich verbündet sich mit den Osmanen
  5. bis 18. April: Karl in Rom (Rede am 17. April)
  Juli: Erfolgloser Feldzug Karls in der Provence. Bis 1538 3. Krieg Karl-
    Franz
  6. Dezember: Karl landet in Barcelona

1537   Angriff von Franz I. auf die Niederlande
  Genter Rebellion beginnt
  16. November: Waffenstillstand zwischen Karl und Franz in Monzón

1538	25. Januar: Karl dringt in die Provence ein
	8. Februar: Bündnis zwischen Karl, Ferdinand, Paul III. und Venedig gegen die Osmanen
	18. Juni: Waffenstillstand von Nizza zwischen Karl und Franz
	Juli: Treffen der Monarchen in Aigues-Mortes
	20. Juli: Rückkehr Karls nach Spanien
1539	Frankfurter Anstand
	1. Mai: Tod Kaiserin Isabellas in Toledo
	November bis Februar 1540: Reise Karls von Spanien über Frankreich in die Niederlande. (Regent: Philipp.)
1540	14. Februar: Einzug Karls in Gent. Gericht über die Rebellen
	Juli: Tod Johan Zápolyas
	11. Oktober: Belehnung Philipps mit dem Herzogtum Mailand
1541	5. April bis 29. Juli: Reichstag von Regensburg
	29. August: Türken besetzen Buda und Pest
	21. September: Karl sticht in See in La Spezia
	Oktober: Karls Angriff auf Algier scheitert
	1. Dezember: Karl landet in Spanien (Cartagena)
1542	Juli: Bedrohung der Niederlande durch Frankreich, Dänemark und Cleve/Geldern. Bis 1544 4. Krieg Karl- Franz
	Reichstage in Speyer und Nürnberg
	Generalvisitation des Indienrates durch Karl. Neue Gesetze für Spanisch-Amerika
1543	Reichstag in Nürnberg
	Mai: Abfahrt Karls aus Spanien nach Italien. (Regent Philipp.)
	August: Karl besiegt Wilhelm von Cleve. Geldern und Zutphen an die Niederlande
	Oktober/November: Offensive gegen die Franzosen
	15. November: Philipp heiratet Maria von Portugal
1544	Januar bis Juni: Reichstag zu Speyer. Reichshilfe gegen Frankreich und Osmanenreich
	19. September: Nach neuer Offensive Karls Frieden von Crépy. Geheimvertrag von Meudon
1545	Mai bis August: Reichstag zu Worms
	13. Dezember: Eröffnung des Konzils von Trient
1546	18. Februar: Tod Luthers in Eisleben
	Juni: Reichstag zu Regensburg. Reichsacht über Kursachsen und Hessen. Beginn des Schmalkaldischen Krieges zwischen Karl und den protestantischen Fürsten
1547	28. Januar: Tod Heinrichs VIII. Eduard VI. König
	März: Paul III. verlegt das Konzil nach Bologna
	31. März: Tod Franz' I. Heinrich II. König

24. April: Sieg Karls bei Mühlberg
1. August: Karl für ein Jahr in Augsburg
September bis Mai 1548: „Geharnischter" Reichstag zu Augsburg

1548 30. Juni: Augsburger Interim
30. Juni: Burgundischer Vertrag
Beginn der Diskussion über die „spanische Sukzession" im Reich
September: Karl in Brüssel, bis Mai 1550
13. September: Maximilian heiratet Maria in Valladolid. Beide Regenten in Spanien, während Philipp in die Niederlande fährt

1549 April bis September: Niederlandreise Karls, Philipps, Marias und Eleonores.

1550 Februar: Papst Julius III., bis 1555
Juni: Karl diktiert während einer Rheinreise seine Memoiren
Juli bis Februar 1551: Reichstag zu Augsburg. Philipp im Juli dort
27. August: Nicolas Perrenot de Granvelle gestorben

1551 9. März: Augsburger „Hausvertrag" zwischen Karl und Ferdinand über die Nachfolge im Reich
Philipp Regent in Spanien, bis 1555
1. Mai: Wiedereröffnung des Konzils von Trient
Oktober: Vertrag zwischen den protestantischen Reichsfürsten und Heinrich II. von Frankreich
bis 1559: 4. Krieg Karls, dann Philipps gegen Frankreich

1552 15. Januar: Vertrag von Chambord zwischen Heinrich II. und Moritz von Sachsen
Mai: Fürstenkrieg gegen Karl. Seine Flucht von Innsbruck nach Villach
Heinrich II. nimmt Metz, Toul und Verdun in Besitz
15. August: Passauer Vertrag zwischen Ferdinand und den protestantischen Fürsten durch Karl ratifiziert
November: Karl belagert vergeblich Metz

1553 Januar: Karl gibt auf und kehrt in die Niederlande zurück
9. Juli: Schlacht von Sievershausen. Sieg und zwei Tage später Tod von Moritz von Sachsen
Juli: Tod Eduards VI. von England. Maria die Katholische Königin

1554 Offensive der Franzosen gegen die Niederlande
Karl erhebt Philipp zum König von Neapel
12. Juni: Johanna Regentin von Spanien (von Philipp bestellt)
25. Juli: Hochzeit Philipps mit Maria in Winchester

1555 Februar: Eröffnung des Reichstages in Augsburg
13. April: Johanna in Tordesillas gestorben
Mai: Paul IV. Papst, bis 1559
25. September: Augsburger Religionsfrieden

25. Oktober: Karl übergibt die Niederlande seinem Sohn Philipp. Ende der Statthalterschaft Marias

1556   16. Januar: Karl übergibt Spanien, Sizilien und das Neue Indien seinem Sohn Philipp
5. Februar: Waffenstillstand von Vaucelles mit Frankreich
3. August: Karl verzichtet zugunsten von Ferdinand auf die Kaiserwürde und überläßt ihm die Bestimmung des Zeitpunktes
8. August: Karl, Maria und Eleonore verlassen Brüssel
28. September: Ankunft in Spanien
September: Spanische Truppen unter dem Herzog von Alba dringen in den Kirchenstaat ein

1557   3. Februar: Einzug Karls in seine Villa in Yuste
7. Juni: England erklärt Frankreich den Krieg
10. August: Sieg der niederländisch-spanischen Armee bei St.Quentin über die Franzosen

1558   18. Februar: Tod von Karls Schwester Eleonores in Talaveruela
14. März: Ferdinand I. zum Kaiser gewählt
21. September: Tod Karls in Yuste
18. Oktober: Tod seiner Schwester Maria in Cigalés
17. November: Tod Marias von England. Elisabeth I. Königin

1559   Friedensvertrag von Cateau-Cambrésis zwischen Frankreich und Spanien

Stammtafel

(Nicht vollständig. Karl V. hatte insgesamt fünf eheliche Kinder, Ferdinand I. fünfzehn.)

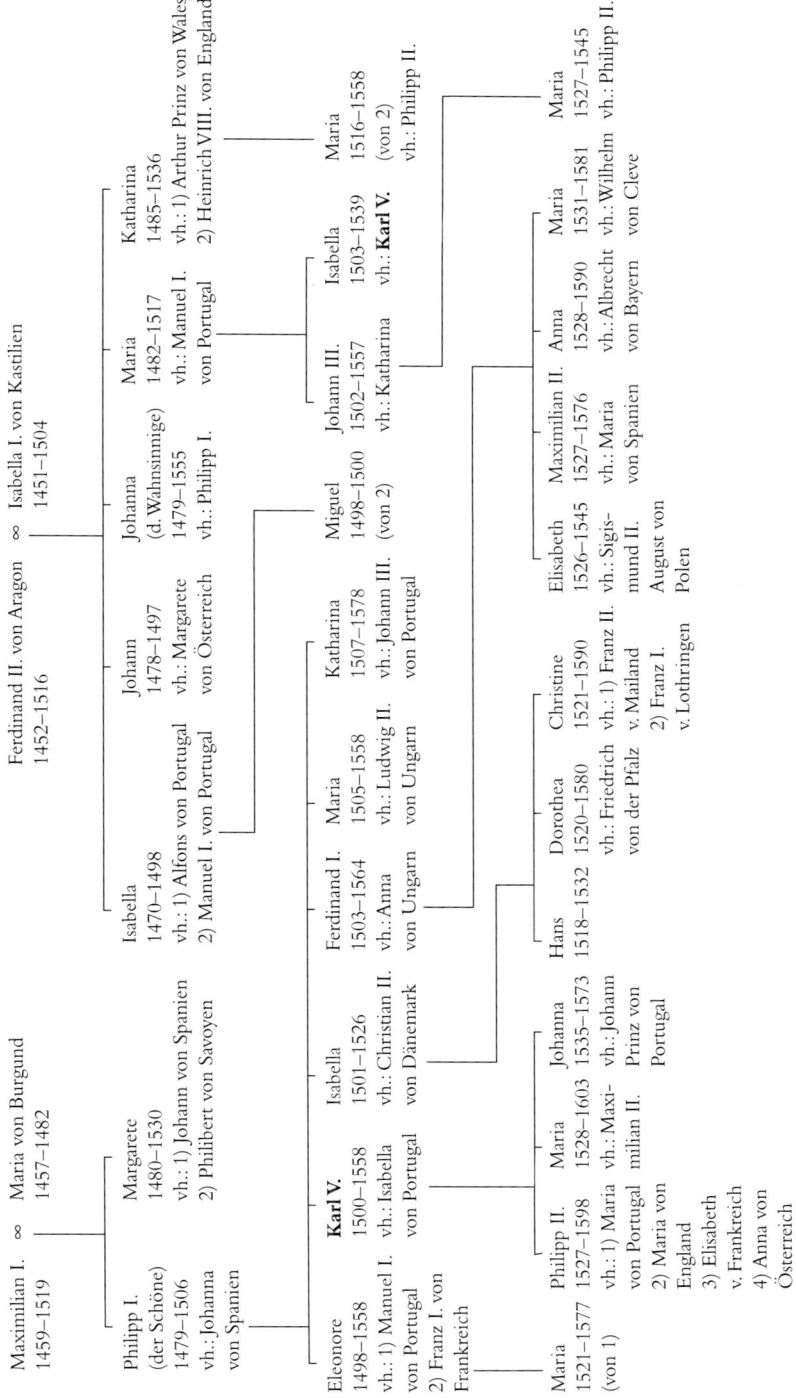

Maximilian I. ∞ Maria von Burgund
1459–1519   1457–1482

Ferdinand II. von Aragon ∞ Isabella I. von Kastilien
1452–1516   1451–1504

Philipp I.
(der Schöne)
1479–1506
vh.:Johanna
von Spanien

Margarete
1480–1530
vh.: 1) Johann von Spanien
2) Philibert von Savoyen

Isabella
1470–1498
vh.: 1) Alfons von Portugal
2) Manuel I. von Portugal

Johann
1478–1497
vh.: Margarete
von Österreich

Johanna
(d. Wahnsinnige)
1479–1555
vh.: Philipp I.

Maria
1482–1517
vh.: Manuel I.
von Portugal

Katharina
1485–1536
vh.: 1) Arthur Prinz von Wales
2) Heinrich VIII. von England

Eleonore
1498–1558
vh.: 1) Manuel I.
von Portugal
2) Franz I. von
Frankreich

Isabella
1501–1526
vh.: Christian II.
von Dänemark

Karl V.
1500–1558
vh.: Isabella
von Portugal

Ferdinand I.
1503–1564
vh.: Anna
von Ungarn

Maria
1505–1558
vh.: Ludwig II.
von Ungarn

Katharina
1507–1578
vh.: Johann III.
von Portugal

Johann III.
1502–1557
vh.: Katharina

Isabella
1503–1539
vh.: Karl V.

Maria
1516–1558
(von 2)
vh.: Philipp II.

Miguel
1498–1500
(von 2)

Maria
1521–1577
(von 1)

Philipp II.
1527–1598
vh.: 1) Maria
von Portugal
2) Maria von
England
3) Elisabeth
v. Frankreich
4) Anna von
Österreich

Maria
1528–1603
vh.: Maxi-
milian II.

Johanna
1535–1573
vh.: Johann
Prinz von
Portugal

Hans
1518–1532

Dorothea
1520–1580
vh.: Friedrich
von der Pfalz

Christine
1521–1590
vh.: 1) Franz II.
v. Mailand
2) Franz I.
v. Lothringen

Elisabeth
1526–1545
vh.: Sigis-
mund II.
August von
Polen

Maximilian II.
1527–1576
vh.: Maria
von Spanien

Anna
1528–1590
vh.: Albrecht
von Bayern

Maria
1531–1581
vh.: Wilhelm
von Cleve

Maria
1527–1545
vh.: Philipp II.

197

Personenregister